Machine Learning
and Data Science
Blueprints for Finance

금융 전략을 위한 머신러닝

| 표지 설명 |

표지에 있는 동물은 커먼퀘일(학명: *Coturnix coturnix*)입니다. 유럽, 터키 및 중앙아시아에서 번식하여 동남아시아 일부와 아프리카 대륙 전역에서 겨울을 나는 철새입니다.

커먼퀘일은 대개 작고 둥글고 갈색 줄무늬가 있으며 흰 눈꺼풀과 수컷의 경우 흰 턱이 있습니다. 철새의 특성에 알맞게 날개가 길며 큰 날개와 깃털에 덮여 있어 외부 환경에 잘 어울리게 됩니다. 은밀한 습성 때문에 모습을 거의 볼 수 없으며, 수컷은 강한 휘파람 같은 울음소리를 내어 더 자주 발견됩니다.

커먼퀘일은 주로 씨앗, 곡물, 견과류를 섭취하지만, 암컷은 번식해야 하기 때문에 딱정벌레, 개미, 그 외 작은 곤충 등 고단백 먹이를 찾습니다. 커먼퀘일은 이동 거리가 먼데도 비행하기를 꺼려 바람에 흩어진 씨앗이나 곤충을 쪼아 먹습니다.

기원전 오천년경 이집트 상형 문자에 묘사된 커먼퀘일은 피라미드가 건설된 후부터 인간에 의해 사육되었습니다. 유럽에 서식하는 커먼퀘일은 한 번에 최대 13개의 알을 낳고 병아리는 생후 11일이 되면 날 수 있습니다. 현재 커먼퀘일은 관심대상종으로 분류되었지만, 산업 개발의 포획으로 개체 수가 줄고 있습니다. 오라일리 표지의 많은 동물이 멸종 위기에 처해 있습니다. 그들 모두가 세상에 중요합니다.

표지 그림은 쇼Shaw의 동물학의 흑백 판화를 바탕으로 캐런 몽고메리Karen Montgomery가 작성했습니다.

금융 전략을 위한 머신러닝

19가지 사례를 통해 익히는 금융 전략, 머신러닝, 데이터 과학

초판 1쇄 발행 2021년 12월 27일

지은이 하리옴 탓샛, 사힐 푸리, 브래드 루카보 / **옮긴이** 김한상 / **펴낸이** 김태헌
펴낸곳 한빛미디어(주) / **주소** 서울시 서대문구 연희로2길 62 한빛미디어(주) IT출판부
전화 02-325-5544 / **팩스** 02-336-7124
등록 1999년 6월 24일 제25100-2017-000058호 / **ISBN** 979-11-6224-500-2 93000

총괄 전정아 / **책임편집** 서현 / **기획** 서현 · 안정민 / **편집** 안정민 / **교정** 김묘선
디자인 표지 박정우 내지 박정화 / **전산편집** 도담북스
영업 김형진, 김진불, 조유미 / **마케팅** 박상용, 송경석, 한종진, 이행은, 고광일, 성화정 / **제작** 박성우, 김정우

이 책에 대한 의견이나 오탈자 및 잘못된 내용에 대한 수정 정보는 한빛미디어(주)의 홈페이지나 아래 이메일로 알려주십시오. 잘못된 책은 구입하신 서점에서 교환해드립니다. 책값은 뒤표지에 표시되어 있습니다.

한빛미디어 홈페이지 www.hanbit.co.kr / 이메일 ask@hanbit.co.kr

지금 하지 않으면 할 수 없는 일이 있습니다.
책으로 펴내고 싶은 아이디어나 원고를 메일(writer@hanbit.co.kr)로 보내주세요.
한빛미디어(주)는 여러분의 소중한 경험과 지식을 기다리고 있습니다.

Machine Learning and Data Science Blueprints for Finance

금융 전략을 위한 머신러닝

O'REILLY® 한빛미디어 Hanbit Media, Inc.

지은이 · 옮긴이 소개

지은이 **하리옴 탓샛**Hariom Tatsat

현재 뉴욕에 있는 투자 은행의 정량 분석 부서에서 부사장으로 일하고 있다. 여러 글로벌 투자 은행과 금융 조직의 예측 모델링, 금융 상품 가격 책정 및 리스크 관리 분야에서 다양한 경험을 쌓았다. UC 버클리 대학교에서 석사 학위를, 인도의 공과대학교 카라그푸르에서 학사 학위를 취득했다. 금융 리스크 매니저(FRM) 인증과 양적 금융 인증(CQF)도 이수했으며 CFA 레벨 3 후보군이다.

지은이 **사힐 푸리**Sahil Puri

정량 연구원으로 일하고 있다. 그는 모델 가정을 테스트하고 여러 자산 분류에 대한 전략을 찾는다. 다양한 문제에 여러 가지 통계 및 머신러닝 기반 기술을 적용해 왔다. 예를 들어 텍스트 특징 생성, 레이블링 곡선 이상 징후, 비선형 위험 요인 감지 및 시계열 예측 등이 있다. UC 버클리 대학교에서 석사 학위를, 인도 델리 공과대학교에서 학사 학위를 취득했다.

지은이 **브래드 루카보**Brad Lookabaugh

샌프란시스코에 위치한 부동산 투자 스타트업 Union Home Ownership Investors에서 포트폴리오 관리 부사장으로 일하고 있다. 그의 연구는 비즈니스 프로세스, 내부 시스템 및 소비자 대상 제품에서 머신러닝과 투자 의사 결정 모델의 구현에 초점을 맞추고 있다. 공저자와 마찬가지로 UC 버클리 대학교에서 금융 공학 석사 학위를 취득했다.

옮긴이 **김한상**hkim@inspro9.com

고려대학교에서 컴퓨터공학과 학사와 석사를 마치고, 파리 대학교에서 보안 전공 박사 학위를 받았다. 자율 주행차와 금융 포트폴리오 관리 분야의 데이터 기반 의사 결정에 관심을 갖고 금융 데이터 분석 과제를 진행 중이다. 현재 실리콘 밸리에서 자율 주행차를 연구하고 있다.

머신러닝의 활용은 산업 전반에 걸쳐 일어나고 있습니다. 그 활용의 영향은 제품이나 서비스의 효율과 품질의 향상부터 새로운 서비스의 창출에 이르기까지 다양하고 혁신적입니다. 머신러닝 알고리즘, 가령 선형 회귀, K-최근접 이웃, 서포트 벡터 머신, 랜덤 포레스트, 자연어 처리, 인공 신경망, 강화 학습 등은 다양한 서비스에 적용되고 있습니다. 이 책은 이런 머신러닝 알고리즘을 개괄적으로 잘 정리해서 보여 주므로 레퍼런스로 활용할 수 있습니다.

최근 들어 머신러닝이 새로운 주목을 받고 적용이 광범위하게 확산된 배경에는 디지털 데이터 생태계의 안정적 형성 및 발전이 있었습니다. 방대한 디지털 데이터를 실시간 수집하고, 수집된 데이터에 손쉽게 접근하여, 원하는 형태로 변환하여 분석하고, 의미 있는 특성을 추출하고, 필요에 따라 새로운 형태의 데이터를 다시 수집할 수 있게 하는 선순환 구조가 만들어졌습니다. 이 선순환 구조에 기반하여 시간이 지날수록 목적에 맞는 질 좋은 데이터를 축적함으로써 머신러닝의 효과를 더욱더 높이고 있습니다. 또한 선순환 구조에서는 파이썬이 절대적이고 탁월한 촉매 역할을 하고 있습니다. 이 책은 파이썬을 사용하여 실전에 활용 가능한 문제를 제시하고 풀어 나갑니다. 또한 7단계 문제 접근방법(문제 정의 → 데이터 불러오기 → 데이터 분석 → 데이터 준비 → 모델 평가 → 모델 튜닝 → 모델 확정)의 템플릿을 제시합니다. 이 템플릿을 이용하여 새로운 머신러닝 문제에 쉽게 접근할 수 있습니다.

금융 서비스 분야는 방대한 데이터를 실시간으로 생성하며, 데이터 해석에 따른 올바르고 신속한 판단 및 결정을 요구합니다. 금융 사기 탐지, 신용 대출 심사, 주가 변화 추이 예측, 포트폴리오 구성 및 재조정 등 머신러닝을 활용할 수 있는 금융 서비스는 다양합니다. 이 책의 실전 문제에서 이러한 활용을 소개 및 구현하고 시연해 보입니다. 더 나아가 각 장 마무리에 연습 문제를 제시하여 어떻게 응용, 발전시킬지 구체적 방향을 제시합니다.

머신러닝을 이해하고 금융 서비스에 활용하는 시대, 이 활용을 통해 금융 자산을 보호하고, 나아가 그 자산 가치를 극대화하는 시대가 현실화되고 있습니다. 도래하는 시대를 많은 독자분들과 공감하고 함께 준비하고자 이 책을 번역하게 되었습니다. 모쪼록 독자분들이 이 책을 재밌게 읽고 책에서 소개한 내용을 실제로 활용 및 응용할 수 있기를 바랍니다.

김한상

이 책에 대하여

금융에서 머신러닝의 가치는 나날이 뚜렷해지고 있습니다. 머신러닝은 금융 시장의 기능에 결정적인 역할을 할 것입니다. 분석가, 포트폴리오 관리자, 거래자 및 최고 투자 책임자(CIO)는 모두 머신러닝 기술에 익숙해야 합니다. 은행 및 기타 금융 기관에서는 재무 분석을 개선하고 프로세스를 간소화하며 보안을 강화하기 위해 머신러닝을 선택했습니다. 기관에서 머신러닝의 사용이 증가하는 추세이며 거래 전략, 가격 책정 및 위험 관리에서 다양한 시스템을 개선할 수 있는 잠재력을 관찰할 수 있습니다.

머신러닝이 금융 서비스 산업의 모든 수직 분야에 상당한 영향을 미치고 있지만 머신러닝 알고리즘의 아이디어와 구현 사이에는 괴리가 있습니다. 가령 수많은 자료가 웹에 있음에도 정리된 자료는 거의 없습니다. 또한 대부분의 자료가 거래 알고리즘에 국한됩니다. 이 책은 이 괴리를 좁히고 독자가 머신러닝 혁명의 발 빠른 사용자가 될 수 있도록 금융 시장에 맞춤화된 머신러닝 '도구 상자'를 제공합니다. 이 책은 투자 또는 거래 전략에 국한되지 않습니다. 금융 산업에서 중요한 머신러닝 기반 알고리즘을 구축하는 기술과 기술을 활용하는 데 중점을 둡니다.

금융에서 머신러닝 모델을 구현하는 것은 일반적으로 생각하는 것보다 쉽습니다. 머신러닝 모델을 구축하는 데 빅데이터가 필요하다는 잘못된 인식도 있습니다. 이 책의 실전 문제는 머신러닝의 거의 모든 영역에 편만한 이러한 오해를 바로잡는 것을 목표로 합니다. 이 책은 거래 전략에서 머신러닝을 사용하고, 관련된 이론과 실전 문제를 다룰 뿐만 아니라 포트폴리오 관리, 파생 상품 가격 책정, 사기 탐지, 기업 신용 등급, 로보 어드바이저, 챗봇과 같은 꼭 '알아야 할' 개념에 대해서도 깊이 있게 다룹니다. 실무자가 직면하는 실제 문제를 해결하고 코드와 예제가 지원하는 과학적으로 합당한 솔루션을 제공합니다.

이 책에서 사용하는 파이썬 코드[1] 프로젝트는 업계 종사자에게 유용한 시작점이 될 것입니다. 책에 나와 있는 예제와 실전 문제는 광범위한 데이터셋에 쉽게 적용할 수 있는 기술을 보여 줍니다. 거래를 위한 강화 학습, 로보 어드바이저 구축, 상품 가격책정을 위한 머신러닝 사용과 같은 실전 문제는 독자가 정해 놓은 틀에서 벗어나 스스로 사용 가능한 모델과 데이터를 최대한 활용하도록 동기를 부여합니다.

---

1 gitlab.com/inspro9/hanbit_mlfi

대상 독자

책의 형식과 주제는 헤지 펀드, 투자 및 소매 은행, 핀테크 회사에서 일하는 전문가에게 적합합니다. 예를 들어 데이터 과학자, 데이터 엔지니어, 퀀트 연구원, 머신러닝 설계자 또는 소프트웨어 엔지니어와 같은 직책을 가진 이들입니다. 또한 이 책은 규정 준수 및 위험과 같은 지원 기능에서 일하는 전문가에게 유용할 것입니다.

헤지펀드의 퀀트 트레이더가 암호화폐 거래를 위해 강화 학습을 이용할 아이디어를 찾거나 투자 은행 퀀트가 가격책정 모델의 보정 속도를 향상시킬 머신러닝 기반 기술을 찾는다면 이 책은 가치를 더할 것입니다. 책에서 언급한 이론, 개념 및 예제 코드는 아이디어 생성에서 모델 구현에 이르기까지 모델 개발의 모든 단계에서 매우 유용합니다. 또한 예제 코드를 직접 실행하고 제안된 솔루션을 테스트하며 실전 경험이라는 소득을 얻을 수 있을 것입니다.

책의 구성

이 책은 머신러닝과 데이터 과학을 기반으로 다양한 금융 모델을 설계하는 방법을 소개합니다. 크게 4부로 구성되어 있습니다.

1부 프레임워크

금융 분야의 머신러닝을 살펴보고 머신러닝을 기반으로 한 금융 모델을 개발하는 구성 요소를 알아봅니다. 1부에서 배우는 내용은 이 책에서 제시하는 다양한 실전 문제의 기초 역할을 합니다. 다양한 머신러닝 유형을 다루는 실전 문제의 기초 역할을 합니다.

- **1장 금융 머신러닝**
  금융에서 머신러닝의 활용에 대해 설명하고 여러 유형의 머신러닝을 살펴봅니다.
- **2장 머신러닝 모델 개발**
  머신러닝을 위한 파이썬 기반 에코시스템을 살펴봅니다. 또한 파이썬 프레임워크에서 머신러닝 모델 개발 단계를 다룹니다.

- **3장 인공 신경망**

  인공 신경망artificial neural network(ANN)이 모든 머신러닝에서 사용되는 기본 알고리즘이라는 점을 감안하여 ANN의 세부 내용을 살펴본 후, 파이썬 라이브러리를 사용한 ANN 모델의 구현을 살펴봅니다.

2부 지도 학습

지도 학습 알고리즘을 다루고 적용 사례와 실전 문제를 보여 줍니다.

- **4장 지도 학습: 모델 및 개념**

  이 장에서는 지도 학습 기술(분류 및 회귀)을 소개합니다. 분류와 회귀의 공통점을 가진 모델이 많다는 점을 고려하여 분류 및 회귀에 대한 모델 선택, 평가 메트릭 등의 개념을 아울러 설명합니다.

- **5장 지도 학습: 회귀(시계열 모델)**

  지도 학습 기반 회귀 모델은 금융에서 가장 일반적으로 사용되는 머신러닝 모델입니다. 이 장에서는 기본 선형 회귀에서 고급 딥러닝 모델까지 폭넓게 다루며, 실전 문제에는 주가 예측, 파생 상품 가격 책정 및 포트폴리오 관리에 대한 모델이 포함됩니다.

- **6장 지도 학습: 분류**

  분류는 과거 관찰을 기반으로 새 인스턴스의 범주형 클래스 레이블을 예측하는 것이 목표인 지도 학습의 하위 범주입니다. 이 장에서는 로지스틱 회귀, 서포트 벡터 머신 및 랜덤 포레스트와 같은 분류 기반 기술을 다루는 여러 실전 문제에 대해 설명합니다.

3부 비지도 학습

비지도 학습 알고리즘을 다루고 적용 사례와 실전 문제를 제공합니다.

- **7장 비지도 학습: 차원 축소**

  유용하고 차별적인 정보의 대부분을 유지하면서 데이터셋의 기능 수를 줄이는 필수 기술을 설명합니다. 또한 주성분 분석을 통한 차원 축소의 표준 접근방식에 대해 논의하고 포트폴리오 관리, 거래 전략 및 수익률 곡선 구성의 실전 문제를 다룹니다.

- **8장 비지도 학습: 군집화**

    군집화와 유사도를 공유하는 객체 그룹 식별과 관련된 알고리즘 및 기술을 다루고, 실전 문제에서는 거래 전략 및 포트폴리오 관리에서 군집화를 활용해 봅니다.

4부 강화 학습과 자연어 처리

강화 학습 및 자연어 처리(NLP) 기술을 다루고 적용 사례와 실전 문제를 보여 줍니다.

- **9장 강화 학습**

    금융 산업에 적용할 가능성이 큰 강화 학습에 대한 개념과 실전 문제를 다룹니다. 강화 학습의 '보상 극대화'라는 주요 아이디어는 금융 내 여러 영역의 핵심 동기와 완벽하게 일치합니다. 이 장에서는 거래 전략, 포트폴리오 최적화 및 파생상품 헤징과 관련된 실전 문제를 다룹니다.

- **10장 자연어 처리**

    자연어 처리 기술을 설명하고 금융의 여러 영역에서 텍스트 데이터를 의미 있는 표현으로 변환하는 필수 단계에 대해 설명합니다. 감정 분석, 챗봇 및 문서 해석과 관련된 실전 문제를 다룹니다.

또한, 5장~10장에서 소개하는 19가지 실전 문제는 7단계 문제 접근방법(문제 정의 → 데이터 불러오기 → 데이터 분석 → 데이터 준비 → 모델 평가 → 모델 튜닝 → 모델 확정)의 템플릿을 기반으로 지도 학습, 비지도 학습, 강화 학습, 자연어 처리를 이용한 머신러닝 모델을 만들 수 있습니다 .

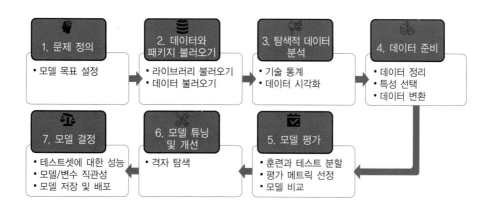

CONTENTS

PART **1** 프레임워크

CHAPTER **1** 금융 머신러닝

CONTENTS

CHAPTER **6** 지도 학습: 분류

PART **3** 비지도 학습

CHAPTER **7** 비지도 학습: 차원 축소

CONTENTS

CHAPTER 8 비지도 학습: 군집화

PART 4 강화 학습과 자연어 처리

CHAPTER 9 강화 학습

CHAPTER **10** 자연어 처리

프레임워크

1부에서는 금융 분야의 머신러닝과 머신러닝 구현의 구성 요소에 대한 개요를 제공합니다. 이 개요는 이후 이 책에 제시되어 다양한 머신러닝 유형을 다루는 실전 문제의 기초 역할을 합니다.

1장에서는 금융에서 머신러닝의 활용에 대해 설명하고 여러 유형의 머신러닝을 살펴봅니다.

2장에서는 머신러닝을 위한 파이썬 기반 에코시스템을 살펴봅니다. 또한 파이썬 프레임워크에서 머신러닝 모델 개발 단계를 다룹니다.

3장에서는 인공 신경망(ANN)이 모든 머신러닝에서 사용되는 기본 알고리즘이라는 점을 감안하여 ANN의 세부 내용을 살펴본 후, 파이썬 라이브러리를 사용한 ANN 모델의 구현을 살펴봅니다.

Part I

프레임워크

금융 머신러닝

머신러닝은 금융을 큰 폭으로 뒤흔들 것이다.

– 이코노미스트(2017)

머신러닝과 데이터 분석은 금융에 새 물결을 일으키고 있으며 이와 관련된 활용은 향후 수십 년간 금융 산업을 변화시킬 것이다.

현재 헤지 펀드, 투자은행, 핀테크 회사 등 대부분의 금융회사가 앞다투어 머신러닝 기술에 투자하며 이를 비즈니스에 적용하고 있다. 더 나아가, 금융기관은 점점 더 많은 머신러닝 및 데이터 분석 전문가가 필요할 것이다.

최근 들어 금융 머신러닝이 엄청난 데이터양과 저비용 처리속도 덕분에 더 탁월해지면서 금융 분야에서 데이터 분석과 머신러닝의 활용 사례는 폭발적으로 증가하고 있다.

금융 머신러닝의 성공은 효율적인 하부 구조의 구축, 적합한 툴의 사용, 올바른 알고리즘의 적용에 좌우된다. 이 책에서는 금융 머신러닝 주요 요소에 대한 개념을 설명하고 활용해 본다.

1장에서는 머신러닝의 종류를 간략히 살펴보면서 머신러닝의 현재 및 미래의 응용을 소개한다. 이 장과 다음 두 개의 장은 이후 이 책에 제시되는 실전 문제를 풀어 가는 밑바탕이 된다.

1.1 현재와 미래의 금융 머신러닝 활용

주목할 만한 금융 머신러닝 활용을 살펴보자. 이 책에 제시되는 실전 문제는 아래에 언급한 활용을 모두 다룬다.

1.1.1 알고리즘 트레이딩

알고리즘 트레이딩(혹은 알고 트레이딩)은 알고리즘을 사용해 스스로 트레이딩을 실행하는 것이다. 1970년대로 거슬러 올라가면, 알고리즘 트레이딩(더 정확히 말해 자동화된 트레이딩 시스템)은 신속하고도 트레이딩을 결정하는 자동화된, 이미 짜인 트레이딩 명령어들의 수행에 불과했다.

머신러닝은 알고리즘 트레이딩을 새로운 차원으로 끌어올렸다. 더 발전된 전략을 실시간으로 적용해 채택할 수 있고, 머신러닝 기반 기술로 시장의 움직임을 포착하는 특별한 안목을 제공할 수 있다. 대부분의 헤지 펀드와 금융기관은 트레이딩을 위한 자사의 머신러닝 기반 접근법을 (합당한 이유로) 공개하지 않지만, 실시간 트레이딩을 결정하는 데 머신러닝의 역할이 점차 더 중요해지고 있는 것만은 분명하다.

1.1.2 포트폴리오 관리와 로보 어드바이저

자산을 관리하는 회사는 투자 결정을 향상하기 위해 과거 데이터를 이용한 인공지능(AI) 해결책을 다방면에서 시도하고 있다.

한 예로 로보 어드바이저를 들 수 있다. 이는 알고리즘을 사용해 고객의 위험 감수 및 목표에 맞게 금융 포트폴리오를 조정하는 것이다. 로보 어드바이저는 더 나아가 투자자와 고객에게 자동화된 재무 지침과 서비스까지 제공한다.

예를 들어, 사용자는 저축예금 2억 8천만 원으로 65세에 은퇴한다는 조건을 입력하고, 연령, 소득, 현재 자산을 추가 입력한다. 그러면 어드바이저(할당자allocator)가 고객의 목표에 맞게 자산 목록과 금융 도구에 맞춰 투자를 배분한다.

그다음 시스템은 고객의 목표를 가장 잘 달성할 방법을 찾기 위해 고객의 목표와 시장의 실시간 변동에 맞춰 조정해 나간다. 로보 어드바이저는 편안하게 투자하도록 조언해 줄 사람이 필요하지 않은 고객에게 큰 호응을 얻고 있다.

1.1.3 이상 거래 탐지

사기는 금융기관에 중차대한 문제가 되는데, 바로 이 점이 금융 머신러닝 탐지가 필요한 주된 이유가 된다. 데이터 처리속도의 향상, 빈번한 인터넷 사용, 온라인에 저장하는 회사 데이터양의 급증에 따라 데이터 보안 위험도 높아지고 있다. 이전의 금융 사기 탐지 시스템이 복잡하고 고정화된 규칙에 기반해 작동했다면, 현대의 탐지 시스템은 위험 요소 확인을 넘어 새로운 잠재적(혹은 실제) 보안 위협을 학습하고 조정해 나간다.

머신러닝은 태생적으로 금융 거래 사기를 방지하는 데 이상적이다. 머신러닝 시스템은 막대한 양의 데이터를 읽고 이상 행동을 탐지해 바로 알려 주기 때문이다. 보안을 뚫을 수 있는 수많은 방법이 있음을 생각해 볼 때 조만간 진정한 머신러닝 시스템의 활용은 절대적으로 필요해질 것이다.

1.1.4 대출/신용카드/보험 계약 심사

계약 심사underwriting는 금융 머신러닝에 딱 맞는 일이다. 실제로 오늘날 수행되고 있는 많은 계약 심사 업무는 머신러닝으로 대체될 수 있다는 점에서 산업계의 우려가 높다.

특히 대형 은행과 보험사 같은 많은 회사에서 엄청난 양의 고객 데이터와 금융 대출 혹은 보험 심사 결과, 가령 채무 불이행 결과를 가지고 머신러닝 알고리즘을 훈련할 수 있다.

알고리즘으로 금융의 저변 기류를 평가해 향후 계약 심사 위험 및 대출에 영향을 미칠 추세를 지속적으로 분석할 수 있다. 알고리즘은 알맞은 데이터 기록을 찾고, 예외사항을 확인하며, 지원자의 신용도나 보험상품 자격 여부 계산과 같은 자동화된 업무를 수행할 수 있다.

1.1.5 자동화와 챗봇

자동화는 금융에 알맞은 시스템이다. 노동자는 부가가치가 낮으며 단순하고 반복적인 업무의 수고를 덜고 되풀이되는 일상의 작업을 해결해 부가가치가 높은 업무에 시간을 할애함으로써 많은 시간과 비용을 절약하게 된다.

자동화와 결합된 머신러닝과 인공지능은 노동자를 또 다른 차원에서 지원한다. 관련 데이터의 접근을 통해 어려운 결정을 해야 하는 금융팀에 심도 있는 데이터 분석을 제공하며, 일부 사례에서는 노동자가 승인하고 법제화하는 최상의 절차를 추천하기도 한다.

금융 영역에서 인공지능과 자동화는 오류를 알아차리도록 학습되어 오류 감지 후 해결에 이르기까지 발생하는 시간의 소모를 줄여 준다. 따라서 종래에 지연되던 보고서 제출이 신속하게 이뤄지고 업무 수행 중 오류가 줄게 된다.

인공지능 챗봇은 금융 및 은행의 고객 지원 업무에 활용되며, 이들 사업에서 실시간 채팅 앱이 활성화되면서 챗봇도 진화하고 있다.

1.1.6 위험 관리

머신러닝 기술은 위험을 관리하는 접근법을 바꾸고 있다. 머신러닝이 주도하는 해결책이 진보하면서 위험을 이해하고 제어하는 양상이 혁신적으로 변하고 있다. 가령 은행이 고객에게 대출해 줄 금액을 결정하는 일부터 절차를 준수하고 위험을 줄이는 일까지 광범한 변화가 일고 있다.

1.1.7 자산 가치 예측

자산 가치 예측은 금융에서 자주 논의되는 가장 복잡한 영역이다. 자산 가치를 예측한다는 것은 시장을 이끄는 요소를 이해하고 자산의 흐름을 내다본다는 것이다. 종래에 자산 가치 예측은 과거 금융 보고서와 시장의 흐름을 분석해 특정한 증권 혹은 자산군이 어느 위치에 놓일 것인지를 판단할 뿐이었다. 하지만 금융 데이터양의 폭발적 증가로 종래의 데이터 분석과 주식 선택 전략은 머신러닝 기술로 보완되고 있다.

1.1.8 파생 상품 가격 책정

최근 머신러닝의 성공과 빠른 주기의 혁신을 보건대 파생 상품 가격 책정을 위한 머신러닝은 향후 수년 내에 폭넓게 활용될 것이다. 블랙숄즈Black-Sholes 모델, 변동성 모델, 엑셀 스프레시트 모델 등의 세계는 머신러닝의 고도화된 방법을 즉각 사용할 수 있게 됨에 따라 점차 시들해질 것이다.

전형적인 파생 상품 가격 책정 모델은 몇 가지 비현실적인 가정을 바탕으로 한다. 그 가정은 중요한 입력 데이터(행사 가격, 만기, 옵션 형태)와 시장에서 관찰되는 파생상품 가격의 경험적 관계를 결정짓는다. 그러나 머신러닝을 이용한 방법은 가정에 의존하지 않고, 입력 데이터와 가격 간의 함수를 예측해 모델의 결과와 예상 결과의 차이를 최소화한다.

최신 머신러닝 도구를 사용해 적용 시간을 단축하는 것은 파생 상품 가격 책정에 머신러닝 활용을 가속화하는 장점 중 하나이다.

1.1.9 감정 분석

감정 분석은 방대한 양의 비정형적 데이터인 비디오, 온라인 기록물, 사진, 오디오 파일, 소셜미디어 댓글, 뉴스 기사, 비즈니스 서류 등을 읽고, 시장의 긍정성과 부정성을 판단하는 것이다. 감정 분석은 오늘날 다양한 비즈니스에서 필수이며 금융 머신러닝의 우수한 활용 예이다.

금융에서 가장 일반적으로 사용되는 감정 분석은 금융 뉴스의 분석, 특히 시장의 움직임과 가능한 추세를 예측하는 것이다. 주식시장은 사람과 관련된 수많은 요소에 반응해 움직이므로 머신러닝이 새로운 추세를 발견하고 신호를 알려 줌으로써 금융 활동에 대한 사람들의 직관을 모사하고 발전시켜 가기를 기대한다. 하지만 머신러닝을 이용한 미래의 응용 다수는 소셜미디어, 뉴스 동향, 그리고 시장의 변화에 대한 소비자의 감정을 예측하기 위해 그 외 데이터 출처를 이해하는 데 집중할 것이며, 이는 단지 주가와 거래를 예측하는 일에만 국한되지 않을 것이다.

1.1.10 거래 결제

거래 결제는 증권을 사는 사람의 계좌에, 현금을 파는 사람의 계좌에 각각 전달되는 금융 자산이 이동하는 과정이다.

거래의 대부분이 자동으로 결제되지만, 약 30%는 사람이 직접 관여해 결제가 성사된다.

머신러닝은 성사되지 못한 거래를 찾을 뿐만 아니라, 거래가 왜 중단되었는지를 분석하고 해결책을 제시하며 어떤 거래가 실패할지 예측할 수도 있다. 사람이 해결하면 5분에서 10분 걸리는 일을 머신러닝은 단 몇 초 만에 끝낼 수 있다.

1.1.11 돈세탁 방지

유엔 보고서의 추산에 따르면 매년 세탁되는 자금이 세계 국내총생산(GDP)의 2%에서 5%에 이른다. 머신러닝 기술은 돈세탁 징후를 감지하기 위해 소비자의 광범한 네트워크에서 나오는 내부 및 외부의 거래 데이터를 분석할 수 있다.

1.2 인공지능, 머신러닝, 딥러닝, 데이터 과학

대다수의 사람이 인공지능, 머신러닝, 딥러닝, 데이터 과학을 혼동한다. 사실 많은 사람이 이 말들을 구분하지 않고 섞어 쓴다.

[그림 1-1]은 인공지능, 머신러닝, 딥러닝, 데이터 과학의 관계를 보여 준다. 머신러닝은 인공지능의 하위영역이고, 인공지능은 컴퓨터가 데이터 내의 패턴을 인식하고 인공지능 활용을 전달하는 기술로 구성된다. 반면 딥러닝은 컴퓨터가 더 복잡한 문제를 해결할 수 있게 하는 머신러닝의 하위영역이다.

데이터 과학은 엄밀하게 말하면 머신러닝의 하위영역은 아니지만, 인공지능, 머신러닝, 딥러닝을 이용해 데이터를 분석하고 실행 가능한 결론에 도달하는 것을 목적으로 한다. 데이터 과학은 인공지능, 머신러닝, 딥러닝을 빅데이터, 클라우드 컴퓨팅과 같은 영역으로 묶는다.

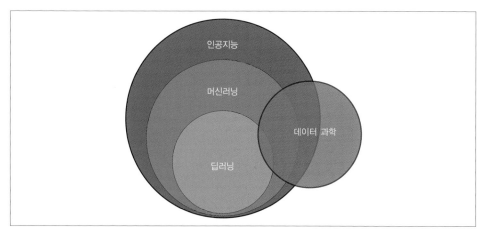

그림 1-1 인공지능, 머신러닝, 딥러닝, 데이터 과학의 관계

인공지능, 머신러닝, 딥러닝, 데이터 과학에 대해 상세히 알아보자.

- **인공지능**

  인공지능은 컴퓨터와 그 시스템이 대개 사람의 지능을 요하는 복잡한 일을 성공적으로 수행할 수 있는 능력을 개발하는 학문 분야이다. 복잡한 일로는 시지각, 음성인식, 의사 결정, 언어번역 등이 있으나 이런 일에 국한되는 것은 아니다. 인공지능은 사람이 수행할 때 지능을 필요로 하는 일을 컴퓨터가 처리하게 하는 과학으로 정의된다.

- **머신러닝**

  머신러닝은 환경에서 자동으로 학습하는 능력을 인공지능 시스템에 부여해 그 학습 내용을 더 좋은 결정을 내리는 데 적용하는, 인공지능의 응용 분야이다. 머신러닝은 다양한 알고리즘을 사용해 반복적으로 학습하고, 데이터를 설명하고 개선하며, 패턴을 찾아내고, 그 패턴을 기반으로 행동한다.

- **딥러닝**

  딥러닝은 머신러닝의 하위영역으로 인공 신경망에 관한 알고리즘 연구를 포함하는 분야이다. 인공 신경망은 수많은 블록 혹은 계층이 누적되어 이루어진다. 딥러닝 모델은 사람의 뇌 신경망 구조에서 영감을 받아 설계되었으며 사람이 결론을 도출하는 방법과 비슷한 논리 구조로 데이터를 분석한다.

- **데이터 과학**

  데이터 과학은 정형적 및 비정형적 데이터에서 지식이나 통찰을 도출하는 과학적 방법, 처리과정, 시스템을 사용한다는 면에서 데이터마이닝과 유사한 다학제적 학문이다. 반면에 과학적 도구와 기술을 이용해 데이터를 이해하고 통찰력을 얻으려는 목표를 가진다는 점에서 머신러닝, 인공지능과 다르다. 하지만 사용하는 다양한 도구와 기술은 머신러닝, 데이터 과학에 공통되며, 그중 일부를 이 책에서 다룬다.

1.3 머신러닝의 다양한 유형

이 절에서는 간략하게나마 머신러닝의 모든 유형을 살펴본다. 즉 이 책에서 제시한 금융 응용 실전 문제에서 이 유형들을 다룬다. [그림 1-2]에서 보는 바와 같이, 머신러닝은 지도 학습supervised learning, 비지도 학습unsupervised learning, 강화 학습reinforcement learning으로 나뉜다.

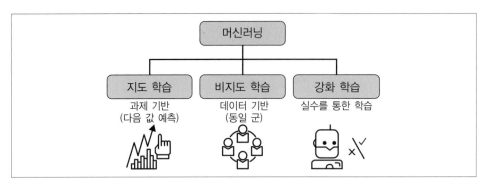

그림 1-2 머신러닝 유형

1.3.1 지도 학습

지도 학습의 주된 목표는 분류된(레이블이 붙은) 보이지 않는 데이터나 미래의 데이터에 대해 예측하기 위해 데이터로 모델을 훈련하는 것이다. 여기서 '지도'라는 용어는 샘플의 집합을 말하고, 기대하는 결과(분류, 레이블)는 이미 알고 있다. 지도 학습 알고리즘은 **분류**classification와 **회귀**regression의 두 유형으로 나뉜다.

분류

분류는 지도 학습의 하위범주로 목표는 과거의 관찰을 기반으로 새로운 예의 범주형 분류를 예측한다.

회귀

회귀는 지도 학습의 또 다른 하위범주로 연속적인 결과를 예측하는 데 사용된다. 다수의 예측 변수와 연속적 반응 변수(결과 혹은 타깃)가 주어졌을 때 한 결과를 예측하는 두 변수 간의 관계를 찾는다.

회귀 대 분류의 예는 [그림 1-3]에서 보는 바와 같다. 왼쪽 그림이 회귀의 예인데, 연속적 반응 변수는 수익이고, 예측 결과 대비 관찰된 값은 점으로 나타난다. 오른쪽 그림이 분류의 예인데, 결과는 하나의 범주형 분류, 즉 시장이 호재인지 악재인지로 나타난다.

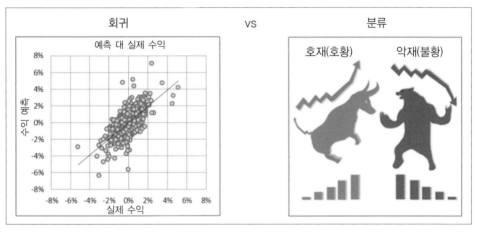

그림 1-3 회귀 대 분류

1.3.2 비지도 학습

비지도 학습은 분류된 반응값이 없는 입력 데이터만으로 구성된 데이터셋에서 추론한다. 비지도 학습은 **차원 축소**dimensionality reduction와 **군집화**clustering의 두 유형으로 나뉜다.

차원 축소

차원 축소는 전반적인 모델의 성능과 정보는 보존한 채 데이터셋의 특성features 혹은 변수의 개수를 줄이는 과정이다. 고차원 데이터셋을 다룰 때 사용한다.

[그림 1-4]는 데이터의 차원이 2차원(X_1과 X_2)에서 1차원(Z_1)으로 변환되는 개념을 설명한다. Z_1은 X_1과 X_2에 내포된 정보를 유지하면서 데이터의 차원만 줄인 것이다.

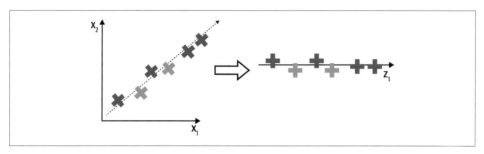

그림 1-4 차원 축소

군집화

군집화clustering는 비지도 학습 기술의 하위범주로 데이터에 숨겨진 구조를 찾는 데 사용된다. 군집화의 목표는 데이터 내에 내재된 묶음을 찾는 것으로 한 무리에 있는 항목끼리는 서로 비슷하고, 다른 무리의 항목과는 달라야 한다.

군집화의 예는 [그림 1-5]에서 볼 수 있는데, 전체 데이터가 군집화 알고리즘을 이용해 서로 구분되는 두 개의 군집으로 나누어지는 것을 확인할 수 있다.

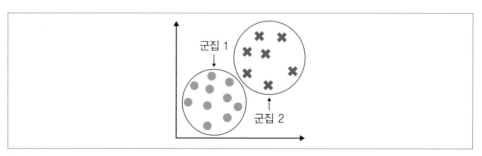

그림 1-5 군집화

1.3.3 강화 학습

강화 학습(RL)의 핵심 개념은 경험과 그에 상응하는 보상 혹은 페널티를 통해 학습해 특정한 상황에서 보상을 극대화하는 적절한 행동을 선택한다. [그림 1-6]에서 보듯이, 에이전트^{agent}라고 부르는 학습 시스템은 환경을 관찰하고 행동을 선택 및 수행하며, 결과로 보상(혹은 보상의 반대 형태로 페널티)을 받는다.

강화 학습은 지도 학습과 다르다. 지도 학습에서는 훈련 데이터 안에 답이 포함되고, 올바른 답에 맞게 모델을 훈련한다. 그러나 강화 학습에서는 분명한 답이 없다. 학습 시스템(에이전트)이 무엇을 할지 결정하며, 주어진 일을 수행하고, 보상을 기반으로 올바른 행동인지를 학습한다. 즉, 알고리즘이 경험을 통해 답을 결정한다.

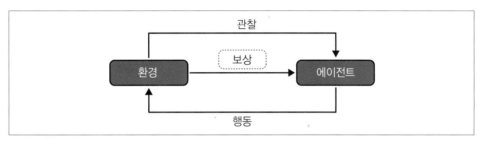

그림 1-6 강화 학습

강화 학습은 다음 단계를 따른다.

1 에이전트가 행동을 수행하면서 '환'과 상호 작용을 한다.
2 그다음 에이전트는 '행동'에 따른 '보상'을 받는다.
3 에이전트는 '보상'을 기반으로, '관찰'을 받고 '행동'이 좋았는지 나빴는지 이해한다. 에이전트가 긍정적 '보상'을 받았다면, 그 '행동'을 더 수행한다. '보상'이 덜 좋았다면, 긍정적 '보상'을 받기 위해 다른 '행동'을 수행하려 할 것이다. 기본적으로 시행착오를 통해 학습하는 과정이다.

1.4 자연어 처리

자연어 처리는 사람이 사용하는 자연어의 의미와 구조를 기계가 이해하도록 문제를 다루는 인공지능의 한 지류이다. 자연어 처리에는 몇 가지 머신러닝과 딥러닝 기술이 사용된다.

자연어 처리는 금융 분야에서 다양하게 활용되고 있는데, 가령 감정 분석, 챗봇, 문서 처리 등이다. 이는 특히 매도측 보고서, 실적 발표, 뉴스 헤드라인 같은 많은 정보가 문자 메시지로 전달되는 금융 업무에서 꽤 유용하다.

금융 머신러닝을 기반으로 한 자연어 처리 알고리즘은 10장에서 기본 개념과 실전 문제를 살펴볼 것이다.

1.5 맺음말

머신러닝은 금융 서비스 산업에 깊숙이 침투하고 있다. 이 장에서는 금융 머신러닝 알고리즘을 이용한 거래부터 로보 어드바이저까지 다양한 응용을 살펴보았다. 응용은 이 책의 후반에서 실전 문제로 다시 다룬다.

머신러닝에 사용되는 플랫폼 측면에서는 파이썬 생태계가 성장해 머신러닝을 위한 프로그래밍 언어 중 가장 우세해졌다. 다음 장에서는 데이터 준비부터 파이썬 기반 프레임워크상의 모델 배포에 이르는 모델 개발 단계에 대해 배울 것이다.

## CHAPTER 2

머신러닝 모델 개발

머신러닝에서는 많은 알고리즘과 다양한 프로그래밍 언어를 플랫폼으로 사용한다. 그중 파이썬 생태계는 가장 지배적이면서 가장 빨리 성장하고 있는 머신러닝을 위한 프로그래밍 언어이다.

파이썬의 인기와 높은 사용률을 고려해 파이썬을 이 책의 주 프로그래밍 언어로 사용한다. 2장에서는 파이썬 기반 머신러닝 프레임워크에 대해 포괄적으로 살펴본다. 먼저 머신러닝에 많이 사용하는 파이썬 패키지를 상세하게 살펴보고, 다음으로 파이썬 프레임워크 안에서 모델을 개발하는 단계를 알아본다.

2장에서 제시한 파이썬으로 모델을 개발하는 단계는 책에서 제시하는 실전 문제를 이해하는 데 바탕이 되며 파이썬 프레임워크는 금융 머신러닝 모델을 개발하는 데 활용할 수도 있다.

2.1 왜 파이썬인가?

파이썬은 다음과 같은 이유로 인기가 많다.

- 높은 단계의 문법(C, C++, 자바와 같은 낮은 단계 언어에 비해). 단 몇 줄의 코드를 작성해 프로그램을 개발할 수 있다는 장점이 입문자와 전문 개발자에게 매력적이다.
- 효율적인 개발 주기
- 방대한 커뮤니티 관리 오픈 소스 라이브러리
- 강력한 이식성

많은 개발자가 파이썬의 단순성에 끌려 머신러닝을 위한 새로운 라이브러리를 만들고 파이썬 채택을 손쉽게 결정한다.

2.2 머신러닝을 위한 파이썬 패키지

[그림 2-1]은 머신러닝에서 주로 사용하는 파이썬 패키지를 보여 준다.

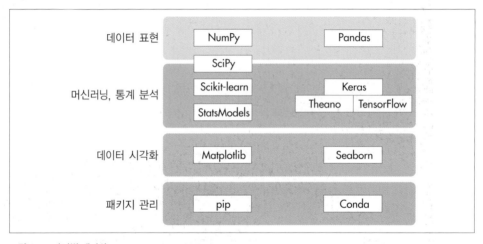

그림 2-1 파이썬 패키지

아래에 각 패키지를 간략히 요약했다.

- **넘파이**NumPy

  방대한 수식 함수와 다차원 배열을 지원한다.

- **판다스**Pandas

  데이터 처리 및 분석을 위한 라이브러리. 다른 기능이 여럿 있지만 테이블형 데이터 구조를 처리하고 변형하는 기능을 제공한다.

- **맷플롯립**Matplotlib

  2차원 차트와 그래프를 생성하는 라이브러리이다.

- **사이파이**SciPy

  넘파이, 판다스, 맷플롯립을 결합한 것으로 수학, 과학, 공학을 위한 파이썬 라이브러리 생태계이다.

- **사이킷런**Scikit-learn

  광범위한 알고리즘과 유틸리티를 제공하는 머신러닝 라이브러리이다.

- **스테이츠모델**StatsModels

  통계 모델을 예측하고, 통계 테스트를 수행하며, 통계 데이터를 살펴보는 데 필요한 함수와 클래스를 제공하는 파이썬 모듈이다.

- **텐서플로**TensorFlow**와 테아노**Theano

  신경망 작업을 돕는 데이터플로Dataflow 프로그래밍 라이브러리이다.

- **케라스**Keras

  텐서플로, 테아노 패키지 접근을 위해 단순화된 인터페이스를 제공하는 인공 신경망 라이브러리이다.

- **시본**Seaborn

  맷플롯립 기반 데이터 시각화 라이브러리로, 매력적이고 유익한 통계 도표를 그릴 수 있게 높은 단계의 인터페이스를 제공한다.

- **핍**pip**과 콘다**Conda

  핍은 파이썬 패키지의 설치, 업그레이드, 해체 등을 처리하는 패키지 관리자이고, 콘다는 파이썬 패키지와 파이썬 패키지 외 라이브러리 의존성을 관리하는 패키지 관리자이다.

2.2.1 파이썬 및 패키지 설치

파이썬을 설치하는 방법은 여러 가지이지만 아나콘다를 이용해 설치하기를 추천한다. 아나콘다에는 파이썬, 사이파이, 사이킷런이 포함되어 있다.

아나콘다를 설치한 후, 터미널을 열고 다음 코드를 실행해 주피터 서버를 시작한다.

```
$ jupyter notebook
```

> **NOTE_** 이 책의 모든 예제는 파이썬 3.x를 사용해 주피터 노트북에서 실행한다. 실전 문제에서 여러 파이썬 패키지를 사용하는데 그중 사이킷런과 케라스를 많이 사용한다.

2.3 모델 개발 단계

머신러닝 문제는 처음부터 끝까지 전체를 훑어보는 것이 매우 중요하다. 첫 단계부터 마지막 단계까지 전 단계를 잘 정의해 두지 않으면 응용 머신러닝의 생명력을 잃게 될 것이다.

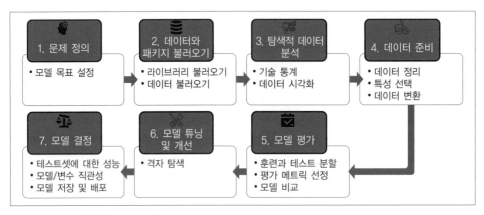

그림 2-2 모델 개발 단계

[그림 2-2]는 파이썬으로 머신러닝 모델을 바로 시작하는 데 이용할 수 있는 간단한 모델 개발 7단계를 보여 준다. 앞의 몇 단계에는 예비 데이터 분석과 데이터 준비가 포함되는데, 이는 데이터에서 의미와 이해를 추출하는 것이 목적인 데이터 과학에 기반한 단계이다. 다음 단계는 모델 평가, 상세 튜닝, 모델 완성이다.

> **NOTE_** 이 책의 실전 문제는 모두 표준 7단계 모델 개발 과정을 따른다. 하지만 몇몇 실전 문제에서는 단계의 적절성과 직관성을 고려해 일부 단계를 생략하거나 이름을 바꾸거나 순서를 바꾸기도 한다.

2.3.1 모델 개발 청사진

다음 절에서는 파이썬 코드를 지원하는 모델 개발의 모든 단계를 상세히 다룬다.

문제 정의

어떤 과제이든 첫 단계는 문제를 정의하는 것이다. 문제를 해결하는 데 강력한 알고리즘을 사용할 수 있지만 문제 자체가 잘못 정의되었다면 그 결과는 아무 의미가 없다.

문제 정의를 위해 다음과 같은 프레임워크를 사용한다.

> 1 형식적 및 비형식적으로 문제를 설명한다. 가정과 비슷한 문제를 나열한다.
>
> 2 문제를 해결하려는 동기, 해결책이 주는 이익, 그 해결책을 어떻게 사용할지 나열한다.
>
> 3 도메인 지식을 사용해 어떻게 문제를 해결할지 설명한다.

데이터 및 패키지 불러오기

두 번째 단계에서는 본격적으로 문제를 다루는 데 필요한 모든 것을 제공한다. 가령 라이브러리, 패키지, 모델 개발에 필요한 함수 불러오기 등이다.

라이브러리 불러오기

라이브러리를 불러오는 예제 코드는 다음과 같다.

```
# 라이브러리 불러오기
import pandas as pd
from matplotlib import pyplot
```

특별한 함수를 위해 사용하는 라이브러리와 모듈에 대한 상세한 내용은 개별 실전 문제에서 깊이 있게 설명한다.

데이터 불러오기

데이터를 불러오기 전에 다음 항목을 확인해 제거한다.

- 행 제목
- 언급된 설명 혹은 특수 문자
- 구분 문자

데이터를 불러오는 다양한 방법 중 일반적인 방법을 알아본다.

예제: 판다스로 CSV 파일 불러오기

```
from pandas import read_csv
filename = 'xyz.csv'
data = read_csv(filename, names=names)
```

예제: URL에서 파일 불러오기

```
from pandas import read_csv
url = 'https://goo.gl/vhm1eU'
names = ['age', 'class']
data = read_csv(url, names=names)
```

예제: pandas_datareader를 이용해 파일 불러오기

```
import pandas_datareader.data as web
ccy_tickers = ['DEXJPUS', 'DEXUSUK']
idx_tickers = ['SP500', 'DJIA', 'VIXCLS']
stk_data = web.DataReader(stk_tickers, 'yahoo')
ccy_data = web.DataReader(ccy_tickers, 'fred')
idx_data = web.DataReader(idx_tickers, 'fred')
```

탐색적 데이터 분석

세 번째 단계에서는 데이터셋을 살펴본다.

기술 통계

데이터셋의 이해는 모델 개발의 중요한 단계 중 하나이다. 데이터셋을 이해하는 하부 단계에는 다음 과정이 포함된다.

1 원시 데이터 검토

2 데이터셋 차원 확인

3 속성의 데이터 유형 확인

4 데이터셋에 있는 변수 간 관계, 기술 통계, 분포 요약

다음의 예제 파이썬 코드로 이들 단계를 확인한다.

예제: 원시 데이터 살펴보기

```
set_option('display.width', 100)
dataset.head(1)
```

	Age	Sex	Job	Housing	SavingAccounts	CheckingAccount	CreditAmount	Duration	Purpose	Risk
0	67	male	2	own	NaN	little	1169	6	radio/TV	good

예제: 데이터셋 차원 확인

```
dataset.shape
```

```
(284807, 31)
```

이 결과는 데이터셋의 차원을 보여 준다. 284,807개 행(가로), 31개 열(세로)이 있다.

예제: 속성의 데이터 유형 확인

```
# 타입
set_option('display.max_rows', 500)
dataset.dtypes
```

예제: 기술 통계를 이용해 데이터 요약

```
# 데이터 기술하기
set_option('precision', 3)
dataset.describe()
```

	Age	Job	CreditAmount	Duration
count	1000.000	1000.000	1000.000	1000.000
mean	35.546	1.904	3271.258	20.903
std	11.375	0.654	2822.737	12.059
min	19.000	0.000	250.000	4.000
25%	27.000	2.000	1365.500	12.000

50%	33.000	2.000	2319.500	18.000
75%	42.000	2.000	3972.250	24.000
max	75.000	3.000	18424.000	72.000

데이터 시각화

데이터를 배우는 가장 빠른 방법은 데이터를 시각화하는 것이다. 시각화하면 데이터셋의 속성을 개별적으로 이해하게 된다. 몇 가지 도표 유형은 다음과 같다.

- **단변량**univariate **도표(분포에 변량이 하나)**

    히스토그램, 밀도도

- **다변량**multivariate **도표(분포에 변량이 둘 이상)**

    상관관계 행렬 도표, 산점도

단변량 도표 유형을 위한 파이썬 코드 예제는 다음과 같다.

예제: 단변량 도표 – 히스토그램

```
from matplotlib import pyplot
dataset.hist(sharex=False, sharey=False, xlabelsize=1, ylabelsize=1,\
    figsize=(10,4))
pyplot.show()
```

예제: 단변량 도표 – 밀도도

```
from matplotlib import pyplot
dataset.plot(kind='density', subplots=True, layout=(3,3), sharex=False,\
    legend=True, fontsize=1, figsize=(10,4))
pyplot.show()
```

[그림 2–3]에서 출력 결과를 확인하자.

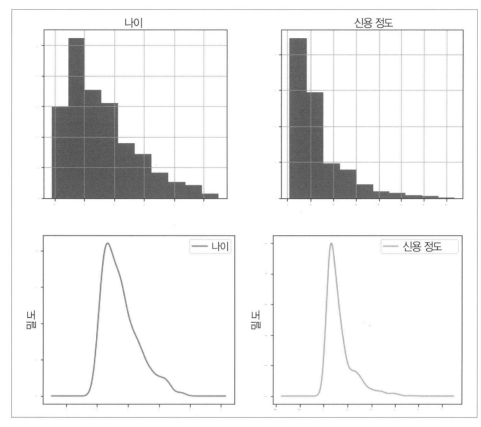

그림 2-3 히스토그램(위)과 밀도도(아래)

다변량 도표 유형을 위한 파이썬 코드 예제는 다음과 같다

예제: 다변량 도표 – 상관관계 행렬

```
from matplotlib import pyplot
import seaborn as sns
correlation = dataset.corr()
pyplot.figure(figsize=(5,5))
pyplot.title('Correlation Matrix')
sns.heatmap(correlation, vmax=1, square=True,annot=True,cmap='cubehelix')
```

```
from pandas.plotting import scatter_matrix
scatter_matrix(dataset)
```

[그림 2-4]에서 출력 결과를 확인하자.

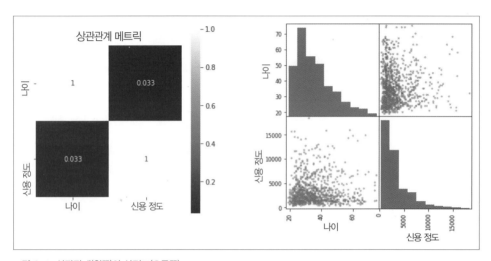

그림 2-4 상관관계(왼쪽)와 산점도(오른쪽)

데이터 준비

데이터 준비는 전처리 단계로 하나 혹은 여러 소스에서 가져온 데이터를 올바르게 정리하고 데이터를 사용하기에 앞서 데이터의 품질을 높이는 것이다.

데이터 올바르게 정리하기

머신러닝 모델에 맞지 않는 데이터가 있으면 나중에 비싼 대가를 치르게 된다. 데이터를 올바르게 정리할 때는 다음 측면부터 확인한다.

- **유효성**
  데이터 유형, 범위 등
- **정확성**
  데이터가 참값에 가까운 정도

- **완전성**

  필요한 모든 데이터가 알려진 정도

- **균일성**

  데이터가 동일한 측정 단위로 지정되어 있는 정도

이번에는 데이터를 올바르게 정리하는 방법을 알아본다.

- **데이터에서 'NA' 값 제거하기**

  ```
  dataset.dropna(axis=0)
  ```

- **'NA' 값을 0으로 대체하기**

  ```
  dataset.fillna(0)
  ```

- **'NA' 값을 해당 열의 평균값으로 채우기**

  ```
  dataset['col'] = dataset['col'].fillna(dataset['col'].mean())
  ```

특성 선택

데이터 특성은 머신러닝 모델의 훈련과 성능에 미치는 영향이 크다. 관련이 없거나 부분적으로 관련된 특성은 모델 성능을 저하시킬 수 있다. 특성 선택[1]은 일종의 과정으로 예측 변수나 결괏 값에 긍정적 영향을 가장 많이 미치는 특성이 자동으로 선택된다.

데이터를 모델링하기 전에 특성을 선택함으로써 얻는 이점은 다음과 같다.

- **과적합[2]을 줄인다**

  데이터의 중복이 적으면, 모델의 결정이 노이즈의 영향을 받는 경우가 감소한다.

- **성능을 향상시킨다**

  잘못된 데이터가 적으면, 모델링 성능이 향상된다.

- **훈련 시간과 메모리 사용량을 줄인다**

  데이터양이 적으면, 더 빠르게 학습하고 메모리 사용량도 적다.

---

1 특성 선택은 지도 학습 모델과 더 많이 관련되고 5장과 6장에서 실전 문제를 통해 자세히 설명한다.

2 4장에서 상세히 다룬다.

다음의 샘플 특성은 사이킷런에 있는 **SelectKBest** 함수를 사용해 최적 특성의 수를 2개로 설정했을 때 상위 k의 특성을 찾아 보여 주는 예이다.

```
from sklearn.feature_selection import SelectKBest
from sklearn.feature_selection import chi2
bestfeatures = SelectKBest( k=5)
fit = bestfeatures.fit(X,Y)
dfscores = pd.DataFrame(fit.scores_)
dfcolumns = pd.DataFrame(X.columns)
featureScores = pd.concat([dfcolumns,dfscores],axis=1)
print(featureScores.nlargest(2,'Score'))  # 상위 2개 최고 특성 출력하기
```

```
          Specs     Score
2         Variable1 58262.490
3         Variable2   321.031
```

데이터에서 특성이 무관하다면 제외되어야 한다. 다음 예제 코드는 무관한 특성을 제외한다.

```
# 오래된 특성 없애기
dataset.drop(['Feature1','Feature2','Feature3'],axis=1,inplace=True)
```

데이터 변환

많은 머신러닝 알고리즘은 데이터에 대한 가정이 많다. 따라서 머신러닝 알고리즘에 가장 적합한 방법으로 데이터를 표현하도록 데이터를 준비하는 것이 좋은데, 이는 데이터의 변환으로 가능하다.

다음과 같은 방법으로 데이터를 다양하게 변환할 수 있다.

- **리스케일링**

  데이터가 서로 다른 비율의 속성으로 구성되었을 때, 같은 비율로 속성을 맞춘다면 많은 머신러닝 알고리즘에 유용하다. 속성은 일반적으로 0과 1 사이의 범위로 리스케일링된다. 리스케일링은 머신러닝 알고리즘 내의 핵심 알고리즘을 최적화하는 데 효과적이고 알고리즘의 연산 속도를 높이는 데도 유익하다.

  ```
  from sklearn.preprocessing import MinMaxScaler
  scaler = MinMaxScaler(feature_range=(0, 1))
  rescaledX = pd.DataFrame(scaler.fit_transform(X))
  ```

- **표준화**

  표준화는 속성을 평균이 0, 표준편차가 1인 정규분포로 변환하는 유용한 방법이다. 이 방법은 입력 변수가 정규분포를 따른다고 가정하는 기술에 가장 적합하다.

  ```
  from sklearn.preprocessing import StandardScaler
  scaler = StandardScaler().fit(X)
  StandardisedX = pd.DataFrame(scaler.fit_transform(X))
  ```

- **정규화**

  정규화는 각 관찰(열)을 길이가 1인 벡터 혹은 단위 표준으로 리스케일링하는 것이다. 이 전처리 방법은 비율이 서로 다른 속성의 희소 데이터셋을 처리하는 데 유용하다.

  ```
  from sklearn.preprocessing import Normalizer
  scaler = Normalizer().fit(X)
  NormalizedX = pd.DataFrame(scaler.fit_transform(X))
  ```

모델 평가

알고리즘의 성능을 추정한 후에는 전체 훈련 데이터셋으로 최종 알고리즘을 재훈련하고 실제 목적에 맞게 준비한다. 이를 위한 가장 좋은 방법은 새로운 데이터셋으로 최종 알고리즘의 성능을 평가하는 것이다. 머신러닝 기술은 다양하기 때문에 그에 적합한 평가 메트릭이 필요하다. 모델을 선택할 때는 모델 성능 외에 단순성, 해석성, 훈련 시간과 같은 여러 요소를 고려하는데, 이 요소는 4장에서 자세히 다룬다.

훈련과 테스트 분할

머신러닝 알고리즘의 성능을 평가하는 가장 단순한 방법은 서로 다른 훈련 데이터셋과 테스트 데이터셋을 사용하는 것이다. 원본 데이터셋을 두 부분으로 나눠서 첫 번째 부분은 알고리즘을 훈련하는 데 사용하고, 두 번째 부분은 예측하고 기대치 대비 예측치를 평가하는 데 사용한다. 분할의 비율은 데이터셋의 크기와 특이성에 따라 다르지만, 훈련 데이터 80%, 테스트 데이터 20%로 분할하는 것이 일반적이다. 훈련 및 테스트 데이터셋을 분리함으로써 유의미한 정확성 평가가 가능하다. 데이터 분할 시 사이킷런에서 제공하는 train_test_split을 사용해 훈련셋과 테스트셋으로 쉽게 나눌 수 있다.

```
# 검증 데이터셋 분할
validation_size = 0.2
seed = 7
X_train, X_validation, Y_train, Y_validation =\
train_test_split(X, Y, test_size=validation_size, random_state=seed)
```

평가 메트릭 선정

어떤 메트릭을 선택하느냐는 머신러닝 알고리즘을 평가하는 데 중요하다. 평가 메트릭은 모델 결과를 구분할 수 있어야 한다. 여러 머신러닝 모델에 사용하는 평가 메트릭은 이 책의 여러 장에 걸쳐 자세히 다룬다.

모델과 알고리즘 비교

머신러닝 모델 혹은 알고리즘을 선택하는 것 자체가 기술이고 과학이다. 모든 모델에 적합한 하나의 방법이나 솔루션은 없다. 머신러닝 알고리즘을 선택하고 결정하는 데 모델 성능보다 더 중요하게 고려할 요소가 여럿 있는데, 단순한 예를 들어 모델 처리 절차를 비교하면서 이해해 보자. 두 변수 X와 Y를 정의하고 X를 입력으로 Y를 예측하는 모델을 만든다. 첫 번째 단계로 이전 절에서 언급한 바와 같이 데이터를 훈련 데이터와 테스트 데이터로 나눈다.

```
import numpy as np
import matplotlib.pyplot as plt
from sklearn.model_selection import train_test_split
validation_size = 0.2
seed = 7
X = 2 - 3 * np.random.normal(0, 1, 20)
# 다른 축을 포함하도록 데이터 변환
Y = X - 2 * (X ** 2) + 0.5 * (X ** 3) + np.exp(-X)+np.random.normal(-3, 3, 20)
X = X[:, np.newaxis]
Y = Y[:, np.newaxis]
X_train, X_test, Y_train, Y_test = train_test_split(X, Y,\
test_size=validation_size, random_state=seed)
```

우리는 이 문제에 적합한 알고리즘이 무엇인지 모른다. 이제 테스트를 설계해 보자. 선형 회귀와 다항식 회귀 두 개의 모델을 사용해 X 대비 Y를 적합화한다. 메트릭으로 **평균 제곱근 오차** Root Mean Squared Error (RMSE)를 사용해 알고리즘을 평가한다. 평균 제곱근 오차는 모델 성능을 측정하는 방법의 하나로 모든 예측값이 참값에서 얼마나 떨어져 있는지 알려 준다.

```
from sklearn.linear_model import LinearRegression
from sklearn.metrics import mean_squared_error, r2_score
from sklearn.preprocessing import PolynomialFeatures

model = LinearRegression()
model.fit(X_train, Y_train)
Y_pred = model.predict(X_train)
rmse_lin = np.sqrt(mean_squared_error(Y_train,Y_pred))
r2_lin = r2_score(Y_train,Y_pred)
print("RMSE for Linear Regression:", rmse_lin)
polynomial_features= PolynomialFeatures(degree=2)
x_poly = polynomial_features.fit_transform(X_train)
model = LinearRegression()
model.fit(x_poly, Y_train)
Y_poly_pred = model.predict(x_poly)
rmse = np.sqrt(mean_squared_error(Y_train,Y_poly_pred))
r2 = r2_score(Y_train,Y_poly_pred)
print("RMSE for Polynomial Regression:", rmse)
```

```
RMSE for Linear Regression: 6.772942423315028
RMSE for Polynomial Regression: 6.420495127266883
```

다항식 회귀 모델의 평균 제곱근 오차가 선형 회귀 모델의 평균 제곱근 오차보다 약간 더 좋게 나온다.[3] 이 단계에서는 다항식 회귀 모델이 더 적합함을 확인하고 이 모델을 선택한다.

모델 튜닝

모델 하이퍼파라미터의 최적 조합을 찾는 것은 탐색 문제를 다루는 것과 비슷하다.[4] 이 탐색 활동을 모델 튜닝이라고 하는데, 이는 모델 개발에서 가장 중요한 단계이다. 격자 탐색과 같은 기술을 사용해 모델의 최적 매개변수를 찾는다. 격자 탐색에서는 격자 형태의 가능한 하이퍼파라미터 조합을 모두 생성하고 생성된 조합 중에서 하나씩 사용해 모델을 훈련한다. 격자 탐색 외에도 임의 탐색, 베이지안 최적화, 하이퍼브랜드 등의 다양한 기술이 있다.

---

3 이 경우에 평균 제곱근 오차의 차이가 작고 훈련 데이터와 테스트 데이터의 분할이 달라지면 차이가 없어질 수 있음을 알아야 한다.

4 하이퍼파라미터는 모델의 외적 특징으로 모델 세팅으로 생각할 수 있으며, 데이터 기반 모델 매개변수와는 다르다.

이 책의 실전 문제에서는 모델 튜닝을 위해 우선적으로 격자 탐색을 사용한다.

이전 예제에 이어서, 최적 모델로 다항식 회귀를 선택하고 격자 탐색을 실행한다. 여러 차수를 갖는 다항식 회귀를 다시 적합화한다. 모든 모델을 평균 제곱근 오차로 비교한다.

```
Deg= [1,2,3,6,10]
results=[]
names=[]
for deg in Deg:
    polynomial_features= PolynomialFeatures(degree=deg)
    x_poly = polynomial_features.fit_transform(X_train)
    model = LinearRegression()
    model.fit(x_poly, Y_train)
    Y_poly_pred = model.predict(x_poly)
    rmse = np.sqrt(mean_squared_error(Y_train,Y_poly_pred))
    r2 = r2_score(Y_train,Y_poly_pred)
    results.append(rmse)
    names.append(deg)
plt.plot(names, results,'o')
plt.suptitle('Algorithm Comparison')
```

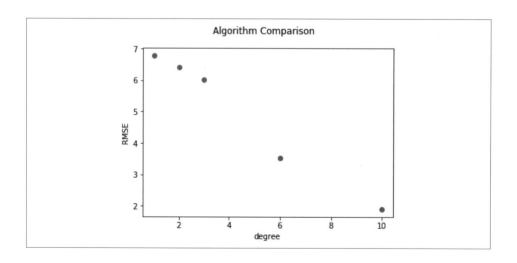

평균 제곱근 오차는 차수가 증가함에 따라 감소한다. 차수가 10일 때 그 오차가 가장 낮다. 하지만 10차보다 낮은 차수의 모델이 성능이 좋다. 최고의 모델을 최종 선택하기 위해 테스트셋을 사용한다.

각 알고리즘에 대한 일반적인 입력 매개변수셋은 분석의 시작 지점이며, 특정 데이터셋과 비즈니스 문제에 대한 최적의 구성이 될 수는 없다.

모델 확정

마지막 단계에서는 모델을 선택한다. 첫째, 훈련된 모델로 테스트 데이터셋을 적용해 예측한다. 다음으로, 모델의 직관성을 이해하고 추후 사용을 위해 저장한다.

테스트셋에 대한 성능

훈련 단계에서 선택한 모델을 테스트셋으로 평가한다. 테스트셋을 사용하면 훈련에 전혀 사용되지 않은 데이터를 비교하게 되므로 편향 없이 다양한 모델을 비교할 수 있다. 이전 단계에서 개발한 모델에 대한 테스트 결과는 다음 예제로 확인한다.

```python
Deg= [1,2,3,6,8,10]
for deg in Deg:
    polynomial_features= PolynomialFeatures(degree=deg)
    x_poly = polynomial_features.fit_transform(X_train)
    model = LinearRegression()
    model.fit(x_poly, Y_train)
    x_poly_test = polynomial_features.fit_transform(X_test)
    Y_poly_pred_test = model.predict(x_poly_test)
    rmse = np.sqrt(mean_squared_error(Y_test,Y_poly_pred_test))
    r2 = r2_score(Y_test,Y_poly_pred_test)
    results_test.append(rmse)
    names_test.append(deg)
plt.plot(names_test, results_test,'o')
plt.suptitle('Algorithm Comparison')
```

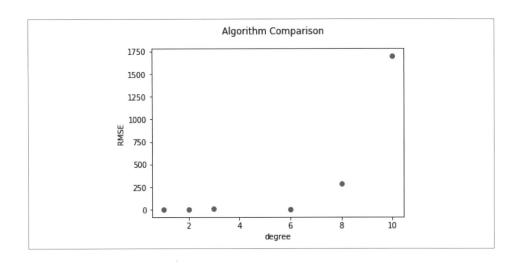

훈련셋을 이용할 때는 다항식 모델의 차수가 증가함에 따라 평균 제곱근 오차가 감소하고 10 차일 때 오차가 가장 낮았다. 하지만 이전 결과에서 보듯이 10차의 경우 훈련셋에서는 최고의 결과를 얻지만, 테스트셋에서 얻은 결과는 나쁘다. 8차 다항식의 경우, 테스트셋 오차가 상대적으로 더 높다. 6차 다항식은 훈련셋의 좋은 결과만큼 테스트셋의 결과도 가장 좋다(하지만 더 낮은 차수의 다항식과 비교하면 차이는 작다). 이러한 이유로 이 모델이 선호된다.

성능만이 아니라 단순성, 해석성, 훈련 시간과 같은 다양한 요소를 고려해 모델을 선택하는데, 이 요소는 다음 장에서 살펴본다.

모델/변수의 직관성

이 단계에서는 문제를 해결하는 데 적용할 방법을 포괄적으로 이해한다. 기대하는 결과는 연관되는 모델의 한계, 사용된 변수, 선택한 모델의 매개변수 등이다. 다양한 머신러닝 모델에 대한 모델과 변수의 직관성을 다음 장과 실전 문제에서 자세히 살펴본다.

저장/배포

정확한 머신러닝 모델을 찾은 후에는 추후 사용을 위해 모델을 저장하고 다시 불러올 수 있어야 한다.

피클Pickle은 파이썬으로 훈련된 모델을 저장하고 불러오는 모듈이다. 피클 연산을 사용해 훈련된 머신러닝 모델을 직렬화serialized 형태로 파일에 저장할 수 있다. 차후에 직렬화된 파일을 역

직렬화해 모델을 불러온다. 다음 예제 코드는 어떻게 모델을 파일로 저장하고 불러와 새로운 데이터에 대해 예측을 수행하는지 보여 준다.

```
# 피클로 모델 저장하기
from pickle import dump
from pickle import load

# 모델을 디스크에 저장하기
filename = 'finalized_model.sav'
dump(model, open(filename, 'wb'))

# 디스크에서 모델 불러오기
loaded_model = load(filename)
```

> **TIP** 몇 년 동안, 머신러닝 모델 개발 과정에서 최대 단계 수를 자동화하기 위해 AutoML과 같은 프레임워크가 개발되었다. 모델 개발자는 이러한 프레임워크를 사용해 대규모, 효율성, 생산성을 겸비한 머신러닝 모델을 개발할 수 있다. 이러한 프레임워크를 살펴보기를 권한다.

2.4 맺음말

파이썬은 인기, 채택률, 유연성으로 인해 머신러닝 개발 언어로 선호되곤 한다. 데이터 정리, 시각화, 모델 개발 등 수많은 과제를 수행하는 파이썬 패키지가 있는데, 그중 사이킷런과 케라스가 핵심 패키지이다.

이 장에서 설명한 모델 개발의 7단계는 금융 머신러닝 기반 모델을 개발하는 데도 활용할 수 있다.

다음 장에서는 머신러닝을 위한 핵심 알고리즘으로 인공 신경망을 살펴볼 것이다. 인공 신경망은 금융에서 머신러닝을 구축하는 또 다른 요소로 모든 유형의 머신러닝과 딥러닝 알고리즘에 걸쳐 사용된다.

## CHAPTER 3

인공 신경망

머신러닝에는 여러 유형의 모델이 사용된다. 그중 특별한 주목을 받으며 모든 유형의 머신러닝에 사용되고 있는 인공 신경망$^{artificial\ neural\ networks}$(ANN)의 기본을 3장에서 다룬다.

인공 신경망은 인공 뉴런이라고 불리는 노드(혹은 단위)가 연결된 집합체로, 연산을 수행하는 시스템이다. 이 시스템은 생물학적 뇌의 뉴런을 모사한다. 즉 생물학적 뇌의 시냅스^{synapses}와 같이 뉴런이 연결되어 한 뉴런에서 다른 뉴런으로 신호를 전달한다. 신호를 받은 인공 뉴런은 신호를 처리하고 그다음 연결된 뉴런에 전달한다.

딥러닝은 복잡한 인공 신경망 알고리즘을 다루는데, 복잡도는 모델 전체에서 정보의 흐름을 나타내는 정교한 패턴에 좌우된다. 딥러닝은 모종의 세계를 개념이 층층이 쌓인 계층적 구조로 표현할 수 있는데, 각 개념은 더 단순한 개념으로 정의된다. 딥러닝 기술은 9장과 10장에서 살펴볼 강화 학습과 자연어 처리 응용에 폭넓게 사용된다.

이 장에서는 인공 신경망[1] 분야에서 사용되는 상세한 기술용어와 처리과정을 살펴보고, 다음 주제를 다룬다.

- **인공 신경망 구조**: 뉴런, 계층, 가중치
- **인공 신경망 훈련**: 순전파, 역전파, 경사 하강법
- **인공 신경망 하이퍼파라미터**: 계층, 노드 수, 활성화 함수, 손실 함수, 학습률

---

1 인공 신경망과 딥러닝을 더 자세히 이해하려면 『심층 학습』(제이펍, 2018)을 참조한다.

- 파이썬으로 심층 신경망 기반 모델 정의 및 훈련
- 인공 신경망과 딥러닝 모델의 훈련 속도 향상

3.1 구조, 훈련, 하이퍼파라미터

인공 신경망의 뉴런은 층을 이루며 복잡하게 배열되어 있다. 인공 신경망은 모델을 거쳐 얻은 결과와 예상한 결과를 비교하는 방식으로 훈련 단계를 거치는데, 이를 통해 데이터 내의 패턴을 인식하는 방법을 학습한다. 인공 신경망의 구성요소를 알아보자.

3.1.1 구조

인공 신경망은 뉴런, 계층, 가중치로 구성된다.

뉴런

인공 신경망의 구성요소는 (인공 뉴런, 노드, 퍼셉트론으로도 불리는) 뉴런이다. 뉴런에는 하나 이상의 입력과 단 하나의 출력이 있다. 복잡한 논리적 타당성을 계산하기 위해 뉴런의 망을 구축한다. 이들 뉴런에 있는 활성화 함수가 여러 입력과 한 개의 출력 간에 복잡한 비선형적 함수의 매핑을 결정한다.[2]

[그림 3-1]에서 보듯이, 뉴런은 입력$(x_1, x_2 \cdots x_n)$을 받아서 훈련 매개변수를 적용해 가중치 합(z)을 생성한 후 그 합을 출력 $f(z)$을 계산하는 활성화 함수(f)에 전달한다.

---

2 활성화 함수는 이 장의 후반부에 자세히 다룬다.

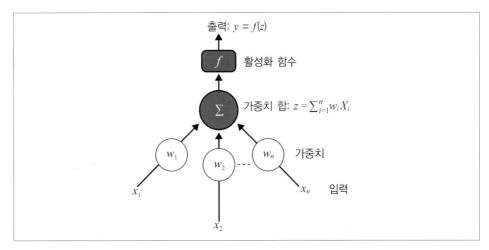

그림 3-1 인공 뉴런

계층

[그림 3-1]에서 본 바와 같이, 하나의 뉴런에서 나온 출력 $f(z)$만으로는 복잡한 일을 수행하는 모델을 만들지 못한다. 그래서 더 복잡한 구조를 표현하기 위해 다계층 뉴런을 만든다. 수직적, 수평적으로 뉴런을 쌓아 가면서 함수들의 분류가 복잡해진다. [그림 3-2]는 하나의 입력층, 하나의 출력층, 하나의 은닉층으로 구성된 인공 신경망의 구조를 보여 준다.

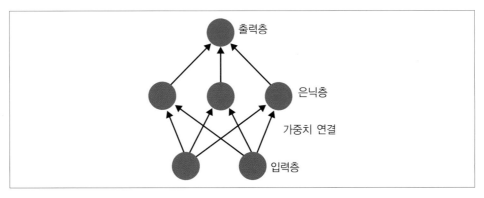

그림 3-2 신경망 구조

입력층

입력층은 데이터셋에서 입력을 받아 노출되는 망의 부분이다. 신경망은 종종 데이터셋에서 하나의 입력값(혹은 행)에 해당하는 뉴런이 하나인 입력층으로 그려진다. 입력층 뉴런은 입력값을 다음 층에 전달한다.

은닉층

입력층 다음에 있는 층이 은닉층인데, 입력에 직접 노출되지 않기 때문에 이런 명칭이 붙었다. 가장 단순한 신경망 구조는 값을 직접 출력하는 은닉층에 뉴런이 하나 있는 구조이다.

다층 인공 신경망이 더 복합한 머신러닝 일을 수행할 수 있는 것은 은닉층이 있기 때문이다. 계산 능력을 높이고 효율적인 라이브러리가 주어진다면, 층이 많은 신경망을 구축할 수 있다. 은닉층이 많은(세 개 이상) 인공 신경망을 심층 신경망deep neural network(DNN)이라고 한다. 심층 신경망은 여러 개의 은닉층들로 특성 계층이라고 불리는 데이터의 특성을 학습해 나가는데, 하나의 층에서 오는 단순한 특성이 다음 층과 결합해 더 복잡한 특성을 만들어 간다. 층이 많은 인공 신경망은 층이 적은 인공 신경망보다 더 많은 수학 연산을 거쳐 입력 데이터(특성)를 전달한다. 따라서 훈련하는 데 더 많은 연산이 이루어진다.

출력층

마지막 층이 출력층이다. 출력층은 문제를 푸는 데 필요한 형태에 해당하는 한 개의 값이나 여러 개의 벡터값을 출력한다.

뉴런 가중치

뉴런 가중치는 단위 간의 연결 강도를 나타내고, 입력이 출력에 영향을 미치는 정도를 수치화한다. 만약 뉴런 1이 뉴런 2보다 가중치가 더 크면, 뉴런 1이 뉴런 2보다 더 큰 영향을 준다는 것을 의미한다. 0에 근접한 가중치는 입력이 변해도 출력이 변하지 않고 음(-)의 가중치는 입력이 증가하면 출력이 감소한다는 의미이다.

3.1.2 훈련

기본적으로 하나의 신경망을 훈련한다는 것은 인공 신경망에서 정의한 모든 가중치를 적합하게 조정해 나간다는 뜻이다. 최적화는 순전파와 역전파 단계를 거치며 과정을 반복하여 수행된다.

순전파

순전파는 신경망에서 입력값을 받고 예측값이라고 하는 출력을 얻는 과정이다. 신경망의 첫 번째 층에서 입력을 받을 때는 어떤 연산도 하지 않는다. 두 번째 층에서는 첫 번째 층에서 받은 값에 곱셈, 덧셈, 활성화 연산을 적용하고 그 결괏값을 다음 층에 전달한다. 이 같은 과정을 여러 하위 층에서 반복적으로 수행해 마지막 층에서 출력값을 얻는다.

역전파

순전파를 거친 후에 신경망에서 예측값을 얻는다. 한 신경망에서 기댓값을 Y, 예측값을 Y'이라고 하자. 예측값과 기댓값의 차이$(Y - Y')$를 손실(혹은 비용) 함수 $J(w)$로 변환한다. 여기서 w는 인공 신경망의 가중치를 나타낸다.[3] 목표는 훈련셋을 가지고 손실 함수를 최적화하는 것, 즉 손실을 가능한 한 최소화하는 것이다.

이때 사용되는 최적화 방법이 **경사 하강법**이다. [그림 3-3]에서 보는 바와 같이, 경사 하강법의 목표는 주어진 점에서 w에 대한 손실 함수 $J(w)$의 경사를 찾는 것인데, 그 경사가 낮아지는 방향으로 조금씩 이동하며 가장 낮은 값에 도달할 때까지 진행한다.

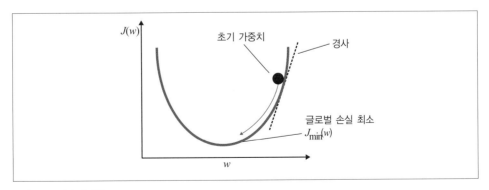

그림 3-3 경사 하강법

----

3 손실 함수는 다음 절에서 자세히 다룬다. 문제의 본질이 손실 함수의 선택을 결정한다.

인공 신경망에서 손실 함수 $J(w)$는 앞서 설명한 바와 같이 다층으로 구성된다. 첫 번째 층을 $p()$, 두 번째와 세 번째 층을 $q()$와 $r()$라고 하면, 전체 함수는 $J(w)=r(q(p()))$가 된다. w에는 세 개 층의 가중치가 모두 포함된다. 그래서 w에 대한 $J(w)$의 경사를 찾고자 한다.

상세한 수학적 설명은 건너뛰고, 여기서 핵심은 첫 번째 층에서 w의 경사가 두 번째와 세 번째 층의 경사에 의존한다는 것이다. 그리고 두 번째 층에서의 경사는 세 번째 층의 경사에 의존한다. 따라서 마지막 층, 즉 세 번째 층에서부터 역방향으로 미분을 적용해 나가는데, 이때 이전 층의 경사를 구하는 역전파를 사용한다.

전반적으로 역전파 과정에서 모델의 오차(예측값과 기댓값의 차)를 망을 통해 한번에 하나의 층으로 전파시키면서, 오차가 발생하는 정도만큼 가중치를 튜닝해 나간다.

거의 모든 인공 신경망은 경사 하강법과 역전파를 사용한다. 역전파는 경사를 찾는 가장 명확하고 효율적인 방법이다.

3.1.3 하이퍼파라미터

하이퍼파라미터는 훈련 과정 이전에 값이 정해지는 변수여서 훈련 과정 중에는 변하지 않는다. 인공 신경망은 그 안에 있는 많은 하이퍼파라미터를 통해 신경망을 유연하게 하는데, 이 유연성 때문에 모델 튜닝 과정이 어려워진다. 하이퍼파라미터와 그 이면의 직관성을 이해한다면 각 하이퍼파라미터가 어떤 값을 갖는지 파악하는 데 도움이 되고 그에 맞게 검색 공간을 제한할 수 있다. 은닉층과 노드의 수부터 자세히 알아보자.

은닉층 및 노드의 수

인공 신경망에서 은닉층과 각 층의 노드 수가 많아지면 매개변수도 많아지고, 모델은 더욱더 복잡한 함수 구현에 적합해진다. 잘 일반화할 수 있는 훈련된 망을 갖기 위해서는 은닉층과 각 은닉층 노드의 개수를 최적화해야 한다. 층 수와 노드 수가 과도하게 적으면 시스템의 오차가 커지면서 적은 노드 수로 표현해야 하기 때문에 예측 요소들이 매우 복잡해진다. 반면에 층 수와 노드 수가 과도하게 많으면 훈련 데이터에 과적합되고 따라서 잘 일반화되지 못할 것이다. 층과 노드 수를 결정하는 확실하고 빠른 방법은 없다.

은닉층 수는 우선적으로 작업의 복잡성에 달려 있다. 대규모 이미지 분류나 음성 인식과 같은 매우 복잡한 작업에는 수십 개의 층으로 구성된 망과 엄청난 양의 훈련 데이터가 필요하다. 대부분의 문제에서는 한 개나 두 개의 은닉층으로 시작하고 훈련 데이터셋에 과적합되기 시작할 때까지 점차적으로 층의 개수를 늘려 나간다.

숨겨진 노드 수는 입력과 출력 노드의 개수, 훈련 데이터의 양, 모델에서 정의된 함수의 복잡도와 관계있다. 경험에 의하면, 각 층의 숨겨진 노드 수는 입력층의 크기와 출력층의 크기 사이 중간값으로 정하면 된다. 숨겨진 노드의 수는 과적합을 피하기 위해 입력 노드 수의 두 배를 넘지 않아야 한다.

학습률

인공 신경망을 훈련할 때 가중치를 최적화하기 위해 순전파와 역전파를 반복한다. 반복마다 각각의 가중치에 대한 손실 함수의 미분을 계산하고, 미분값을 가중치에서 뺀다. 얼마나 빨리 또는 느리게 가중치값이 변할지는 학습률이 결정한다. 학습률은 적당한 시간 안에 수렴할 만큼 커야 하고 손실 함수의 최솟값을 찾을 만큼 작아야 한다.

활성화 함수

[그림 3-1]에서 보듯이, 인공 신경망에서 활성화 함수는 기대하는 출력을 얻기 위해 입력 가중치 합을 받는 함수이다. 활성화 함수를 이용해 신경망은 더 복잡한 방법으로 입력을 결합할 수 있다. 또한 신경망 모델과 그 출력의 관계를 더 잘 표현할 수 있다. 활성화 함수는 어떤 뉴런을 활성화할지, 즉 어떤 정보를 다음 층에 전달할지 결정한다.

활성화 함수가 없다면 인공 신경망은 상당히 큰 학습 능력을 잃게 된다. 몇 가지 활성화 함수 중에서 가장 많이 사용하는 함수를 다음에 소개한다.

- **선형(항등) 함수**

  직선 방정식(즉, $f(x) = mx + c$)으로 나타내고, 활성은 입력에 비례한다. 여러 층이 있고 모두 선형적이라면, 마지막 층의 활성화 함수는 첫 번째 층의 선형 함수와 같다. 선형 함수의 범위는 음의 무한대($-inf$)에서 양의 무한대($+inf$)까지이다.

- **시그모이드 함수**

  [그림 3-4]에서 보듯이 S자형으로 투영되는 함수이다. 식 $f(x) = 1/(1 + e^{-x})$로 나타내며 출력 범위는 0부터 1까지이다. 큰 양의 입력은 1에 가까운 출력을, 큰 음의 입력은 0에 가까운 출력을 보여 준다. 논리 활성화 함수라고도 한다.

- **하이퍼볼릭 탄젠트**^{Tanh} **함수**

  시그모이드 함수와 비슷하게 $\text{Tanh}(x) = 2\text{Sigmoid}(2x) - 1$로 표현하는데, 여기서 'Sigmoid'는 앞서 제시한 시그모이드 함수를 나타낸다. 이 함수의 출력 범위는 −1부터 1까지이고 [그림 3-4]에서 보듯이 z축으로 동일하다.

- **렐루 함수**

  렐루(ReLU)는 정류 선형 유닛^{Rectified Linear Unit}의 줄임말로 $f(x) = \max(x, 0)$으로 나타낸다. 이 함수는 입력이 양수이면 입력값을 그대로 전달하고, 입력이 음수이면 0을 전달한다. 함수의 단순성 때문에 가장 많이 사용된다.

[그림 3-4]는 이 절에서 설명한 활성화 함수를 보여 준다.

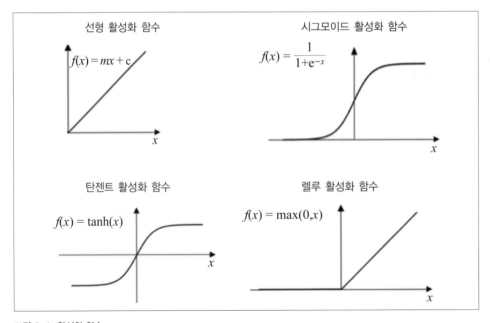

그림 3-4 활성화 함수

활성화 함수를 선택하는 비책은 없다. 단지 문제의 속성과 모델로 표현되는 관계에 의존할 뿐이다. 다른 활성화 함수를 적용해 보고 더 빨리 수렴하고 더 효율적인 훈련 과정을 보여 주는 함수를 선택할 수 있다. 출력층에서의 활성화 함수는 대부분 모델로 표현되는 문제의 유형으로 결정된다.[4]

비용 함수

비용 함수(손실 함수)는 인공 신경망 성능의 정도와 얼마나 실험 데이터에 적합한지를 측정한다. 가장 많이 사용되는 두 함수는 다음과 같다.

- **평균 제곱 오차(MSE)**

  회귀형 문제에 우선적으로 사용되는 비용 함수이고 연속값을 출력한다. 평균 제곱 오차는 예측과 실제 관찰 간의 차이를 제곱해 평균을 구한 것이다. 이에 대해서는 4장에서 자세히 다룬다.

- **교차 엔트로피(로그 손실)**

  분류형 문제에 우선적으로 사용되는 비용 함수이고 0과 1 사이의 확률값을 출력한다. 예측되는 확률이 실제 분류에서 멀어지면 교차 엔트로피 손실은 커진다. 완벽한 모델은 0의 교차 엔트로피를 갖는 것이다.

최적화 알고리즘

최적화 알고리즘은 손실 함수를 최소화하는 방향으로 가중치 매개변수를 갱신한다.[5] 비용 함수는 최적화 알고리즘에 지역을 안내하는 역할을 하는데, 전역 최솟값에 도달하기 위해 올바른 방향으로 가고 있는지 알려 준다. 흔히 사용하는 몇 가지 최적화 알고리즘은 다음과 같다.

- **모멘텀**

  모멘텀momentum 최적화 알고리즘은 이전 경사를 현재 단계에서 참조한다. 가중치의 이전 갱신이 현재 갱신과 같은 방향으로 간다면(모멘텀이 붙는다면) 더 큰 단계를 선택하고, 경사의 방향이 서로 상반된다면 더 작은 단계를 선택할 것이다. 이를 시각화하기 위해 골짜기 형태의 표면에 공을 굴린다고 생각해 보자. 골짜기의 바닥에 가까워질수록 모멘텀이 붙을 것이다.

- **에이다그레이드(조정적 경사 알고리즘)**

  에이다그레이드AdaGrad는 학습률을 매개변수에 맞게 변화시키는데, 자주 발생하는 특성들과 관련된 매개변수는 작게 갱신하고 드물게 발생하는 특성들과 관련된 매개변수는 크게 갱신한다.

---

4 출력층의 활성화 함수를 조정해 회귀 혹은 분류 출력값을 도출한다. 자세한 내용은 4장에서 다룬다.

5 최적화에 대한 자세한 내용은 웹페이지(https://oreil.ly/FSt-8)를 참조한다.

- **알엠에스프랍**

  알엠에스프랍RMSProp은 제곱 평균 제곱근 전파의 줄임말로, 학습률이 자동으로 변하고 각 매개변수의 학습률이 다르다.

- **아담(조정적 순간 예측)**

  아담은 에이다그레이드와 알엠에스프랍 알고리즘을 결합해 최적화를 수행하며, 인기가 가장 많은 경사 하강 최적화 알고리즘이다.

에폭

전체 훈련 데이터셋에 대해 신경망을 갱신하는 주기를 에폭이라고 한다. 데이터 크기와 계산적 제한에 따라 수십, 수백 혹은 수천 번의 에폭으로 신경망을 훈련한다.

배치 크기

배치 크기는 정방향/역방향 전달로 훈련하는 예제의 횟수로, 배치 크기가 32라는 것은 모델 가중치를 갱신하기 전에 훈련 데이터셋으로부터 32개 샘플을 사용해 오차 경사를 예측한다는 뜻이다. 배치 크기가 클수록 메모리 공간이 많이 필요하다.

3.2 인공 신경망 모델 생성

2장에서는 파이썬으로 종단 간 모델 개발을 위한 단계를 살펴보았다. 이 절에서는 파이썬을 이용한 인공 신경망 모델의 구현 단계를 상세히 다룬다.

3.2.1 케라스 및 머신러닝 패키지 설치

알고리즘을 자세히 살펴볼 필요 없이 쉽고 빠르게 인공 신경망과 딥러닝 모델을 만들 수 있는 파이썬 라이브러리가 있다. 케라스는 가장 사용자 친화적인 패키지로 인공 신경망에 필요한 수치 계산을 효율적으로 실행한다. 케라스를 이용해 단 몇 줄의 코드로 복잡한 딥러닝 모델을 정의하고 구현할 수 있다. 이 책에서 제시하는 몇 가지 실전 문제에서는 딥러닝 모델을 구현하기 위해 케라스 패키지를 우선적으로 사용한다.

케라스는 텐서플로와 테아노와 같은 복잡한 수치 계산 엔진을 감싸는 래퍼에 불과하다. 그래서 케라스를 설치하려면 텐서플로나 테아노를 먼저 설치해야 한다. 이 절에서는 다음 단계를 따라 케라스를 이용해 인공 신경망 모델을 정의하고 컴파일하는 단계를 설명한다.[6]

패키지 불러오기

인공 신경망 모델을 만들기 전에 케라스 패키지에 있는 두 개의 모듈 Sequential과 Dense를 가져온다.

```
from Keras.models import Sequential
from Keras.layers import Dense
import numpy as np
```

데이터 불러오기

다음 예제는 넘파이에 있는 모듈을 사용해 빠르게 임의의 데이터와 분류를 생성한다. 이 데이터와 분류는 다음 단계에서 만들 인공 신경망에 사용된다. 특히 (1000, 10) 크기의 데이터 정렬을 먼저 만들고, 다음으로 0과 1로 이루어진 (1000, 1) 크기의 분류 정렬을 만든다.

```
data = np.random.random((1000,10))
Y = np.random.randint(2,size= (1000,1))
model = Sequential()
```

모델 생성 – 신경망 구조

쉽게 시작하는 방법은 선형적으로 층을 쌓는 케라스 시퀀셜 모델을 사용하는 것이다. 시퀀셜 모델을 생성하고, 망 구조가 완성될 때까지 한번에 하나씩 층을 추가해 간다. 가장 먼저 할 일은 입력층의 입력 개수가 적당한지 확인하는 것이다. 첫 번째 층을 생성할 때 입력 개수를 지정한다. 그다음, 인수 input_dim을 사용해 입력층을 다루고 있음을 나타내기 위해 밀집층^{dense} ^{layer} 혹은 완전 연결층을 선택한다.

---

6 이 절에서 제시한, 케라스를 이용해 딥러닝 모델을 구현하는 단계와 파이썬 코드는 후속 장들의 실전 문제에서 반복적으로 사용한다.

add() 함수를 이용해 모델에 층을 하나 추가하고 각 층의 노드 수를 지정한다. 마지막으로, 출력층으로 또 다른 밀집층을 하나 추가한다.

[그림 3-5]에서 보는 바와 같이 모델의 구조는 다음과 같다.

- 모델에는 10개의 변수(input_dim=10 인수)가 있다.
- 첫 번째 은닉층은 노드가 32개 있고 relu 활성화 함수를 사용한다.
- 두 번째 은닉층은 노드가 32개 있고 relu 활성화 함수를 사용한다.
- 출력층은 노드가 하나 있고 sigmoid 활성화 함수를 사용한다.

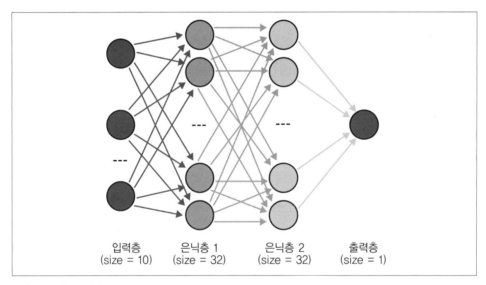

입력층 (size = 10)　　은닉층 1 (size = 32)　　은닉층 2 (size = 32)　　출력층 (size = 1)

그림 3-5 인공 신경망 구조

[그림 3-5]의 신경망을 표현하는 파이썬 코드는 아래와 같다.

```
model = Sequential()
model.add(Dense(32, input_dim=10, activation= 'relu' ))
model.add(Dense(32, activation= 'relu' ))
model.add(Dense(1, activation= 'sigmoid'))
```

모델 컴파일

compile() 함수를 이용해 만든 모델을 컴파일할 수 있다. 모델을 컴파일한다는 것은 테아노나 텐서플로 패키지에 있는 효율적인 수치 계산 라이브러리를 이용한다는 뜻이다. 컴파일에서는 신경망 훈련에 필요한 추가적인 속성을 지정하는 것이 중요하다. 하나의 신경망을 훈련한다는 것은 곧 문제에 대해 실제로 예측하는 가중치의 최적 집합을 찾는 과정이 된다. 따라서 가중치의 집합을 평가하는 데 필요한 손실 함수, 신경망에 대한 다른 가중치를 찾는 데 필요한 최적화 알고리즘, 훈련 중 측정에 필요한 메트릭을 지정해야 한다.

다음 예제에서 cross-entropy 손실 함수를 사용하는데, 이는 케라스에서 binary_cros sentropy로 정의되었다. 또한 아담 최적화 알고리즘을 사용하고, 마지막으로는 분류형 문제이기 때문에 메트릭으로 분류 정확도를 출력한다.[7] 파이썬 코드는 다음과 같다.

```
model.compile(loss= 'binary_crossentropy' , optimizer= 'adam' , \
    metrics=[ 'accuracy' ])
```

모델 적합화

모델을 정의하고 컴파일하는 동시에 데이터를 가지고 실행할 차례이다. fit() 함수를 호출함으로써 모델을 훈련하거나 데이터에 적합화할 수 있다.

훈련 과정은 인수 nb_epoch을 이용해 지정된 반복 횟수(에폭) 동안 실행된다. 신경망에서 가중치가 갱신되기 전에 인수 batch_size를 이용해 배치 크기를 정할 수 있다. 이 문제에서는 에폭 10, 배치 크기 32를 사용한다. 다시 말하지만, 이 변수는 시행착오를 통해 실험적으로 정할 수 있다. 파이썬 코드는 다음과 같다.

```
model.fit(data, Y, nb_epoch=10, batch_size=32)
```

---

7 분류 모델에 대한 평가 메트릭은 4장에서 상세히 다룬다.

모델 평가

전체 데이터셋에 대해 신경망을 훈련했고 같은 데이터셋에 대해 그 신경망의 성능을 평가할 수 있다. 평가 결과를 보고 데이터셋을 얼마나 잘 모델링했고 알고리즘이 새로운 데이터에 얼마나 좋은 성능을 발휘하는지를 이해하게 된다. evaluation() 함수를 이용해 훈련 데이터셋에 대해 모델을 평가한다. 이 함수는 각 입력, 출력 쌍에 대해 예측하고, 평균 손실, 정확도와 같이 설정된 메트릭을 포함해 점수를 기록한다. 파이썬 코드는 다음과 같다.

```
scores = model.evaluate(X_test, Y_test)
print("%s: %.2f%%" % (model.metrics_names[1], scores[1]*100))
```

3.2.2 더 빠른 인공 신경망 모델 실행: GPU와 클라우드 서비스

인공 신경망(특히 층이 많은 심층 신경망)을 훈련하려면 거대한 계산 능력이 필요하다. CPU는 로컬 머신에서 명령어의 처리와 실행을 책임진다.

CPU는 코어 수가 제한적이고 일을 순차적으로 처리하기 때문에 딥러닝 모델을 훈련하는 데 필요한 많은 행렬 계산을 신속하게 처리하지 못한다. 따라서 CPU에서 딥러닝 모델을 훈련하는 것은 대단히 느리다.

다음 대안은 CPU에서 상당히 많은 시간을 요하는 인공 신경망을 실행하는 데 유용하다.

- GPU가 있는 노트북에서 실행
- 캐글 커널 또는 구글 코랩에서 실행
- 아마존 웹 서비스(AWS) 이용

그래픽 처리 장치

그래픽 처리 장치(GPU)는 수천 개의 스레드를 동시에 처리할 수 있는 수백 개의 코어로 구성된다. 따라서 GPU를 이용하면 인공 신경망과 딥러닝 모델을 더 빨리 실행할 수 있다.

GPU는 특히 복잡한 행렬 연산을 처리하는 데 적합하다. GPU 코어는 고도로 특화되어서 CPU에서 처리할 부분을 GPU의 코어에 할당함으로써 딥러닝 훈련과 같은 과정을 엄청나게 빠르게 처리한다.

텐서플로, 테아노, 케라스가 모두 들어 있는, 머신러닝 관련 파이썬 패키지를 GPU에서 사용할 수 있게 설정할 수 있다.

클라우드 서비스

GPU가 활성화된 컴퓨터가 있다면 인공 신경망을 그 컴퓨터에서 실행해도 된다. 그렇지 않다 면, 캐글 커널, 구글 코랩, AWS 등의 서비스를 추천한다.

- **캐글**
  구글이 소유한 인기 있는 데이터 공학 웹사이트로 주피터 서비스를 제공하는데, 이는 캐글 커널이라고도 한다. 캐글 커널은 무료 서비스이며 가장 흔히 사용되는 패키지가 설치되어 제공된다. 커널을 캐글에 있 는 데이터셋에 연결하거나 진행 과정 중에 새로운 데이터셋을 업로드할 수 있다.

- **구글 코랩**
  구글에서 제공하는 무료 주피터 노트북 환경에서 GPU를 무료로 사용할 수 있다. 구글 코랩의 장점은 캐글의 장점과 같다.

- **아마존 웹 서비스(AWS)**
  ASW 딥러닝은 어떤 규모에서든 클라우드에서 딥러닝을 가속화할 수 있는 하부 구조를 제공하고, AWS 서버 인스턴스를 빠르게 실행할 수 있다. 인기 있는 딥러닝 프레임워크가 이미 설치되어 있으며, 사용자 정의 인공지능 모델을 훈련하고 새로운 알고리즘을 실험하며 새로운 기술과 방법을 배우는 데 필 요한 인터페이스를 제공한다. AWS 서버는 캐글 커널보다 더 오래 실행할 수 있다. 따라서 대규모 프로 젝트라면 커널보다 AWS를 추천한다.

3.3 맺음말

인공 신경망은 머신러닝의 모든 유형에 사용되는 알고리즘 집합체이다. 이 모델은 동물의 뇌를 구성하는 뉴런과 뉴런층이 있는 생물학적 신경망에서 영감을 받았다. 다수의 층이 있는 인공 신경망을 심층 신경망이라고 한다. 이런 인공 신경망을 훈련하기 위해 순전파와 역전파를 비롯해 여러 단계를 거친다. 케라스와 같은 파이썬 패키지는 인공 신경망을 단 몇 줄의 코드로 훈련할 수 있다. 심층 신경망을 훈련하려면 더욱더 많은 계산 능력이 필요하며 CPU만으로는 충분하지 못할 수 있다. 심층 신경망 훈련을 위한 대안으로, GPU 사용이나 캐글 커널, 구글 코랩, AWS와 같은 클라우드 서비스 이용을 추천한다.

다음 단계에서는 지도 학습에 대한 머신러닝 개념과, 3장에서 다룬 내용을 활용하는 실전 문제를 상세히 살펴볼 것이다.

지도 학습

2부에서는 지도 학습 알고리즘을 다루고 특정 적용 사례와 실전 문제를 보여 줍니다.

4장에서는 지도 학습 기술(분류 및 회귀)을 소개합니다. 분류와 회귀의 공통점을 가진 모델이 많다는 점을 고려하여 분류 및 회귀에 대한 모델 선택, 평가 메트릭 등의 개념을 아울러 설명합니다.

5장에서는 기본 선형 회귀에서 고급 딥러닝 모델까지 폭넓게 다루며, 실전 문제에는 주가 예측, 파생상품 가격 책정 및 포트폴리오 관리에 대한 모델이 포함됩니다.

6장에서는 로지스틱 회귀, 서포트 벡터 머신 및 랜덤 포레스트와 같은 분류 기반 기술을 다루는 여러 실전 문제에 대해 설명합니다.

Part II

지도 학습

## CHAPTER 4

지도 학습: 모델 및 개념

지도 학습은 선택된 알고리즘이 주어진 입력값을 이용해 타겟을 적합화하는 머신러닝 영역이다. 참값(레이블)이 포함된 훈련 데이터셋이 알고리즘에 제공되고 알고리즘은 방대한 데이터를 토대로 규칙을 학습해 나가는데, 이는 새로운 관찰 혹은 입력값에 대한 참값을 예측하기 위함이다. 다시 말해, 과거의 데이터를 지도 학습 알고리즘에 적용해 예측 능력이 최적인 관계를 찾는 것이다.

지도 학습 알고리즘은 **회귀 알고리즘**과 **분류 알고리즘** 두 부류로 나눈다. 회귀 기반 지도 학습법은 입력값을 바탕으로 출력을 예측하고, 분류 기반 지도 학습법은 주어진 데이터셋이 어느 분류에 속하는지를 알아낸다. 분류 알고리즘은 확률 기반으로, 출력은 분류로 나타나며, 알고리즘은 주어진 데이터셋이 해당 분류에 속할 가장 높은 확률을 찾는다. 이와 대조적으로 회귀 알고리즘은 무한의 해결값(연속적 집합)을 가진 문제의 결괏값을 추정한다.

지도 학습 모델은 금융 분야 중 머신러닝 모델 분류에서 가장 많이 사용하는 대표적인 방법이다. 알고리즘 거래에 적용하는 많은 알고리즘이 지도 학습을 기반으로 한다. 이는 효율적으로 훈련할 수 있고, 이상치 금융 데이터에 비교적 안정적이고 금융 이론과 강한 연관성이 있기 때문이다.

학계와 산업계 연구자들은 자산 가치 산정 모델을 개발하기 위해 회귀 기반 알고리즘을 폭넓게 사용해 왔다. 이 모델은 기간 대비 수익을 예측하고 자산 수익을 이끄는 중대한 요소를 찾는 데 알고리즘을 사용한다. 회귀 기반 지도 학습은 포트폴리오 관리 및 파생 상품 가격 책정에 활용된 사례가 많다.

반면에 분류 기반 알고리즘은 금융 전반에 걸쳐 분류적 결과를 도출하거나 예측하는 데 사용되어 왔다. 가령 사기 감지, 채무 불이행 예측, 신용 점수, 자산 가치의 동향 예측, 매수/매도 추천 등이다. 이외에 포트폴리오 관리, 가치 산정에 분류형 지도 학습이 활용된 사례가 많다.

지도 학습의 회귀형과 분류형 실전 문제는 5장과 6장에서 자세히 다룬다.

지도 학습 모델은 파이썬과 라이브러리를 이용해 단 몇 줄의 코드로도 쉽게 구현할 수 있다. 라이브러리 일부는 2장에서 소개했다. 사이킷런, 케라스와 같은 머신러닝 라이브러리로 주어진 예측 모델 데이터셋에 대해 다른 머신러닝 모델을 간단히 적합화할 수 있다.

이 장에서는 지도 학습 모델의 상위 개념을 소개한다. 각 주제에 대한 심화된 내용은 『핸즈온 머신러닝(2판)』(한빛미디어, 2019)을 참고한다.

이 장에서 다루는 주제는 다음과 같다.

- 회귀 및 분류 포함 지도 학습 모델의 기본 개념
- 파이썬으로 다양한 지도 학습 모델을 구현하는 방법
- 격자 탐색을 이용해 모델의 최적 매개변수를 찾고 모델을 튜닝하는 방법
- 과적합 대비 과소적합, 편향 대비 변동
- 회귀 및 분류 앙상블 모델, 신경망 및 딥러닝 모델을 사용하는 방법
- 모델 성능과 그 외 요소를 고려해 모델을 선택하는 방법
- 분류, 회귀 모델 평가
- 교차 검증 수행 방법

4.1 지도 학습 모델: 개념

분류 예측 모델링 문제는 회귀 예측 모델링 문제와 다르다. 분류는 이산형 참값(레이블)을 예측하는 작업이고, 회귀는 연속형 값을 예측하는 작업이다. 하지만 두 문제는 모두 예측하기 위해 알려진 변수를 이용한다는 면에서 개념이 동일하고 그 외 많은 부분을 공유한다. 따라서 이 장에서는 분류와 회귀 모델을 함께 설명한다. [그림 4-1]에 분류와 회귀에 공통으로 사용되는 모델을 열거했다.

일부 모델은 수정을 조금만 하면 분류와 회귀 모두에 사용할 수 있으며, 이런 모델에는 [그림 4-1]에서 보듯 K-최근접 이웃, 결정 트리, 서포트 벡터, 앙상블 배깅/부스팅 방법, 인공 신경망(딥러닝 포함)이 있다. 하지만 일부 모델, 가령 선형 회귀와 로지스틱 회귀는 두 문제 유형에 사용할 수 없다.

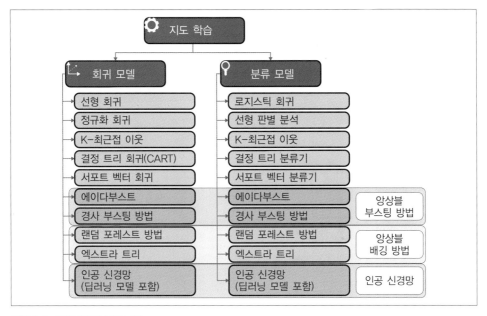

그림 4-1 회귀 모델과 분류 모델

이 절은 모델에 관해 다음과 같은 상세 내용을 설명한다.

- 모델 이론
- 사이킷런 혹은 케라스로 구현
- 여러 모델을 위한 격자 탐색
- 모델의 장단점

NOTE_ 금융에서는 같은 시계열 동안 미래 값을 예측하기 위해 이전에 관찰된 데이터에서 신호를 추출하는 모델에 중점을 둔다. 시계열 모델은 연속 출력을 예측하고 지도 회귀 모델과 더 잘 정렬되며, 지도 회귀를 다루는 5장에서 별도로 다룬다.

4.1.1 선형 회귀(최소 제곱)

선형 회귀(최소 제곱 회귀 혹은 OLS 회귀)는 통계와 머신러닝에서 매우 잘 알려지고 이해되는 알고리즘의 하나이다. 선형 회귀는 선형 모델로 입력 변수(x)와 단일 출력 변수(y) 간에 선형 관계가 있다고 가정한다. 선형 회귀의 목표는 선형 모델을 훈련해서 사전에 노출되지 않은 x가 주어졌을 때 가능한 한 최소의 오류로 새로운 y를 예측하는 것이다.

모델은 $x_1, x_2 ... x_i$ 가 주어졌을 때 y를 다음과 같은 식으로 예측한다.

$$y = \beta_0 + \beta_1 x_1 + ... + \beta_i x_i$$

여기서 β_0는 인터셉트(y절편)이고 $\beta_1 ... \beta_i$는 회귀계수이다.

파이썬으로 구현하기

```
from sklearn.linear_model import LinearRegression
model = LinearRegression()
model.fit(X, Y)
```

다음 절에서 모델의 격자 탐색과 선형 회귀 모델을 훈련하는 방법을 다룬다. 하지만 전반적인 개념과 관련 접근법은 모든 지도 학습 모델에 적용 가능하다.

모델 훈련

3장에서 언급했듯이, 모델 훈련은 비용(손실) 함수를 최소화하는 방식으로 모델 매개변수를 도출한다. 선형 회귀 모델을 훈련하는 두 단계는 다음과 같다.

- **비용(손실) 함수 정의하기**
  비용 함수는 모델의 예측이 얼마나 부정확한지 측정한다. [식 4-1]에서 정의한 바와 같이 잔차 제곱합 (RSS)은 실젯값과 예측값 간 차의 제곱합으로 측정하는데, 이것이 선형 회귀의 비용 함수가 된다.

$$RSS = \sum_{i=1}^{n} \left(y_i - \beta_0 - \sum_{j=1}^{n} \beta_j x_{ij} \right)^2$$

식 4-1 잔차 제곱합

이 식에서 β_0는 인터셉트이고, β_j는 계수를, $\beta_1, \cdots, \beta_j$는 회귀 계수를 나타내며, x_{ij}는 i번째 관찰값과 j번째 변수를 나타낸다.

- **비용을 최소화하는 매개변수**

  예를 들어, 모델을 가능한 한 정확하게 만드는 것이다. [그림 4-2]에서 보는 바와 같이 그래픽적으로 2차원에서 가장 적합한 선이 된다. 고차원에서는 초평면의 차원이 더 높아진다. 수학적으로는 실제 데이터 포인트(y)와 모델 예측($\hat{y}$)의 차이를 볼 수 있다. 음의 수를 피하고 더 큰 차잇값에 가중 손실을 주기 위해 제곱을 한다. 그다음 제곱값을 더하고 평균을 구한다. 이 값이 데이터가 선에 얼마나 잘 적합하는지를 나타내는 척도가 된다.

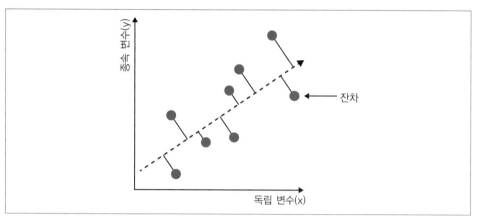

그림 4-2 선형 회귀

격자 탐색

격자 탐색의 전반적인 아이디어는 가능한 하이퍼파라미터 조합을 모두 생성하고 그 조합을 하나씩 이용해 모델을 훈련하는 것이다. 하이퍼파라미터는 모델의 외적 특성이고, 모델의 세팅으로 생각할 수 있으나, 모델의 매개변수를 기반으로 추정하지는 않는다. 모델의 성능을 더 높이기 위해 격자 탐색을 하는 동안, 하이퍼파라미터가 조절된다.

격자 탐색은 철저한 검색 덕분에 격자 내에서 최적의 매개변수를 찾고야 만다. 단점은 매개변수가 추가되거나 고려되는 값이 클수록 격자 크기가 기하급수적으로 증가한다.

사이킷런 패키지의 `model_selection` 모듈에 있는 `GridSearchCV` 클래스를 사용하면 테스트하려는 하이퍼파라미터값들의 모든 조합을 체계적으로 검증할 수 있다.

첫 번째 단계에서는 모델 객체를 생성한다. 그다음, 키워드가 하이퍼파라미터이고 값이 테스트할 매개변수 세팅을 나열하는 딕셔너리를 정의한다. 선형 회귀의 하이퍼파라미터는 fit_intercept이고, 부울(참/거짓) 변수로 이 모델에 인터셉트를 계산할지 말지를 결정한다. False로 지정되었다면 인터셉트를 계산하지 않는다.

```
model = LinearRegression()
param_grid = {'fit_intercept': [True, False]} }
```

두 번째 단계에서는 GridSearchCV 객체를 생성하고, 초기화를 위해 추정 객체와 매개변수 격자, 점수화 방법, 교차 검증 선택을 제공한다. 교차 검증은 리샘플링 절차로 머신러닝 모델을 평가하는 데 사용된다. 점수화 매개변수는 모델의 검증 메트릭이다.[1]

모든 세팅이 완료된 상태에서 GridSearchCV를 적합화할 수 있다.

```
grid = GridSearchCV(estimator=model, param_grid=param_grid, scoring= 'r2', \
                    cv=kfold)
grid_result = grid.fit(X, Y)
```

장단점

선형 회귀는 이해하고 해석하기 쉽다는 장점이 있다. 하지만 예측되는 변수와 예측 변수의 관계가 비선형인 경우에는 올바르게 작동하지 않을 수 있다. 선형 회귀는 과적합(다음 절에서 자세히 다룬다)에 취약하고, 특성이 많은 경우 무관한 특성을 효과적으로 처리하지 못할 수도 있다. 또한 선형 회귀는 데이터가 어떤 가정[2], 가령 다중공선성multicollinearity[3]이 없다는 가정을 따라야 한다. 만약 이 가정이 성립하지 않으면, 얻은 결괏값은 신뢰할 수 없다.

---

1 교차 검증은 이 장의 후반부에 더 자세히 다룬다.

2 https://oreil.ly/tNDnc

3 옮긴이_ 선형 회귀에서 일부 예측 변수 간에 상관성이 높음을 의미하는 것으로 상관성이 높으면 일반적으로 예측 결과의 신뢰도가 좋지 않을 수 있다.

4.1.2 정규화 회귀

선형 회귀 모델에 독립 변수가 많으면, 계수가 부실하게 결정되고 모델이 훈련 데이터에 과도하게 적합화되어 정작 데이터(모델이 얼마나 좋은지 테스트하는 데 사용되는 데이터)를 테스트하는 데 부실하게 적합화된다. 이를 과적합 혹은 고분산이라고 한다.

과적합을 조절하는 일반적인 방법은 정규화이다. 정규화는 손실 함수에 페널티 항을 추가해 계수가 큰 값에 이르는 것을 억제하는 방법이다. 간단하게 말하면 정규화는 예측 정확도와 해석이 더 우수한 모델을 만들기 위해 모델 매개변수의 영향을 축소시키는(0에 가깝게 축소) 페널티 메커니즘이다. 정규화된 회귀는 선형 회귀에 비해 두 가지 이점이 있다.

- **예측 정확도**

  모델이 테스트 데이터에 더 좋은 성능을 보인다는 것은 모델이 테스트 데이터에 대해 더 잘 일반화된다는 것을 의미한다. 매개변수가 너무 많은 모델은 훈련 데이터에 있는 노이즈에 적합화되는 경향이 있다. 일부 계수를 0에 근접시킴으로써 복잡한 모델(과도한 치우침)을 더 잘 일반화될 수 있는 모델(저분산)로 적합화할 수 있다.

- **해석**

  예측 변수가 많으면 결과의 큰 그림을 해석하거나 전달하기가 복잡할 수 있다. 일부 상세함을 희생해서 영향이 가장 큰 매개변수만을 취하는 더 작은 하위셋으로 모델을 제한하는 것도 바람직하겠다.

선형 회귀 모델을 정규화하는 일반적인 방법은 다음과 같다

- **L1 정규화 혹은 라쏘 회귀**

  라쏘 회귀는 L1 정규화를 수행하는데, 이 정규화는 [식 4−1]에 제시한 선형 회귀의 비용 함수(RSS)에 있는 계수의 절댓값을 더한다. 라쏘 정규화를 나타내는 식은 다음과 같다.

  $$CostFunction = RSS + \lambda * \sum_{j=1}^{p} |\beta_j|$$

  L1 정규화는 계수가 0의 값으로 진행된다(즉, 일부 특성이 출력 평가에서 완전히 무시된다). 정규화 매개변수 λ 값이 클수록 더 많은 특성이 0의 값으로 수렴한다. 일부 특성을 완전히 제거하고 예측 계수의 하위셋을 갖게 되며, 결과적으로 모델의 복잡도가 감소한다. 따라서 라쏘 회귀는 과적합을 줄일 뿐 아니라 특성 선택에도 유용하다. 예측 계수가 0의 값으로 수렴하지 않는다는 것은 그 예측 계수가 중요하다는 의미이다. 따라서 L1 정규화는 특성 선택(희소 선택)을 가능케 한다. λ를 제어해, 즉 lambda의 값을 0으로 하여 기본 선형 회귀식을 얻는다.

  라쏘 회귀 모델은 다음 코드에서 보듯이 파이썬의 사이킷런 패키지에 있는 Lasso 클래스를 이용해 만들 수 있다.

```
from sklearn.linear_model import Lasso
model = Lasso()
model.fit(X, Y)
```

- **L2 정규화 혹은 리지 회귀**

리지 회귀는 L2 정규화를 수행하는데, 이 정규화는 [식 4 −1]에 제시한 선형 회귀의 비용 함수(RSS)에 있는 계수의 제곱을 더한다. 리지 정규화를 나타내는 식은 다음과 같다.

$$CostFunction = RSS + \lambda * \sum_{j=1}^{P} \beta_j^2$$

리지 회귀는 계수에 제약을 둔다. 페널티 항(λ)은 계수를 정규화하는데, 계수가 큰 값을 취하면 최적함수에 페널티를 준다. 계수를 작게 하면 더 작은 분산과 오찻값을 유도한다. 따라서 리지 회귀는 모델의 복잡도를 줄이지만 변수의 개수를 줄이지는 않는다. 다만 변수의 영향을 줄일 뿐이다. λ가 0에 근접할 때 비용 함수는 선형 회귀 비용 함수에 가까워진다. 따라서 특성에 대한 제약이 낮아지면(작은 λ), 모델은 선형 회귀 모델에 더 가까워진다.

리지 회귀 모델는 다음 코드에서 보듯이 파이썬의 사이킷런 패키지에 있는 Ridge 클래스를 이용해 만들 수 있다.

```
from sklearn.linear_model import Ridge
model = Ridge()
model.fit(X, Y)
```

- **엘라스틱 넷**

엘라스틱 넷은 정규화 항을 모델에 더하는데, 다음 식에서 보듯이 L1과 L2 정규화를 합한 것이다.

$$CostFunction = RSS + \lambda * \left((1 - \alpha) / 2 * \sum_{j=1}^{P} \beta_j^2 + \alpha * \sum_{j=1}^{P} |\beta_j| \right)$$

엘라스틱 넷은 λ 값을 정할 뿐 아니라 알파 매개변수를 조절할 수 있다. 여기서 $\alpha = 0$은 리지, $\alpha = 1$은 라쏘에 해당한다. 따라서 α를 0에서 1 사이의 값으로 조절하면서 엘라스틱 넷을 최적화할 수 있다. 일부 계수를 줄이고 희소 선택에 대한 일부 계수를 0으로 한다.

엘라스틱 넷 모델은 다음 코드에서 보듯이 파이썬의 사이킷런 패키지에 있는 ElasticNet 클래스를 이용해 만들 수 있다.

```
from sklearn.linear_model import ElasticNet
model = ElasticNet()
model.fit(X, Y)
```

모든 정규화 회귀에서 λ는 핵심 매개변수로 파이썬에서 격자 탐색을 하는 동안 조절된다. 엘라스틱 넷에서는 α가 추가 매개변수로 조절된다.

4.1.3 로지스틱 회귀

로지스틱 회귀logistic regression는 분류 문제에 가장 널리 사용되는 알고리즘이다. 로지스틱 회귀 모델은 출력 클래스의 확률 분포를 모델링한다. 사용되는 함수는 x에 대해 선형 함수이며 출력 확률은 0과 1 사이의 값을 가지고 그 합이 1이다.

Y가 0 혹은 1인 예제로 선형 회귀 모델을 훈련한다면 결과적으로 0보다 더 작거나 1보다 더 큰 어떤 확률을 예측하게 되는데, 이는 말이 안 된다. 대신 로지스틱 회귀 모델(logit 모델)을 사용하는데, 이는 sigmoid 함수를 적용해 0과 1 사이의 확률을 출력하는 선형 회귀의 변형이다.[4]

[식 4-2]는 로지스틱 회귀 모델의 방정식이다. 선형 회귀와 비슷하게 입력값(x)은 가중치 혹은 계숫값을 이용해 선형적으로 조합되어 출력값(y)을 예측한다. [식 4-2]에 나온 출력은 0 혹은 1의 이진수로 변환되는 확률이다.

$$y = \frac{\exp(\beta_0 + \beta_1 x_1 + \dots + \beta_i x_1)}{1 + \exp(\beta_0 + \beta_1 x_1 + \dots + \beta_i x_1)}$$

식 **4-2** 로지스틱 회귀식

여기서 y는 예측된 출력값이고 β_0는 편향 혹은 절편 항이며 β_1은 하나의 입력값(x)에 대한 계수이다. 입력 데이터에서 각 행에는 β 계수(실젯값을 갖는 상수)가 포함된다. 이 계수는 훈련 데이터로 학습한다. 비용 함수는 실젯값이 0이었을 때 얼마나 자주 1로 예측했는지를 (그 역의 경우도 포함) 측정값으로 나타낸다.

로지스틱 회귀 계수를 훈련하는 데 최대 우도 측정(MLE)과 같은 기술을 사용해 기본 클래스는 1에 가까운 값을, 다른 클래스는 0에 가까운 값을 예측한다.[5]

로지스틱 회귀 모델은 다음 코드에서 보듯이 파이썬의 사이킷런 패키지에 있는 LogisticRegression 클래스를 이용해 만들 수 있다.

---

4 sigmoid 함수는 3장의 활성화 함수를 설명하는 절에서 상세히 설명했다.
5 MLE는 관찰된 데이터가 사실일 확률이 가장 높다는 통계적 모델의 가정하에 확률 분포의 변수를 예측하는 방법이다.

```
from sklearn.linear_model import LogisticRegression
model = LogisticRegression()
model.fit(X, Y)
```

하이퍼파라미터

- **정규화(사이킷런에 있는 `penalty`)**

  선형 회귀와 비슷하게, 로지스틱 회귀도 L1, L2 혹은 엘라스틱 넷 정규화를 적용할 수 있다. 사이킷런 라이브러리 내의 값은 [l1, l2, elasticnet]이다.

- **정규화 강도(사이킷런에 있는 `C`)**

  이 매개변수는 정규화 강도를 조절한다. 페널티 매개변수의 적정 값은 [100, 10, 1.0, 0.1, 0.01]이다.

장단점

로지스틱 회귀 모델은 구현하기 쉽고, 해석성이 좋으며, 선형적으로 분리된 클래스에서 잘 동작한다는 장점이 있다. 모델의 출력은 확률로 나타나며, 순위를 정하는 데 유용하다. 모델은 하이퍼파라미터의 개수가 적다. 과적합의 위험이 있지만, 선형 회귀 모델의 과적합 문제를 해결한 방법과 비슷하게 $L1$ 혹은 $L2$ 정규화를 사용해 이 문제를 해결할 수 있다.

반면에 특성의 수가 커지면 모델이 과적합될 수 있다는 단점이 있다. 로지스틱 회귀는 선형 함수만 학습할 수 있고 특성과 목표 변수의 관계가 복잡할 경우에 덜 적합하다.

4.1.4 서포트 벡터 머신

서포트 벡터 머신(SVM) 알고리즘의 목적은 마진([그림 4-3]의 음영 부분)을 최대화하는 것인데, 마진은 분리 초평면(혹은 결정선)과 이 초평면에 가장 가까이 있는 훈련 샘플(서포트 벡터라고 불리는) 사이의 거리로 정의된다. [그림 4-3]에서 보듯이, 마진은 마진 영역의 중앙선에서 가장 가까운 포인트까지의 수직거리로 계산된다. 따라서 SVM 알고리즘은 모든 데이터 포인트에 대해 균일하게 구분짓는 최대 마진 영역을 계산한다.

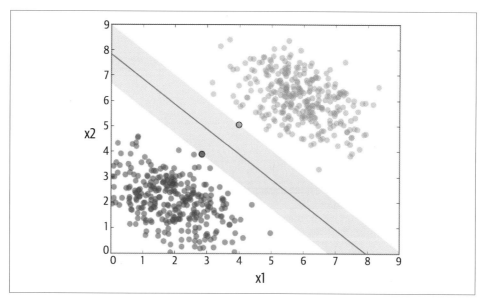

그림 4-3 서포트 벡터 머신

실제로 데이터가 깔끔하지 않기 때문에 초평면으로 완벽하게 구분할 수는 없다. 그래서 클래스를 구분하는 중앙선의 마진을 최대화하는 조건을 완화해야 한다. 그러면 일부 테스트 데이터 포인트가 중앙선을 침범해 중앙선 안에 들어오게 된다. 각 차원에 꾸불한 마진 영역을 허용하는 추가적인 계수 집합이 도입되고, 모든 차원에 꾸불한 정도를 나타내는 C라고 하는 튜닝 매개변수가 도입된다. C 값이 클수록 초평면이 더 많이 침범된다.

일부 경우에 초평면 혹은 선형 결정 영역을 찾지 못할 수 있는데, 이때는 대신 커널을 사용한다. 커널은 SVM 알고리즘이 많은 데이터를 쉽게 처리할 수 있도록 단지 입력 데이터를 변환하는 것을 말한다. 커널을 사용해 원래 데이터를 고차원에 투영하여 데이터를 더 잘 분류하게 된다.

SVM은 분류와 회귀 문제에 모두 사용되는데, 이는 본래의 최적화 문제를 두 개의 문제로 나눔으로써 가능해진다. 회귀 문제에 대해서는 목표를 반대로 한다. 다시 말하면, 마진의 침범을 제한하면서 두 클래스 사이에 있는 마진 영역을 최대한 넓히는 대신, 가능한 한 많은 점을 마진 영역([그림 4-3]의 음영 부분)에 맞춰지게 한다. 그리고 마진 영역의 너비는 하이퍼파라미터로 튜닝한다.

SVM 회귀 모델과 분류 모델은 다음 코드에서 보듯이 파이썬의 사이킷런 패키지로 만들 수 있다.

예제: 회귀

```
from sklearn.svm import SVR
model = SVR()
model.fit(X, Y)
```

예제: 분류

```
from sklearn.svm import SVC
model = SVC()
model.fit(X, Y)
```

하이퍼파라미터

다음의 핵심 매개변수는 사이킷런의 SVM에 있으며 격자 탐색 동안에 튜닝된다.

- **커널(사이킷런에 있는 `kernel`)**
  커널의 선택은 입력 변수를 투영하는 방식을 결정한다. 많은 커널이 있지만 선형 커널과 RBF가 가장 보편적이다.

- **페널티(사이킷런에 있는 `C`)**
  페널티 매개변수는 SVM 최적화에서 훈련 예제의 오분류를 얼만큼 회피할지 그 정도를 나타낸다. 페널티 매개변수의 값이 크면, 최적화는 마진이 작은 초평면을 선택한다. 로그 스케일로 10에서 1000 사이의 값이 적당하다.

장단점

SVM은 과적합에 안정적이어서 특히 고차원 영역일수록 좋다. 또한 비선형 관계를 다루는 커널이 다양하고 데이터의 분포도를 요하지 않는다는 장점이 있다. 반면에 SVM은 학습에 비효율적이고 메모리를 많이 요구한다. 따라서 큰 데이터셋에는 성능이 좋지 않다. 데이터의 스케일링이 필요하다. 또한 하이퍼파라미터가 많으나 그 의미가 직관적이지 않다는 단점이 있다.

4.1.5 K-최근접 이웃

K-최근접 이웃(KNN)은 모델에서 요구하는 학습이 없기에 '게으른 학습자'라는 별칭이 붙었다. 새로운 데이터에 대해, 전체 훈련셋을 통해 그 데이터에 가장 근접한 K개의 예(이웃)를 찾고 그 K개에 대한 출력 변수를 도출하는 방식으로 예측한다.

훈련 데이터셋에서 새로운 입력에 가장 유사한 K개의 예가 무엇인지 결정하기 위해 거리를 측정한다. 가장 보편적인 거리 측정법은 유클리언 디스턴스$^{Euclidean\ distance}$이고, 모든 입력 속성 i에 해당하는 두 점 a와 b 간의 차 제곱합의 제곱근으로 계산한다. 식은 $d(a, b) = \sqrt{\sum_{i=1}^{n}(a_i - b_i)^2}$로 표현한다. 유클리언 디스턴스는 입력 변수가 형태적으로 비슷한지를 측정하는 데 유용하다.

또 다른 거리 메트릭으로는 맨해튼 디스턴스$^{Manhattan\ distance}$가 있으며, 두 점 a와 b 간의 거리는 식 $d(a, b) = \sum_{i=1}^{n} | a_i - b_i |$로 표현한다. 맨해튼 디스턴스는 입력 변수가 형태적으로 다른지를 측정하는 데 유용하다.

1 K와 거리 메트릭을 정한다.
2 분류할 샘플의 K-최근접 이웃을 찾는다.
3 과반수로 클래스 레이블을 정한다.

KNN 회귀 모델과 분류 모델은 다음 코드에서 보듯이 파이썬의 사이킷런 패키지로 만들 수 있다.

예제: 분류

```
from sklearn.neighbors import KNeighborsClassifier
model = KNeighborsClassifier()
model.fit(X, Y)
```

예제: 회귀

```
from sklearn.neighbors import KNeighborsRegressor
model = KNeighborsRegressor()
model.fit(X, Y)
```

하이퍼파라미터

다음의 핵심 매개변수는 사이킷런의 SVM에 나오며 격자 탐색 동안에 튜닝된다.

- **이웃 수(사이킷런에 있는 n_neighbors)**

  KNN에서 가장 중요한 하이퍼파라미터는 이웃의 수(n_neighbors)이며 그 값은 1에서 20 사이가 적당하다.

- **거리 메트릭(사이킷런에 있는 metric)**

  이웃을 구성하는 데 여러 거리 메트릭을 사용해 보는 것도 흥미롭다. 유클리언과 맨해튼이 적당하다.

장단점

학습이 필요 없고 따라서 학습 단계가 없다는 장점이 있다. 알고리즘은 예측을 수행하기 전에 학습을 하지 않으며, 알고리즘의 정확도에 영향을 주지 않고 새로운 데이터를 추가할 수 있다. 직관적으로 쉽게 이해할 수 있다. 모델은 다중 분류를 다루고 복잡한 결정선을 학습할 수 있다. KNN은 큰 학습 데이터에 효과적이다. 또한 잡음 있는 데이터에 안정적이어서 이상치[6]를 걸러낼 필요가 없다.

반면에 선택할 거리 메트릭이 불명확하고 많은 경우에 거리 메트릭을 정당화하기 어렵다는 단점이 있다. KNN은 고차원 데이터셋에서 좋은 성능을 보이지 않는다. 모든 이웃에 대한 거리를 매번 계산해야 하므로 비용이 높아지고 새로운 예를 예측하는 성능이 느리다. 또한 KNN은 데이터셋에 있는 잡음에 민감하다. 그래서 결측값을 수동으로 입력하고 이상치를 제거해야 한다. 이 경우, 잘못된 예측을 하게 될 수 있다.[7]

4.1.6 선형 판별 분석

선형 판별 분석linear discriminant analysis(LDA) 알고리즘은 분류 분별력을 극대화하고 분류 내의 분산을 최소화하는 방식으로 데이터를 저차원 영역에 투영한다.[8]

----

6 옮긴이_ 임의의 범위에서 벗어난 값(데이터)
7 옮긴이_ 이는 위에서 언급한 장점에 상반되는 내용이지만 원서의 내용에 충실하기 위해 그대로 번역한다.
8 데이터를 투영하는 접근방법은 7장에서 다루는 PCA 알고리즘과 유사하다.

LDA 모델을 훈련하는 동안, 각 분류에 대한 통계적 특성(즉, 평균과 공분산 행렬)을 계산한다. 통계적 특성은 데이터에 대한 다음의 가정을 기반으로 평가한다.

- 데이터는 정규분포[9]를 따른다. 그래서 그래프로 표현하면 각 변수는 종 모양이 된다.

- 각 속성은 분산이 같고 각 변수의 값은 평균에서 동일한 양으로 변한다.

LDA는 예측을 하기 위해 새로운 입력 집합이 각 클래스에 속할 확률을 계산한다. 출력 클래스는 확률이 가장 높은 클래스가 된다.

파이썬으로의 구현과 하이퍼파라미터

LDA 분류 모델은 다음 코드에서 보듯이 파이썬의 사이킷런 패키지로 만들 수 있다.

```
from sklearn.discriminant_analysis import LinearDiscriminantAnalysis
model = LinearDiscriminantAnalysis()
model.fit(X, Y)
```

LDA 모델의 핵심 하이퍼파라미터는 차원 축소를 위한 컴포넌트의 수(number of components)이고, 사이킷런에 있는 n_components로 나타낸다.

장단점

LDA는 비교적 단순한 모델로 빠르고 쉽게 구현할 수 있는 장점이 있다. 반면에 특성 스케일링이 필요하고 복잡한 행렬 연산을 요구하는 단점이 있다.

4.1.7 분류 트리와 회귀 트리

트리를 생성하는 알고리즘을 이용한 분석은 케이스의 정확한 분류 혹은 예측을 위한 논리적 *if - then* 조건의 집합을 만든다. 해석성을 고려한다면, 분류 트리와 회귀 트리(혹은 CART, 결정 트리 분류기)는 관심을 가질 만한 모델이다. 이 모델은 데이터를 쪼개고 일련의 질문에 대한 결과로 결정해 나간다고 볼 수 있다. 이 알고리즘은 랜덤 포레스트와 경사 부스팅과 같은 앙상블 방법의 토대가 된다.

----

9 https://oreil.ly/cuc7p

표현

모델은 이진 트리(혹은 결정 트리)로 나타내는데, 여기서 각 노드는 분기점에서의 입력 변수 x 이고, 각 트리의 말단에 예측을 위한 출력 변수 y가 있다.

[그림 4-4]는 단순 분류 트리의 예를 보여 주는데, 이 트리는 주어진 두 개의 입력, 즉 키(cm) 와 몸무게(kg)를 받아서 사람이 여자인지 남자인지를 예측한다.

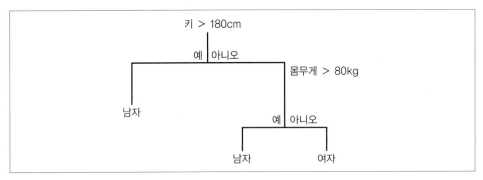

그림 4-4 분류와 회귀 트리 예

CART 모델 학습

이진 트리를 생성하는 것은 실제로 입력 영역을 나누는 과정이다. 재귀적 이분법이라는 탐욕적 접근법을 이용해 영역을 나눈다. 이는 모든 값을 정렬한 후 비용 함수를 이용해 분기점을 테스트하는 수치적 절차이다. 가장 좋은 비용(가장 낮은 비용)의 분기를 선택한다. 모든 입력 변수 와 모든 가능한 분기점을 탐욕적 방식(매번 최선의 분기를 선택)으로 평가하고 선택한다.

회귀 예측 모델링 문제에서 분기점을 선택하는 데 최소의 비용을 계산하는 비용 함수는 사각형 영역 내에 속하는 모든 훈련 샘플에 대해 오차 제곱합으로 나타낸다.

$$\sum_{i=1}^{n} (y_i - prediction_i)^2$$

y_i는 훈련 샘플에 대한 출력이고, 예측은 사각형 영역에 대한 예측된 출력이다. 분류 모델에서 는 지니 비용 함수를 사용하는데, 이 함수는 말단 노드가 얼마나 단일한지(달리 말하면, 각 노드에 할당된 훈련 데이터가 얼마나 섞여 있는지)를 표시하고 다음과 같이 정의한다.

$$G = \sum_{i=1}^{n} p_k * (1 - p_k)$$

G는 모든 클래스에 대한 지니 비용을 나타내고, p_k는 관심 사각형 영역 내에 클래스 k가 있는 훈련 예의 수를 나타낸다. 형태가 같은 클래스 모두를 갖는 노드(완전 단일)는 $G = 0$이 되고, 이진 분류 문제에서 50대50으로 분할된 클래스를 갖는 노드(최저 단일)는 $G = 0.5$가 된다.

기준 정지

이전 절에서 설명한 재귀적 이분법 절차는 훈련 데이터 트리의 하단으로 진행해 가는 동시에 언제 분기를 멈춰야 하는지 알아야 한다. 가장 흔한 정지 절차는 각 말단 노드에 할당된 훈련 예의 수를 세어 가장 작은 값을 이용하는 것이다. 그 수가 일부 최솟값보다 더 작다면 분기를 멈추고 해당 노드가 최종 말단 노드가 된다.

가지치기

기준 정지하기는 트리의 성능에 직접적으로 영향을 준다는 점에서 중요하다. 성능을 높이기 위해 트리 학습 후 가지치기를 한다. 결정 트리의 복잡도는 트리에 대한 분기 수로 정의한다. 트리가 단순할수록 실행이 빠르고, 이해하기 쉽고, 처리와 저장 시 메모리를 적게 사용한다. 또한 데이터 과적합을 줄일 수 있다. 가장 빠르고도 단순한 가지치기 방법은 테스트셋을 이용해 트리의 말단 노드를 하나씩 선택해, 제거하면서 발생하는 결과를 평가하는 것이다. 결과가 전체 테스트셋의 전체 비용 함숫값이 떨어지는 경우에만 해당 말단 노드를 제거한다. 더 이상 향상할 수 없으면 노드의 제거 작업을 멈춘다.

파이썬으로 구현

CART 회귀 모델과 분류 모델은 다음 코드에서 보듯이 파이썬의 사이킷런 패키지로 만들 수 있다.

예제: 분류

```
from sklearn.tree import DecisionTreeClassifier
model = DecisionTreeClassifier()
model.fit(X, Y)
```

예제: 회귀

```
from sklearn.tree import DecisionTreeRegressor
model = DecisionTreeRegressor ()
model.fit(X, Y)
```

하이퍼파라미터

CART에는 많은 하이퍼파라미터가 있다. 하지만 핵심 하이퍼파라미터는 트리 모델의 최대 깊이로, 차원 축소에 필요한 구성요소의 수에 해당하고, 사이킷런에 있는 max_depth로 나타낸다. 적합한 값은 2에서 30 사이의 범위에 있고, 데이터내 특성의 수에 따라 결정한다.

장단점

CART는 해석하기 쉽고 복잡한 관계성을 학습하는 데 용이하다는 장점이 있다. 적은 데이터를 요구할 뿐 아니라 데이터의 스케일링도 필요하지 않다. 특성의 중요도는 결정 노드의 구축 방법에 따라 결정된다. 대용량 데이터셋에서 좋은 성능을 보이고, 회귀와 분류 문제에 모두 적용 가능하다.

반면에 CART는 가지치기를 사용하지 않으면 과적합되기 쉽다는 단점이 있다. 즉 훈련 데이터셋을 약간 변화시켜도 학습되는 가정 함숫값의 차이가 급격히 커질 수 있다. CART는 일반적으로 다음에 다룰 앙상블 모델보다 더 나쁜 성능을 보인다.

4.1.8 앙상블 모델

앙상블 모델ensemble model은 여러 분류기를 합쳐 개개의 분류기보다 성능이 더 좋은 메타 분류기를 만든다. 예를 들어 10명의 전문가에게서 각각 예측값을 얻었다고 가정하면, 앙상블 방법은 10개 각각의 예측값을 합쳐 하나의 예측값을 도출한다. 그 예측값이 10명 전문가 각각의 예측값보다 더 정확하고 안정적이기 때문이다.

가장 보편적인 앙상블 방법은 배깅과 부스팅이다. 배깅(혹은 부스트랩 집합)은 병렬적으로 여러 개의 모델을 훈련하는 앙상블 기술이다. 각 모델은 데이터의 임의 하위셋으로 훈련한다. 반면에 부스팅은 순차적으로 여러 개의 모델을 훈련하는 앙상블 기술이다. 훈련 데이터를 가지고 하나의 모델을 생성한 후, 첫 번째 모델의 오류를 보정하는 방법으로 두 번째 모델을 생성한다. 훈련 데이터셋을 이용한 예측이 완전히 종료되거나, 최대 허용 모델 생성의 수에 도달할 때까지 모델을 계속해서 생성해 나간다. 각 모델은 이전 모델의 실수를 학습한다. 결정 트리처럼, 배깅과 부스팅도 분류와 회귀 문제에 모두 사용할 수 있다.

앙상블 모델은 개별 모델을 합치면서 더 유연해지고(편향이 적어지고) 데이터에 덜 민감해진다(분산이 적어진다[10]). 앙상블 방법은 다수의 단순한 알고리즘을 합쳐 성능을 향상시키는 것이다.

이 절에서는 랜덤 포레스트, 에이다부스트, 경사 부스팅 방법, 엑스트라 트리와 함께 사이킷런 패키지를 이용해 구현하는 방법도 다룬다.

랜덤 포레스트

랜덤 포레스트는 배깅 결정 트리가 변형된 것이다. 랜덤 포레스트 알고리즘을 이해하려면 배깅 알고리즘부터 이해해야 한다. 데이터셋에 천 개의 예가 있다고 가정하고 다음의 배깅 단계를 진행한다.

1 데이터셋에서 임의의 많은(가령 100개) 샘플 데이터셋을 선택한다.
2 각 샘플 데이터셋으로 CART 모델을 훈련한다.[11]
3 새로운 데이터셋이 주어졌을 때, 각 모델의 평균 예측을 계산하고, 각 트리에서 얻은 예측을 모아 과반수 투표로 최종 결과를 정한다.

CART와 같은 결정 트리의 문제는 탐욕적 접근법을 사용한다는 것이다. 오류를 최소화하는 탐욕적 알고리즘을 사용해 분기할 변수를 선택한다. 배깅이 끝난 후에도 결정 트리는 구조적으로 유사할 수 있으며, 이로써 각 트리의 예측이 서로 높은 상관관계를 갖게 된다. 앙상블 모델로 이러한 모델의 예측을 통합할 수 있고, 만약 모델의 예측이 서로 상관관계가 없거나 매우 낮다면 통합된 예측의 성능이 훨씬 더 좋다. 즉, 랜덤 포레스트는 하위트리 예측의 상관관계가 낮아지는 방식으로 학습 알고리즘을 변경한다.

CART에서 분기점을 선택할 때 학습 알고리즘은 모든 변수와 그 값을 훑어볼 수 있는데, 이는 최적의 분기점을 찾기 위함이다. 랜덤 포레스트 알고리즘은 분기점을 선택할 때 각 하위트리가 특성의 임의의 샘플에만 접근할 수 있는 방식으로 진행한다. 각 분기점(m)에서 찾을 특성의

---

10 편향과 분산은 이 장의 후반부에 자세히 다룬다.
11 옮긴이_ 훈련된 모델 100개가 생성된다.

수는 알고리즘의 매개변수로 정해야 한다.

배깅 결정 트리가 만들어지면, 비용 함수가 변수에 대해 각 분기점에서 얼마나 많이 떨어지는지 계산할 수 있다. 이는 회귀 문제의 경우 오차 제곱합으로 표현할 수 있고, 분류 문제의 경우 지니 비용으로 표현할 수 있다. 배깅 방법은 개별 변수에 대해 비용 함수를 계산하고 평균을 계산해 특성의 중요도를 나타낸다.

파이썬으로 구현

랜덤 포레스트 회귀 모델과 분류 모델은 다음 코드에서 보듯이 파이썬의 사이킷런 패키지로 만들 수 있다.

예제: 분류

```
from sklearn.ensemble import RandomForestClassifier
model = RandomForestClassifier()
model.fit(X, Y)
```

예제: 회귀

```
from sklearn.ensemble import RandomForestRegressor
model = RandomForestRegressor()
model.fit(X, Y)
```

하이퍼파라미터

랜덤 포레스트의 사이킷런 구현에 사용되며 격자 탐색 동안 튜닝할 수 있는 일부 주요 하이퍼파라미터는 다음과 같다.

- **최대 특성 수(사이킷런에 있는 max_features)**
  가장 중요한 하이퍼파라미터이다. 각 분기점에서 샘플링할 임의 특성의 수이다. 입력 특성 수를 절반으로 나누거나 1과 20 사이와 같은 정수 구간을 선택한다.

- **평가자 수(사이킷런에 있는 n_estimators)**
  이 하이퍼파라미터는 트리 수를 나타낸다. 원칙적으로 모델이 더 이상 향상되지 않을 때까지 증가시킨다. 10에서 1000까지의 로그 스케일이 적당하다.

장단점

랜덤 포레스트 알고리즘(혹은 모델)은 우수한 성능, 확장성, 용이한 사용성 덕분에 수십 년 동안 머신러닝 응용에 널리 사용되어 왔다. 이 알고리즘은 유연하며 특성의 중요도를 점수로 나타내고, 중복되는 특성 열을 처리할 수 있다. 큰 데이터셋에도 적용할 수 있고 과적합에 안정적이다. 데이터 스케일링이 필요 없고 비선형 관계를 모델링할 수 있다.

반면에 랜덤 포레스트는 블랙박스 접근법과 같아서 모델의 동작 제어가 거의 불가하고 결과를 해석하기가 어렵다. 분류 문제에서 우수한 성능을 보이지만 정확한 연속성 예측을 하지 못하기 때문에 회귀 문제에는 적합하지 않다. 회귀 문제의 경우 알고리즘은 훈련 데이터의 범위를 벗어나 예측하지 못하고, 특히 잡음 섞인 데이터셋에 과적합될 수 있다.

엑스트라 트리

완전 임의 트리라고도 하는 엑스트라 트리는 랜덤 포레스트가 변형된 것이다. 랜덤 포레스트와 비슷하게 임의 특성 하위셋을 사용해 다중 트리를 생성하고 노드를 분할한다. 하지만 대체하여 관찰하는 랜덤 포레스트와 달리, 엑스트라 트리는 대체하지 않고 관찰한다. 따라서 관찰을 반복하지 않는다.

설명을 덧붙이면, 랜덤 포레스트는 부모 노드를 두 개의 동종 자식 노드로 변환하기 위해 최선의 분기를 선택하지만[12], 엑스트라 트리는 부모 노드를 두 개의 임의 자식 노드로 변환하기 위해 임의 분기를 선택한다. 엑스트라 트리의 경우, 임의성은 데이터를 임의 선택하지 않고 관찰을 임의 분기하는 것에서 비롯된다.

실제 사례에서 엑스트라 트리의 성능은 일반적인 랜덤 포레스트에 견줄 만하며 때로는 월등하다. 엑스트라 트리의 장단점은 랜덤 포레스트의 것과 비슷하다.

파이썬으로 구현

엑스트라 트리 회귀 모델과 분류 모델은 다음 코드에서 보듯이 파이썬의 사이킷런 패키지로 만들 수 있다. 엑스트라 트리의 하이퍼파라미터는 이전 절에서 보았듯이 랜덤 포레스트의 것과 비슷하다.

---

12 분기는 이종 부모 노드를 두 개의 동종 자식 노드로 변환하는 과정이다.

예제: 분류

```
from sklearn.ensemble import ExtraTreesClassifier
model = ExtraTreesClassifier()
model.fit(X, Y)
```

예제: 회귀

```
from sklearn.ensemble import ExtraTreesRegressor
model = ExtraTreesRegressor()
model.fit(X, Y)
```

어답티브 부스팅(에이다부스팅)

어답티브 부스팅 혹은 에이다부스팅은 순차적 예측으로 후속 모델이 앞선 모델의 오류를 최소화하는 방식으로 진행한다는 기본 아이디어로 만들어진 부스팅 기술이다. 에이다부스트 알고리즘은 매번 각 예의 가중치를 변경함으로써 분포를 바꾼다. 잘못 예측한 예의 가중치를 높이고, 옳게 예측한 예의 가중치를 낮춘다.

에이다부스팅 알고리즘은 다음 단계를 따른다.

1 처음에는 모든 관찰에 대한 가중치를 동일하게 한다.
2 일부 데이터로 모델을 생성하고, 전체 데이터셋에 대해 예측한다. 예측값과 실젯값을 비교해 오차를 계산한다.
3 다음 모델에서는 잘못 예측한 데이터의 가중치를 높인다. 가중치는 오찻값의 크기에 따라 결정하는데, 예를 들어 오차가 클수록 그 관찰에 대한 가중치를 높인다.
4 비용 함수가 더 이상 변하지 않을 때까지 혹은 예측 횟수가 최대치에 도달할 때까지 이 과정을 반복한다.

파이썬으로 구현

에이다부스트 회귀 모델과 분류 모델은 다음 코드에서 보듯이 파이썬의 사이킷런 패키지로 만들 수 있다.

예제: 분류

```
from sklearn.ensemble import AdaBoostClassifier
model = AdaBoostClassifier()
model.fit(X, Y)
```

예제: 회귀

```
from sklearn.ensemble import AdaBoostRegressor
model = AdaBoostRegressor()
model.fit(X, Y)
```

하이퍼파라미터

에이다부스트의 사이킷런 구현에 사용되며 격자 탐색 동안 튜닝할 수 있는 일부 주요 하이퍼파라미터는 다음과 같다.

- **학습률(사이킷런에 있는 learning_rate)**
  학습률은 각 분류기의 기여도를 로그 스케일로 축소한다. 격자 탐색을 위한 값으로는 0.001, 0.01, 0.1이 적당하다.
- **예측 횟수(사이킷런에 있는 n_estimators)**
  이 매개변수는 트리의 수를 나타낸다. 원칙적으로 더 이상의 향상이 없을 때까지 증가시킨다. 값은 로그 스케일로 10에서 1000가 적당하다.

장단점

에이다부스트는 고도의 정확성을 보인다. 다른 모델에 비해 매개변수 튜닝을 적게 하면서 비슷한 결과를 얻는다. 알고리즘은 데이터 스케일링이 필요 없고 비선형 관계 모델링이 가능하다.

반면에 에이다부스트를 훈련하는 데 많은 시간이 필요하다. 잡음 데이터와 이상치에 민감하고, 불균형 데이터는 분류 정확도를 낮춘다.

경사 부스팅 방법

경사 부스팅 방법(GBM)은 또 다른 부스팅 기술로 순차적으로 예측한다는 측면에서 에이다부스트와 유사하다. 이전에 적합화되지 않은 예측을 앙상블에 추가하고 이전 오류가 맞는지 확인한다.

경사 부스팅 방법은 다음 단계를 따른다.

1 일부 데이터로 (최초의 취약한 학습자라고 할 수 있는) 모델을 구축한다. 이 모델을 이용해 전체 데이터셋에 대해 예측한다.

2 예측값과 실젯값을 비교하고 오차 함수를 사용해 오차를 계산한다.

3 이전 단계의 오차를 목표 변수로 사용해 새로운 모델을 생성한다. 목적은 오차를 최소화하는 최적의 데이터 분기를 찾는 것이다. 새로운 모델로 얻은 예측을 이전의 예측과 통합한다. 이로부터 얻은 예측값을 실젯값과 비교해 오차를 계산한다.

4 비용 함수가 더 이상 변하지 않거나 예측 횟수가 최대에 도달할 때까지 위의 과정을 반복한다.

매번 예의 가중치를 튜닝하는 에이다부스트와 반대로, 경사 부스팅 방법은 이전 예측의 오차를 보정하는 방식으로 새로운 예측기를 적합화한다.

파이썬으로 구현 및 하이퍼파라미터

경사 부스팅 회귀 모델과 분류 모델은 다음 코드에서 보듯이 파이썬의 사이킷런 패키지로 만들 수 있다. 경사 부스팅 방법의 하이퍼파라미터는 이전 절에서 설명한 에이다부스트와 비슷하다.

예제: 분류

```
from sklearn.ensemble import GradientBoostingClassifier
model = GradientBoostingClassifier()
model.fit(X, Y)
```

예제: 회귀

```
from sklearn.ensemble import GradientBoostingRegressor
model = GradientBoostingRegressor()
model.fit(X, Y)
```

장단점

경사 부스팅 방법은 랜덤 포레스트와 같은 방법으로 데이터 오류, 높은 상관관계 특성, 무관한 특성에 안정적이다. 랜덤 포레스트보다 더 좋은 성능을 보이면서 특성 중요도를 점수로 나타낸다.

반면에 부스팅 방법의 주된 목적이 분산이 아닌 편향을 줄이는 것인 만큼 랜덤 포레스트보다 과적합에 더 취약하다. 튜닝할 하이퍼파라미터의 수가 많아서 모델 개발이 빠르지 못하다. 또한 특성 중요도가 훈련 데이터셋의 변화에 안정적이지 않다.

4.1.9 인공 신경망 모델

3장에서 인공 신경망의 기본과 구조, 모델 훈련, 파이썬으로 구현하기를 살펴보았다. 이 장에서는 지도 학습을 비롯해 머신러닝의 모든 분야에 적용할 수 있는 상세한 내용을 다루는데, 그중 이 절에서는 지도 학습의 관점에서 살펴본다.

신경망은 출력층의 노드 활성화 함수로 분류 모델이나 회귀 모델에 맞게 축소할 수 있다. 회귀 문제의 경우, 출력 노드에 선형 활성화 함수가 있거나 함수가 없다. 선형 함수는 음의 무한대부터 양의 무한대에 이르는 출력 범위 내에서 연속성 출력을 생성한다. 따라서 출력층은 출력층 이전 층에 있는 노드를 갖는 선형 함수가 되며, 선형 모델이 된다.

분류 문제의 경우, 출력 노드에 시그모이드 혹은 소프트맥스 활성화 함수가 있다. 시그모이드 혹은 소프트맥스 함수는 0과 1 사이의 출력을 생성하는데, 이는 기댓값의 확률로 나타낸다. 또한 소프트맥스 함수는 분류에서 다중 그룹에 사용된다.

사이킷런을 이용한 인공 신경망

인공 신경망 회귀 모델과 분류 모델은 다음 코드에서 보듯이 파이썬의 사이킷런 패키지로 만들 수 있다.

예제: 분류

```
from sklearn.neural_network import MLPClassifier
model = MLPClassifier()
model.fit(X, Y)
```

예제: 회귀

```
from sklearn.neural_network import MLPRegressor
model = MLPRegressor()
model.fit(X, Y)
```

하이퍼파라미터

3장에서 본 바와 같이, 인공지능 신경망에는 많은 하이퍼파라미터가 있다. 사이킷런 구현에 사용되며 격자 탐색 동안 튜닝할 수 있는 일부 주요 하이퍼파라미터는 다음과 같다.

- **은닉층(사이킷런에 있는 hidden_layer_sizes)**

  인공 신경망 구조에서 층과 노드 수를 나타낸다. 사이킷런으로 구현할 때 i번째 요소는 i번째 은닉층에 있는 뉴런의 수를 나타낸다. 사이킷런에서 격자 탐색을 할 때 예제로 [(20,), (50,), (20, 20), (20, 30, 20)]의 값을 갖는다.

- **활성화 함수(사이킷런에 있는 activation)**

  은닉층의 활성화 함수를 나타낸다. 3장에서 정의한 일부 활성화 함수, 예를 들어 sigmoid, relu, tanh 를 사용할 수 있다.

심층 신경망

은닉층이 하나 이상 있는 인공 신경망을 심층 신경망이라고 한다. 앞으로 심층 신경망을 구현하기 위해 케라스 라이브러리를 사용할 것인데, 그 구현 방법은 3장에서 상세히 다루었다. 분류와 회귀 문제에 적용되는 사이킷런에 있는 MLPClassifier, MLPRegressor와 비슷하게, 케라스에는 심층 신경망으로 분류 모델과 회귀 모델을 만드는 데 사용하는 KerasClassifier와 KerasRegressor 모듈이 있다.

금융 분야에서 널리 사용되는 문제는 시계열 예측으로, 이는 과거 내용을 기반으로 시간적으로 앞선 값을 예측하는 것이다. 시계열 예측 문제에는 순환 신경망(RNN)과 같은 일부 심층 신경망을 바로 사용할 수 있다. 상세한 접근방법은 5장에서 다룬다.

장단점

인공 신경망의 주요 장점은 변수 간의 비선형 관계를 잘 나타낸다는 것이다. 쉽게 학습하고 큰 데이터셋에서 나오는 막대한 양의 입력 특성을 잘 다룬다.

인공 신경망의 주요 단점은 모델의 해석성인데, 이는 모델을 선택할 때 무시할 수 없는 결정 요소이다. 문제 해결에 적합한 구조/알고리즘을 선택하기가 어렵다. 또한 많은 연산이 필요해 훈련하는 데 시간이 많이 걸린다.

금융에서 지도 학습에 인공 신경망 사용

선형 혹은 로지스틱 회귀와 같은 단순한 모델을 적합화한다면, 굳이 인공 신경망을 사용할 필요가 없다. 하지만 복잡한 데이터셋을 모델링하고 더 강력한 예측력을 원한다면, 인공 신경망을 사용해 볼 만하다. 인공 신경망은 데이터의 형태에 맞춰 적용할 수 있다는 점에서 매우 유연한 모델이고, 지도 학습 문제에 사용해 볼 만하다.

4.2 모델 성능

이전 절에서 더 나은 성능을 위한 하이퍼파라미터를 찾는 방법으로 격자 탐색을 살펴보았다. 이 절에서는 절차를 확장해 모델 성능 평가에 필요한 핵심 요소로 과적합, 교차 검증, 평가 메트릭을 살펴본다.

4.2.1 과적합과 과소적합

머신러닝에서 보편적인 문제는 과적합이다. 과적합은 모델이 훈련 데이터는 완벽하게 설명하지만 새로운 테스트 데이터는 잘 설명하지 못하는, 일반화가 잘 되지 않는 것으로 정의한다. 과적합은 모델이 훈련 데이터를 과도하게 학습할 때 발생하는데, 일반적으로 실제 상황을 반영하지 않는 특이점을 찾기 시작하는 시점부터 과적합이 된다. 이 문제는 모델이 복잡해질수록 심각해진다. 과소적합은 모델이 데이터의 중요한 흐름을 파악할 수 있을 만큼 복잡하지 않은 경우에 발생한다. [그림 4-5]는 과적합과 과소적합을 보여 준다. [그림 4-5]의 왼쪽 그래프는 선형 회귀 모델로 직선이 실젯값에 과소적합되었음을 보여 준다. 가운데 그래프는 고차원 다항식이 실제 데이터에 알맞게 근사화되었음을 보여 준다. 반면에 오른쪽 그래프는 매우 높은 고차원 다항식이 한정된 데이터에 거의 완벽하게 적합화되고 훈련 데이터에서 가장 우수한 성능을 보이지만, 일반화되지 않고 새로운 데이터에는 좋은 성과를 내지 못할 것이다.

과적합과 과소적합의 개념은 편향-분산 상충관계로 설명할 수 있다. 편향은 학습 알고리즘에서 지나치게 단순화된 가정이나 잘못된 가정에서 발생하는 오류이다. 편향의 결과로 [그림 4-5]의 왼쪽 그래프에서 보는 바와 같이 데이터의 과소적합이 발생한다. 편향이 크다는 것은 학습 알고리즘이 특성에 대한 중요한 흐름을 놓치고 있다는 의미이다. 분산은 모델이 훈련 데이터에 대해 거의 완벽하게 적합화할 만큼 과도하게 복잡할 때 발생하는 오류이다. 분산이 큰 경우에는 모델의 예측값이 훈련 데이터셋의 값과 거의 일치한다. 분산이 크면, [그림 4-5]의 오른쪽 그래프에서 보는 바와 같이 과적합이 발생한다. 궁극적으로, 좋은 모델은 편향과 분산이 모두 낮다.

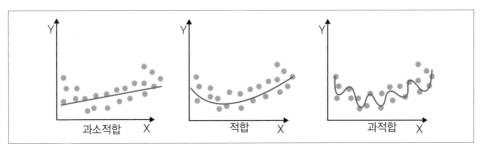

그림 4-5 과적합과 과소적합

과적합을 다루는 두 가지 방법을 알아보자.

- **훈련 데이터 늘리기**
  훈련 데이터가 많을수록 한 샘플에서 학습할 양이 많아지므로 과적합을 줄일 수 있다.

- **규제하기**
  모델이 하나의 특성에 지나치게 많은 표현력을 보이거나 특성이 과도하게 많다면 비용 함수에 페널티를 주게 된다.

과적합의 개념과 감소 방법은 모든 지도 학습 모델에 적용할 수 있다. 예를 들어 이 장의 앞에서 설명한 바와 같이, 정규화된 회귀 모델은 선형 회귀의 과적합을 해결한다.

4.2.2 교차 검증

머신러닝의 도전과제는 보이지 않는 (과적합 대 과소적합 혹은 편향–분산 상충관계) 데이터에도 잘 일반화되는 훈련 모델이다. 교차 검증의 이면에 있는 아이디어는 데이터를 한 번 혹은 여러 번 분할해서 분할한 데이터는 검증셋으로 한번 사용하고 나머지 데이터는 훈련셋으로 사용하는 것이다. 즉, 데이터의 일부(훈련 샘플)는 알고리즘의 훈련에 사용하고 데이터의 일부(검증 샘플)는 알고리즘의 (오류) 위험을 평가하는 데 사용하는 것이다. 교차 검증으로 모델의 일반화 오류를 신뢰성 있게 추정할 수 있다. 이해하기 쉽게 예를 들어보자. k-겹 교차 검증을 한다고 할 때, 훈련 데이터를 임의로 k등분한다. 그다음, k-1겹의 데이터(k-1개의 하위 훈련셋)로 모델을 훈련하고, k번째 겹(남은 1개의 하위 훈련셋)으로 성능을 평가한다. 이와 같은 방법을 k번 반복해 결과 점수의 평균을 구한다.

[그림 4-6]은 교차 검증의 예를 보여 준다. 5개의 데이터셋으로 분할하고 매회 1개의 셋을 검증에 사용한다.

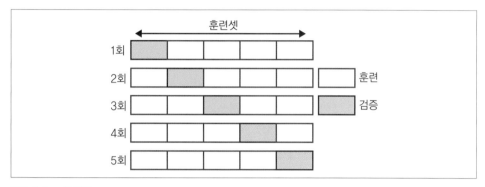

그림 4-6 교차 검증

교차 검증의 잠재적 결점은 연산 비용인데, 특히 하이퍼파라미터 튜닝을 위한 격자 탐색을 병행할 경우 연산 비용이 증가한다. 사이킷런 패키지를 사용해 단 몇 줄로 교차 검증을 수행할 수 있다.

다음 절에서는 지도 학습 모델의 성능 측정과 비교에 사용하는 평가 메트릭을 다룬다.

4.2.3 평가 메트릭

평가 메트릭은 머신러닝 알고리즘을 평가하는 데 중요하다. 메트릭의 선택은 머신러닝 알고리즘의 성능을 측정하고 비교하는 방법에 영향을 준다. 또한 중요도 가중치를 정하고 이로써 궁극적으로 알고리즘을 선택하는 데도 영향을 준다.

[그림 4-7]은 회귀와 분류 문제를 위한 주요 평가 메트릭을 보여 준다.

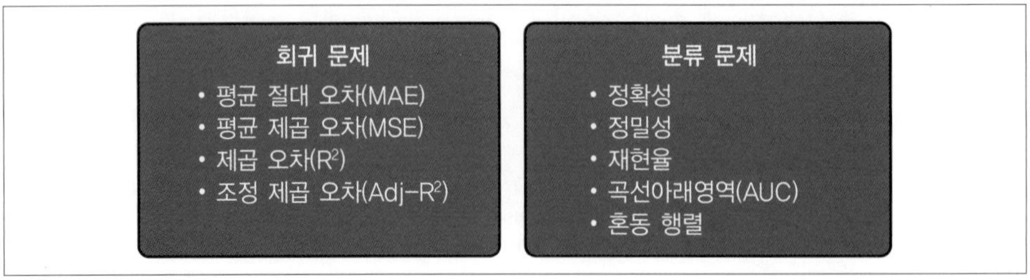

그림 4-7 회귀와 분류 문제를 위한 평가 메트릭

지도 회귀 문제를 위한 평가 메트릭을 살펴보자.

평균 절대 오차

평균 절대 오차(MAE)는 예측값과 실젯값의 절댓값의 합으로 나타낸다. 평균 절대 오차는 선형적인 값으로 개별 차이에 동일한 가중치를 적용한다는 의미이다. 이 방법은 예측이 얼마나 틀렸는지 보여 준다. 이 측정치는 오차의 정도(크기)는 알려 주지만 (가령 초과나 미달 예측) 방향은 알려 주지 못한다.

평균 제곱 오차

평균 제곱 오차(MSE)는 예측값과 실젯값의 차이에 대한 표준편차를 나타낸다. 평균 제곱 오차는 오차의 정도(크기)를 나타낸다는 면에서 평균 절대 오차와 비슷하다. 평균 제곱 오차에 제곱근을 취하면 출력 변수가 같은 측정단위로 변환되어 설명하고 제시하는 데 유용해지는데, 이 방법을 평균 제곱근 오차(RMSE)라고 한다.

제곱 오차

제곱 오차(R^2)는 예측값이 실젯값에 얼마나 적합한지를 나타낸다. 통계에서 이 측정치를 결정 계수라고 한다. 0과 1 사이의 값을 가지며, 0은 부적합, 1은 완전적합으로 해석한다.

조정 제곱 오차

제곱 오차와 같이, 조정 제곱 오차(adjusted R^2)는 모델에서 항의 수를 조정해 항이 곡선이나 직선에 얼마나 적합화되는지를 나타내며 식은 다음과 같다.

$$R_{adj}^2 = 1 - \left[\frac{(1 - R^2)(n - 1)}{n - k - 1} \right]$$

여기서 n은 총 관찰 수, k는 예측 항 수를 나타낸다. 조정 제곱 오차의 값은 항상 제곱 오차 이하이다.

지도 학습 회귀 문제를 위한 평가 메트릭 선택

평가 메트릭의 선호도 관점에서 볼 때, 예측 정확도가 목표라면 평균 제곱근 오차(RMSE)가 가장 적합하다. 계산이 단순하고 구분하기가 쉽다. 손실은 대칭적이지만 오차가 크면 계산에 더 많은 영향을 준다. 평균 절대 오차(MAE)는 대칭적이지만 오차가 커도 계산에 많은 영향을 주지 않는다. 제곱 오차(R^2)와 조정 제곱 오차(adjusted R^2)는 종종 설명의 목적으로 사용하며 선택한 독립 변수가 종속 변수의 변화를 얼마나 잘 설명하는지를 나타낸다.

지도 학습 분류 문제에 대한 평가 메트릭을 살펴보자.

분류

간단하게 이진 분류 문제(즉 참/거짓과 같이 결과가 단 2개)로 설명한다.

- **참 양성**
  양성을 예측하고 실제로 양성인 경우
- **거짓 양성**
  양성을 예측하고 실제로 음성인 경우
- **참 음성**
  음성을 예측하고 실제로 음성인 경우
- **거짓 음성**
  음성을 예측하고 실제로 양성인 경우

[그림 4-8]은 분류 문제에 보편적으로 사용하는 세 가지 평가 메트릭, 즉 정확성, 정밀성, 재현율의 차이를 설명한다.

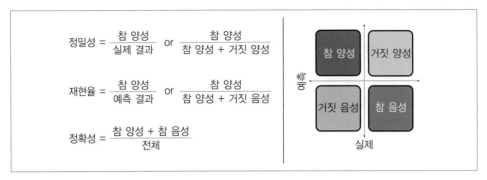

그림 4-8 정확성, 정밀성, 재현율

정확성

[그림 4-8]에서 보듯이, 정확성은 모든 예측 대비 정확히 맞힌 예측률을 나타낸다. 분류 문제에서 가장 보편적으로 사용하는 동시에 가장 잘못 사용하는 평가 메트릭이다. 각 분류에 속하는 관찰의 수가 동일한 경우(거의 드문 경우이다)와 해당 예측 오류가 동일하게 중요한 경우에 가장 적합한데, 이러한 경우는 드물다.

정밀성

정밀성은 양성으로 예측한 모든 경우에서 (실제) 양성으로 판정된 경우를 백분율로 나타낸다. 분모는 모델이 전체 데이터셋에서 양성으로 예측한 모든 경우의 수가 된다. 정밀성은 거짓 양성의 비용이 높을 때(가령 이메일 스팸 감지) 사용하기 좋은 측정 메트릭이다.

재현율

재현율(혹은 민감성, 참 양성률)은 실제 양성의 모든 경우에서 실제 양성의 경우를 백분율로 나타낸다. 따라서 분모(참 양성 + 거짓 음성)는 데이터셋에서 실제 양성으로 판정된 경우의 수가 된다. 재현율은 거짓 음성의 비용이 클 때(가령 사기 감지) 적당한 측정 메트릭이다.

정확성, 정밀성, 재현율 외에, 분류 문제에 보편적으로 사용하는 평가 메트릭을 몇 가지 더 알아보자.

ROC 곡선아래영역

ROC 곡선아래영역area under ROC curve(AUC)은 이진 분류 문제에 적합한 평가 메트릭이다. ROC는 확률을 나타내는 곡선이고 AUC는 분리가능성의 정도 혹은 치수를 나타내는 곡선이다. AUC는 모델이 클래스를 얼마나 잘 구별하는지를 말해 준다. 즉 AUC가 클수록, 모델이 0을 0으로 1을 1로 제대로 예측한다는 의미이다. AUC가 0.5라면 모델이 클래스를 구별하는 능력이 전혀 없다는 의미이다. AUC를 확률적으로 해석하면 양성의 경우와 음성의 경우를 임의로 선택할 때, 분류기에 따라 양성의 경우가 음성의 경우보다 우세할 확률을 말한다.

혼동 행렬

혼동 행렬은 학습 알고리즘의 성능을 펼쳐 보여 준다. [그림 4-9]에서 보듯이, 단순한 사각형 행렬로 분류기가 예측한 참 양성(TP), 참 음성(TN), 거짓 양성(FP), 거짓 음성(FN)의 수를 나타낸다.

그림 4-9 혼동 행렬

혼동 행렬은 두 개 이상의 분류를 갖는 모델의 정확성을 보여 주기에 용이하다. 표에서 x축은 예측의 경우를 나타내고 y축은 정확성 결과를 나타내며, 표 안 영역은 모델이 예측한 수를 나타낸다. 예를 들어 모델이 0 혹은 1을 예측하면, 각 예측이 실제로 0 혹은 1이었는지를 보여 준다. 0으로의 예측이 실제로 0이었다면 TN 영역에 해당하고, 반면에 0으로의 예측이 실제로 1이었다면 FN 영역에 해당한다.

지도 학습 분류 문제를 위한 평가 메트릭 선택

분류 문제에 대한 평가 메트릭은 실제 업무 속성에 크게 좌우된다. 예를 들어, 재현율은 사기 감지와 같은 거짓 음성이 높은 비용을 지불할 때 적당한 평가 메트릭이다. 평가 메트릭은 실전 문제에서 더 자세히 다룬다.

4.3 모델 선택

완벽한 머신러닝 모델을 선택하는 것은 기술이자 과학이다. 머신러닝 모델을 볼 때, 모든 문제에 적합한 하나의 솔루션이나 접근법은 없다. 머신러닝 모델을 선택할 때 고려해야 할 요소가 몇 가지 있는데, 대부분의 경우 중요한 선택기준은 이전 절에서 설명한 대로 성능이다. 다음 절에서는 모델 선택 시 고려할 그 외 요소를 살펴보고 모델의 상충관계에 대해 설명한다.

4.3.1 모델 선택 시 고려할 요소

모델을 선택하는 과정에서는 다음 요소를 고려해야 한다.

- **단순성**
  모델의 단순한 정도를 말한다. 단순하면 일반적으로 더 빠르고 더 확장적이며 모델과 결과를 이해하기 쉽다.

- **훈련 시간**
  속도, 성능, 메모리 사용, 모델 훈련에 필요한 전체 시간을 말한다.

- **데이터의 비선형성 처리**
  모델이 변수 간의 비선형적 관계를 처리하는 능력을 말한다.

- **과적합에 대한 안정성**
  모델이 과적합을 처리하는 능력을 말한다.

- **데이터셋의 크기**
  모델이 데이터셋의 방대한 학습 예제를 처리하는 능력을 말한다.

- **특성 수**
  모델이 고차원의 특성 공간을 처리하는 능력을 말한다.

- **모델 해석**

  모델을 얼마나 잘 설명할 수 있는지를 말한다. 모델의 해석성은 주어진 문제를 해결하기 위해 명확한 행동을 취해야 하기 때문에 중요하다.

- **특성 스케일링**

  모델이 변수를 스케일링해야 하는지 아니면 정규분포를 따라야 하는지를 말한다.

[표 4-1]은 지금까지 살펴본 지도 학습 모델의 요소를 장단점을 비교한다. 또한 각 요소에 대한 최적의 머신러닝 알고리즘을 보여 준다.[13]

표 4-1 모델 선택

	선형 회귀	로지스틱 회귀	서포트 벡터 머신	결정 트리	경사 부스팅	랜덤 포레스트	인공 신경망	K-최근접이웃	선형 판별 분석
단순성	✔	✔	✔	✔	✗	✗	✗	✔	✔
훈련 시간	✔	✔	✗	✔	✗	✗	✗	✔	✔
비선형 처리	✗	✗	✔	✔	✔	✔	✔	✔	✔
과적합 안정성	✗	✗	✔	✗	✗	✔	✗	✔	✗
데이터셋 크기	✗	✗	✗	✔	✔	✔	✔	✗	✔
특성 수	✗	✗	✔	✔	✔	✔	✔	✗	✔
모델 해석	✔	✔	✗	✗	✔	✔	✗	✔	✔
특성 스케일링	✗	✗	✔	✔	✗	✗	✗	✗	✗

표에서 보듯이, 상대적으로 단순한 모델은 선형 및 로지스틱 회귀 모델이며 앙상블 및 인공 신경망 모델로 갈수록 복잡해진다. 훈련 시간 측면에서는 선형 및 결정 트리 모델이 앙상블 방법 및 인공 신경망 모델보다 더 빠르다.

선형 및 로지스틱 회귀 모델은 비선형적 관계를 처리할 수 없고, 서포트 벡터 머신은 비선형 커널을 이용해 독립 변수와 종속 변수 간의 비선형성을 처리할 수 있다.

---

13 에이다부스트는 경사 부스팅, 엑스트라 트리는 랜덤 포레스트와 매우 비슷한 결과를 보이므로 이 두 모델은 표에서 제외한다.

서포트 벡터 머신과 랜덤 포레스트는 선형 회귀, 로지스틱 회귀, 경사 부스팅, 인공 신경망에 비해 과적합에 안정적이다. 과적합의 정도는 데이터 크기, 모델 튜닝과 같은 매개변수에 의존한다. 또한 경사 부스팅과 같은 부스팅 방법은 랜덤 포레스트와 같은 배깅 방법에 비해 과적합 위험성이 크다. 경사 부스팅은 편향을 최소화하지 분산을 최소화하지는 않는다.

선형 및 로지스틱 회귀 모델은 방대한 데이터셋과 특성을 처리할 수 없다. 반면에 결정 트리, 앙상블 방법과 인공 신경망 모델은 방대한 데이터셋과 특성을 처리할 수 있다. 데이터셋이 작은 경우, 일반적으로 선형 및 로지스틱 회귀 모델이 더 좋은 성능을 보인다. 선형 모델은 (7장에서 살펴볼) 변수 축소 기술로 방대한 데이터셋을 처리할 수 있다. 인공 신경망의 성능은 데이터셋 규모가 클수록 향상된다.

선형 회귀, 로지스틱 회귀, 결정 트리 모델은 비교적 단순해 앙상블 방법 및 인공 신경망 모델에 비해 해석성이 좋다.

4.3.2 모델 균형

모델을 선택할 때 때로는 여러 요소를 절충한다. ANN, SVM, 일부 앙상블 방법을 사용해 매우 정확한 예측 모델을 만들 수 있지만, 단순성과 해석성이 부족할 수 있으며 훈련하는 데 상당한 자원이 필요할 수 있다.

최종 모델을 선택할 때 예측 성능이 가장 중요한 목표라면 해석성이 낮은 모델을 선택한다. 모델이 어떻게 동작하고 예측하는지 설명할 필요가 없다면 말이다. 하지만 모델의 해석성이 결정적인 경우도 있다.

금융 분야에서 종종 해석성 중심 사례를 볼 수 있다. 많은 경우 머신러닝 알고리즘의 선택은 알고리즘의 기술적 측면, 최적화와는 거의 무관하고 사업 결정과 관계된다. 예를 들어 개인의 신용카드 신청을 허가하거나 거절하는 데 머신러닝 알고리즘을 사용한다고 하자. 신청이 거절되어 고소나 법적 대응으로 이어진다면, 금융기관은 어떻게 거절 결정을 내렸는지 설명해야 한다. 이 경우, 인공 신경망으로는 거의 불가능하기 때문에 결정 트리 기반 모델이 더 적합하다.

모델이 지닌 다양한 특징에 따라 데이터에 내재된 다양한 패턴에 적합하게 모델링을 한다. 따라서 첫 단계에서는 여러 모델을 가지고 어느 모델이 데이터셋에 내재된 구조를 효과적으로 포착하는지 찾는다. 모든 지도 학습 기반 실전 문제에서는 이와 같은 접근법으로 모델을 선택한다.

4.4 맺음말

금융 분야에서 지도 학습 모델의 중요성을 살펴보고 선형 및 로지스틱 회귀, 서포트 벡터 머신, 결정 트리, 앙상블, K-최근접 이웃, 선형 판별 분석과 인공 신경망을 포함한 지도 학습 모델을 소개했다. 또한 사이킷런과 케라스를 이용해 단 몇 줄의 코드로 이런 모델을 학습하고 튜닝하는 방법을 시연했다.

회귀 모델 및 분류 모델에 대한 가장 보편적인 오류 메트릭을 살펴보고 편향-분산 상충관계를 설명했다. 또한 교차 검증을 이용해 모델 선택 과정을 관리하는 몇 가지 도구도 보여 주었다.

각 모델의 장단점을 살펴보고 최적의 모델을 선택하기 위해 고려해야 할 요소를 알아보았다. 또한 모델의 성능과 해석성 간의 균형을 설명했다.

5장과 6장에서는 회귀 및 분류 문제에 대한 실전 문제를 자세히 다룰 것이다. 두 개의 장에서 제시하는 실전 문제는 지금까지 다룬 개념을 이용한다.

## CHAPTER 5

지도 학습: 회귀(시계열 모델)

회귀 기반 지도 학습은 예측 모델로 목표와 예측 변수 간의 관계를 모델링하고 가능한 연속적 출력값을 예측하는 것이다. 금융에서 가장 많이 사용하는 머신러닝이다.

금융기관에 종사하는 애널리스트의 관심사는 자산 가격, 자산 수익 예측과 같은 투자 기회를 예측하는 것이다. 특히 회귀 기반 지도 학습 모델은 이런 맥락에서 본질적으로 적합하다. 투자 금융 매니저는 이 모델을 활용해 예측 변수의 속성, 다른 변수와의 관계를 이해하고 자산 수익을 견인하는 중요한 요소를 찾는다. 또한 수익 프로필, 거래 비용, 인프라에 필요한 기술 및 금융 투자, 궁극적으로 위험 프로파일, 전략 혹은 포트폴리오의 이윤을 평가하는 데도 유익한 도움을 받는다.

지도 회귀 기반 머신러닝은 대량의 데이터 및 처리 기술을 사용할 수 있어 자산 가격 예측에 국한되지 않고 포트폴리오 관리, 보험 가격 책정, 상품 가격 책정, 헤징, 위험 관리 등 광범위한 재무 영역에 적용된다.

5장에서는 자산 가격 예측, 파생 상품 가격 책정, 포트폴리오 관리를 비롯해 다양한 영역에 걸친 지도 회귀 기반 실전 문제 세 가지를 다룬다. 실전 문제는 2장에 제시한 표준화된 모델 개발 7단계, 즉 문제 정의, 데이터 불러오기, 탐색적 데이터 분석, 데이터 준비, 모델 평가, 모델 튜닝 단계를 따른다.[1] 실전 문제는 금융 관점에서 다양한 주제를 다룰 뿐만 아니라 4장에 제시한 기본 선형 회귀부터 고차원 딥러닝에 이르는 모델을 포함해 여러 머신러닝과 모델링 개념을 다룬다.

---

[1] 단계/하위단계의 적절성과 직관성에 기반해 단계 또는 하위단계의 순서를 변경하거나 이름을 변경할 수 있다.

금융 산업에서는 상당히 많은 자산 모델링과 예측 문제가 시간 구성요소와 연속 출력의 추정과 관계된다. 따라서 시계열 모델을 다루는 것도 중요하다. 가장 광범위한 형태에서 시계열 분석은 과거에 일련의 데이터에서 무슨 일이 발생했는지 추론하고 앞으로 무슨 일이 발생할지 예측하는 것이다. 학계와 업계에서는 지도 회귀 모델과 시계열 모델의 차이에 대해 많은 비교와 논쟁을 해 왔다. 대부분의 시계열 모델은 모수적인parametric (즉, 알려진 함수가 데이터를 나타내는 것으로 가정) 반면에 대부분의 지도 회귀 모델은 비모수적nonparametric이다. 예측을 위해 시계열 모델은 주로 예측 변수의 과거 데이터를 사용하고 지도 학습 알고리즘은 외생 변수를 예측 변수로 사용한다.[2] 그러나 지도 회귀는 (이 장의 뒷부분에서 설명할) 시간 지연 접근방식을 통해 예측 변수의 과거 데이터를 포함할 수 있으며 (가령 이 장의 뒷부분에서 다시 다룰 ARIMAX) 시계열 모델은 예측을 위해 외생 변수를 사용할 수 있다. 따라서 지도 회귀 및 시계열 모델은 예측을 위해 예측 변수의 과거 데이터만이 아니라 외생 변수를 사용할 수 있다는 점에서 서로 유사하다. 최종 출력 측면에서 지도 회귀 및 시계열 모델은 변수의 가능한 결과의 연속 집합을 추정한다.

4장에서는 지도 회귀와 지도 분류 간에 공통되는 모델의 개념을 살펴보았다. 시계열 모델이 지도 분류보다 지도 회귀에 더 가깝다는 점을 감안해 이 장에서 시계열 모델의 개념을 개별적으로 살펴본다. 또한 금융 데이터에서 시계열 모델을 사용해 미래 가치를 예측하는 방법을 시연해 보인다. 시계열 모델과 지도 회귀 모델을 실전 문제에서 비교하고, 시계열 예측에 직접 사용할 수 있는 일부 머신러닝 및 딥러닝 모델(가령 LSTM)도 설명한다.

'**실전 문제 1: 주가 예측**'에서는 금융에서 널리 사용되는 예측 문제인 주식 수익률 예측 문제를 시연해 보인다. 이 실전 문제의 목적은 금융에서 미래 주가를 정확하게 예측하는 것 외에도 일반 자산 클래스 가격 예측을 위한 머신러닝 기반 프레임워크에 대해 논의하는 것이다. 실전 문제에서는 시각화와 모델 튜닝에 중점을 두고 몇 가지 머신러닝 및 시계열 개념에 대해서도 논의한다.

'**실전 문제 2: 파생 상품 가격 책정**'에서는 지도 회귀를 사용해 파생 상품 가격 책정을 알아보고 전통적인 퀀트 문제의 맥락에서 머신러닝 기술을 배포하는 방법을 보여 준다. 머신러닝 기술은 종래의 파생상품 가격 모델과 비교할 때 몇 가지 비실용적인 가정에 의존하지 않고도 파생상품 가격을 더 빠르게 설정할 수 있다. 머신러닝을 사용한 효율적인 수치 계산은 효율성과 정확성

---

2 외생 변수는 값이 모델 외부에서 결정되고 모델에 적용되는 변수이다.

의 균형이 종종 불가피한 재무 위험 관리 같은 영역에서 점점 더 유용해지고 있다.

'실전 문제 3: 투자자 위험 감수 및 로보 어드바이저'에서는 투자자의 위험 허용 범위를 추정하기 위한 지도 회귀 기반 프레임워크를 다룬다. 먼저 파이썬으로 로보 어드바이저 대시보드를 구축하고 대시보드에서 위험 허용 예측 모델을 구현하고, 이 모델이 로보 어드바이저를 사용해 어떻게 투자 관리와 포트폴리오 관리 과정을 자동화하는지 시연해 보인다. 이 실전 문제의 목적은 여러 행동 편향으로 한계를 갖는 전통적인 위험 허용 프로파일링이나 위험 허용 설문조사 문제를 극복하기 위해 머신러닝을 효율적으로 사용하는 방법을 설명하는 것이다.

'실전 문제 4: 수익률 곡선 예측'에서는 지도 회귀 기반 프레임워크를 사용해 여러 수익률 곡선 테너를 동시에 예측한다. 머신러닝 모델을 사용해 수익률 곡선을 모델링하기 위해 동시에 여러 테너를 생성하는 방법을 시연해 보인다.

이 장에서는 지도 회귀 및 시계열 기법과 관련된 다음 개념에 대해 알아본다.

- 다양한 시계열 및 머신러닝 모델의 적용과 비교
- 모델 및 결과 해석. 선형 대 비선형 모델의 잠재적 과적합과 과소적합의 직관적 이해
- 머신러닝 모델에 사용할 데이터 준비와 변환 수행
- 모델 성능 향상을 위한 특성 선택과 엔지니어링 수행
- 데이터 시각화와 탐색을 사용한 결과 이해
- 모델 성능 향상을 위한 알고리즘 튜닝. 예측을 위한 ARIMA 같은 시계열 모델의 이해, 구현, 튜닝
- LSTM 같은 딥러닝 기반 모델이 시계열 예측에 어떻게 사용될 수 있는지 이해

3장과 4장에서 지도 회귀에 사용되는 모델을 살펴보았다. 5장에서는 실전 문제를 살펴보기에 앞서 시계열 모델에 대해 살펴본다. 시계열 개념을 깊이 이해할 수 있도록『Time Series Analysis and Its Applications, 4th(시계열 분석 및 응용 프로그램, 4판)』(Springer, 2017)을 읽고, 지도 회귀 모델의 개념에 대한 자세한 내용은『핸즈온 머신러닝(2판)』(한빛미디어, 2020)를 참고하길 적극 권한다.[3]

---

3 편집자_『실전 시계열 분석』(한빛미디어, 2021)을 참고한다.

5.1 시계열 모델

시계열은 시간 지수로 정렬한 수의 순서이다. 이 절에서 다루는 내용은 다음과 같으며, 실전 문
제에서 더 자세히 살펴본다.

- 시계열 구성요소
- 시계열 자기 상관과 고정성
- 전형적인 시계열 모델 (가령 ARIMA)
- 시계열 모델링을 위한 딥러닝 모델
- 지도 학습 프레임워크에서 사용하는 시계열 데이터 변환

5.1.1 시계열 명세

시계열은 다음의 구성요소로 나눌 수 있다.

- **추세 요소**

  추세는 시계열에서 일관된 방향으로의 이동을 나타낸다. 추세는 결정론적deterministic이거나 확률적
  stochastic이다. 전자는 추세에 대해 근본적인 근거를 제시하는 반면 후자는 시계열의 임의의 특성을 나타
  낸다. 추세는 금융 계열에서 종종 볼 수 있으며 많은 거래 모델이 복잡한 추세 식별 알고리즘을 사용한다.

---

4 ARIMA 및 LSTM 모델은 이 장의 후반부에서 다룬다.
5 단계별 적합성과 직관성을 고려해 이름을 바꾸거나 순서를 바꿀 수 있다.

- **계절 요소**

많은 시계열에는 계절적 변동이 따른다. 비즈니스 영업이나 기후 수준을 나타내는 계열에서 더욱 그렇다. 퀀트 금융에서 계절적 변동을 종종 보게 되는데, 특히 휴가철 혹은 (천연 가스와 같은) 연간 기온 변동과 관련된 변동이다.

시계열 y_t의 구성요소는 다음 식으로 표현할 수 있다.

$$y_t = S_t + T_t + R_t$$

여기서 S_t는 계절 요소이고 T_t는 추세 요소이다. 그리고 R_t는 계절 요소나 추세 요소로 표현하지 못하는 시계열의 나머지 요소를 표현한다.

시계열(Y)을 구성요소로 나누는 파이썬 코드는 다음과 같다.

```python
import statsmodels.api as sm
sm.tsa.seasonal_decompose(Y,freq=52).plot()
```

[그림 5-1]은 추세, 계절, 잔여 구성요소로 나눈 시계열을 보여 준다. 시계열을 구성요소로 나누면 시계열을 이해하기가 더 쉽고, 예측을 더 잘하기 위해 시계열 움직임을 잘 식별할 수 있다.

세 개의 시계열 구성요소가 하단에 있는 세 개의 패널에 각각 나타나 있다. 세 개의 구성요소를 통합해 상단 패널('관찰'로 표시)에 있는 실제 시계열을 재구성할 수 있다. 시계열은 2017년 이후의 추세 요소를 보여 준다. 따라서 시계열에 대한 예측 모델은 2017년 이후의 추세 행동에 관한 정보를 나타낸다. 계절성 측면에서 연초에 높게 상승하는 것을 볼 수 있다. 최하단의 잔여 요소는 데이터에서 계절 요소와 추세 요소를 제외한 나머지를 나타낸다. 잔여 요소는 거의 평탄하며 2018년과 2019년경에 약간의 스파이크와 노이즈가 있을 뿐이다. 또한 각 도표는 스케일이 다른데, 추세 요소가 스케일이 가장 크다.

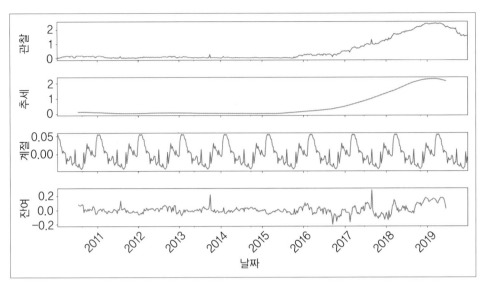

그림 5-1 시계열 구성요소

5.1.2 자기 상관과 고정성

시계열을 추세, 계절, 잔여 구성요소로 분리하는 것은 비교적 간단하다. 하지만 시계열 데이터를 특히 금융에서 다룰 때는 다른 측면이 있다.

자기 상관

많은 경우에 시계열의 연속적 요소가 상관관계를 보여 준다. 즉, 시계열에서 연속적 점들이 변화하면 그에 따라 서로 영향을 받는다. 자기 상관autocorrelation은 관측치 간의 유사성을 의미하는 것으로 관측치 간의 시간 지연의 함수로 나타낸다. 이러한 관계를 자기 회귀 모델을 이용해 모델링할 수 있다. 자기 회귀autoregression라는 용어는 변수 자신에 대한 회귀가 있음을 말한다.

자기 회귀 모델에서는 관심 있는 변수를 그 변수의 과거 값을 선형적으로 조합해 예측한다.

따라서 p-차 자기 회귀 모델은 다음과 같이 표현한다.

$$y_t = c + \phi_1 y_{t-1} + \phi_2 y_{t-2} + \ldots \phi_p y_{t-p} + \epsilon$$

여기서 ϵ_t는 화이트 노이즈이다.[6] 자기 회귀 모델은 다중 회귀와 비슷하지만 예측자로 지연값 y_t를 갖는다. 이것이 $\mathrm{AR}(p)$ 모델이라고 불리는 p-차 자기 회귀 모델이다. 자기 회귀 모델은 여러 시계열 패턴을 처리하는 데 놀라울 만큼 유연하다.

고정성

시계열의 통계적 특성이 시간에 걸쳐 변하지 않는다면, 그 시계열은 '고정적'이라고 한다. 그렇다면 추세나 계절성을 갖는 시계열은 고정적이지 않다. 왜냐하면 추세와 계절성이 여러 시간에 걸쳐 시계열의 값에 영향을 주기 때문이다. 반면에 화이트 노이즈 시계열은 고정적이다. 왜냐하면 임의의 시간에 관찰할 때 항상 비슷한 패턴을 보여 주므로 관찰이 무의미하기 때문이다.

[그림 5-2]는 비고정 시계열의 예를 보여 준다.

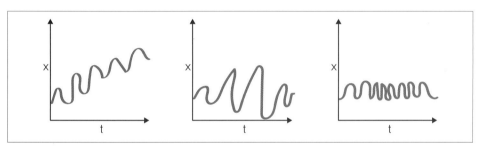

그림 5-2 비고정 도표

첫 번째 도표에서는 시간에 따라 평균이 상승해 결과적으로 우상향 추세를 보인다. 따라서 이 시계열은 비고정 계열이다. 시계열이 고정적인 것으로 분류되려면 추세가 없어야 한다. 두 번째 도표에서는 시계열 추세를 관찰할 수 없다. 하지만 그 시계열의 분산이 시간의 함수이다. 고정 시계열은 분산이 일정해야 한다. 따라서 이 시계열은 비고정 시계열이다. 세 번째 도표는 시간이 지남에 따라 퍼짐의 정도가 점점 작아진다. 이것은 공분산이 시간의 함수라는 것을 의미한다. 따라서 [그림 5-2]에 제시된 예는 모두 비고정 시계열이다. 이번에는 [그림 5-3]의 네 번째 도표를 보자.

---

6 화이트 노이즈 프로세스는 상관관계가 없는 임의 변수를 갖는 임의 프로세스로 평균이 0이고 유한 분산을 갖는다.

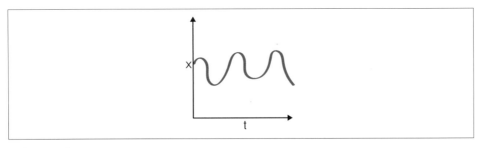

그림 5-3 고정 도표

이 도표에서는 평균, 분산, 공분산이 모두 시간에 따라 일정하다. 이것이 고정 시계열의 예이다. 이 도표에서 미래 값을 예측하기는 쉽다. 통계적 모델 대부분은 효과적이고 정확한 예측을 위해 고정 계열이 필요하다.

[그림 5-2]에서 보았듯이, 시계열의 주된 비고정성 요인은 추세와 계절성이다. 시계열 예측 모델을 사용하기 위해 비고정 계열을 고정 계열로 변환한다. 통계적 특성이 시간에 따라 변하지 않음을 감안할 때, 변환을 하면 모델 구현이 더 쉬워진다.

디퍼런싱

디퍼런싱은 시계열을 고정적으로 만드는 방법의 하나이다. 이 방법은 시계열의 연속항 간의 차를 계산하는 것으로, 변동하는 평균을 제거하기 위해 수행한다. 수학적으로 디퍼런싱은 다음 식으로 표현한다.

$$y_t' = y_t - y_{t-1}$$

여기서 y_t는 시간 t에서의 값이다. 차 시계열이 화이트 노이즈일 때 원 시계열을 1차 비고정 시계열이라고 한다.

5.1.3 기존 시계열 모델(ARIMA 모델 포함)

예측을 하기 위해 시계열을 모델링하는 방법에는 여러 가지가 있다. 대부분의 시계열 모델은 시계열에 내재된 자기 상관과 고정성을 해결하면서 추세, 계절, 잔여 요소 포함을 목표로 한다. 예를 들어, 이전 절에서 살펴본 자기 회귀(AR) 모델은 시계열의 자기 상관을 설명한다.

널리 사용되는 시계열 예측 모델은 ARIMA이다.

ARIMA

ARIMA^AutoRegressive Integrated Moving Average 모델은 고정성을 자기 회귀와 이동평균 모델(자세한 내용은 이 절의 후반부에 설명)을 합친 것이다.

- **AR(p)**

  AR(p)는 앞 절에서 설명한 대로 현재의 계열값이 일정한 시간 지연으로 이전 계열값에 따라 달라진다고 가정하고 시계열을 자신의 계열에 회귀하는 자기 회귀를 말한다.

- **I(d)**

  I(d)는 통합 차수를 나타낸다. 시계열이 고정성을 갖기 위해 필요한 차의 수라고 할 수 있다.

- **MA(q)**

  MA(q)는 이동평균을 나타낸다. 현재의 오류가 일정한 시간 지연으로 (q라고 명명한) 이전 오류에 따라 달라진다고 가정하고 시계열의 오류를 모델링한다.

평균 이동 식은 다음 식으로 나타낸다.

$$y_t = c + \epsilon_t + \theta_1 \epsilon_{t-1} + \theta_2 \epsilon_{t-2}$$

여기서 ϵ_t는 화이트 노이즈이다. 이는 q차수를 갖는 $MA(q)$ 모델이라고 한다.

모든 요소를 합친 전체 ARIMA 모델은 다음 식으로 나타낸다.

$$y'_t = c + \phi_1 y'_{t-1} + \cdots + \phi_p y'_{t-p} + \theta_1 \epsilon_{t-1} + \cdots + \theta_q \epsilon_{t-q} + \epsilon_t$$

여기서 y_t'는 차로 계산된 계열(한 번 이상 차를 계산할 수 있다), 오른쪽의 예측기는 지연값 y_t'와 지연 오차를 포함한다. 이를 ARIMA(p,d,q)라고 하는데, 여기서 p는 자기 회귀 부분의 차수이고 d는 1차원 디퍼런싱이며 q는 이동평균의 차수이다. 자기 회귀와 이동평균 모델에 적용되는 고정성과 가역성이 ARIMA 모델에도 적용된다.

$(1,0,0)$차 ARIMA 모델을 적합화하는 파이썬 코드는 다음과 같다.

```
from statsmodels.tsa.arima_model import ARIMA
model=ARIMA(endog=Y_train,order=[1,0,0])
```

ARIMA 모델 계열에는 여러 변형이 있는데 그중 몇 가지는 다음과 같다.

- **ARIMAX**

  ARIMAX는 외생 변수가 있는 ARIMA 모델이다. '실전 문제 1 : 주가 예측'에서 자세히 살펴본다.

- **SARIMA**

  SARIMA에서 'S'는 계절성을 나타낸다. 이 모델은 다른 구성요소를 포함해 시계열에 내재된 계절성 요소를 모델링하는 것을 목표로 한다.

- **VARMA**

  VARMA는 모델을 다변수로 확장하는 것으로 여러 변수를 동시에 예측할 때 필요하다. '실전 문제 4 : 수익률 곡선 예측'에서 다변수 동시 예측을 다룬다.

5.1.4 시계열 모델링에 대한 딥러닝 접근방식

ARIMA와 같은 기존 시계열 모델은 많은 문제에 잘 적용되고 효과적이다. 하지만 이런 기존 모델은 여러 한계가 있다. 기존의 시계열 모델은 선형 함수이거나 선형 함수의 단순 변형이다. 따라서 시간 의존성과 같은, 수동적으로 진단된 매개변수가 필요해 왜곡된 데이터나 완전하지 않은 데이터에서는 성능이 좋지 않다.

시계열 예측을 위한 딥러닝 분야의 발전을 보면 최근 순환 신경망(RNN)이 많은 주목을 받았다. 이 방법은 구조와 비선형성 같은 패턴을 찾고 다중 입력 변수로 문제를 모델링한다. 그래서 상대적으로 완전하지 않은 데이터에 안정적이다. RNN 모델은 한 단계의 연산에서 얻은 출력을 다음 단계의 연산을 위한 입력으로 사용해 반복적으로 전환되는 상태를 유지한다. 이런 딥러닝 모델은 ARIMA와 같은 기존 시계열 모델과 비슷하게 과거에 얻은 데이터를 사용해 미래 예측을 수행하기 때문에 시계열 모델이라고 할 수 있다. 따라서 금융에서 이런 딥러닝 모델을 적용할 수 있는 응용 범위는 매우 넓다. 여기서는 시계열 예측을 위한 딥러닝 모델을 살펴보자.

순환 신경망

신경망에 '순환'이 붙은 이유는 순서의 각 요소에서 같은 일을 수행하고 요소의 출력이 이전 요소의 연산에 의존하기 때문이다. RNN 모델은 메모리가 있어서 일정 시점까지 연산한 결과의 정보를 저장한다. [그림 5-4]에서 보듯이 순환 신경망을 동일한 망이 반복되는 것이라고 생각할 수 있는데, 각 망은 메시지를 다음 망으로 전달한다.

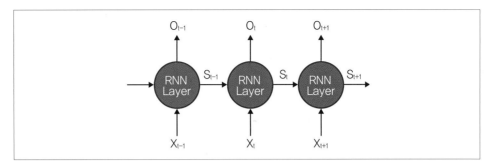

그림 5-4 순환 신경망

[그림 5-4]에 대한 설명이다.

- X_t는 시점 t에서의 입력이다.
- O_t는 시점 t에서의 출력이다.
- S_t는 시점 t에서의 은닉층이다. 망의 기억 저장소로, 이전 은닉층과 현 시점에서의 입력에 기반해 계산한다.

RNN의 주요 특성은 바로 은닉층으로, 이 층에 순서에 대한 정보를 저장하고 필요시 이용한다.

장단기 메모리

장단기 메모리(LSTM)는 RNN의 한 종류로 장기 의존 문제를 해결하기 위해 설계되었다. 오랜 기간 동안 정보를 기억하는 것은 LSTM 모델의 기본 기능이다.[7] 이 모델은 셀의 집합으로 되어 있는데, 각 셀은 데이터의 순서를 기억하는 특성이 있으며 데이터의 흐름을 감지하고 저장한다. 더 나아가 셀은 과거의 모듈을 현재의 모듈과 연결시켜 정보를 과거 시간에서 현재 시간으로 전달한다. 각 셀은 게이트 gate가 있어서 다음 셀로의 전달 시 데이터를 제거, 여과, 추가할 수 있다.

인공 신경망층을 기반으로 한 게이트를 이용해 셀로 전달하는 데이터를 통과시키거나 제거할 수 있다. 각 층은 값이 0에서 1의 값을 가지는 수를 만들어 내고, 이로써 각 셀을 통과하는 데이터의 양을 설명할 수 있다. 더 상세하게 말하면, 값이 0이라면 어떤 데이터도 통과하지 못하고, 값이 1이라면 모든 데이터가 통과한다는 의미이다. 각각의 LSTM은 셀의 상태를 통제할 목적으로 세 유형의 게이트를 가진다.

---

7   LSTM 모델의 상세한 설명은 크리스토퍼 올라(Christopher Olah)의 블로그(https://oreil.ly/4PDhr)를 참고한다.

- **망각 게이트**

  0과 1 사이의 수를 출력하는데, 1인 경우 완전히 기억하고 0인 경우 완전히 잊어버린다는 의미이다. 이 게이트는 과거를 잊을지 아니면 보존할지를 조건적으로 결정한다.

- **입력 게이트**

  셀에 저장할 새로운 데이터를 선택한다.

- **출력 게이트**

  각 셀에서 무엇을 생성할지 결정한다. 생성되는 값은 셀 상태와, 여과되고 새로 추가된 데이터를 기반으로 한다.

케라스는 효율적인 수치 계산 라이브러리와 함수를 감싸고 있어서 단 몇 줄의 코드로 LSTM 신경망 모델을 정의하고 훈련할 수 있다. 다음 코드에서 보듯이, **keras.layers**에 있는 LSTM 모듈을 사용해 LSTM 신경망을 구현하고 이 신경망을 **X_train_LSTM** 변수로 훈련한다. 이 신경망은 LSTM이 50개 있는 은닉층과 하나의 값을 예측하는 출력층으로 구성된다. (순차적, 학습률, 모멘텀, 에폭, 배치 크기 등 용어는 3장에서 자세히 설명했다.)

케라스를 이용한 LSTM 모델 구현을 위한 파이썬 코드는 다음과 같다.

```
from keras.models import Sequential
from keras.layers import Dense
from keras.optimizers import SGD
from keras.layers import LSTM

def create_LSTMmodel(learn_rate = 0.01, momentum=0):
    # 모델 생성
    model = Sequential()
    model.add(LSTM(50, input_shape=(X_train_LSTM.shape[1],\
                                    X_train_LSTM.shape[2])))
    # 필요시 더 많은 셀 추가
    model.add(Dense(1))
    optimizer = SGD(lr=learn_rate, momentum=momentum)
    model.compile(loss='mse', optimizer='adam')
    return model

LSTMModel = create_LSTMmodel(learn_rate = 0.01, momentum=0)
LSTMModel_fit = LSTMModel.fit(X_train_LSTM, Y_train_LSTM, validation_data=\
  (X_test_LSTM, Y_test_LSTM),epochs=330, batch_size=72, verbose=0, shuffle=False)
```

학습과 구현 측면에서 LSTM은 ARIMA 모델에 비해 상당히 많은 미세조정 옵션을 제공한다. 딥러닝 모델은 기존 시계열 모델에 비해 장점이 많은 반면, 복잡하고 훈련하기가 어렵다.[8]

5.1.5 지도 학습 모델을 위한 시계열 데이터 수정

시계열은 시간 지수로 정렬된 순차적으로 연속된 수이다. 지도 학습에는 입력 변수(X)와 출력 변수(Y)가 있다. 시계열 데이터셋으로 수가 연속될 때, 일반적인 지도 학습 문제처럼 데이터를 예측하는 변수와 예측되는 변수의 집합으로 재구성할 수 있다. 이전 시간 단계를 입력 변수로 정하고 다음 시간 단계를 출력 변수로 정해 재구성하는 것이다. 이 개념을 예제를 통해 구체적으로 알아보자.

[그림 5-5]의 왼쪽 표에 보이는 시계열을 재구성한다. 지도 학습 문제와 같이 이전 시간 단계의 값을 입력으로 사용해 다음 시간 단계의 값을 예측한다. 이 같은 방식으로 시계열 데이터셋을 재구성하면, 오른쪽 표와 같은 데이터를 얻는다.

시간 단계	값		X	Y
1	10		?	10
2	11		10	11
3	18	⟹	11	18
4	15		18	15
5	20		15	20
			20	?

그림 5-5 지도 학습 모델을 위한 시계열 데이터 수정

지도 학습 문제에서 이전 시간 단계는 입력(X)이고 다음 시간 단계는 출력(Y)이다. 관측치 간의 순서는 변함이 없고, 이는 데이터셋을 사용해 지도 학습 모델을 훈련할 때도 변함이 없다. 지도 학습 모델을 훈련할 때 처음 열과 마지막 열은 X 혹은 Y 값이 없기 때문에 제거한다.

파이썬에서 시계열 데이터를 지도 학습 문제로 변환하는 데 도움되는 함수는 판다스 라이브러리에서 제공하는 shift() 함수이다. 이 접근법을 이번 실전 문제에서 시연해 보일 것이다. 다

---

8 실전 문제에서는 ARIMA 모델과 케라스 기반 LSTM 모델을 비교한다.

음 시간 단계 예측을 위해 이전 시간 단계를 사용하는 것을 슬라이딩 윈도우sliding window, 시간 지연time delay 또는 지연lag 방법이라고도 한다.

지금까지 지도 학습과 시계열 모델에 대한 개념을 모두 설명했다. 이제 실전 문제로 넘어가자.

5.2 실전 문제 1: 주가 예측

금융에서 가장 도전적인 과제는 바로 주가를 예측하는 것이다. 하지만 최근 머신러닝의 응용이 진일보하며 이 분야는 더 정확한 예측을 하기 위해 현재 진행되고 있는 일을 학습하는 비결정적 해결책을 활용하기에 이르렀다. 머신러닝은 과거 데이터를 기반으로 주가를 예측하는 일에 제격이다. 직전 단계는 물론이고 몇 단계를 앞선 시점의 가격도 예측한다.

포괄적 관점에서 볼 때 과거 주가 외에 일반적으로 주가 예측에 유용한 특성은 다음과 같다.

- **상관 자산**

  회사에는 상호 작용하고 의존하는 외부 요소가 많이 있다. 예를 들면 경쟁자, 고객, 세계 경제, 지정학적 상황, 재정과 통화 정책, 자본에 대한 접근 등이다. 따라서 회사의 주가는 다른 회사의 주가만이 아니라 그 외 자산, 가령 상품, 환율, 광범위한 지수는 물론이고 고정수입 증권과도 상관관계가 있다.

- **기술 지표**

  많은 투자자가 기술 지표를 따르는데, 이동평균, 지수 이동평균, 모멘텀이 가장 널리 사용하는 지표이다.

- **가치 분석**

  가치 분석에서 사용하는 특성을 얻는 주요 출처는 성과 보고서와 뉴스이다.

  – 성과 보고서

    기업의 연간 보고서와 분기 보고서에서 중요 메트릭, 예를 들어 자기 자본 이익률Return on Equity(ROE)과 주가 수익Price-to-Earnings(P/E)을 도출하거나 결정한다.

  – 뉴스

    뉴스는 주가가 특정 방향으로 이동하는 데 영향을 줄 수 있는 가까운 미래의 사건을 가리킨다.

이 실전 문제에서는 지도 학습 기반의 다양한 모델을 적용해 상관 자산과 과거 데이터를 가지고 마이크로소프트 주가를 예측한다. 실전 문제를 마치면 데이터를 수집하고 정제하는 일부터 여러 모델을 만들고 튜닝하는 일까지 주식 예측 모델을 위한 일반적인 머신러닝 접근법에 익숙해질 것이다.

이 실전 문제에서 중점을 두는 내용은 다음과 같다.

- 주식 수익 예측을 위한 다양한 머신러닝 모델과 시계열 모델
- 차트의 여러 종류, 즉 밀도, 상관, 산점도를 이용한 데이터의 시각화
- 시계열 예측을 위한 딥러닝(LSTM) 적용
- 시계열 모델, 즉 ARIMA 모델을 위한 격자 탐색 구현
- 모델별 결과 해석과 잠재적 데이터 과적합, 과소적합 분석

주가 예측을 위한 지도 학습 모델

1. 문제 정의

이 실전 문제에서 사용한 지도 회귀 프레임워크에서는 마이크로소프트 주식의 주 단위 수익을 예측되는 변수로 사용하며, 무엇이 마이크로소프트의 주가에 영향을 주는지 이해하고, 가능한 한 많은 정보를 모델에 포함해야 한다. 이번 실전 문제에서는 특성인 상관 자산에 집중한다.[9]

마이크로소프트의 과거 데이터 외에 독립 변수로 사용되는 상관 자산은 다음과 같다.

- **주식**
  IBM과 알파벳(GOOGL)
- **환율**[10]
  미국 달러/엔화 및 파운드/미국 달러
- **인덱스**
  주가지수(S&P 500), 다우존스, 변동성 지수

---

9 가격 예측에 사용되는 특성으로 기술 지표와 뉴스 기반 가치 분석을 이해하려면 6장의 '실전 문제 3: 비트코인 거래 전략'과 10장의 '실전 문제 1: 자연어 처리 및 감정 분석 기반 거래 전략'을 참고한다.

10 주식시장은 거래 휴일이 있지만 환율시장은 그렇지 않다. 하지만 모델링이나 분석을 하기 전에 모든 시계열의 날짜를 맞춰야 한다.

실전 문제에 사용된 데이터셋은 야후 파이낸스와 FRED 웹사이트[11]에서 가져왔다. 주가를 정확히 예측할 뿐만 아니라 시계열의 단계별 인프라와 프레임워크를 시연해 보이고 주가 예측을 위한 지도 회귀 기반 모델링도 설명한다. 2010년부터 10년간의 일별 종가를 사용한다.

2. 시작하기 – 데이터와 파이썬 패키지 불러오기

2.1 파이썬 패키지 불러오기

데이터의 로딩, 분석, 준비와 모델의 평가와 튜닝에 사용되는 라이브러리는 다음과 같다. 다른 목적으로 사용되는 패키지는 아래의 파이썬 코드에서 분리했고, 대부분의 패키지와 함수에 대해서는 2장과 4장에서 설명했다. 여기서는 각 모델 개발 과정 단계에서 패키지를 어떻게 사용하는지 시연해 보일 것이다.

예제: 지도 회귀 모델을 위한 함수와 모듈

```
from sklearn.linear_model import LinearRegression
from sklearn.linear_model import Lasso
from sklearn.linear_model import ElasticNet
from sklearn.tree import DecisionTreeRegressor
from sklearn.neighbors import KNeighborsRegressor
from sklearn.svm import SVR
from sklearn.ensemble import RandomForestRegressor
from sklearn.ensemble import GradientBoostingRegressor
from sklearn.ensemble import ExtraTreesRegressor
from sklearn.ensemble import AdaBoostRegressor
from sklearn.neural_network import MLPRegressor
```

예제: 데이터 분석 및 모델 평가를 위한 함수와 모듈

```
from sklearn.model_selection import train_test_split
from sklearn.model_selection import KFold
from sklearn.model_selection import cross_val_score
from sklearn.model_selection import GridSearchCV
from sklearn.metrics import mean_squared_error
from sklearn.feature_selection import SelectKBest
from sklearn.feature_selection import chi2, f_regression
```

---

[11] https://fred.stlouisfed.org

예제: 딥러닝 모델을 위한 함수와 모듈

```
from keras.models import Sequential
from keras.layers import Dense
from keras.optimizers import SGD
from keras.layers import LSTM
from keras.wrappers.scikit_learn import KerasRegressor
```

예제: 시계열 모델을 위한 함수와 모듈

```
from statsmodels.tsa.arima_model import ARIMA
import statsmodels.api as sm
```

예제: 데이터의 준비와 시각화를 위한 함수와 모듈

```
# 판다스, 판다스 데이터리더, 넘파이, 맷플롯립
import numpy as np
import pandas as pd
import pandas_datareader.data as web
from matplotlib import pyplot
from pandas.plotting import scatter_matrix
import seaborn as sns
from sklearn.preprocessing import StandardScaler
from pandas.plotting import scatter_matrix
from statsmodels.graphics.tsaplots import plot_acf
```

2.2 데이터 불러오기

머신러닝과 예측 모델링에서 가장 중요한 단계는 양질의 데이터를 수집하는 것이다. 다음 단계에서는 판다스를 이용해 야후 파이낸스와 FRED 웹사이트에서 데이터 가져오기를 시연해 보인다.[12]

```
stk_tickers = ['MSFT', 'IBM', 'GOOGL']
ccy_tickers = ['DEXJPUS', 'DEXUSUK']
idx_tickers = ['SP500', 'DJIA', 'VIXCLS']
stk_data = web.DataReader(stk_tickers, 'yahoo')
```

----

12 책 전반에 제시된 여러 실전 문제에서 CSV와 quandl 외부 웹사이트 같은 다양한 출처에서 데이터 가져오기를 시연한다.

```
ccy_data = web.DataReader(ccy_tickers, 'fred')
idx_data = web.DataReader(idx_tickers, 'fred')
```

다음에는 종속 변수(Y)와 독립 변수(X)를 정의한다. 예측되는 변수는 마이크로소프트 (MSFT)의 주간 수익이다. 한 주의 거래일을 5일로 가정하고 수익을 계산한다. 독립 변수로는 상관 자산과 다른 주기의 과거 수익을 사용한다.

또한 독립 변수로 IBM과 GOOGL의 5일 지연 수익, 환율(미국 달러/엔화 및 파운드/미국 달러), 인덱스(주가지수, 다우존스, 변동성 지수)를 사용한다. MSFT의 5일 지연, 15일 지연, 30일 지연, 60일 지연 수익을 함께 사용한다.

5일 지연 변수는 시간을 늦추는 방법을 사용한 시계열이다. 여기서 지연 변수는 독립 변수로 포함된다. 이 단계에서 시계열을 지도 회귀 기반 모델 프레임워크로 재구성한다.

```
return_period = 5
Y = np.log(stk_data.loc[:, ('Adj Close', 'MSFT')]).diff(return_period).\
    shift(-return_period) Y.name = Y.name[-1]+'_pred'
X1 = np.log(stk_data.loc[:, ('Adj Close', ('GOOGL', 'IBM'))]).diff(return_period)
X1.columns = X1.columns.droplevel()
X2 = np.log(ccy_data).diff(return_period)
X3 = np.log(idx_data).diff(return_period)
X4 = pd.concat([np.log(stk_data.loc[:, ('Adj Close', 'MSFT')]).diff(i) \
    for i in [return_period, return_period*3,\
  return_period*6, return_period*12]], axis=1).dropna()
X4.columns = ['MSFT_DT', 'MSFT_3DT', 'MSFT_6DT', 'MSFT_12DT']
X = pd.concat([X1, X2, X3, X4], axis=1)
dataset = pd.concat([Y, X], axis=1).dropna().iloc[::return_period, :]
Y = dataset.loc[:, Y.name]
X = dataset.loc[:, X.columns]
```

3. 탐색적 데이터 분석

이 절에서는 기술 통계, 데이터 시각화, 시계열 분석을 살펴본다.

3.1 기술 통계

사용할 데이터셋을 훑어보자.

```
dataset.head()
```

	MSFT_pred	GOOGL	IBM	DEXJPUS	DEXUSUK	SP500	DJIA	VIXCLS	MSFT_DT	MSFT_3DT	MSFT_6DT	MSFT_12DT
2010-03-31	0.021	1.741e-02	-0.002	1.630e-02	0.018	0.001	0.002	0.002	-0.012	0.011	0.024	-0.050
2010-04-08	0.031	6.522e-04	-0.005	-7.166e-03	-0.001	0.007	0.000	-0.058	0.021	0.010	0.044	-0.007
2010-04-16	0.009	-2.879e-02	0.014	-1.349e-02	0.002	-0.002	0.002	0.129	0.011	0.022	0.069	0.007
2010-04-23	-0.014	-9.424e-03	-0.005	2.309e-02	-0.002	0.021	0.017	-0.100	0.009	0.060	0.059	0.047
2010-04-30	-0.079	-3.604e-02	-0.008	6.369e-04	-0.004	-0.025	-0.018	0.283	-0.014	0.007	0.031	0.069

MSFT_pred 변수는 마이크로소프트 주식 수익이고 예측되는 변수이다. 데이터셋은 시간 지연으로 된 상관 주식, 환율, 인덱스를 포함한다. 추가로 MSFT의 지연 과거 수익(5일 지연, 15일 지연, 30일 지연, 60일 지연 수익)을 포함한다.

3.2 데이터 시각화

데이터를 이해하는 가장 빠른 방법은 데이터를 시각화하는 것이다. 시각화는 데이터셋 각각의 속성을 독립적으로 이해하는 것이라고 할 수 있다. 산점도와 상관행렬을 살펴보자. 이 도표는 데이터 간의 상호 의존성을 보여 준다. 상관행렬을 만들어서 두 변수 간의 상관관계를 계산하고 보여 준다. 독립 변수와 종속 변수의 관계만이 아니라 독립 변수끼리의 관계도 보여 준다. 선형 회귀와 로지스틱 회귀 같은 머신러닝 알고리즘은 데이터의 입력 변수 간 상관관계가 높으면 성능이 낮으므로 이 시각화 방법을 사용하는 것이 유용하다.

```
correlation = dataset.corr()
pyplot.figure(figsize=(15,15))
pyplot.title('Correlation Matrix')
sns.heatmap(correlation, vmax=1, square=True,annot=True,cmap='cubehelix')
```

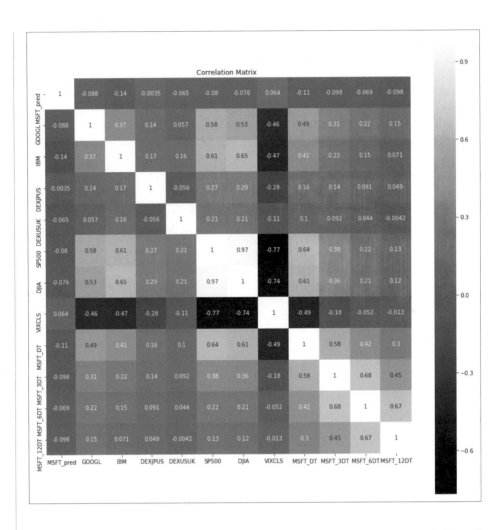

상관관계 도표[13]를 살펴보면, 예측 변수와 MSFT의 5일 지연, 15일 지연, 30일 지연, 60일 지연 수익 간의 상관관계를 알 수 있다. 또한 변동성 지수 대비 자산 수익 간에 강한 음의 상관관계가 있음을 직관적으로 알 수 있다.

다음에는 산점도를 이용해 회귀 모델의 모든 변수 간의 관계를 시각화하자.

```
pyplot.figure(figsize=(15,15))
scatter_matrix(dataset,figsize=(12,12))
pyplot.show()
```

---

13 https://oreil.ly/g3wVU

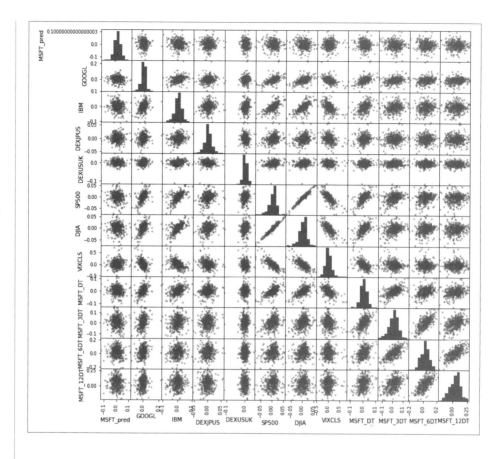

산점도[14]를 살펴보면, 예측 변수와 MSFT의 5일 지연, 15일 지연, 30일 지연, 60일 지연 수익 간의 상관관계를 알 수 있다. 하지만 예측 변수와 특성 간에는 특별한 관계가 없다.

3.3 시계열 분석

예측 변수의 시계열을 추세와 계절성 구성요소로 재구성해 살펴본다.

```
res = sm.tsa.seasonal_decompose(Y,freq=52)
fig = res.plot()
fig.set_figheight(8)
fig.set_figwidth(15)
pyplot.show()
```

----

14 https://oreil.ly/g3wVU

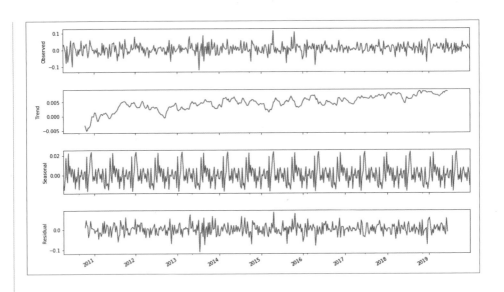

수익 계열에서 추세가 전반적으로 상향하고 있다. 최근 MSFT가 급등해서 적자 수익보다 흑자 수익이 더 많아졌기 때문일 수 있다.[15] 추세는 모델에서 상수항이나 편향항으로 나타낸다. 잔여 혹은 화이트 노이즈항은 전체 시계열보다 상대적으로 작다.

4. 데이터 준비

데이터의 처리와 정리에 해당하는 이 단계에서는 특성의 중요성을 확인하고 특성을 축소한다. 이 실전 문제에서 얻은 데이터는 비교적 깨끗해 더 이상의 처리가 필요 없다. 특성 축소는 유용할 수 있으나 변수의 수가 상대적으로 적으므로 모든 특성을 사용한다. 자세한 내용은 실전 문제에서 시연해 보일 것이다.

5. 모델 평가

5.1 훈련 – 테스트 데이터 분할 및 평가 메트릭

2장에서 설명했듯이 원래 데이터셋을 훈련셋과 테스트셋으로 나누는 것이 좋다. 테스트셋은 모델링과 분석에서 제외되는 데이터 샘플이며, 최종 모델의 성능을 확인하기 위해 과제의

---

15 시계열은 주가가 아니라 주식 수익에 대한 것이다. 추세가 주가에 비해 완만하다.

마지막에 사용한다. 관측되지 않은 데이터에 대한 정확성 평가 신뢰도를 높이기 위해 바로 최종 테스트를 한다. 데이터셋의 80%를 모델링에 사용하고, 남은 20%로 테스트를 한다. 시계열 데이터에서는 값의 순서가 중요하다. 따라서 임의의 방식으로 데이터셋을 훈련셋과 테스트셋으로 나누지 않지만, 이 문제에서는 정렬된 관측치에서 무작위 분기점을 선택해 새로운 데이터셋을 두 개 만든다.

```
validation_size = 0.2
train_size = int(len(X) * (1-validation_size))
X_train, X_test = X[0:train_size], X[train_size:len(X)]
Y_train, Y_test = Y[0:train_size], Y[train_size:len(X)]
```

5.2 테스트 옵션 및 평가 메트릭

모델에 있는 다양한 하이퍼파라미터를 최적화하기 위해 10-겹 교차 검증(CV)을 사용해 결과를 10회 재계산한다. 이는 모델 일부와 교차 검증 과정에 (숨겨진 편향성을 제거하는) 임의성이 내재하기 때문이다. 평균 제곱 오차 메트릭을 사용해 알고리즘을 평가한다. 이 메트릭으로 지도 회귀 모델의 성능도 확인할 수 있다. 교차 검증과 평가 메트릭을 비롯한 모든 개념은 4장에 이미 설명했다.

```
num_folds = 10
scoring = 'neg_mean_squared_error'
```

5.3 모델 및 알고리즘 비교

데이터 로딩과 테스트 설계를 마쳤으니, 이제 모델을 선택한다.

5.3.1 사이킷런을 이용한 머신러닝 모델

이 단계에서 사이킷런 패키지를 이용해 지도 회귀 모델을 구현한다.

예제: 회귀와 트리 회귀 알고리즘

```
models = []
models.append(('LR', LinearRegression()))
```

```
models.append(('LASSO', Lasso()))
models.append(('EN', ElasticNet()))
models.append(('KNN', KNeighborsRegressor()))
models.append(('CART', DecisionTreeRegressor()))
models.append(('SVR', SVR()))
```

예제: 신경망 알고리즘

```
models.append(('MLP', MLPRegressor()))
```

예제: 앙상블 모델

```
# 부스팅 방법
models.append(('ABR', AdaBoostRegressor()))
models.append(('GBR', GradientBoostingRegressor()))
# 배깅 방법
models.append(('RFR', RandomForestRegressor()))
models.append(('ETR', ExtraTreesRegressor()))
```

모든 모델을 선택한 후에 모델마다 반복 수행한다. 첫째, k-겹 분석 후에 전체 훈련 및 테스트 데이터셋에 모델을 실행한다.

모든 알고리즘은 기본 튜닝 매개변수를 사용한다. 각각의 알고리즘에 대해 평가 메트릭의 평균과 표준편차를 계산하고, 차후 모델 평가를 위해 결괏값을 모은다.

```
names = []
kfold_results = []
test_results = []
train_results = []
for name, model in models:
    names.append(name) ## k-겹 분석
    kfold = KFold(n_splits=num_folds, random_state=seed)
    # 평균 제곱 오차를 양수로 변환함. 낮을수록 좋음.
    cv_results = -1* cross_val_score(model, X_train, Y_train, cv=kfold, \
    scoring=scoring)
    kfold_results.append(cv_results)
    # 총 훈련 기간
    res = model.fit(X_train, Y_train)
    train_result = mean_squared_error(res.predict(X_train), Y_train)
    train_results.append(train_result)
```

```
# 테스트 결과
test_result = mean_squared_error(res.predict(X_test), Y_test) test_results.
   append(test_result)
```

교차 검증 결과를 보면서 알고리즘을 비교해 보자.

예제: 교차 검증 결과

```
fig = pyplot.figure()
fig.suptitle('Algorithm Comparison: Kfold results')
ax = fig.add_subplot(111)
pyplot.boxplot(kfold_results)
ax.set_xticklabels(names)
fig.set_size_inches(15,8)
pyplot.show()
```

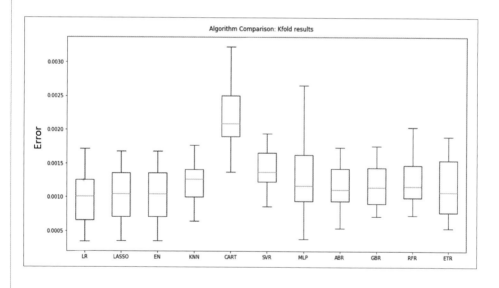

라쏘 회귀LASSO와 엘라스틱 넷EN을 포함한 선형 회귀와 정규화 회귀 모델이 가장 좋은 성능을 보인다. 이는 종속 변수와 독립 변수 간에 강한 선형관계가 있음을 말해 준다. 탐색적 분석으로 돌아가서, 목표 변수와 지연 MSFT 변수 간의 높은 상관관계와 선형 관계를 보았다.

테스트셋의 오차를 살펴보자.

```
# 알고리즘 비교
fig = pyplot.figure()
ind = np.arange(len(names))  # 그룹의 x 위치
width = 0.35  # 막대 폭
fig.suptitle('Algorithm Comparison')
ax = fig.add_subplot(111)
pyplot.bar(ind - width/2, train_results,  width=width, label='Train Error') pyplot.
bar(ind + width/2, test_results, width=width, label='Test Error')
fig.set_size_inches(15,8)
pyplot.legend()
ax.set_xticks(ind)
ax.set_xticklabels(names)
pyplot.show()
```

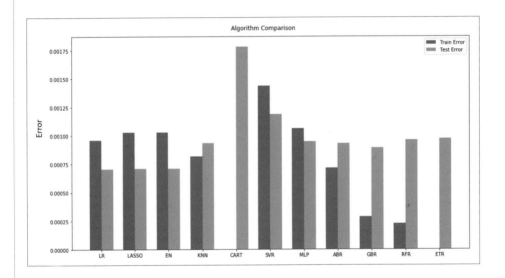

훈련 오차와 테스트 오차를 조사해 보면, 선형 모델이 더 좋은 성능을 보임을 알 수 있다. 결정 트리 회귀(CART)와 같은 일부 알고리즘은 훈련 데이터에서 과적합하고 테스트셋에서 오차가 크게 나타난다. 경사 부스팅 회귀(GBR)와 랜덤 포레스트 회귀(RFR) 같은 앙상블 모델은 편향이 낮지만 분산이 높다. 또한 차트에서 MLP를 보듯이 인공 신경망 알고리즘은 훈련셋과 테스트셋 모두에서 오차가 크다. 이는 인공 신경망, 부적당한 하이퍼파라미터 혹은 불충분한 모델 훈련으로 인해 변수 간의 선형 관계를 찾아내지 못했기 때문이다. 교차 검

증과 산점도에서 얻은 직관으로 판단하더라도, 선형 모델이 더 좋은 성능을 보인다.

이제 일부 시계열과 딥러닝 모델을 살펴보자. 이 모델을 생성해 지도 회귀 기반 모델의 성능과 비교한다. 시계열 모델의 속성상 k-겹 분석을 진행할 수 없지만 전체 훈련 및 테스트 결과로 다른 모델과 비교할 수는 있다.

5.3.2 시계열 기반 모델: ARIMA 및 LSTM

이제까지 사용한 모델에는 지연 변수를 독립 변수로 포함하는 시간 지연 접근방법을 사용한 시계열 구성요소가 있었다. 하지만 시계열 기반 모델에서는 독립 변수로 MSFT의 지연 변수를 포함할 필요가 없다. 따라서 첫 번째 단계에서 MSFT의 이전 수익을 모델에서 제거하고 다른 모델 변수를 외생 변수로 사용한다.

첫째, ARIMA 모델을 위해 데이터셋을 준비한다. 외생 변수로 상관 변수만 취한다.

```
X_train_ARIMA=X_train.loc[:, ['GOOGL', 'IBM', 'DEXJPUS', 'SP500', 'DJIA', \
                                'VIXCLS']]
X_test_ARIMA=X_test.loc[:, ['GOOGL', 'IBM', 'DEXJPUS', 'SP500', 'DJIA', \
                                'VIXCLS']]
tr_len = len(X_train_ARIMA)
te_len = len(X_test_ARIMA)
to_len = len (X)
```

$(1,0,0)$ 차수로 ARIMA 모델을 설정하고 독립 변수를 외생 변수로 사용한다. 외생 변수를 사용하는 ARIMA 모델의 버전은 ARIMAX로 알려졌는데, 여기서 'X'는 외생 변수를 나타낸다.

```
modelARIMA=ARIMA(endog=Y_train,exog=X_train_ARIMA,order=[1,0,0])
model_fit = modelARIMA.fit()
```

이제 ARIMA 모델을 적합화한다.

```
error_Training_ARIMA = mean_squared_error(Y_train, model_fit.fittedvalues)
predicted = model_fit.predict(start = tr_len -1 ,end = to_len -1, \
                                exog = X_test_ARIMA)[1:]
error_Test_ARIMA = mean_squared_error(Y_test,predicted) error_Test_ARIMA
```

```
0.0005931919240399084
```

ARIMA 모델의 오차는 적정 수준이다.

이제 LSTM 모델을 위해 데이터셋을 준비한다. 입력 변수와 출력 변수가 정렬된 형태의 데이터가 필요하다.

LSTM 이면의 논리는 전일의 데이터(모든 특성이 포함된 데이터, 즉 MSFT의 상관 자산과 지연 변수)를 입력으로 취하고 익일의 값을 예측하는 것이다. 그다음 하루를 이동해 같은 방식으로 다음 날의 값을 예측한다. 전체 데이터셋에 이 과정을 반복한다. 데이터셋을 생성하는 아래 코드에서 X는 주어진 시간(t)에서의 독립 변수 집합이고 Y는 다음 시간(t+1)에서의 목표 변수이다.

```python
seq_len = 2 # LSTM에 대한 시퀀스 길이
Y_train_LSTM, Y_test_LSTM = np.array(Y_train)[seq_len-1:], np.array(Y_test)
X_train_LSTM = np.zeros((X_train.shape[0]+1-seq_len, seq_len, X_train.shape[1]))
X_test_LSTM = np.zeros((X_test.shape[0], seq_len, X.shape[1]))
for i in range(seq_len):
    X_train_LSTM[:, i, :] = np.array(X_train)[i:X_train.shape[0]+i+1-seq_len, :]
    X_test_LSTM[:, i, :] = np.array(X)\
    [X_train.shape[0]+i-1:X.shape[0]+i+1-seq_len, :]
```

다음 단계로, LSTM 구조를 생성한다. LSTM의 입력은 X_train_LSTM이고, LSTM 층에 있는 50개의 은닉 유닛을 통과해 주식 수익값으로 변환된다. 학습률, 최적화, 활성화 함수 등의 하이퍼파라미터는 3장에서 설명했다.

```python
# LSTM 망
def create_LSTMmodel(learn_rate = 0.01, momentum=0):
    # 모델 생성
    model = Sequential()
    model.add(LSTM(50, input_shape=(X_train_LSTM.shape[1],\
        X_train_LSTM.shape[2])))
    # 필요시 더 많은 셀 추가
    model.add(Dense(1))
    optimizer = SGD(lr=learn_rate, momentum=momentum)
    model.compile(loss='mse', optimizer='adam')
    return model
LSTMModel = create_LSTMmodel(learn_rate = 0.01, momentum=0)
```

```
LSTMModel_fit = LSTMModel.fit(X_train_LSTM, Y_train_LSTM, \
    validation_data=(X_test_LSTM, Y_test_LSTM),\
    epochs=330, batch_size=72, verbose=0, shuffle=False)
```

이제 데이터로 LSTM을 적합화하고 훈련셋과 테스트셋에서 시간 경과에 따라 모델 성능 메트릭이 변하는 것을 확인해 보자.

```
pyplot.plot(LSTMModel_fit.history['loss'], label='train', )
pyplot.plot(LSTMModel_fit.history['val_loss'], '--',label='test',)
pyplot.legend() pyplot.show()
```

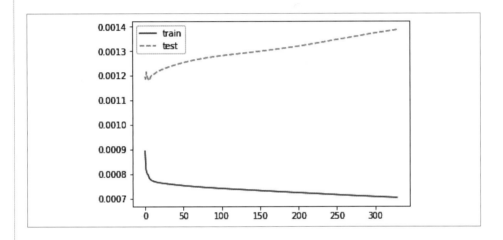

```
error_Training_LSTM = mean_squared_error(Y_train_LSTM,\
    LSTMModel.predict(X_train_LSTM))
predicted = LSTMModel.predict(X_test_LSTM)
error_Test_LSTM = mean_squared_error(Y_test,predicted)
```

시계열 모델과 딥러닝 모델을 비교하기 위해 두 모델의 결과를 지도 회귀 기반 모델의 결과에 덧붙인다.

```
test_results.append(error_Test_ARIMA)
test_results.append(error_Test_LSTM)
train_results.append(error_Training_ARIMA)
train_results.append(error_Training_LSTM)
```

```
names.append("ARIMA")
names.append("LSTM")
```

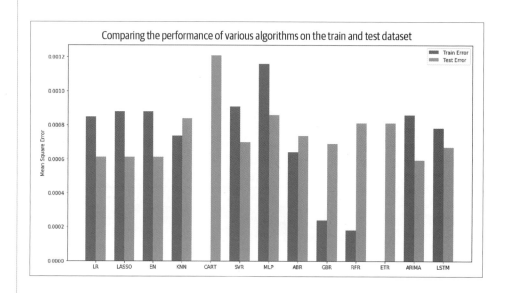

차트를 살펴보면, 시계열 기반 ARIMA 모델이 선형 지도 회귀 모델, 즉 선형 회귀(LR), 라쏘 회귀(LASSO), 엘라스틱 넷(EN)과 비슷한 성능을 보임을 알 수 있다. 앞서 설명했듯이 선형 관계가 강하기 때문이라고 할 수 있다. LSTM 모델의 성능은 괜찮지만 ARIMA 모델이 LSTM 모델보다 테스트셋에서 더 좋다. 따라서 모델 튜닝을 위해 ARIMA 모델을 선택한다.

6. 모델 튜닝 및 격자 탐색

ARIMA 모델을 튜닝하자.

> **TIP** **지도 학습 모델 혹은 시계열 모델을 위한 모델 튜닝**
>
> ARIMA 및 LSTM 모델을 비롯한 모든 지도 학습 기반 모델에 대한 격자 탐색의 상세한 구현은 깃허브[16]에서 찾을 수 있다. 특히 ARIMA와 LSTM 모델 격자 탐색은 Regression-Master template 안에 있는 'ARIMA and LSTM Grid Search'를 참고한다.

----
16 https://oreil.ly/9S8h_

ARIMA 모델은 일반적으로 ARIMA(p,d,q)로 나타내는데, 여기서 p는 자기 회귀의 차수이고 d는 첫 디퍼런싱의 정도이며 q는 이동평균 부분의 차수이다. ARIMA 모델 차수는 (1,0,0)로 설정했다. p, d, q로 만들어진 조합으로 격자 탐색을 수행하고 적합 오차를 최소화하는 조합을 선택한다.

```python
def evaluate_arima_model(arima_order):
    #predicted = list()
    modelARIMA=ARIMA(endog=Y_train,exog=X_train_ARIMA,order=arima_order)
    model_fit = modelARIMA.fit()
    error = mean_squared_error(Y_train, model_fit.fittedvalues)
    return error

# ARIMA 모델에 대한 p, d, q 값 조합 평가
def evaluate_models(p_values, d_values, q_values):
    best_score, best_cfg = float("inf"), None
    for p in p_values:
        for d in d_values:
            for q in q_values:
                order = (p,d,q)
                try:
                    mse = evaluate_arima_model(order)
                    if mse < best_score:
                        best_score, best_cfg = mse, order
                    print('ARIMA%s MSE=%.7f' % (order,mse))
                except:
                    continue
    print('Best ARIMA%s MSE=%.7f' % (best_cfg, best_score))

# 매개변수 평가
p_values = [0, 1, 2] d_values = range(0, 2)
q_values = range(0, 2)
warnings.filterwarnings("ignore")
evaluate_models(p_values, d_values, q_values)
```

```
ARIMA(0, 0, 0) MSE=0.0009879
ARIMA(0, 0, 1) MSE=0.0009721
ARIMA(1, 0, 0) MSE=0.0009696
ARIMA(1, 0, 1) MSE=0.0009685
ARIMA(2, 0, 0) MSE=0.0009684
ARIMA(2, 0, 1) MSE=0.0009683
Best ARIMA(2, 0, 1) MSE=0.0009683
```

다른 조합과 비교해서 평균 제곱 오차가 크게 차이 나지 않지만, (2,0,1) 차수를 갖는 ARIMA 모델이 격자 탐색에서 가장 좋은 성능을 보임을 알 수 있다. 이는 자기 회귀의 지연 2와 이동평균 1이 있는 모델이 최고의 결과를 낸다는 의미이다. 최고 ARIMA 모델의 차수에 영향을 주는 다른 외생 변수가 있다는 사실을 잊지 말자.

7. 모델 확정

마지막 단계에서는 테스트셋으로 확정된 모델을 확인한다.

7.1 테스트셋에 대한 결과

```
# 모델 준비
modelARIMA_tuned=ARIMA(endog=Y_train,exog=X_train_ARIMA,order=[2,0,1])
model_fit_tuned = modelARIMA_tuned.fit()

# 검증셋에 대한 정확도 추정
# estimate accuracy on validation set
predicted_tuned = model_fit.predict(start = tr_len -1 ,\
    end = to_len -1, exog = X_test_ARIMA)[1:]
print(mean_squared_error(Y_test,predicted_tuned))
```

```
0.0005970582461404503
```

테스트셋에 대한 모델의 평균 제곱 오차가 좋아 보이는데, 실제로 훈련셋에 대한 평균 제곱 오차보다 더 낮다.

마지막 단계에서 선택한 모델의 출력을 시각화하고 모델에서 얻은 데이터를 실제 데이터와 비교한다. 차트로 시각화하기 위해 수익 시계열을 가격 시계열로 변환한다. 또한 단순화를 위해 테스트셋의 처음 가격을 1로 가정한다. 실제 데이터와 예측 데이터를 비교한 그림을 살펴보자.

```
# 실제 데이터와 예측 데이터 그래프
predicted_tuned.index = Y_test.index
pyplot.plot(np.exp(Y_test).cumprod(), 'r', label='actual',)
# t와 a 분리하여 그리기
```

```
pyplot.plot(np.exp(predicted_tuned).cumprod(), 'b--', label='predicted')
pyplot.legend()
pyplot.rcParams["figure.figsize"] = (8,5)
pyplot.show()
```

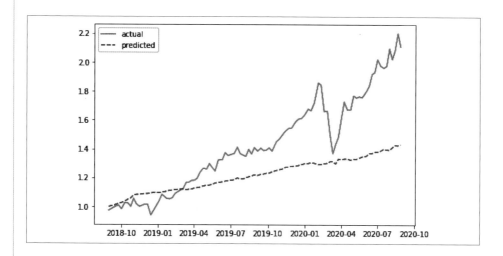

차트를 보면, 모델이 추세를 완벽하게 찾아냄을 알 수 있다. 예측 시계열이 실제 시계열보다 변동성이 더 낮고, 테스트셋의 처음 수개월 동안 실제 데이터와 일치함을 확인할 수 있다. 한 가지 짚고 넘어갈 점은 모델의 목적은 현시점까지 관측된 데이터가 주어졌을 때 다음 날의 수익을 계산하는 것이지 미래 며칠 후의 주가를 예측하는 것이 아니라는 점이다. 따라서 테스트셋의 처음에서 멀어질수록 실제 데이터에서 벗어날 것으로 예상된다.

8. 결론

선형 회귀, 정규화 회귀(라쏘와 엘라스틱 넷) 같은 간단한 모델부터 ARIMA 같은 시계열 모델이 주가 예측 문제를 다루는 데 유망하다고 결론 내릴 수 있다. 이런 모델은 금융 예측에서 도전적인 문제가 되는 적합과 과소적합을 다루는 데 유용하다.

또한 주가 수익 비율, 거래량, 기술 지표, 뉴스 데이터를 폭넓게 사용한다면 더 좋은 결과를 도출할 수 있다. 이에 대해서는 이후 실전 문제에서 시연해 보일 것이다.

전반적으로, 지도 회귀와 시계열 모델링 프레임워크를 생성하고 이를 통해 과거 데이터를 이용해 주가를 예측할 수 있었다. 이 프레임워크는 자본 손실 위험 이전의 위험과 수익성을 분석할 수 있는 결과를 생성한다.

5.3 실전 문제 2: 파생 상품 가격 책정

전산 재무 및 위험 관리에서는 금융 파생상품을 평가할 때 몇 가지 수치적 방법, 가령 유한 차이, 푸리에 방법, 몬테카를로 시뮬레이션을 사용한다.

그중 **블랙-숄즈 공식**Black-Scholes formula은 파생 상품 가격 책정에 널리 사용되는 모델이다. 금융 파생상품의 종류가 많은 만큼 다양하게 확장된 공식과 변형된 공식을 사용해 가격을 책정한다. 하지만 이 모델은 몇 가지 가정을 전제하는데, 파생 상품 가격 책정이 특정 형태의 이동, 즉 기하 브라운 운동Geometric Brownian Motion(GBM)을 한다는 가정이 그 하나이다. 또한 옵션 만기 시 조건부 지급과 차익 금지와 같은 경제적 제약이 있다. 일부 파생 상품 가격 책정 모델도 이와 비슷하게 비현실적인 모델을 가정한다. 금융 실무자는 이런 가정이 실제로는 위반된다는 것을 잘 알기 때문에 이 모델로 산정된 가격은 추후 튜닝한다.

기존의 많은 파생 상품 가격 책정 모델은 모델 튜닝 단계를 거친다. 모델 튜닝은 과거 자산 가격보다는 파생상품 가격으로 이루어진다. 즉 많이 거래된 옵션의 시장 가격을 수학적 모델로 얻은 파생상품 가격에 맞추는 것이다. 모델 튜닝 과정에서 모델의 매개변수를 적합화하기 위해 수천 개의 파생상품 가격을 결정해야 하는데, 이 과정에 많은 시간이 소요된다. 따라서 실시간 위험 관리를 다루는 재무 위험 관리에서 효율적인 수치 계산은 점차 중요해지고 있다. 그렇다 해도 고도의 효율적인 계산이 필요하기 때문에, 기존 파생 상품 가격 책정 모델을 튜닝하는 동안 특정 고품질 자산 모델 및 방법론은 제외한다.

비현실적인 모델 가정과 비효율적인 모델 튜닝 같은 단점을 해결하는 데 머신러닝을 사용할 수 있다. 머신러닝은 매우 적은 이론적 가정으로 많은 미묘한 차이를 해결하는 능력이 있다. 따라서 미세한 변동이 있는 금융세계에서도 파생 상품 가격 책정에 효율적으로 사용할 수 있다. 하드웨어의 발전으로 고성능 CPU, GPU, 특수 제작된 하드웨어에서 머신러닝 모델을 훈련함으로써 기존의 파생 상품 가격 책정 모델보다 수십 배 더 빠른 속도를 낼 수 있다.

게다가 시장 데이터가 풍부하므로 파생상품 시장 가격을 생성하는 함수를 학습하기 위해 머신 러닝 알고리즘을 훈련할 수 있다. 머신러닝 모델은 다른 통계적 접근법으로는 얻을 수 없는 미묘한 비선형성을 데이터에서 찾아낼 수 있다.

실전 문제에서는 머신러닝 관점에서 파생 상품 가격 책정을 알아보고, 시뮬레이션 데이터로 옵션 가격을 정하기 위해 지도 회귀 기반 모델을 사용한다. 주요 아이디어는 파생 상품 가격 책정을 위한 머신러닝 프레임워크를 도출하는 것이다. 정확도가 높은 머신러닝 모델을 달성한다는 것은 가정이 더 적은 기본 모델로 파생 상품 가격 책정에 머신러닝의 효율적인 수치 계산을 활용할 수 있다는 것을 의미한다.

이 실전 문제에서 중점을 두는 내용은 다음과 같다.

- 파생 상품 가격 책정을 위한 머신러닝 기반 프레임워크 개발
- 파생 상품 가격 책정에서 선형 지도 회귀 및 비선형 지도 회귀 모델 비교

파생 상품 가격 책정을 위한 머신러닝 모델 개발하기

1. 문제 정의

이 실전 문제에서 사용한 지도 회귀 프레임워크에서 예측되는 변수는 옵션 가격이고 예측 변수는 블랙–숄즈 옵션 가격책정 모델에 입력으로 사용되는 시장 데이터이다.

옵션 시장 가격 평가를 위해 선택한 변수는 주가, 행사 가격, 만료기간, 변동성, 이자율, 배당수익이다. 실전 문제에서 정의한 예측되는 변수는 임의 입력을 알려진 블랙–숄즈 모델에 넣어 생성한다.[17]

블랙–숄즈 옵션 가격책정 모델에 대한 콜옵션 가격은 [식 5-1]에서 정의한다.

$$Se^{-q\tau}\Phi(d_1) - e^{-r\tau}K\Phi(d_2)$$

식 5-1 콜옵션을 위한 블랙–숄즈 방정식

....

17 예측 변수인 옵션 가격은 시장에서 직접 얻는 것이 이상적이다. 데모용 실전 문제이므로 편의상 모델이 생성한 옵션 가격을 사용한다.

$$d_1 = \frac{\ln(S/K) + (r - q + \sigma^2/2)\tau}{\sigma\sqrt{\tau}}$$

$$d_2 = \frac{\ln(S/K) + (r - q - \sigma^2/2)\tau}{\sigma\sqrt{\tau}} = d_1 - \sigma\sqrt{\tau}$$

여기서 S는 주가, K는 행사 가격, r은 이자율, q는 연간 배당수익, $\tau = T - t$는 만기일(1년 무단위 분수로 나타내는), σ는 변동성을 나타낸다.

논리를 단순화하기 위해 돈을 $M = K/S$로 정의하고 현재 주가 단위당 가격을 보자. 또 q를 0으로 하면 위의 식은 다음과 같이 간단해진다.

$$e^{-q\tau}\Phi\left(\frac{-\ln(M) + (r + \sigma^2/2)\tau}{\sigma\sqrt{\tau}}\right) - e^{-r\tau}M\Phi\left(\frac{-\ln(M) + (r - \sigma^2/2)\tau}{\sigma\sqrt{\tau}}\right)$$

위의 식을 보면, 블랙–숄즈 옵션 가격책정 모델에 입력되는 매개변수는 옵션 가격, 이자율, 변동성, 만기일이다.

파생상품 시장에서 중심 역할을 하는 매개변수는 주가 이동과 직결되는 변동성이다. 주가의 이동범위는 변동성이 증가하면 변동성이 낮을 때보다 더 넓어진다.

옵션시장에서 모든 옵션의 가격 산정에 사용되는 단 하나의 변동성은 없다. 변동성은 옵션 가격도와 만기일에 좌우된다. 일반적으로 변동성은 만기일이 커지면 증가하고 옵션 가격도가 커지면 증가한다. 이 행태를 변동성 미소 혹은 변동성 스큐라고 한다. 종종 시장에 있는 옵션 가격에서 변동성을 도출하고 이를 '내재' 변동성이라고 한다. 예제에서는 변동성 형태를 가정하고 [식 5-2]의 함수를 이용한다. 여기서 변동성은 옵션 가격도와 만기일에 의존하고 결국 옵션 변동성 형태를 생성한다.

$$\sigma(M, \tau) = \sigma_0 + \alpha\tau + \beta(M - 1)^2$$

식 5-2 변동성 방정식

2. 시작하기 – 데이터와 파이썬 패키지 불러오기

2.1 파이썬 패키지 불러오기

파이썬 패키지 로딩 방법은 실전 문제 1에서 살펴본 방법과 비슷하다. 자세한 내용은 주피터 노트북을 참고한다.

2.2 함수 및 매개변수 정의

데이터셋을 생성하기 위해 입력 매개변수를 시뮬레이션해 예측 변수를 생성한다.

첫 번째 단계는 상수 매개변수를 정의하는 것이다. 변동성 형태에 필요한 상수 매개변수는 아래와 같이 정의한다. 이 매개변수는 옵션 가격에 큰 영향을 주지 않으므로 유의미한 값으로 정한다.

```
true_alpha = 0.1
true_beta = 0.1
true_sigma0 = 0.2
```

블랙–숄즈 옵션 가격책정 모델의 입력인 이자율은 다음과 같이 정의한다.

```
risk_free_rate = 0.05
```

이 단계에서 [식 5–1]과 [식 5–2]를 따라 콜옵션의 변동성과 가격을 계산하는 함수를 정의한다.

예제: 옵션의 변동성과 가격책정 함수

```
def option_vol_from_surface(moneyness, time_to_maturity):
    return true_sigma0 + true_alpha * time_to_maturity +\
        true_beta * np.square(moneyness - 1)
def call_option_price(moneyness, time_to_maturity, option_vol):
    d1=(np.log(1/moneyness)+(risk_free_rate+np.square(option_vol))*\
        time_to_maturity)/ (option_vol*np.sqrt(time_to_maturity))
    d2=(np.log(1/moneyness)+(risk_free_rate-np.square(option_vol))*\
        time_to_maturity)/(option_vol*np.sqrt(time_to_maturity))
    N_d1 = norm.cdf(d1)
```

```
    N_d2 = norm.cdf(d2)
    return N_d1 - moneyness * np.exp(-risk_free_rate*time_to_maturity) * N_d2
```

2.3 데이터 생성

다음 단계에서 입력 변수와 출력 변수를 생성한다.

- 0과 1 사이의 균등 확률 변수를 생성하는 np.random.random 함수를 사용해 만기일(Ts)을 생성한다.
- 정규분포를 생성하는 np.random.randn 함수를 사용해 옵션 가격도(Ks)를 생성한다. 0.25를 곱한 임의 수는 현물가에서 행사가의 편차를 생성한다.[18] 전체 식에서 옵션 가격도가 0보다 더 크다.
- [식 5–2]에 따른 만기일과 옵션 가격도의 함수로 변동성(sigma)을 생성한다.
- 블랙–숄즈 옵션 가격에 대한 [식 5–1]로 옵션 가격을 생성한다.

총 1만 개의 데이터 포인트(N)를 생성한다.

```
N = 10000
Ks = 1+0.25*np.random.randn(N)
Ts = np.random.random(N)
Sigmas = np.array([option_vol_from_surface(k,t) for k,t in zip(Ks,Ts)])
Ps = np.array([call_option_price(k,t,sig) for k,t,sig in zip(Ks,Ts,Sigmas)])
```

이제 예측되는 변수와 예측 변수를 생성한다.

```
Y = Ps
X = np.concatenate([Ks.reshape(-1,1), Ts.reshape(-1,1), Sigmas.reshape(-1,1)], \
                   axis=1)
dataset = pd.DataFrame(np.concatenate([Y.reshape(-1,1), X], axis=1), \
          columns=['Price', 'Moneyness', 'Time', 'Vol'])
```

3. 탐색적 데이터 분석

데이터셋을 살펴보자.

---

18 현물가와 행사가가 같을 때는 등가격 옵션이 된다.

3.1 기술 통계

```
dataset.head()
```

	Price	Moneyness	Time	Vol
0	1.390e−01	0.898	0.221	0.223
1	3.814e−06	1.223	0.052	0.210
2	1.409e−01	0.969	0.391	0.239
3	1.984e−01	0.950	0.628	0.263
4	2.495e−01	0.914	0.810	0.282

데이터셋에는 모델의 특성이기도 한 옵션 가격price, 예측되는 변수 옵션 가격도moneyness (행사가와 현물가의 비율), 만기일time to maturity, 변동성volatility이 들어 있다.

3.2 데이터 시각화

변수 간의 상호 작용을 이해하기 위해 산점도를 살펴본다.[19]

```
pyplot.figure(figsize=(15,15))
scatter_matrix(dataset,figsize=(12,12))
pyplot.show()
```

----

19 히스토그램, 상관관계와 같은 차트를 살펴보려면 이 실전 문제에 해당하는 주피터 노트북을 참고한다.

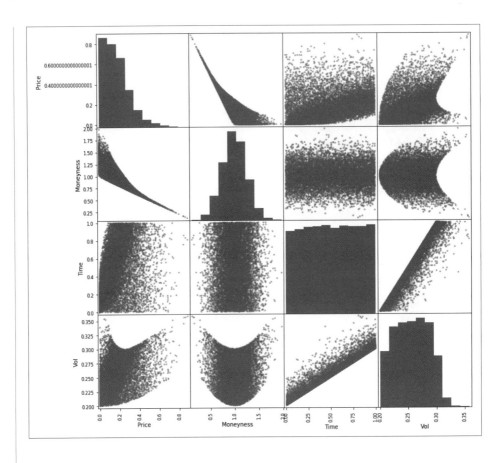

산점도에서 변수 간에 매우 흥미로운 의존성과 관계성이 있음을 볼 수 있다. 차트의 첫째 열에서 가격과 다른 변수들의 관계가 보인다. 옵션 가격도가 증가함에 따라 가격이 상승한다 (주가와 비교해 행사가는 감소한다). 이전 절에서 설명한 논리와 맥락이 같다. 가격 대비 만기일을 보면 옵션 가격이 하락한다. 가격 대비 변동성 차트에서는 변동성에 따라 가격이 상승하지만 옵션 가격이 대부분의 변수와 비선형 관계가 있음을 볼 수 있다. 이는 비선형 모델이 선형 모델에 비해 더 좋은 성능을 보여 준다는 의미이다.

변동성과 행사가의 관계도 흥미롭다. 옵션 가격도에서 멀어질수록 변동성이 높아진다. 이런 행태는 이전에 정의한 변동성 함수 때문에 나타나며, 변동성 미소/스큐를 보여 준다.

4. 데이터 준비 및 분석

이전 절에서 종속 변수와 독립 변수를 얻는 등 데이터 준비 단계를 수행했다. 이 단계에서는 특성의 중요도를 살펴본다.

4.1 단변량 특성 선택

각 특성을 개별적으로 살펴보고, 단변수 회귀 적합을 기준으로 하여 가장 중요한 변수를 살펴본다.

```
bestfeatures = SelectKBest(k='all', score_func=f_regression)
fit = bestfeatures.fit(X,Y)
dfscores = pd.DataFrame(fit.scores_)
dfcolumns = pd.DataFrame(['Moneyness', 'Time', 'Vol'])
# 더 나은 시각화를 위해 두 개의 데이터프레임 연결
featureScores = pd.concat([dfcolumns,dfscores],axis=1)
featureScores.columns = ['Specs','Score']
# 데이터프레임 열 이름 지정
featureScores.nlargest(10,'Score').set_index('Specs')
```

```
Moneyness : 30282.309
Vol : 2407.757
Time : 1597.452
```

옵션 가격에서는 옵션 가격도가 가장 중요한 변수이고 그다음이 변동성과 만기일이다. 예측 변수가 세 개뿐이므로 모델링에 모두 포함시킨다.

5. 모델 평가

5.1 훈련−테스트 분할 및 평가 메트릭

첫째, 훈련셋과 테스트셋을 분리한다.

```
validation_size = 0.2
train_size = int(len(X) * (1-validation_size))
X_train, X_test = X[0:train_size], X[train_size:len(X)]
```

```
Y_train, Y_test = Y[0:train_size], Y[train_size:len(X)]
```

훈련 데이터에 대한 k-겹 분석을 수행하기 위해 이미 만들어진 사이킷런 모델을 사용한다.
그다음 전체 훈련 데이터로 모델을 훈련하고 그 모델을 테스트 데이터의 예측에 사용한다.
평균 제곱 오차 메트릭을 사용해 알고리즘을 평가할 것이다. k-겹 분석과 평가 메트릭에 대
한 매개변수는 다음과 같이 정의한다.

```
num_folds = 10 seed = 7
scoring = 'neg_mean_squared_error'
```

5.2 모델 및 알고리즘 비교

데이터 로딩과 테스트 설계를 마쳤으니, 이제 지도 회귀 모델군에서 적합한 모델을 선택한다.

예제: 선형 모델과 회귀 트리

```
models = []
models.append(('LR', LinearRegression()))
models.append(('KNN', KNeighborsRegressor()))
models.append(('CART', DecisionTreeRegressor()))
models.append(('SVR', SVR()))
```

예제: 인공 신경망

```
models.append(('MLP', MLPRegressor()))
```

예제: 부스팅과 배깅 방법

```
# 부스팅 방법
models.append(('ABR', AdaBoostRegressor()))
models.append(('GBR', GradientBoostingRegressor()))
# 배깅 방법
models.append(('RFR', RandomForestRegressor()))
models.append(('ETR', ExtraTreesRegressor()))
```

모든 모델을 선택한 후, 각 모델마다 반복 수행한다. 첫째, k-겹 분석 후 전체 훈련 및 테스트 데이터셋에서 모델을 실행한다.

모든 알고리즘은 기본 튜닝 매개변수를 사용한다. 각각의 알고리즘에 대해 평가 메트릭의 평균과 표준편차를 계산하고, 차후 모델 평가를 위해 결괏값을 저장한다.

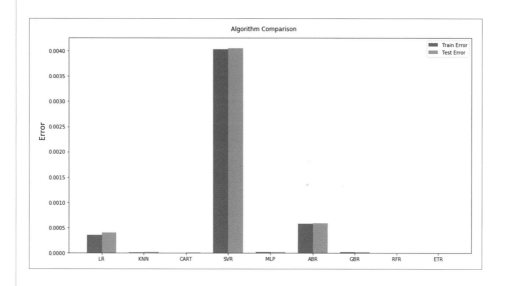

k-겹 분석 단계의 파이썬 코드는 실전 문제 1에서 사용한 코드와 비슷하다. 상세한 내용은 코드 저장소에 있는 실전 문제 주피터 노트북을 참고한다. 훈련셋에 대한 모델 성능을 살펴보자.

분류 및 회귀 트리(CART), 앙상블 모델, 인공 신경망을 포함한 비선형 모델은 선형 모델보다 성능이 훨씬 더 좋다. 산점도에서 확인한 바와 같이 비선형 관계를 비선형 모델이 더 잘 감지하기 때문이다.

인공 신경망은 빠른 테스트와 배포 시간(정의, 훈련, 테스트, 추론)으로 어떤 함수이든 모델링할 수 있는 본원적 능력이 있으며 복잡한 파생 상품 가격 책정에도 효과적으로 사용할 수 있다. 따라서 우수한 성능을 보이는 모든 모델에서 다음 단계의 분석을 위해 인공 신경망을 선택한다.

6. 모델 튜닝 및 모델 확정

3장에서 설명한 바와 같이, 인공 신경망의 중간층 노드 수를 결정하는 것은 과학보다는 기술에 가깝다. 중간층에 입력 데이터를 저장하는 노드와 너무 많이 연결되면 일반화 능력이 부족한 신경망이 생성된다. 따라서 훈련셋에는 중간층의 노드 수를 늘려 성능을 향상시키지만 새로운 데이터셋에는 노드 수를 줄여 성능을 향상시킨다.

3장에서 설명한 바와 같이, 인공 신경망에는 학습률, 모멘텀, 활성화 함수, 에폭 수와 배치크기 등의 하이퍼파라미터가 있다. 격자 탐색 과정 동안 모든 하이퍼파라미터를 튜닝하지만, 문제를 단순화하기 위해 은닉층 수에 대한 격자 탐색만 수행하는 것으로 제한한다. 다른 하이퍼파라미터에 대한 격자 탐색 수행 방법도 다음 코드에서 설명하는 것과 동일하다.

```
'''
Hidden_layer_sizes: 튜플, 길이 = n_layers-2, 기본값 (100,)
i 번째 요소는 i 번째 은닉층에 있는 뉴런의 수를 나타냄
'''
param_grid={'hidden_layer_sizes': [(20,), (50,), (20,20), (20, 30, 20)]}
model = MLPRegressor()
kfold = KFold(n_splits=num_folds, random_state=seed)
grid = GridSearchCV(estimator=model, param_grid=param_grid, scoring=scoring, \
    cv=kfold)
grid_result = grid.fit(X_train, Y_train)
print("Best: %f using %s" % (grid_result.best_score_, grid_result.best_params_))
means = grid_result.cv_results_['mean_test_score']
stds = grid_result.cv_results_['std_test_score']
params = grid_result.cv_results_['params']
for mean, stdev, param in zip(means, stds, params):
    print("%f (%f) with: %r" % (mean, stdev, param))
```

```
Best: -0.000024 using {'hidden_layer_sizes': (20, 30, 20)}
-0.000580 (0.000601) with: {'hidden_layer_sizes': (20,)}
-0.000078 (0.000041) with: {'hidden_layer_sizes': (50,)}
-0.000090 (0.000140) with: {'hidden_layer_sizes': (20, 20)}
-0.000024 (0.000011) with: {'hidden_layer_sizes': (20, 30, 20)}
```

가장 우수한 성능의 모델은 은닉층이 3개, 노드가 각각 20개, 30개, 20개인 것이다. 따라서 이렇게 구성된 모델을 선택하고 훈련셋에 대한 성능을 확인한다.

```
# 모델 준비
model_tuned = MLPRegressor(hidden_layer_sizes=(20, 30, 20))
model_tuned.fit(X_train, Y_train)
# 검증셋에 대한 정확도 추정
# 검증 데이터셋 변환
predictions = model_tuned.predict(X_test)
print(mean_squared_error(Y_test, predictions))
```

```
3.08127276609567e-05
```

평균 제곱근 오차(RMSE)가 3.08e−5로 1%보다 더 낮다. 따라서 인공 신경망 모델이 블랙-숄즈 옵션 가격책정 모델 적합화를 훌륭하게 해낸다고 볼 수 있다. 은닉층 수를 늘리고 다른 하이퍼파라미터를 튜닝하면 인공 신경망 모델은 복잡한 관계와 비선형을 더 잘 반영할 수 있다. 결과적으로 인공 신경망 모델은 시장 가격에 맞는 옵션 가격책정 모델을 훈련하는 데 사용할 수 있다.

7. 추가 분석: 변동성 데이터 제거

추가 분석은 변동성 데이터 없이 가격을 예측한다. 모델 성능이 좋으면 이전에 설명한 변동성 함수를 사용할 필요가 없다. 이 단계에서는 선형 모델과 비선형 모델의 성능을 비교한다. 다음 코드에서는 예측 변수 데이터셋에서 변동성 변수를 제거하고 훈련셋과 테스트셋을 다시 정의한다.

```
X = X[:, :2] validation_size = 0.2
train_size = int(len(X) * (1-validation_size))
X_train, X_test = X[0:train_size], X[train_size:len(X)]
Y_train, Y_test = Y[0:train_size], Y[train_size:len(X)]
```

다음에는 새로운 데이터셋, 이전과 같은 매개변수와 비슷한 파이썬 코드가 있는 (정규화 회귀 모델을 제외한) 모델군을 실행한다. 변동성 데이터가 제거된 후 모든 모델의 성능은 다음과 같게 된다.

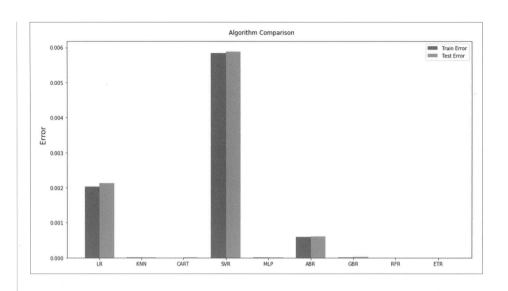

결과를 보면, 이전 결과와 비슷하게 선형 회귀 모델의 성능이 낮고 앙상블 및 인공 신경망 모델의 성능이 좋다. 선형 회귀 모델의 성능은 이전 결과보다 더 나쁘게 나왔다. 반면 인공 신경망과 다른 앙상블 모델의 성능은 이전 결과와 큰 차이가 없다. 이는 변동성 정보를 옵션 가격도와 만기일 같은 다른 변수에서 포착할 수 있음을 의미한다. 전반적으로, 더 적은 변수로 같은 성능 결과를 얻는다는 것은 좋은 소식이다.

8. 결론

파생 상품 가격 책정은 비선형 문제이다. 결과로 알 수 있듯이, 선형 회귀 모델은 전반적으로 좋은 성능을 보이는 비선형 모델보다 더 좋지 않다. 게다가 변동성을 제거하면 선형 회귀 모델이 예측 문제를 풀기는 더 어려워진다. 하지만 앙상블과 인공 신경망 모델 같은 비선형 모델은 예측에 좋은 성능을 보인다. 즉 변동성을 제외해도 더 적은 변수로 좋은 예측을 할 수 있다.

인공 신경망 모델이 콜옵션을 위한 블랙-숄즈 옵션 가격책정 방정식을 높은 정확도로 반영함을 확인했다. 이는 파생 상품 가격 책정에 기존 모델의 비현실적인 가정 없이 머신러닝을 사용할 수 있음을 의미한다. 인공 신경망과 관련 머신러닝 구조를 파생 상품 가격 책정에 대한 이론적 지식 없이 실제 파생상품에 쉽게 확장, 적용할 수 있다. 머신러닝 기술을 이용하면 기존 방법보다 훨씬 더 빠르게 파생상품 가격을 결정할 수 있다. 더 빠른 속도를 원한다면 가격책정의 정확도가 낮아짐은 감수해야 한다. 하지만 이런 정확도의 하락은 현실성을 고려할 때 합당하게 받아들일 만한 정도이다. 신기술로 인공 신경망이 실용화됨으로써 은행, 헤지펀드, 금융기관에서 이 모델을 파생 상품 가격 책정에 적용할 가치는 충분하다.

5.4 실전 문제 3: 투자자 위험 감수 및 로보 어드바이저

투자자의 위험 허용 범위는 포트폴리오 배분과 포트폴리오 관리 과정의 한 단계이고 포트폴리오 재조정에 중요한 입력 요소이다. 투자자의 위험 허용 범위를 이해하기 위해 다양한 접근방법을 취하는 위험 프로파일링 툴은 매우 다양하다. 대부분의 접근방법은 질적 판단과 상당한 수작업으로 이루어진다. 대개의 경우 투자자의 위험 허용 범위는 위험 감수 설문을 통해 결정한다.

그런데 여러 연구 결과 위험 감수 설문 방법은 오류가 발생하기 쉽다는 점이 확인되었다. 왜냐하면 투자자에게는 행동적 편향이 있고 특히 압박이 있는 시장에서는 투자자가 스스로 위험을 인지하기가 어렵기 때문이다. 또한 이런 설문은 투자자에 의해 수기로 작성되어 투자 관리의 전 과정을 자동화하는 것이 불가능하다.

그렇다면 머신러닝이 위험 허용 범위 설문보다 투자자의 위험 프로파일을 더 잘 이해할 수 있을까? 머신러닝이 투자자의 개입 없이 포트폴리오 관리의 전 과정을 자동화하는 데 기여할 수 있을까? 알고리즘이 다양한 시장 상황에 맞게 고객 맞춤 프로파일을 개발할 수 있을까?

이번 실전 문제의 목표는 이들 질문에 답하는 것이다. 첫째, 투자자의 위험 허용 범위를 예측하는 지도 회귀 기반 모델을 구축한다. 그다음 파이썬을 이용해 로보 어드바이저 대시보드를 만들고 대시보드에서 위험 감수 예측 모델을 구현한다. 전반적인 목적은 머신러닝의 도움을 받아 포트폴리오 관리 과정에서 수작업 단계를 자동화할 수 있음을 시연하는 것이다. 특히 로보 어드바이저에 매우 유용함을 시연해 보이는 것이다.

대시보드는 로보 어드바이저의 중요한 기능이다. 사용자는 대시보드를 통해 주요 정보에 접근하고, 사람의 도움 없이도 계좌와 상호 작용해 포트폴리오를 효율적으로 관리할 수 있다.

[그림 5-6]에서 이 실전 문제를 위해 만든 로보 어드바이저 대시보드를 일부 볼 수 있다. 대시보드는 머신러닝 기반으로 구축된 위험 감수 모델을 포함하고, 대시보드를 통해 투자자의 자산을 바로 배분한다.

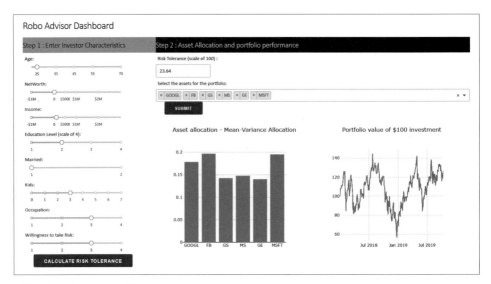

그림 5-6 로보 어드바이저 대시보드

이 대시보드는 파이썬으로 만들었고, 이 실전 문제의 추가 단계에서 상세히 설명한다. 대시보드는 로보 어드바이저 내용으로 만들었지만 금융의 다른 분야에도 적용 가능하고 실전 문제에서 설명한 머신러닝 모델을 포함할 수 있다. 대시보드는 재무 의사 결정권자에게 모델 결과의 분석과 해석을 도와주는 그래픽 인터페이스를 제공한다.

이 실전 문제에서 중점을 두는 내용은 다음과 같다.

- 특성 제거와 특성의 중요성/직관성
- 머신러닝을 사용한 포트폴리오 관리 과정 내 수작업을 자동화하기
- 머신러닝을 사용한 투자자 행동 편향을 수치화하고 모델링하기
- 머신러닝 모델을 파이썬을 이용해 대시보드에 탑재하기

투자자 위험 허용 범위 모델링 및 머신러닝 기반 로보 어드바이저 활성화

1. 문제 정의

이 실전 문제에 사용된 지도 회귀 프레임워크에서 예측되는 변수는 개인의 '참' 위험 허용 범위이고[20], 예측 변수는 개인의 인구통계적, 재정적, 행동적 속성이다.

실전 문제에 사용된 데이터는 연방준비제도 이사회에서 실시한 '소비자 재정 설문조사[21]'에서 가져왔다. 이 설문조사에서 2007년(위기 이전)과 2009년(위기 이후)에 각각 동일한 개인들이 가계 인구 통계, 순자산, 금융 및 비금융 자산 관련 질문에 응답한 내용을 볼 수 있다.

2. 시작하기 – 데이터와 파이썬 패키지 불러오기

2.1 파이썬 패키지 불러오기

파이썬 패키지를 로딩하는 과정은 실전 문제 1에서 살펴본 과정과 비슷하다. 더 자세한 내용은 주피터 노트북을 참고한다.

2.2 데이터 불러오기

이 단계에서 소비자 재정 설문조사 데이터를 로딩하고 데이터의 형태를 살펴본다.

```
# 데이터셋 불러오기
dataset = pd.read_excel('SCFP2009panel.xlsx')
```

데이터의 크기를 보자.

```
dataset.shape
```

---

20 모델의 주된 용도가 포트폴리오 관리이므로 이 실전 문제에서 개인은 투자자를 가리킨다.
21 https://oreil.ly/2vxJ6

```
(19285, 515)
```

보다시피 데이터셋은 515개 열, 19,285개 관측치로 되어 있다. 열의 수는 특성의 수를 나타 낸다.

3. 데이터 준비 및 특성 선택

이 단계에서 모델에 사용할 예측되는 변수와 예측 변수를 준비한다.

3.1 예측되는 변수 준비

첫 번째 단계로 참 위험 허용 범위인 예측 변수를 준비한다.

참 위험 허용 범위를 계산하는 단계는 다음과 같다.

1 설문조사 데이터에 있는 모든 개인의 위험 자산과 비위험 자산을 계산한다. 위험 자산과 비위험 자산은 다음과 같이 정의한다.

  - **위험 자산**

    뮤추얼 펀드, 주식, 채권에 대한 투자

  - **비위험 자산**

    예금/저축 잔고, 예금 증서, 기타 현금 잔고 및 등가물

2 개인의 총자산(위험 자산과 비위험 자산의 합)에서 위험 자산의 비율을 계산하고 이를 개인의 위험 허용 범위의 척도로 간주한다.[22] 소비자 재정 설문조사 사이트에서 2007년과 2009년 개인의 위험 자산과 비위험 자산에 대한 데이터를 가져온다. 이 데이터를 사용하고 2007년과 2009년 주가지수의 가격으로 위험 자산을 정규화해 위험 허용 범위를 구한다.

3 '지능형' 투자자를 식별한다. 일부 문헌에서는 지능형 투자자를 '시장이 변화하는 동안 위험 허용 범위를 변경하지 않는 사람'이라고 설명한다. 따라서 2007년과 2009년 사이에 위험 허용 범위를 10% 미만으로 변경한 투자자를 지능형 투자자로 간주한다. 그러나 앞서 언급했듯이, 실전 문제의 목적은 실제 위험 허용 범위에 대한 정확한 정의를 제시하는 것 외에도 머신러닝의 사용을 시연해 보이는 것이다. 또한 포트폴리오 관리에 머신러닝 기반 프레임워크를 제공해 더 많은 상세한 분석에 활용하도록 하는 것이다.

예측되는 변수를 계산해 보자. 먼저 다음 코드에서 2007년과 2009년 위험 자산과 비위험 자산을 취해 위험 허용 범위를 계산한다.

---

22 위험 허용 범위를 계산하는 방법에는 여러 가지가 있을 수 있다. 이 실전 문제에서는 직관적인 방법을 사용해 개인의 위험 허용 범위를 측정한다.

```
# 2007년의 위험 자산과 무위험 자산 계산
dataset['RiskFree07']= dataset['LIQ07'] + dataset['CDS07'] + dataset['SAVBND07']\
    + dataset['CASHLI07']
dataset['Risky07'] = dataset['NMMF07'] + dataset['STOCKS07'] + dataset['BOND07']
# 2009년의 위험 자산과 무위험 자산 계산
dataset['RiskFree09']= dataset['LIQ09'] + dataset['CDS09'] + dataset['SAVBND09']\
    + dataset['CASHLI09']
dataset['Risky09'] = dataset['NMMF09'] + dataset['STOCKS09'] + dataset['BOND09']
# 2007년의 위험 허용 범위 계산
dataset['RT07'] = dataset['Risky07']/(dataset['Risky07']+dataset['RiskFree07'])
# 2009년 위험 자산 정규화를 위한 평균주가지수
Average_SP500_2007=1478
Average_SP500_2009=948
# 2009년의 위험 허용 범위 계산
dataset['RT09'] = dataset['Risky09']/(dataset['Risky09']+dataset['RiskFree09'])*\
                (Average_SP500_2009/Average_SP500_2007)
```

데이터의 내용을 살펴보자.

```
dataset.head()
```

	YY1	Y1	WGT09	AGE07	AGECL07	EDUC07	EDCL07	MARRIED07	KIDS07	LIFECL07	...
0	1	11	11668.134198	47	3	12	2	1	0	2	...
1	1	12	11823.456494	47	3	12	2	1	0	2	...
2	1	13	11913.228354	47	3	12	2	1	0	2	...
3	1	14	11929.394266	47	3	12	2	1	0	2	...
4	1	15	11917.722907	47	3	12	2	1	0	2	...

5 rows × 521 columns

위의 데이터는 521개 열이 있는 데이터셋에서 일부 열을 표시한다. 2007년과 2009년 사이의 위험 허용 범위 변화율을 계산해 보자.

```
dataset['PercentageChange'] = np.abs(dataset['RT09']/dataset['RT07']-1)
```

다음에는 'NA' 또는 'NaN'이 있는 행을 삭제한다.

```
# NA를 포함하는 행 삭제
```

```
dataset=dataset.dropna(axis=0)
dataset=dataset[~dataset.isin([np.nan, np.inf, -np.inf]).any(1)]
```

2007년 대비 2009년 개인의 위험 허용 행동을 조사한다. 먼저 2007년의 위험 허용 범위를 살펴보자.

```
sns.distplot(dataset['RT07'], hist=True, kde=False, bins=int(180/5), color = 'blue',
hist_kws={'edgecolor':'black'})
```

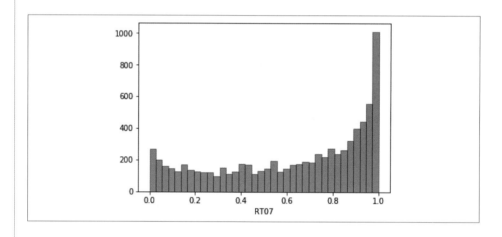

2007년의 위험 허용 범위를 살펴보면, 상당수 개인의 위험 허용 범위가 1에 가까운 것을 알 수 있다. 이는 투자가 위험 자산에 치우쳤음을 의미한다. 이번에는 2009년의 위험 허용 범위를 살펴보자.

```
sns.distplot(dataset['RT09'], hist=True, kde=False, bins=int(180/5), color = 'blue',
hist_kws={'edgecolor':'black'})
```

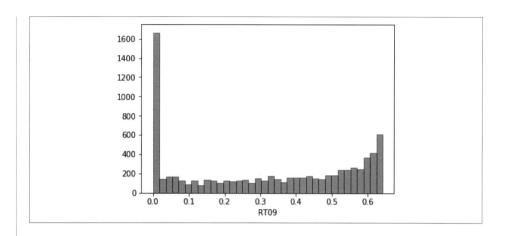

분명 개인의 행동은 위기 이후에 반전되었다. 전반적인 위험 허용 범위가 감소했으며, 2009년에는 위험 허용 범위가 0에 가까운 가구 비율이 대폭 크게 나타났다. 개인은 대부분 비위험 자산에 투자했다.

다음 단계에서는 3.1절 '예측되는 변수 준비'에서 설명한 대로 2007년과 2009년 동안의 위험 허용 범위 변화가 10% 미만인 지능형 투자자를 선택한다.

```
dataset3 = dataset[dataset['PercentageChange']<=.1]
```

참 위험 허용 범위를 2007년과 2009년 동안 지능형 투자자의 평균 위험 허용 범위로 지정한다.

```
dataset3['TrueRiskTolerance'] = (dataset3['RT07'] + dataset3['RT09'])/2
```

이것이 실전 문제에서 사용한 예측되는 변수이다.

예측에 필요 없는 레이블을 삭제한다.

```
dataset3.drop(labels=['RT07', 'RT09'], axis=1, inplace=True)
dataset3.drop(labels=['PercentageChange'], axis=1, inplace=True)
```

3.2 특성 선택 – 특성 공간 제한

이 절에서는 특성 공간을 압축하는 방법을 살펴본다.

3.2.1 특성 제거

특성을 추가로 필터링하기 위해 데이터 사전[23]에 있는 설명을 확인하고 관련된 특성만 남긴다.

전체 데이터를 살펴보면, 데이터셋에 500개 이상의 특성이 있다. 그러나 학술 문헌과 업계 관행에 따르면 위험 허용 범위는 연령, 현재 소득, 순자산 및 위험 감수 의지와 같은 투자자의 인구 통계, 재정, 행동 속성의 영향을 크게 받는다. 데이터셋에 있는 이러한 모든 속성을 다음 절에 요약했다. 이 속성은 투자자의 위험 허용 범위를 예측하기 위한 특성으로 사용한다.

데이터셋에서 각 열에는 속성값에 해당하는 숫자 값이 있다. 세부 사항은 다음과 같다.

- **연령**

  연령 범주가 6개 있는데, 1은 35세 미만을 나타내고 6은 75세 이상을 나타낸다.

- **학력**

  교육 범주가 4개 있는데, 1은 고교 미졸업을 나타내고 4는 대학 학위를 나타낸다.

- **결혼**

  결혼 상태를 나타내는 범주가 2개 있는데, 1은 기혼을, 2는 미혼을 나타낸다.

- **직업**

  직업 범주를 나타낸다. 1은 관리 상태를, 4는 실업자를 나타낸다.

- **자녀**

  자녀 수

---

23 https://oreil.ly/_L8vS

- **지출 소득**

  개인의 지출 대 소득을 나타내며 3개 범주로 나눈다. 예를 들어 1은 지출이 소득을 초과했음을 나타낸다.

- **순자산**

  순자산 범주를 나타낸다. 범주가 5개 있는데, 1은 25번째 백분위수보다 순자산이 적음을 나타내고 5는 90번째 백분위수보다 순자산이 많음을 나타낸다.

- **소득**

  소득 범주가 5개 있는데, 1은 1천백만 원 미만의 소득을 나타내고 5는 1억천만 원 이상의 소득을 나타낸다.

- **위험**

  위험을 감수하려는 의지를 1에서 4까지의 척도로 나타내는데, 1은 위험을 감수하려는 가장 높은 수준을 나타낸다.

2007년에는 직관적인 특성만 남기고 2009년과 관련된 특성과 중간 특성은 모두 제거한다. 2007년의 변수는 위험 허용 범위를 예측하는 데 필요한 유일한 변수이기 때문이다.

```
keep_list2 = ['AGE07','EDCL07','MARRIED07','KIDS07','OCCAT107','INCOME07',\
'RISK07','NETWORTH07','TrueRiskTolerance']
drop_list2 = [col for col in dataset3.columns if col not in keep_list2]
dataset3.drop(labels=drop_list2, axis=1, inplace=True)
```

이제 특성 간의 상관관계를 살펴본다.

```
# 상관관계
correlation = dataset3.corr()
plt.figure(figsize=(15,15))
plt.title('Correlation Matrix')
sns.heatmap(correlation, vmax=1, square=True,annot=True,cmap='cubehelix')
```

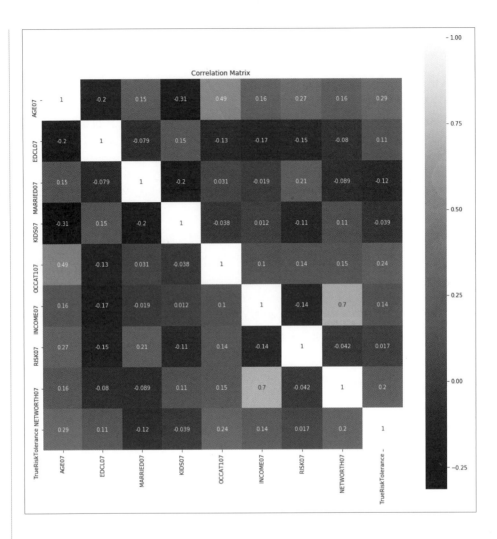

상관관계 차트[24]를 살펴보면 순자산과 수입은 위험 허용 범위와 양의 상관관계가 있다. 결혼하고 자녀 수가 많아지면 위험 허용 범위가 감소한다. 위험을 감수하려는 의지가 낮아짐에 따라 위험 허용 범위가 감소한다. 연령이 높아지면서 위험 허용과는 긍정적인 관계가 된다. 후이 왕Hui Wang과 셔먼 한나Sherman Hanna의 논문 「Does Risk Tolerance Decrease with Age?(연령에 따라 위험 허용 범위가 감소하는가?)」에 따르면, 다른 변수가 일정하게 유지되면 사람들은 연령이 올라가면서 위험 허용 범위가 증가한다(즉, 연령이 올라갈수록 위험 자산에 투자하는 순자산 비율이 증가한다).

----

24 https://oreil.ly/iQpk4

종합하면, 이러한 변수와 위험 허용 범위의 관계는 직관적인 것으로 보인다.

4. 모델 평가

4.1 훈련 – 테스트 분할

데이터를 훈련셋과 테스트셋으로 분할한다.

```
Y= dataset3["TrueRiskTolerance"]
X = dataset3.loc[:, dataset3.columns != 'TrueRiskTolerance']
validation_size = 0.2
seed = 3
X_train, X_validation, Y_train, Y_validation = \
train_test_split(X, Y, test_size=validation_size, random_state=seed)
```

4.2 테스트 옵션 및 평가 메트릭

평가 메트릭으로 R^2를 사용하고 k–겹 교차 검증을 위한 겹 수로는 10을 선택한다.[25]

```
num_folds = 10
scoring = 'r2'
```

4.3 모델 및 알고리즘 비교

다음에는 회귀 모델 제품군을 선택하고 k–겹 교차 검증을 수행한다.

예제: 회귀 모델

```
# 알고리즘 체크
models = []
models.append(('LR', LinearRegression()))
models.append(('LASSO', Lasso()))
models.append(('EN', ElasticNet()))
```

---

25 평가 메트릭으로 RMSE를 선택할 수 있었으나, 이전 실전 문제에서 이미 RMSE를 평가 메트릭으로 사용했으므로 R^2를 평가 메트릭으로 선택했다.

```
models.append(('KNN', KNeighborsRegressor()))
models.append(('CART', DecisionTreeRegressor()))
models.append(('SVR', SVR()))
# 앙상블 모델
# 부스팅 방법
models.append(('ABR', AdaBoostRegressor()))
models.append(('GBR', GradientBoostingRegressor()))
# 배깅 방법
models.append(('RFR', RandomForestRegressor()))
models.append(('ETR', ExtraTreesRegressor()))
```

k-겹 분석 단계를 위한 파이썬 코드는 이전 실전 문제의 코드와 유사하다. 코드 저장소에 있는 이 실전 문제의 주피터 노트북을 참고해 자세한 내용을 확인할 수 있다. 이제 훈련셋에서 모델의 성능을 살펴보자.

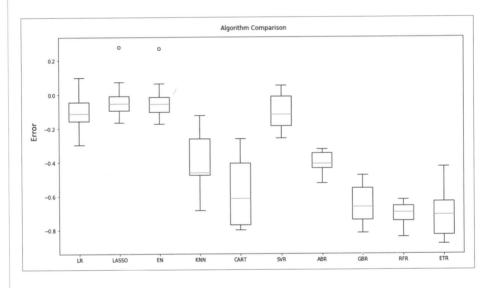

비선형 모델은 선형 모델보다 성능이 더 우수하다. 이는 위험 허용 범위와 이를 예측하는 데 사용되는 변수 간에 비선형 관계가 있음을 의미한다. 랜덤 포레스트 회귀가 좋은 방법 중 하나이므로 격자 탐색에 이를 사용한다.

5. 모델 튜닝 및 격자 탐색

4장에서 설명했듯이 랜덤 포레스트에는 격자 탐색을 수행하는 동안 튜닝할 수 있는 많은 하이퍼파라미터가 있다. 그러나 격자 탐색은 매우 중요한 하이퍼파라미터의 하나이므로 격자 탐색을 예측기 수(n_estimators)로 제한한다. 이는 랜덤 포레스트 모델의 트리 수를 나타낸다. 이상적으로는 모델에서 더 이상 개선되지 않을 때까지 값을 늘려야 한다.

```
# 8. 격자 탐색 : RandomForestRegressor
'''
n_estimators : integer, optional (default=10)
The number of trees in the forest.
'''
param_grid = {'n_estimators': [50,100,150,200,250,300,350,400]}
model = RandomForestRegressor()
kfold = KFold(n_splits=num_folds, random_state=seed)
grid = GridSearchCV(estimator=model, param_grid=param_grid, scoring=scoring, \
    cv=kfold)
grid_result = grid.fit(X_train, Y_train)
print("Best: %f using %s" % (grid_result.best_score_, grid_result.best_params_))
means = grid_result.cv_results_['mean_test_score']
stds = grid_result.cv_results_['std_test_score']
params = grid_result.cv_results_['params']
```

```
Best: 0.738632 using {'n_estimators': 250}
```

격자 탐색 후 예측기 수가 250개인 랜덤 포레스트가 가장 좋은 모델임을 알 수 있다.

6. 모델 확정

테스트 데이터셋에 대한 결과를 보고 특성의 중요도를 확인한다.

6.1 테스트 데이터셋의 결과

예측기 수를 250개로 지정한 랜덤 포레스트 모델을 준비한다.

```
model = RandomForestRegressor(n_estimators = 250)
model.fit(X_train, Y_train)
```

훈련셋의 성능을 살펴보자.

```
from sklearn.metrics import r2_score
predictions_train = model.predict(X_train)
print(r2_score(Y_train, predictions_train))
```

```
0.9640632406817223
```

훈련셋의 R^2는 96%로 좋은 결과이다. 이번에는 테스트셋의 성능을 살펴보자.

```
predictions = model.predict(X_validation)
print(mean_squared_error(Y_validation, predictions))
print(r2_score(Y_validation, predictions))
```

```
0.007781840953471237
0.7614494526639909
```

테스트셋에 대해 위에 표시된 평균 제곱 오차와 76%의 R^2에서 랜덤 포레스트 모델은 위험 허용 범위에 잘 적합화됨을 알 수 있다.

6.2 특성의 중요성 및 직관성

랜덤 포레스트 모델에서 변수 특성의 중요도를 살펴본다.

```
import pandas as pd
import numpy as np
model = RandomForestRegressor(n_estimators= 200,n_jobs=-1)
model.fit(X_train,Y_train)
# 트리 기반 분류기의 내장 클래스 feature_importances 사용
# 더 나은 시각화를 위한 특성 중요도 그래프
feat_importances = pd.Series(model.feature_importances_, index=X.columns)
feat_importances.nlargest(10).plot(kind='barh')
plt.show()
```

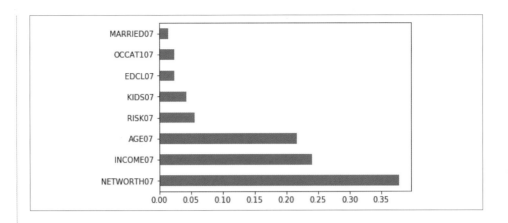

차트에서 x축은 특성의 중요도를 나타낸다. 따라서 소득과 순자산, 다음으로 연령과 위험을 감수하려는 의지가 위험 허용 범위를 결정하는 주요 변수가 된다.

6.3 추후 사용을 위한 모델 저장

이 단계에서는 차후 사용할 수 있도록 모델을 저장한다. 저장된 모델은 입력 변수 집합이 주어지면 예측에 바로 사용할 수 있다. 모델은 `pickle` 패키지의 덤프 모듈을 사용해 `finalized_model.sav`로 저장한다. 저장된 모델은 불러오기 모듈을 사용해 로딩할 수 있다. 첫 번째 단계로 모델을 저장한다.

```
# Pickle을 사용한 모델 저장
from pickle import dump from pickle import load
# 모델을 디스크에 저장
filename = 'finalized_model.sav'
dump(model, open(filename, 'wb'))
```

이제 저장된 모델을 로딩해 예측에 사용해 보자.

```
# 디스크로부터 모델 불러오기
loaded_model = load(open(filename, 'rb'))
# 검증셋에 대한 정확도 추정
predictions = loaded_model.predict(X_validation)
result = mean_squared_error(Y_validation, predictions)
print(r2_score(Y_validation, predictions))
print(result)
```

0.7683894847939692
0.007555447734714956

7. 추가 단계: 로보 어드바이저 대시보드

이 실전 문제를 시작할 때 로보 어드바이저 대시보드를 언급했다. 로보 어드바이저 대시보드는 포트폴리오 관리 과정의 자동화와 기존 위험 허용 프로파일링 문제 해결을 목표로 한다.

> **TIP** **로보 어드바이저 대시보드를 위한 파이썬 코드**
>
> 로보 어드바이저 대시보드는 plotly dash 패키지를 사용해 파이썬으로 구축했다. 대시[Dash26]는 사용자 인터페이스가 좋은 웹앱을 구축하기 위한 생산적인 파이썬 프레임워크이다. 로보 어드바이저 대시보드를 위한 코드는 이 책의 코드 저장소에 있으며 코드는 'Sample Robo-adviso'라는 주피터 노트북에서 찾아볼 수 있다. 코드에 대한 자세한 설명은 실전 문제의 범위를 벗어나지만, 코드 베이스는 새로운 머신러닝 지원 대시보드를 만드는 데 활용할 수 있다.

대시보드에는 두 개의 패널이 있다.

- 투자자 특성에 대한 입력
- 자산 배분 및 포트폴리오 성과

7.1 투자자 특성 입력

[그림 5-7]은 투자자 특성에 대한 입력 패널을 보여 준다. 이 패널은 투자자의 인구 통계, 재무, 행동 속성에 관한 모든 입력을 받는다. 이 입력은 이전 단계에서 생성된 위험 허용 모델에서 사용한, 예측되는 변수에 대한 것이다. 인터페이스는 올바른 형식으로 범주형 및 연속형 변수를 입력하도록 설계되었다.

입력이 제출되면 '6.3 추후 사용을 위한 모델 저장'에 저장된 모델을 사용한다. 이 모델은 모든 입력을 받고 투자자의 위험 허용 범위를 생성한다(자세한 내용은 이 책의 코드 저장소에 있는 'Sample Roboadvisor'의 주피터 노트북 predict_riskTolerance 함수 참고). 위험 허용 범위 예측 모델은 이 대시보드에 내재되어 있으며 입력을 제출한 후 [Calculate Risk Tolerance] 버튼을 누르면 실행된다.

---

26 https://dash.plot.ly

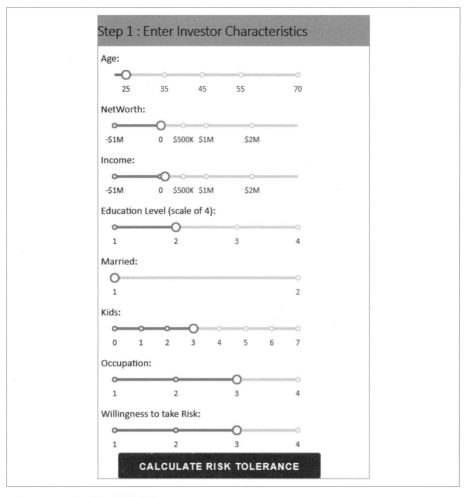

그림 5-7 로보 어드바이저 입력 패널

7.2 자산 배분 및 포트폴리오 성과

[그림 5–8]은 다음 기능을 수행하는 '자산 배분 및 포트폴리오 성과' 패널을 보여 준다.

- 모델을 사용해 위험 허용 범위를 계산하면 이 패널의 맨 위에 표시된다.
- 다음 단계에서는 드롭 다운 메뉴에서 포트폴리오 자산을 선택한다.

- 자산 목록이 제출되면 전통적인 평균 분산 포트폴리오 배분 모델을 사용해 선택한 자산으로 포트폴리오를 배분한다. 위험 허용 범위는 이 과정의 핵심 입력 중 하나이다. (자세한 내용은 이 책의 코드 저장소에 있는 'Sample Robo-advisor' 주피터 노트북의 get_asset_allocation 함수 참고)
- 대시보드는 초기 투자 비용인 100달러의 배분된 포트폴리오의 과거 성과도 보여 준다.

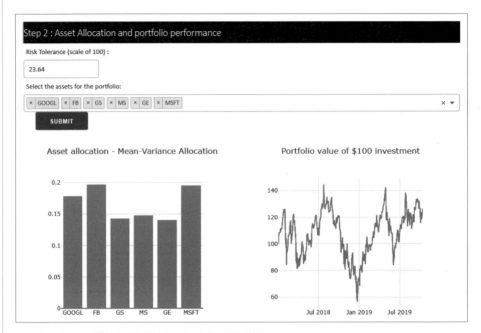

그림 5-8 로보 어드바이저 자산 배분 및 포트폴리오 성과 패널

이 대시보드는 로보 어드바이저 대시보드의 기본 버전이지만 투자자를 위해 엔드 투 엔드 자산 배분을 수행하고 선택한 기간의 포트폴리오 뷰 및 포트폴리오의 과거 실적을 제공한다. 사용되는 인터페이스 및 기본 모델 측면에서 이 프로토타입에는 차후 개선해야 할 사항이 몇 가지 있다. 추가 도구를 내장하고 실시간 포트폴리오 모니터링, 포트폴리오 재조정 및 투자 자문과 같은 추가 특성을 통합해 대시보드를 개선할 수 있다. 자산 배분에 사용되는 기본 모델 측면에서 전통적인 평균 분산 최적화 방법을 사용했지만 7장, 8장, 9장에서 설명할 고유 포트폴리오, 계층적 위험 패리티 또는 강화 학습 기반 모델 등의 특성을 추가해 개선할 수 있다. 소비자 재정 설문조사의 데이터를 사용하는 대신 투자자의 실제 데이터를 사용하거나 추가 특성을 사용해 위험 허용 모델을 더욱 개선할 수 있다.

8. 결론

이 실전 문제에서는 투자자의 위험 허용 범위를 계산하기 위해 적용된 회귀 기반 알고리즘을 소개하고 로보 어드바이저 설정에서 모델을 시연했다. 머신러닝 모델이 변화하는 시장에서 다양한 투자자의 행동을 객관적으로 분석하고, 이러한 변화를 위험 성향 결정과 관련된 변수로 변환할 수 있음을 보여 주었다. 투자자의 데이터양과 풍부한 머신러닝 인프라의 가용성이 증가함에 따라 이러한 모델은 기존의 수동 과정보다 더 유용할 수 있다.

변수와 위험 허용 범위 간에 비선형 관계가 있음을 확인했다. 특성의 중요도를 분석하고 실전 문제 결과가 매우 직관적임을 알았다. 소득과 순자산, 그 뒤를 이어 연령과 위험을 감수하려는 의지가 위험 허용 범위를 결정하는 주요 변수이다. 이러한 변수는 학술 문헌 및 산업계에 걸쳐 위험 허용 범위를 모델링하는 주요 변수로 간주되어 왔다. 머신러닝으로 구동되는 로보 어드바이저 대시보드를 통해 자산 관리에서 데이터 과학과 머신러닝 구현의 조합이 효과적임을 시연했다. 로보 어드바이저와 투자 관리자는 이러한 모델과 플랫폼을 활용하고 머신러닝의 도움을 받아 포트폴리오 관리 과정을 개선할 수 있다.

5.5 실전 문제 4: 수익률 곡선 예측

수익률 곡선은 신용 품질은 동일하지만 만기일이 다른 채권의 수익률(이자율)을 나타낸다. 수익률 곡선은 모기지 금리 또는 은행 대출 금리와 같은 시장 부채의 벤치마크로 사용된다. 가장 자주 참조되는 수익률 곡선은 3개월, 2년, 5년, 10년, 30년 미국 재무부 부채이다.

수익률 곡선은 고정 수입 시장에서 중심이 된다. 고정 수입 시장은 정부, 국가 및 초국가적 기관, 은행, 민간, 공기업의 중요한 금융 수익원이고, 수익률 곡선은 연기금 및 보험회사에 투자하는 투자자에게 매우 중요한 지표이다.

수익률 곡선은 채권 시장 상태를 나타내는 주요 지표이다. 투자자는 수익률 곡선이 미래의 경제 활동과 인플레이션 수준을 알려 주는 강력한 예측 변수이기 때문에 채권 시장을 예의 주시한다. 인플레이션 수준은 상품, 금융 자산, 부동산 가격에 영향을 준다. 수익률 곡선의 기울기는 단기 금리를 나타내는 중요한 지표이며 투자자가 그 뒤를 따른다.

따라서 정확한 수익률 곡선 예측은 금융에서 활용될 때 결정적으로 중요하다. 계량 경제학과 금융에서 일반적으로 사용되는 몇 가지 통계 기법과 도구를 수익률 곡선을 모델링하는 데 적용해 왔다.

이 실전 문제에서는 지도 학습 기반 모델을 사용해 수익률 곡선을 예측한다. 이 문제는 2018년 매뉴엘 누네스Manuel Nunes 논문「Artificial Neural Networks in Fixed Income Markets for Yield Curve Forecasting(수익률 곡선 예측을 위한 고정 수입 시장에서의 인공 신경망)」에서 영감을 받았다.

이 실전 문제에서 중점을 두는 내용은 다음과 같다.

- 금리의 동시 모델링(동시에 여러 산출물 생성)
- 신경망과 선형 회귀 모델 비교
- 지도 회귀 기반 프레임워크에서 시계열 모델링
- 다양한 직관 및 특성 선택 이해

전반적으로, 이 실전 문제는 이 장의 앞부분에서 제시한 '실전 문제 1: 주가 예측'과 유사하지만 다음과 같은 차이가 있다.

- 단일 출력이 아닌 다수 출력을 동시에 예측한다.
- 이 실전 문제에서 예측되는 변수는 반환 변수가 아니다.
- 실전 문제 1에서 시계열 모델을 이미 다루었으므로 이 실전 문제에서는 예측을 위한 인공 신경망에 중점을 둔다.

지도 학습 모델을 사용한 수익률 곡선 예측

1. 문제 정의

이 실전 문제에 사용된 지도 회귀 프레임워크에서 수익률 곡선의 세 가지 테너(1M, 5Y, 30Y)가 예측되는 변수이다. 이 테너는 수익률 곡선의 단기, 중기, 장기 테너를 나타낸다.

수익률 곡선의 움직임에 영향을 미치는 요소를 이해하고 가능한 한 많은 정보를 모델에 통합해야 한다. 포괄적 관점에서 수익률 곡선 자체의 과거 가격 외에 수익률 곡선에 영향을 미칠 수 있는 다른 상관 변수를 살펴본다. 고려하는 독립 변수 또는 예측 변수는 다음과 같다.

- 다른 테너에 대한 재무 곡선의 이전 값. 사용된 테너는 1개월, 3개월, 1년, 2년, 5년, 7년, 10년, 30년 수익률이다
- 공공, 외국 정부, 연방준비금이 보유한 연방 부채 비율
- 10년 국채 금리 대비 Baa 등급 부채에 대한 기업 스프레드

연방 부채와 기업 스프레드는 상관 변수이며 수익률 곡선을 모델링하는 데 잠재적으로 유용하다. 이 실전 문제에 사용된 데이터셋은 야후 파이낸스와 FRED[27]에서 가져오며, 2010년부터 지난 10년간의 일일 데이터를 사용한다.

이 실전 문제를 마치고 나면 데이터 수집 및 정리부터 다양한 모델 구축과 튜닝까지 수익률 곡선 모델링을 위한 일반적인 머신러닝 접근방식에 익숙해질 것이다.

2. 시작하기 – 데이터와 파이썬 패키지 불러오기

2.1 파이썬 패키지 불러오기

파이썬 패키지를 불러오는 방법은 이전의 실전 문제에서 살펴본 방법과 비슷하다. 자세한 내용은 주피터 노트북을 참고한다.

2.2 데이터 불러오기

다음 단계는 판다스의 **DataReader** 함수를 사용해 데이터를 불러오는 방법을 시연해 보인다.

```
# Datareader를 사용해 웹 스크래핑으로 데이터 가져오기
tsy_tickers = ['DGS1MO', 'DGS3MO', 'DGS1', 'DGS2', 'DGS5', 'DGS7', 'DGS10',
               'DGS30',
               'TREAST', # 연방 준비 은행이 보유한 국채($MM)
               'FYGFDPUN', # 국민이 보유한 연방 부채($MM)
               'FDHBFIN', # 국제 투자자가 보유한 연방 부채($ BN)
               'GFDEBTN', # 연방 부채 : 총 공공 부채($ BN)
               'BAA10Y', # 10년 수익률 대비 Baa 회사채 수익률
               ]
```

---

27 https://fred.stlouisfed.org

```
tsy_data = web.DataReader(tsy_tickers, 'fred').dropna(how='all').ffill()
tsy_data['FDHBFIN'] = tsy_data['FDHBFIN'] * 1000
tsy_data['GOV_PCT'] = tsy_data['TREAST']   / tsy_data['GFDEBTN']
tsy_data['HOM_PCT'] = tsy_data['FYGFDPUN'] / tsy_data['GFDEBTN']
tsy_data['FOR_PCT'] = tsy_data['FDHBFIN']  / tsy_data['GFDEBTN']
```

다음에는 종속 변수(Y)와 독립 변수(X)를 정의한다. 예측 변수는 앞서 언급했듯이 수익률 곡선의 세 가지 테너(1M, 5Y, 30Y)에 대한 비율이다. 거래일은 1주일 중 5일로 가정하고 '1. 문제 정의'에서 언급한 변수의 지연된 버전은 5일 지연을 사용해 독립 변수로 계산한다.

지연된 5일 변수는 지연된 변수가 독립 변수의 하나로 포함된 시간 지연 접근방식을 사용해 시계열 구성요소를 포함한다. 이 단계는 시계열 데이터를 지도 회귀 기반 모델 프레임워크로 재구성한다.

3. 탐색적 데이터 분석

이 절에서는 기술 통계 및 데이터 시각화를 살펴본다.

3.1 기술 통계

데이터셋의 형태와 열을 살펴보자.

```
dataset.shape
```

```
(505, 15)
```

데이터에는 15개 열이 있는 약 500개 관측치가 있다.

3.2 데이터 시각화

먼저 예측 변수를 플로팅하고 그 행동을 살펴본다.

```
Y.plot(style=['-','--',':'])
```

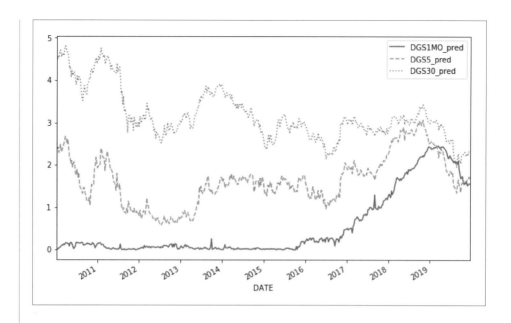

그림에서 단기, 중기, 장기 금리의 편차가 2010년에 더 높았다가 그 이후 하락하고 있음을 알 수 있다. 2011년에는 중장기 금리가 하락했고 그 이후로도 하락하고 있다. 금리의 순서는 테너와 일치했다. 그러나 최근 몇 개월 동안 5년 금리는 1개월 금리보다 더 낮았다. 모든 테너의 시계열에서 평균이 시간에 따라 변해 상승세를 보이고 있다. 따라서 이 시계열은 비고정 시계열이다.

경우에 따라 이러한 비고정 종속 변수에 대한 선형 회귀가 유효하지 않을 수 있다. 그러나 우리는 독립 변수로 비고정인 지연 변수를 사용하고 있다. 그래서 다른 비고정 시계열에 대해 비고정 시계열을 효율적으로 모델링하고 있고, 이는 여전히 유효할 것이다.

다음으로 산점도를 살펴본다. (다른 실전 문제의 산점도 해석과 비슷하므로 이 실전 문제에서는 상관관계도를 생략한다.) 아래에 표시된 산점 행렬을 사용해 회귀의 모든 변수 간의 관계를 시각화할 수 있다.

```
# 산점도 행렬
pyplot.figure(figsize=(15,15))
scatter_matrix(dataset,figsize=(15,16))
pyplot.show()
```

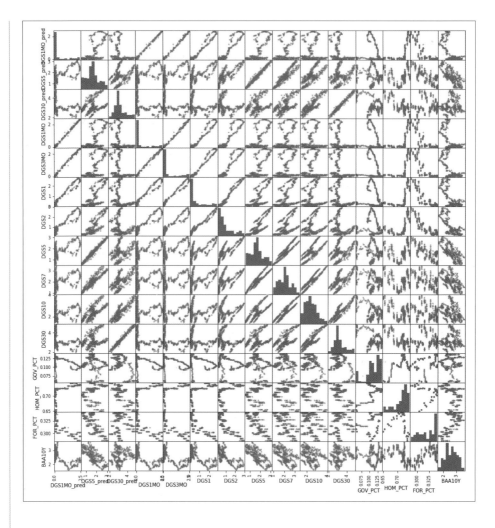

산점도를 살펴보면 예측되는 변수와 그 변수의 지연, 수익률 곡선의 다른 테너 사이에서 유의미한 선형 관계를 볼 수 있다. 또한 1개월, 5년 금리 대비 기업 스프레드 및 외국 정부의 구매 변동 간에 기울기가 음인 선형관계가 있다. 30년 금리는 기울기가 음이지만 이러한 변수와 선형 관계를 나타낸다. 전반적으로 많은 선형 관계를 확인하고, 따라서 선형 모델이 잘 수행될 것이라고 기대한다.

4. 데이터 준비 및 분석

이전 단계에서 대부분의 데이터 준비 단계(가령 종속 및 독립 변수 가져오기)를 수행했으므로 이 단계는 건너뛴다.

5. 모델 평가

이 단계에서는 모델을 평가한다. 이 단계의 파이썬 코드는 실전 문제 1의 코드와 유사하므로 일부 반복되는 코드는 건너뛴다. 자세한 내용은 이 책의 코드 저장소에 있는 이 실전 문제의 주피터 노트북을 참고해 확인할 수 있다.

5.1 훈련 – 테스트 분할 및 평가 메트릭

데이터셋의 80%를 모델링에 사용하고 20%를 테스트에 사용한다. 평균 제곱 오차 메트릭을 사용해 알고리즘을 평가한다. 모든 알고리즘은 기본 튜닝 매개변수를 사용한다.

5.2 모델 및 알고리즘 비교

이 실전 문제의 주된 목적은 수익률 곡선 모델링에서 선형 모델과 인공 신경망을 비교하는 것이다. 따라서 우리는 선형 회귀(LR), 정규화된 회귀(LASSO 및 EN) 및 인공 신경망(MLP로 표시됨)을 계속 사용하고 KNN, CART와 같은 모델을 몇 가지 포함한다. 이러한 모델은 해석하기가 더 간단하고 변수 간에 비선형 관계가 있는 경우 CART와 KNN 모델이 비선형성을 포착해 인공 신경망에 대해 좋은 비교 벤치마크를 제공할 수 있다.

훈련 및 테스트 오차를 살펴보면 선형 회귀 모델이 우수한 성능을 보인다. 라쏘와 엘라스틱 넷은 제대로 좋은 성능을 보이지 않는다. 이는 정규화된 회귀 모델로, 변수가 중요하지 않은 경우 변수의 수를 줄인다. 변수의 수가 감소하면 정보 손실이 발생해 모델 성능이 저하될 수 있다. KNN과 CART는 좋지만 자세히 보면 테스트 오차가 훈련 오차보다 더 높다는 것을 알 수 있다. 또한 인공 신경망(MLP) 알고리즘의 성능이 선형 회귀 모델의 성능과 비슷하다는 것을 알 수 있다. 선형 모델의 단순성에도 불구하고 변수 간에 상당한 선형 관계가 있을 때, 선형 회귀는 한 단계 앞선 예측을 능가하기에는 어려운 벤치마크이다.

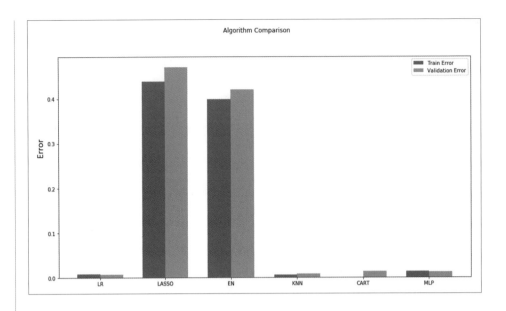

6. 모델 튜닝 및 격자 탐색

실전 문제 2와 유사하게 은닉층의 다양한 조합을 사용해 인공 신경망 모델에 격자 탐색을 수행한다. 아래에 언급한 단계와 유사하게 격자 탐색 과정 중에 학습률, 모멘텀, 활성화 함수, 에폭 수, 배치 크기와 같은 몇 가지 하이퍼파라미터를 튜닝할 수 있다.

```
'''
hidden_layer_sizes : tuple, length = n_layers-2, default (100,)
i 번째 요소는 i 번째 은닉층에 있는 뉴런의 수를 나타냄.
'''
param_grid={'hidden_layer_sizes': [(20,), (50,), (20,20), (20, 30, 20)]}
model = MLPRegressor()
kfold = KFold(n_splits=num_folds, random_state=seed)
grid = GridSearchCV(estimator=model, param_grid=param_grid, scoring=scoring, \
    cv=kfold)
grid_result = grid.fit(X_train, Y_train)
print("Best: %f using %s" % (grid_result.best_score_, grid_result.best_params_))
means = grid_result.cv_results_['mean_test_score']
stds = grid_result.cv_results_['std_test_score']
params = grid_result.cv_results_['params']
for mean, stdev, param in zip(means, stds, params):
    print("%f (%f) with: %r" % (mean, stdev, param))
```

```
Best: -0.018006 using {'hidden_layer_sizes': (20, 30, 20)}
-0.036433 (0.019326) with: {'hidden_layer_sizes': (20,)}
-0.020793 (0.007075) with: {'hidden_layer_sizes': (50,)}
-0.026638 (0.010154) with: {'hidden_layer_sizes': (20, 20)}
-0.018006 (0.005637) with: {'hidden_layer_sizes': (20, 30, 20)}
```

가장 좋은 모델은 각 은닉층에 각각 20, 30, 20개의 노드가 있는 층을 3개 갖는 모델이다. 따라서 이 구성으로 모델을 준비하고 테스트셋으로 성능을 확인한다. 이는 중요한 단계이다. 층 수가 많을수록 과적합으로 이어지고 테스트셋에서 성능이 저하될 수 있다.

6.1 예측 비교

마지막 단계에서는 선형 회귀와 인공 신경망 모델의 예측과 실제 데이터를 비교하는 예측 차트를 살펴본다. 이 절에서 사용한 코드는 이 실전 문제의 주피터 노트북을 참고한다.

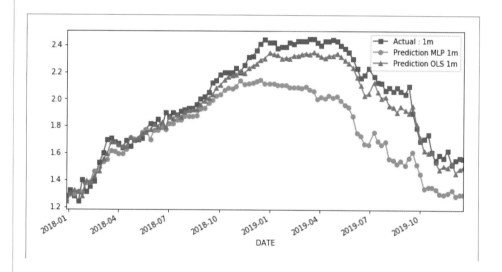

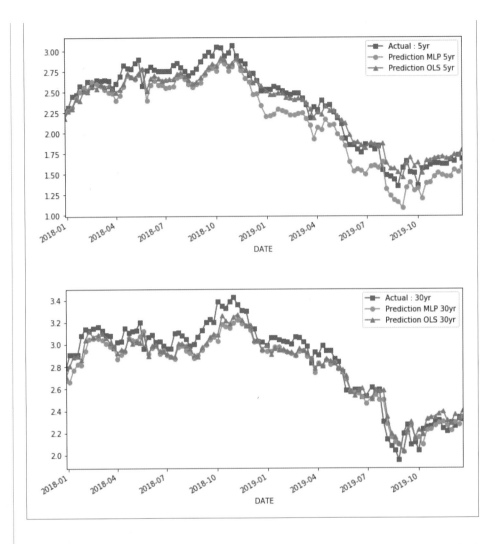

위의 차트를 보면 선형 회귀와 인공 신경망의 예측이 비슷하다는 것을 알 수 있다. 1개월 테너의 경우 인공 신경망으로의 적합화는 회귀 모델에 비해 약간 떨어진다. 그러나 5년 및 30년 테너의 경우 인공 신경망은 회귀 모델과 같이 잘 수행한다.

7. 결론

이 실전 문제에서는 수익률 곡선의 여러 테너 예측에 지도 회귀 모델을 적용했다. 선형 회귀 모델은 단순함에도 불구하고 예측할 변수의 마지막 사용 가능한 값에 지배적인 영향을 미친다는 특성을 고려할 때, 한 단계 앞선 예측을 능가하기에는 어려운 벤치마크이다. 이 실전 문제의 인공 신경망 결과는 선형 회귀 모델의 것과 비슷하다. 인공 신경망의 또 다른 이점은 변화하는 시장 조건에 더 유연하다는 것이다. 또한 여러 하이퍼파라미터에서 격자 탐색을 수행하고 LSTM과 같은 순환 신경망을 통합하는 옵션을 통해 인공 신경망 모델을 향상시킬 수 있다.

전반적으로, 우리는 고정 수입 상품의 맥락에서 인공 신경망을 사용해 머신러닝 기반 모델을 구축했는데 그 결과는 고무적이다. 이를 통해 과거 데이터를 사용해 예측을 수행함으로써, 채권 시장에서 실제 자본을 위험에 빠뜨리기 전에 결과를 생성하고 위험과 수익성을 분석할 수 있다.

5.6 맺음말

- '실전 문제 1: 주가 예측'에서는 주가 예측을 위한 머신러닝 및 시계열 기반 프레임워크를 다뤘다. 시각화의 중요성을 시연해 보이고 머신러닝 모델과 시계열을 비교했다.
- '실전 문제 2: 파생 상품 가격 책정'에서 기존의 전통적인 파생 상품 가격 책정 문제에서 머신러닝을 적용하고 모델 성능이 높음을 시연해 보였다.
- '실전 문제 3: 투자자 위험 감수 및 로보 어드바이저'에서는 지도 학습 모델을 사용해 투자자의 위험 허용 범위를 모델링하고 포트폴리오 관리 과정을 자동화하는 방법을 시연해 보였다.
- '실전 문제 4: 수익률 곡선 예측'에서는 주가 예측 실전 문제와 유사했지만, 고정 수입 시장의 맥락에서 선형 모델과 비선형 모델을 비교하는 또 다른 예를 살펴보았다.

시계열과 선형 지도 학습 모델이 자산 가격 예측 문제(실전 문제 1과 실전 문제 4)에서 잘 작동하며 예측되는 변수가 지연 구성요소와 상당히 높은 선형 관계가 있음을 확인했다. 그러나 비선형 관계가 있는 파생 상품 가격 책정 및 위험 허용 예측에서는 앙상블 및 인공 신경망 모델이 더 좋은 성능을 보였다. 지도 회귀 또는 시계열 모델을 사용해 실전 문제를 구현하는 데 관심이 있다면 모델 선택을 수행하기 전에 변수 관계 및 모델 직관상의 미묘한 차이부터 이해하기 바란다.

전반적으로 실전 문제를 통해 이 장에 제시된 파이썬, 머신러닝, 시계열, 금융의 개념은 다른 지도 회귀 기반 문제에 대한 청사진으로 사용할 수 있다.

5.7 연습 문제

- 실전 문제 1에서 제시한 머신러닝 및 시계열 모델의 개념과 프레임워크를 사용해, 다른 자산 클래스(가령 유로/달러) 또는 비트코인에 대한 예측 모델을 개발해 보자.

- 실전 문제 1에 추세 또는 모멘텀과 같은 기술 지표를 추가하고 모델 성능이 향상되었는지 확인하자. 기술 지표에 대한 아이디어는 6장의 '실전 문제 3: 비트코인 거래 전략'을 참고한다.

- '실전 문제 2: 파생 상품 가격 책정'의 개념을 사용해 미국 옵션의 가격을 책정하는 머신러닝 기반 모델을 개발해 보자.[28]

- 수익률 곡선 예측 실전 문제에서 금리 예측을 위해 VARMAX[29]와 같은 ARIMA 모델의 변형을 사용해 다변량 시계열 모델링을 통합하고 그 성능을 머신러닝 모델과 비교해 보자.

- '실전 문제 3: 투자자 위험 감수 및 로보 어드바이저'에서 제시한 로보 어드바이저 대시보드에 주식 이외의 상품을 통합해 개선해 보자.

----

28 https://oreil.ly/EMUXv
29 https://oreil.ly/t7s8q

## CHAPTER 6

지도 학습: 분류

다음은 재무 분석가가 해결하려고 하는 몇 가지 주요 질문이다.

- 차용인가 대출을 상환하거나 채무 불이행을 수행할 것인가?
- 상품 가격이 오를 것인가 아니면 내릴 것인가?
- 신용 카드 거래가 사기인가?

이러한 문제에서는 범주 클래스 레이블을 예측하는 것이 목표이다. 따라서 본질적으로 분류 기반 머신러닝에 적합하다.

분류 기반 알고리즘은 정성적 반응을 예측해야 하는 금융 내 여러 영역에서 사용되어 왔다. 가령 사기 감지, 기본 예측, 신용 점수, 자산 가격 움직임의 방향성 예측, 매매 권장 사항 등이다. 이외에 포트폴리오 관리 및 알고리즘 거래에서도 분류 기반 지도 학습이 많이 사용되고 있다.

6장에서는 사기 탐지, 대출 부도 확률, 거래 전략 수립을 비롯해 다양한 영역에 걸친 분류 기반 실전 문제를 세 가지 다룬다.

'실전 문제 1: 사기 탐지'에서는 분류 기반 알고리즘을 사용해 거래가 사기인지 여부를 예측한다. 실전 문제는 사기 데이터셋에 사기 관찰이 극소수라는, 매우 불균형한 셋이라는 점을 고려해 불균형 데이터셋을 다루는 것에 중점을 둔다.

'실전 문제 2: 채무 불이행 확률'에서는 분류 기반 알고리즘을 사용해 채무 불이행 여부를 예측한다. 실전 문제는 데이터 처리, 특성 선택, 탐색 분석의 다양한 기술과 개념에 중점을 둔다.

'**실전 문제 3: 비트코인 거래 전략**'에서는 분류 기반 알고리즘을 사용해 현재 비트코인 거래 신호가 단기와 장기 가격의 관계에 따른 매매 여부를 예측한다. 기술 지표를 이용해 비트코인 가격 추세를 예측한다. 예측 모델은 사람의 개입 없이 매수, 매도, 보류 작업을 수행할 수 있는 거래 봇으로 쉽게 변환할 수 있다.

실전 문제는 금융의 다양한 문제를 다룰 뿐만 아니라 다음 내용을 이해하는 데도 유용하다.

- 특성 엔지니어링을 사용해 투자 전략을 위한 기술 지표와 같은 새로운 특성을 개발하는 방법과 모델 성능을 개선하는 방법
- 데이터 준비와 변환을 사용하는 방법, 특성 축소를 수행하고 특성 중요도를 사용하는 방법
- 특성 축소와 모델 성능 향상을 위해 데이터 시각화와 탐색적 데이터 분석을 사용하는 방법
- 다양한 분류 기반 모델에서 알고리즘 튜닝과 격자 탐색을 사용해 모델 성능을 향상하는 방법
- 불균형 데이터 처리 방법
- 분류를 위해 적절한 평가 메트릭을 사용하는 방법

> **NOTE_ 이 장의 코드 저장소**
> 지도 분류 모델을 위한 파이썬 기반 마스터 템플릿은 '6장 지도 학습: 분류' 폴더에서 찾을 수 있다. 이 장에 제시된 실전 문제를 위한 주피터 노트북도 들어 있다. 이 장에 제시된 모든 실전 문제에서는 2장에 제시된 표준화된 7단계 모델 개발 과정을 따른다.[1]
> 새로운 분류 기반 문제의 경우 코드 저장소의 마스터 템플릿을 문제와 관련된 요소로 수정할 수 있다. 템플릿은 클라우드 인프라(가령 캐글, 구글 코랩, AWS)에서 실행되도록 설계되었다. 로컬 컴퓨터에서 템플릿을 실행하려면 템플릿에서 사용되는 패키지를 모두 성공적으로 설치해야 한다.

6.1 실전 문제 1: 사기 탐지

사기는 금융 부문이 직면하는 가장 중차대한 문제로, 엄청나게 많은 비용이 든다. 한 연구에 따르면 일반 조직은 매년 사기로 인해 연간 수익의 5%를 잃는 것으로 추정한다. 2017년 추정 세계 총생산액 112.6경 원에 적용하면, 이는 최대 45경 원의 잠재적인 글로벌 손실을 의미한다.

---

1 단계/하위단계의 적절성과 직관성을 기반으로 단계 또는 하위단계의 순서를 변경하거나 이름을 변경할 수 있다.

머신러닝 기반 모델이 거대한 거래 데이터셋을 스캔하고 비정상적인 활동을 탐지하며 사기 가능성이 있는 모든 사례를 식별할 수 있으므로 사기 탐지는 본질적으로 머신러닝에 적합한 작업이다. 또한 이러한 모델의 계산은 기존 규칙 기반 접근방식에 비해 더 빠르다. 다양한 소스에서 데이터를 수집한 다음 트리거 지점에 연결시키는 방식으로, 머신러닝 솔루션은 각 잠재 고객과 거래에 대한 불이행 또는 사기 성향의 비율을 발견해 금융기관에 주요 경고와 통찰력을 제공할 수 있다.

이 실전 문제에서는 다양한 분류 기반 모델을 사용해 거래가 정상적인 지불인지, 사기인지를 탐지한다.

이 실전 문제에서 중점을 두는 내용은 다음과 같다.

- 데이터를 다운/업 샘플링해 불균형 데이터를 처리한다.
- 주요 목표 중 하나가 거짓 부정(사기 거래가 발견되지 않은 경우)을 줄이는 것이므로 올바른 평가 메트릭를 선택한다.

분류 모델을 사용한 거래 사기 여부 확인

1. 문제 정의

이 실전 문제에서 정의된 분류 프레임워크에서 반응(또는 목표) 변수의 열 이름은 'Class'이고, 이 열의 값은 사기의 경우 1이고 그렇지 않으면 0이다.

사용된 데이터셋은 캐글[2]에서 가져온다. 이 데이터셋에는 2013년 9월 이틀 동안 발생한 유럽 카드 소지자의 거래 내역이 있으며, 거래 284,807건 중 사기가 492건 발생했다.

데이터셋은 개인 정보 보호를 위해 익명으로 처리되었다. 특정 특성 이름이 제공되지 않은 경우(즉, V1, V2, V3 등으로 불림) 시각화 및 특성 중요도는 모델의 동작에 대한 통찰력을 많이 제공하지 않는다. 이 실전 문제를 마치면 데이터 수집 및 정리부터 분류기 구축 및 튜닝까지 사기 모델링에 대한 일반적인 접근방식에 익숙해질 것이다.

------

2 https://oreil.ly/CeFRs

2. 시작하기 – 데이터 및 패키지 불러오기

2.1 패키지 불러오기

데이터 불러오기, 데이터 분석, 데이터 준비, 모델 평가, 모델 튜닝에 사용되는 라이브러리 목록은 다음과 같다. 다른 용도로 사용되는 패키지는 아래 파이썬 코드에서 제외했다. 이러한 패키지 및 특성에 대한 자세한 내용은 2장과 4장에서 살펴보았다.

예제: 데이터 불러오기, 데이터 분석, 데이터 준비를 위한 패키지(계속)

```python
import numpy as np
import pandas as pd
import seaborn as sns
from matplotlib import pyplot
from pandas import read_csv, set_option
from pandas.plotting import scatter_matrix
from sklearn.preprocessing import StandardScaler
```

예제: 모델 평가 및 분류 모델을 위한 패키지(계속)

```python
from sklearn.model_selection import train_test_split, KFold,\
    cross_val_score, GridSearchCV
from sklearn.linear_model import LogisticRegression
from sklearn.tree import DecisionTreeClassifier
from sklearn.neighbors import KNeighborsClassifier
from sklearn.discriminant_analysis import LinearDiscriminantAnalysis
from sklearn.naive_bayes import GaussianNB
from sklearn.svm import SVC
from sklearn.neural_network import MLPClassifier
from sklearn.pipeline import Pipeline
from sklearn.ensemble import AdaBoostClassifier, GradientBoostingClassifier,
from sklearn.ensemble import RandomForestClassifier, ExtraTreesClassifier
from sklearn.metrics import classification_report, confusion_matrix,\
    accuracy_score
```

예제: 딥러닝 모델을 위한 패키지

```python
from keras.models import Sequential
from keras.layers import Dense
```

```
from keras.wrappers.scikit_learn import KerasClassifier
```

예제: 모델 저장을 위한 패키지

```
from pickle import dump
from pickle import load
```

3. 탐색적 데이터 분석

다음 절에서는 고급 데이터 검사를 몇 가지 살펴본다.

3.1 기술 통계

가장 먼저 해야 할 일은 데이터에 대한 기본적인 정보를 파악하는 것이다. 거래 및 금액을 제외하고는 다른 열의 이름을 모르며 이들 열의 값이 조정되었다는 것만 알 뿐이다. 데이터의 형태와 열을 살펴보자.

```
# 형태
dataset.shape
```

```
(284807, 31)
```

```
# 데이터 확인
set_option('display.width', 100)
dataset.head(5)
```

	Time	V1	V2	V3	V4	V5	V6	V7	V8	V9	...	V21	V22	V23	V24	V25	V26	V27	V28	Amount	Class
0	0.0	-1.360	-0.073	2.536	1.378	-0.338	0.462	0.240	0.099	0.364	...	-0.018	0.278	-0.110	0.067	0.129	-0.189	0.134	-0.021	149.62	0
1	0.0	1.192	0.266	0.166	0.448	0.060	-0.082	-0.079	0.085	-0.255	...	-0.226	-0.639	0.101	-0.340	0.167	0.126	-0.009	0.015	2.69	0
2	1.0	-1.358	-1.340	1.773	0.380	-0.503	1.800	0.791	0.248	-1.515	...	0.248	0.772	0.909	-0.689	-0.328	-0.139	-0.055	-0.060	378.66	0
3	1.0	-0.966	-0.185	1.793	-0.863	-0.010	1.247	0.238	0.377	-1.387	...	-0.108	0.005	-0.190	-1.176	0.647	-0.222	0.063	0.061	123.50	0
4	2.0	-1.158	0.878	1.549	0.403	-0.407	0.096	0.593	-0.271	0.818	...	-0.009	0.798	-0.137	0.141	-0.206	0.502	0.219	0.215	69.99	0

```
5 rows × 31 columns
```

표시된 대로 변수 이름에 대한 설명이 없다(V1, V2 등). 또한 정수 유형인 **Class**를 제외하고 전체 데이터셋의 데이터 형식은 실수이다.

사기는 몇 개이고 사기가 아닌 것은 몇 개인지 확인해 보자.

```
class_names = {0:'Not Fraud', 1:'Fraud'}
print(dataset.Class.value_counts().rename(index = class_names))
```

```
Not Fraud    284315
Fraud           492
Name: Class, dtype: int64
```

데이터 레이블의 불균형이 극심함을 주목해 보자. 대부분의 거래는 사기가 아니다. 이 데이터셋을 모델링의 기반으로 사용하면 대부분의 모델은 사기 신호에 큰 가중치를 두지 않는다. 비사기 데이터 포인트는 사기 신호가 제공하는 모든 가중치를 제거한다. 따라서 사기 예측을 모델링하는 데 어려움을 겪을 수 있으며, 이러한 불균형으로 인해 모델은 모든 거래가 사기가 아니라고 가정하게 되는, 받아들일 수 없는 결과를 낸다. 다음 절에서 이 문제를 다루는 몇 가지 방법을 살펴본다.

3.2 데이터 시각화
특성 설명이 제공되지 않기 때문에 데이터를 시각화해도 통찰력을 별로 얻지 못한다. 이 실전 문제에서는 이 단계를 건너뛴다.

4. 데이터 준비
이 데이터는 캐글에서 가져온 것이며 이미 빈 행이나 열이 없이 정리된 형식으로 돼 있으므로 별도의 데이터 정리 또는 분류가 필요하지 않다.

5. 모델 평가
이제 데이터를 분할하고 모델을 평가할 준비가 되었다.

5.1 훈련 – 테스트 분할 및 평가 메트릭

2장에 설명한 대로 원래 데이터셋을 훈련 및 테스트셋으로 분할하는 것이 좋다. 테스트셋은 분석 및 모델링에서 분리한 데이터의 샘플로, 프로젝트가 끝날 때 최종 모델의 정확성을 확인하기 위해 사용한다. 이전에 노출되지 않은 데이터에 대한 정확도를 추정하는 데 확신을 주는 최종 테스트이다. 데이터셋의 80%를 모델 훈련에 사용하고 20%를 테스트에 사용한다.

```
Y= dataset["Class"]
X = dataset.loc[:, dataset.columns != 'Class']
validation_size = 0.2
seed = 7
X_train, X_validation, Y_train, Y_validation =\
train_test_split(X, Y, test_size=validation_size, random_state=seed)
```

5.2 모델 확인

이 단계에서는 다양한 머신러닝 모델을 평가한다. 모델의 다양한 하이퍼파라미터를 최적화하기 위해 10-겹 교차 검증을 사용하고 결과를 10번 다시 계산하여, 일부 모델과 교차 검증 과정에 내재된 임의성을 설명한다. 교차 검증을 포함해 이들 모델은 4장에서 설명했다.

테스트 장치를 설계해 보자. 정확도 메트릭을 사용해 알고리즘을 평가한다. 이것은 주어진 모델이 얼마나 정확한지를 알려 주는 종합 메트릭으로 이진 분류 문제에 유용하다.

```
# 분류 옵션 테스트
num_folds = 10
scoring = 'accuracy'
```

이 문제에 대한 성능 기준을 만들고 다양한 알고리즘을 확인한다. 선택한 알고리즘은 다음과 같다.

- **선형 알고리즘**
  로지스틱 회귀(LR) 및 선형 판별 분석(LDA)

- **비선형 알고리즘**
  분류 및 회귀 트리(CART)와 K-최근접 이웃(KNN)

이들 모델을 선택한 합당한 이유가 있다. 이러한 모델은 대규모 데이터셋의 문제를 잘 해석해 더 간단하고 빠르다. CART와 KNN은 변수 간의 비선형 관계를 식별할 수 있다. 여기서 문제의 핵심은 불균형 샘플을 사용하는 것이다. 이를 해결하지 않으면 앙상블과 ANN 같은 더 복잡한 모델의 예측이 좋지 않다. 실전 문제 후반부에서 이 문제를 해결하고 이러한 유형의 모델 성능을 평가한다.

```
# 기본 분류 알고리즘 점검
models = []
models.append(('LR', LogisticRegression()))
models.append(('LDA', LinearDiscriminantAnalysis()))
models.append(('KNN', KNeighborsClassifier()))
models.append(('CART', DecisionTreeClassifier()))
```

모든 알고리즘은 기본 튜닝 매개변수를 사용한다. 추후 사용을 위해 결과를 수집하고 계산할 때 각 알고리즘에 대한 정확도의 평균과 표준 편차를 표시한다.

```
results = []
names = []
for name, model in models:
    kfold = KFold(n_splits=num_folds, random_state=seed)
    cv_results = cross_val_score(model, X_train, Y_train, cv=kfold, \
        scoring=scoring)
    results.append(cv_results)
    names.append(name)
    msg = "%s: %f (%f)" % (name, cv_results.mean(), cv_results.std())
    print(msg)
```

```
LR: 0.998942 (0.000229)
LDA: 0.999364 (0.000136)
KNN: 0.998310 (0.000290)
CART: 0.999175 (0.000193)
```

```
# 알고리즘 비교
fig = pyplot.figure()
fig.suptitle('Algorithm Comparison')
ax = fig.add_subplot(111)
pyplot.boxplot(results)
```

```
ax.set_xticklabels(names)
fig.set_size_inches(8,4)
pyplot.show()
```

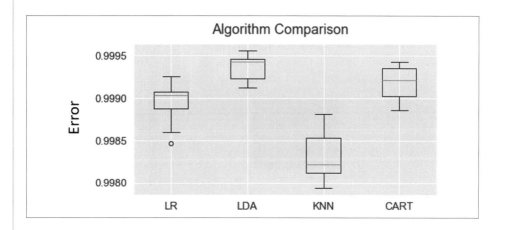

전반적인 결과의 정확도가 상당히 높다. 그러나 사기 사례를 얼마나 잘 예측하는지 확인해 볼 필요가 있다. 위의 결과에서 모델 CART 중 하나를 선택하고 테스트셋의 결과를 확인한다.

```
# 모델 준비
model = DecisionTreeClassifier()
model.fit(X_train, Y_train)
# 검증셋에 대한 정확도 추정
predictions = model.predict(X_validation)
print(accuracy_score(Y_validation, predictions))
print(classification_report(Y_validation, predictions))
```

```
0.9992275552122467
              precision    recall  f1-score   support

           0       1.00      1.00      1.00     56862
           1       0.77      0.79      0.78       100

    accuracy                           1.00     56962
   macro avg       0.89      0.89      0.89     56962
weighted avg       1.00      1.00      1.00     56962
```

다음에는 혼동 행렬을 생성한다.

```
df_cm = pd.DataFrame(confusion_matrix(Y_validation, predictions), \
        columns=np.unique(Y_validation), index = np.unique(Y_validation))
df_cm.index.name = 'Actual'
df_cm.columns.name = 'Predicted'
sns.heatmap(df_cm, cmap="Blues", annot=True,annot_kws={"size": 16})
```

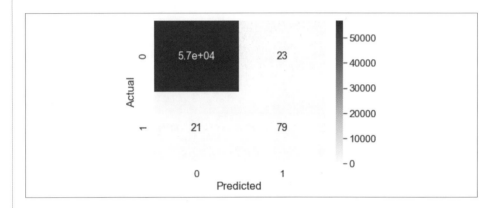

전반적인 정확도가 강력하지만 혼동 메트릭은 다른 이야기를 전한다. 높은 정확도 수준에도 불구하고 100건의 사기 중 21건이 누락되어 비사기로 잘못 예측한다. 이 거짓 음성은 상당하다.

사기 탐지 모델의 의도는 이러한 거짓 음성을 최소화하는 것이다. 그리고 이를 위한 첫 번째 단계는 올바른 평가 메트릭을 선택하는 것이다.

4장에서 분류 기반 문제에 대한 정확도, 정밀도, 재현율과 같은 평가 메트릭을 다루었다. 정확도는 모든 예측의 비율로 만들어진 정확한 예측의 수이고, 정밀도는 모델에서 양성으로 식별된 총 항목 중 양성으로 올바르게 식별된 항목의 수이다. 재현율은 총 참 양성 중 양성으로 올바르게 식별된 총 항목 수이다.

이러한 유형의 문제에서는 참 양성과 거짓 음성의 합에 대한 참 양성 비율인 재현율에 초점을 맞춰야 한다. 따라서 거짓 음성이 높으면 재현율 값이 낮아진다.

다음 단계에서는 모델 튜닝을 수행하고 재현율 메트릭을 사용해 모델을 선택한 다음 언더샘플링을 수행한다.

6. 모델 튜닝

모델 튜닝 단계의 목적은 이전 단계에서 선택한 모델에 격자 탐색을 수행하는 것이다. 그러나 이전 절에서 불균형한 데이터셋으로 인해 모델 성능이 저하되었으므로 여기에 집중한다. 올바른 평가 측정 항목을 선택했을 때의 영향을 분석하고, 튜닝되고 균형 잡힌 샘플을 사용할 때의 영향을 확인할 것이다.

6.1 올바른 평가 메트릭을 선택한 모델 튜닝

이전 단계에서 언급했듯이 거짓 음성이 높으면 재현율의 값이 낮아진다. 다음의 평가 메트릭에 따라 모델의 순위를 지정한다.

```
scoring = 'recall'
```

재현율을 위한 몇 가지 기본 분류 알고리즘을 직접 확인해 보자.

```
models = []
models.append(('LR', LogisticRegression()))
models.append(('LDA', LinearDiscriminantAnalysis()))
models.append(('KNN', KNeighborsClassifier()))
models.append(('CART', DecisionTreeClassifier()))
```

예제: 교차 검증 실행

```
results = []
names = []
for name, model in models:
    kfold = KFold(n_splits=num_folds, random_state=seed)
    cv_results = cross_val_score(model, X_train, Y_train, cv=kfold, \
      scoring=scoring)
    results.append(cv_results)
    names.append(name)
    msg = "%s: %f (%f)" % (name, cv_results.mean(), cv_results.std())
    print(msg)
```

```
LR: 0.595470 (0.089743)
LDA: 0.758283 (0.045450)
```

```
KNN: 0.023882 (0.019671)
CART: 0.735192 (0.073650)
```

LDA 모델이 네 가지 모델 중 재현율이 가장 좋음을 알 수 있다. 훈련된 LDA를 사용해 테스트셋을 계속 평가한다.

```
# 모델 준비
model = LinearDiscriminantAnalysis()
model.fit(X_train, Y_train)
# 검증셋에 대한 정확도 추정
predictions = model.predict(X_validation)
print(accuracy_score(Y_validation, predictions))
```

```
0.9995435553526912
```

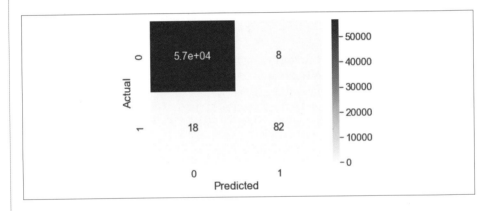

LDA는 사기 100건 중 18건만 누락되어 더 좋은 성능을 발휘한다. 또한 거짓 양성도 적다. 하지만 여전히 개선이 필요하다.

6.2 모델 튜닝 – 무작위 언더샘플링으로 샘플 균형 잡기

현재 데이터는 '사기'라는 레이블이 붙은 데이터 포인트가 거의 없는 심각한 클래스 불균형을 보여 준다. 이러한 클래스 불균형 문제는 다수 클래스에 대한 심각한 편향을 초래해 분류 성능을 저하시키고 거짓 음성을 증가시킬 수 있다.

이러한 상황을 다루는 방법 중 하나는 데이터를 언더샘플링하는 것이다. 간단한 기법은 대다수 클래스를 무작위로 균일하게 언더샘플링하는 것이다. 이로 인해 정보가 손실될 수 있지만 소수 클래스를 잘 모델링해 좋은 결과를 얻을 수 있다.

다음으로, 무작위 언더샘플링을 구현하는 데 더 균형 잡힌 데이터셋을 갖기 위해 데이터를 제거하는 것이다. 이렇게 하면 모델이 과적합되는 것을 방지하는 데 도움이 된다.

무작위 언더샘플링을 구현하는 단계는 다음과 같다.

1 먼저 클래스 열에서 `value_counts()`를 사용해 클래스 불균형의 심각도를 확인한다. 사기 거래로 간주되는 사례가 어느 정도인지 확인한다(사기 = 1).

2 사기 거래량만큼 비사기 거래량을 가져온다. 50/50 비율을 원한다고 가정하면 이는 492건의 사기와 492건의 비사기 거래가 된다.

3 이제 50/50 클래스 비율의 데이터프레임 서브 샘플이 되었다. 이 서브 샘플에서 모델을 훈련한다. 그런 다음 이 과정을 반복 수행해 훈련 샘플에 있는 비사기 관측치를 섞는다.

이 과정을 반복할 때마다 모델이 정확도를 유지하는지 확인하기 위해 모델 성능을 추적한다.

```
df = pd.concat([X_train, Y_train], axis=1)
# 492행의 사기 등급
fraud_df = df.loc[df['Class'] == 1]
non_fraud_df = df.loc[df['Class'] == 0][:492]
normal_distributed_df = pd.concat([fraud_df, non_fraud_df])
# 데이터프레임 행 셔플
df_new = normal_distributed_df.sample(frac=1, random_state=42)
# 검증 데이터셋 분할
Y_train_new= df_new["Class"]
X_train_new = df_new.loc[:, dataset.columns != 'Class']
```

데이터셋의 클래스 분포를 살펴보자.

```
print('Distribution of the Classes in the subsample dataset')
print(df_new['Class'].value_counts()/len(df_new))
sns.countplot('Class', data=df_new)
pyplot.title('Equally Distributed Classes', fontsize=14)
pyplot.show()
```

```
Distribution of the Classes in the subsample dataset
1    0.5
0    0.5
Name: Class, dtype: float64
```

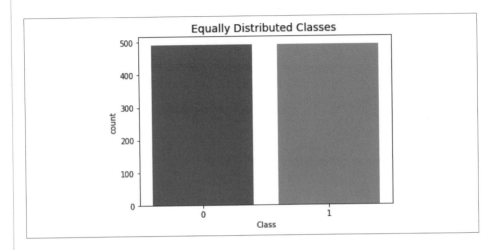

이제 데이터는 거의 1,000개의 관측치로 균형을 이룬다. 인공 신경망을 포함해 모든 모델을 다시 학습한다. 이제 데이터가 균형을 이루었고 거짓 양성과 거짓 음성을 모두 고려하므로 주요 평가 메트릭으로 정확도를 사용한다. 필요한 경우 항상 재현율을 계산할 수도 있다.

```python
# 평가 메트릭 설정
scoring='accuracy'
# 알고리즘 점검
models = []
models.append(('LR', LogisticRegression()))
models.append(('LDA', LinearDiscriminantAnalysis()))
models.append(('KNN', KNeighborsClassifier()))
models.append(('CART', DecisionTreeClassifier()))
models.append(('NB', GaussianNB()))
models.append(('SVM', SVC()))
# 신경망
models.append(('NN', MLPClassifier()))
# 앙상블 모델
# 부스팅 방법
models.append(('AB', AdaBoostClassifier()))
models.append(('GBM', GradientBoostingClassifier()))
```

```
# 배깅 방법
models.append(('RF', RandomForestClassifier()))
models.append(('ET', ExtraTreesClassifier()))
```

다음 코드에 언급된 용어(뉴런, 활성화, 모멘텀 등)와 함께 케라스로 인공 신경망 기반 딥러
닝 모델을 정의하고 컴파일하는 단계는 3장에 설명했다. 이 코드는 모든 딥러닝 기반 분류
모델을 활용할 때 사용할 수 있다.

예제: 케라스로 구현한 딥러닝 모델

```
# 케라스 분류기에 필요한 모델 생성 함수
def create_model(neurons=12, activation='relu', learn_rate = 0.01, momentum=0):
    # 모델 생성
    model = Sequential()
    model.add(Dense(X_train.shape[1], input_dim=X_train.shape[1], \
        activation=activation))
    model.add(Dense(32,activation=activation))
    model.add(Dense(1, activation='sigmoid'))
    # 모델 컴파일
    optimizer = SGD(lr=learn_rate, momentum=momentum)
    model.compile(loss='binary_crossentropy', optimizer='adam', \
        metrics=['accuracy'])
    return model

models.append(('DNN', KerasClassifier(build_fn=create_model,\
    epochs=50, batch_size=10, verbose=0)))
```

새로운 셋으로 모델을 교차 검증하면 결과는 다음과 같다.

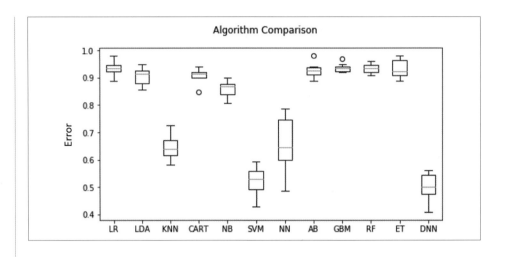

랜덤 포레스트(RF) 및 로지스틱 회귀(LR)를 포함한 몇 가지 모델의 성능이 좋지만, GBM 이 다른 모델보다 약간 우위에 있으므로 추가 분석을 위해 GBM을 선택한다. 케라스를 사용한 딥러닝 모델(즉, DNN)은 결과가 좋지 않다.

추정자의 수와 최대 깊이를 변경하면서 GBM 모델에 대한 격자 탐색을 수행한다. GBM 모델과 모델에 맞게 튜닝하는 매개변수에 대한 세부 사항은 4장에 설명했다.

```
# 격자 탐색: 경사 부스팅 조절
n_estimators = [20,180,1000]
max_depth= [2, 3,5]
param_grid = dict(n_estimators=n_estimators, max_depth=max_depth)
model = GradientBoostingClassifier()
kfold = KFold(n_splits=num_folds, random_state=seed)
grid = GridSearchCV(estimator=model, param_grid=param_grid, scoring=scoring, \
    cv=kfold)
grid_result = grid.fit(X_train_new, Y_train_new)
print("Best: %f using %s" % (grid_result.best_score_, grid_result.best_params_))
```

```
Best: 0.936992 using {'max_depth': 5, 'n_estimators': 1000}
```

다음 단계에서는 최종 모델을 준비하고 테스트셋의 결과를 확인한다.

```
# 모델 준비
model = GradientBoostingClassifier(max_depth= 5, n_estimators = 1000)
```

```
model.fit(X_train_new, Y_train_new)
# 원본 검증셋에 대한 정확도 추정
predictions = model.predict(X_validation)
print(accuracy_score(Y_validation, predictions))
```

```
0.9668199852533268
```

모델의 정확도가 높다. 혼동 행렬을 살펴보자.

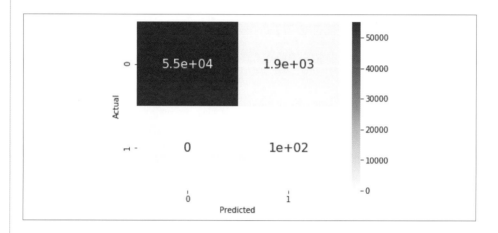

테스트셋에 대한 결과는 정확도가 높아 인상적이며 중요한 것은 거짓 음성이 없다는 것이다. 그러나 샘플 데이터의 축소로 인해 비사기성 거래가 사기성 거래로 잘못 분류되는, 거짓양성의 경향이 발생함을 알 수 있다. 이것은 금융기관의 절충안을 요구한다. 운영 과부하와 가능한 고객 경험 영향 사이에는 비용 균형이 내재하므로, 거짓 양성 처리와 거짓 음성을 통한 사기 사례의 누락으로 재정적 손실이 발생한다.

7. 결론

이 실전 문제에서는 신용 카드 거래에 대한 사기 탐지를 수행했다. 다른 분류 머신러닝 모델이 서로 어떻게 쌓이는지 설명하고 올바른 메트릭을 선택하면 모델 평가에서 중요한 차이를 만들 수 있음을 시연해 보였다. 언더샘플링을 적용한 후 테스트셋에 대한 모든 사기 사례를 올바르게 식별했기 때문에 언더샘플링은 상당한 개선을 이끄는 것으로 나타났다. 그러나 거짓 음성의 감소가 거짓 양성의 증가와 함께 오는 절충안이 발생했다.

전반적으로 다양한 머신러닝 모델을 사용하고, 올바른 평가 메트릭을 선택하고, 불균형 데이터를 처리해 간단한 분류 기반 모델을 구현함으로써, 어떻게 사기 탐지에서 좋은 결과를 생성하는지 시연해 보였다.

6.2 실전 문제 2: 채무 불이행 확률

대출은 금융 산업에서 가장 중요한 활동이다. 대출 기관은 이자 포함 상환 약속에 대한 대가로 차용인에게 대출을 해준다. 즉, 대출 기관은 차용인이 대출금을 갚아야만 이익을 얻는다. 따라서 대출 업계에 가장 중요한 질문은 다음 두 가지이다.

1 차용인은 얼마나 위험한가?
2 차용인의 위험을 감안할 때 빌려 주어야 하는가?

수백만 개의 소비자 데이터 예제로 알고리즘을 학습할 수 있으므로 채무 불이행 예측은 머신러닝을 위한 완벽한 문제이다. 알고리즘은 데이터 기록 일치, 예외 식별, 신청자의 대출 자격 여부 계산과 같은 자동화된 작업을 수행할 수 있다. 알고리즘으로 기본 추세를 평가하고 지속적으로 분석하여 향후 대출 및 인수 위험에 영향을 미칠 수있는 추세를 감지할 수 있다.

이 실전 문제의 목표는 채무 불이행 확률을 예측하는 머신러닝 모델을 구축하는 것이다.

채무 불이행 모델링을 비롯해 대부분의 실제 사례에서 다루는 데이터는 깨끗하지도 완전하지도 않다. 결측값, 불완전한 범주형 데이터, 무관한 특성과 관련된 문제가 잠재하기 마련이다. 그래서 자주 언급되지는 않지만 머신러닝 활용의 성공에 중요한 것이 바로 데이터 정리이다. 사용하는 알고리즘이 강력하더라도 관련성이 없거나 적절한 데이터가 없으면 시스템이 이상적인 결과를 만들어 내지 못할 수 있다. 따라서 이 실전 문제에서는 데이터 준비 및 정리에 초점을 두고 데이터 처리, 특성 선택, 탐색 분석에 대한 다양한 기술과 개념을 데이터 정리 및 특성 공간 정리에 사용한다.

이 실전 문제에서 중점을 두는 내용은 다음과 같다.

- 데이터 준비, 데이터 정리 및 많은 특성 처리
- 데이터 이산화 및 범주형 데이터 처리
- 특성 선택 및 데이터 변환

채무 불이행 확률을 예측하는 머신러닝 모델 생성

1. 문제 정의

이 실전 문제에 사용된 프레임워크에서 예측되는 변수는 대손상각으로 차용인이 몇 개월 동안 지불하지 못해 채권자가 회수하려고 했으나 실패한 빚이다. 예측되는 변수는 회수 실패의 경우 값 1을, 그렇지 않은 경우 값 0을 사용한다.

캐글[3]에서 제공하는 렌딩클럽Lending Club의 2007년부터 2017년 3분기까지의 대출 데이터를 분석할 것이다. 렌딩클럽은 미국의 P2P 대출 회사로, 차용인이 대출을 받고 투자자가 대출 지불로 보증되는 어음을 구매하는 온라인 대출 플랫폼을 운영한다. 데이터셋에는 지정된 기간 동안 발행된 모든 대출에 대한 완전한 데이터를 비롯해 150개의 변수가 있는 887,000여 개의 관측치가 들어 있다. 특성에는 소득, 연령, 신용 점수, 주택 소유, 차용인 지위, 수입 및 기타 여러 가지가 포함된다. 특성 선택을 위해 150개의 예측 변수를 조사할 것이다.

이 실전 문제를 마치고 나면, 데이터 수집 및 정리부터 분류기 구축과 튜닝까지 대출 기본 모델링의 일반적인 접근방식에 익숙해질 것이다.

2. 시작하기 – 데이터 및 패키지 불러오기

2.1 패키지 불러오기

이 단계에서는 표준 파이썬 패키지를 불러온다. 세부 사항은 이전 실전 문제에서 설명했다. 자세한 내용은 이 실전 문제의 주피터 노트북을 참고한다.

2.2 데이터 불러오기

2007년부터 2017년 3분기까지의 대출 데이터를 불러온다.

```
# 데이터셋 불러오기
dataset = pd.read_csv('LoansData.csv.gz', compression='gzip', \
low_memory=True)
```

---

[3] https://oreil.ly/DG9j5

3. 데이터 준비 및 특성 선택

첫 번째 단계에서 데이터의 크기를 살펴보자.

```
dataset.shape
```

```
(1646801, 150)
```

각 대출에 150개의 특성이 있다는 점을 감안해 먼저 특성 공간을 제한하고 탐색적 분석을 하는 데 중점을 둔다.

3.1 예측되는 변수 준비

여기에서 예측되는 변수의 세부 사항을 살펴보고 준비한다. loan_status 열에서 예측되는 변수를 도출한다. 가치 분포를 확인해 보자.[4]

```
dataset['loan_status'].value_counts(dropna=False)
```

```
Current                                                 788950
Fully Paid                                              646902
Charged Off                                             168084
Late (31-120 days)                                       23763
In Grace Period                                          10474
Late (16-30 days)                                         5786
Does not meet the credit policy. Status:Fully Paid        1988
Does not meet the credit policy. Status:Charged Off        761
Default                                                     70
NaN                                                         23
Name: loan_status, dtype: int64
```

데이터 정의 문서를 보면 각 용어의 뜻은 다음과 같다.

- **완전 지불**

  전액 상환된 대출

----

[4] 상관 기반 특성 축소를 위해 예측 변수를 사용한다.

- **불이행**

  121일 이상 유효하지 않은 대출

- **대손상각**

  더 이상 추가 지불에 대한 합리적인 기대가 없는 대출

대부분의 관측치가 Current 상태를 표시하며, 향후 이러한 관측치가 대손상각(Charged Off), 완전 지불(Fully Paid), 불이행(Default) 중 어느 것이 될지 알 수 없다. 불이행 (Default)에 대한 관측치는 대손상각 또는 완전 지불에 비해 작으며 고려되지 않는다. 나머지 대출 상태 범주는 이 분석에서 그다지 중요하지 않다. 따라서 이것을 이진 분류 문제로 변환하고 대출 상태에 대한 중요한 변수의 영향을 자세히 분석하기 위해 주요 범주 두 가지 (대손상각 및 완전 지불)만 고려한다.

```
dataset = dataset.loc[dataset['loan_status'].isin(['Fully Paid', 'Charged Off'])]
dataset['loan_status'].value_counts(normalize=True, dropna=False)
```

```
Fully Paid 0.793758
Charged Off0.206242
Name: loan_status, dtype: float64
```

나머지 대출의 약 79%가 완전히 지불되고 21%가 대손상각되었으므로 분류 문제가 다소 불균형하지만 이전 실전 문제에서 살펴본 사기 탐지 데이터셋만큼 불균형하지는 않다.

다음 단계에서는 데이터셋에 새로운 이진 열을 생성한다. 여기서 완전 지불은 0이고 대손상각은 1이다. 이 열은 이 분류 문제에 대한 예측되는 변수를 나타낸다. 이 열의 값 1은 차용인의 채무 불이행을 나타낸다.

```
dataset['charged_off'] = (dataset['loan_status'] == 'Charged Off').apply(np.uint8)
dataset.drop('loan_status', axis=1, inplace=True)
```

3.2 특성 선택

전체 데이터셋에는 대출당 150개의 특성이 있지만 모든 특성이 예측 변수에 기여하는 것은 아니다. 중요도가 낮은 특성을 제거하면 정확도가 향상되고 모델 복잡성과 과적합을 줄일 수 있다. 매우 큰 데이터셋의 경우 훈련 시간을 줄일 수도 있다. 세 가지 접근방식을 사용해 다음 단계에서 특성을 제거한다.

- 결측값이 30% 이상인 특성 제거
- 주관적인 판단에 따라 직관적이지 않은 특성 제거
- 예측되는 변수와의 상관관계가 낮은 특성 제거

3.2.1 결측값에 따른 특성 제거

먼저 각 특성에 대한 누락된 데이터의 비율을 계산한다.

```
missing_fractions = dataset.isnull().mean().sort_values(ascending=False)
# 누락된 부분 삭제
drop_list = sorted(list(missing_fractions[missing_fractions > 0.3].index))
dataset.drop(labels=drop_list, axis=1, inplace=True)
dataset.shape
```

```
(814986, 92)
```

누락된 값이 많은 열이 삭제되면 데이터셋에는 92개 열이 남는다.

3.2.2 직관성에 따른 특성 제거

추가로 특성을 필터링하기 위해 데이터 사전의 설명을 확인하고 불이행을 예측하는 데 직관적으로 기여하는 특성, 즉 연간 소득, 신용(FICO) 점수 및 부채 대 소득 비율을 포함해 차용인의 신용 세부 정보가 들어 있는 특성을 유지한다. 또한 대출에 대한 투자를 고려할 때 투자자가 사용할 수 있는 특성을 유지한다. 여기에는 대출 신청서의 특성, 대출 등급, 이자율과 같이 대출 목록이 승인되었을 때 렌딩클럽에서 추가한 특성이 포함된다.

유지되는 특성 목록은 다음 코드에서 볼 수 있다.

```
keep_list = ['charged_off','funded_amnt','addr_state', 'annual_inc', \
             'application_type','dti', 'earliest_cr_line', 'emp_length',\
             'emp_title', 'fico_range_high',\
             'fico_range_low', 'grade', 'home_ownership', 'id', 'initial_list_status', \
             'installment', 'int_rate', 'loan_amnt', 'loan_status',\
             'mort_acc', 'open_acc', 'pub_rec', 'pub_rec_bankruptcies', \
             'purpose', 'revol_bal', 'revol_util', \
             'sub_grade', 'term', 'title', 'total_acc',\
             'verification_status', 'zip_code','last_pymnt_amnt',\
             'num_actv_rev_tl', 'mo_sin_rcnt_rev_tl_op',\
             'mo_sin_old_rev_tl_op',"bc_util","bc_open_to_buy",\
             "avg_cur_bal","acc_open_past_24mths" ]
drop_list = [col for col in dataset.columns if col not in keep_list]
dataset.drop(labels=drop_list, axis=1, inplace=True)
dataset.shape
```

```
(814986, 39)
```

이 단계에서 특성을 제거하고도 39개 열이 남는다.

3.2.3 상관관계에 따른 특성 제거

다음 단계는 예측되는 변수와의 상관관계를 확인하는 것이다. 상관관계는 예측되는 변수와 특성 간의 상호 의존성을 보여 준다. 목표 변수와 상관관계가 중간 이상으로 강한 특성을 선택하고 예측되는 변수와의 상관관계가 3% 미만인 특성을 제거한다.

```
correlation = dataset.corr()
correlation_chargeOff = abs(correlation['charged_off'])
drop_list_corr = sorted(list(correlation_chargeOff\
    [correlation_chargeOff < 0.03].index))
print(drop_list_corr)
```

```
['pub_rec', 'pub_rec_bankruptcies', 'revol_bal', 'total_acc']
```

상관관계가 낮은 열이 데이터셋에서 삭제되고 35개의 열만 남는다.

```
dataset.drop(labels=drop_list_corr, axis=1, inplace=True)
```

4. 특성 선택 및 탐색 분석

이 단계에서는 특성 선택에 대한 탐색적 데이터 분석을 수행한다. 많은 특성을 제거해야 했기 때문에 관련 특성을 더 잘 시각화하기 위해 특성 선택 후 탐색적 데이터 분석을 수행하는 것이 좋다. 또한 관련이 없다고 판단되는 특성을 시각적으로 선별하고 삭제해 특성 제거를 계속한다.

4.1 특성 분석 및 탐색

다음 절에서는 데이터셋 특성에 대해 자세히 살펴본다.

4.1.1 범주형 특성 분석

데이터셋의 몇 가지 범주형 특성을 살펴본다.

먼저 id, emp_title, title, zip_code 특성을 살펴보자.

```
dataset[['id','emp_title','title','zip_code']].describe()
```

	id	emp_title	title	zip_code
count	814986	766415	807068	814986
unique	814986	280473	60298	925
top	14680062	Teacher	Debt consolidation	945xx
freq	1	11351	371874	9517

ID는 모두 고유하고 모델링과 관련이 없다. 직함과 직책에는 고유한 값이 매우 많다. 직업과 직책은 기본 모델링에 대한 정보를 제공한다. 그러나 이 정보의 대부분이 고객의 확인된 수입에 포함되어 있다고 가정한다. 또한 제목을 표준화하거나 그룹화하는 것과 같이, 특성을 추가적으로 정리하는 단계가 한계 정보를 추출하는 데 필요하다. 이 작업은 이 실전 문제의 범위를 벗어나지만 모델의 후속 반복 작업에서 적용할 수 있다.

지리적 위치는 신용 결정 시 중요하며 우편번호는 이러한 차원에서 적절한 정보를 제공한다. 다시 말하지만 모델링을 위해 이 특성을 준비하려면 추가 작업이 필요한데 이는 실전 문제의 범위를 벗어난다.

```
dataset.drop(['id','emp_title','title','zip_code'], axis=1, inplace=True)
```

기간(term) 특성을 살펴보자.

기간은 대출에 대한 지급 횟수를 나타낸다. 값은 월 단위로 36개월 또는 60개월일 수 있다. 60개월 대출은 상환될 확률이 더 높다.

기간을 정수로 변환하고 추가 분석을 위해 기간별로 그룹화한다.

```
dataset['term'] = dataset['term'].apply(lambda s: np.int8(s.split()[0]))
dataset.groupby('term')['charged_off'].value_counts(normalize=True).loc[:,1]
```

```
term
    360.165710
    600.333793
Name: charged_off, dtype: float64
```

5년 만기 대출은 3년 만기 대출보다 대손상각될 확률이 두 배 이상 높다. 이 특성은 예측에 중요한 것으로 보인다.

고용 기간(emp_length) 특성을 살펴보자.

```
dataset['emp_length'].replace(to_replace='10+ years', value='10 years',\
    inplace=True)

dataset['emp_length'].replace('< 1 year', '0 years', inplace=True)

def emp_length_to_int(s):
    if pd.isnull(s):
        return s
    else:
        return np.int8(s.split()[0])
dataset['emp_length'] = dataset['emp_length'].apply(emp_length_to_int)
charge_off_rates = dataset.groupby('emp_length')['charged_off'].value_counts\
    (normalize=True).loc[:,1]
sns.barplot(x=charge_off_rates.index, y=charge_off_rates.values)
```

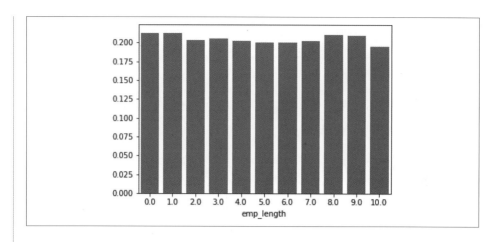

대출 상태는 고용 기간(평균)에 따라 크게 달라지지 않는 것으로 보인다. 따라서 이 특성을 삭제한다.

```
dataset.drop(['emp_length'], axis=1, inplace=True)
```

하위 등급(sub_grade) 특성을 살펴보자.

```
charge_off_rates = dataset.groupby('sub_grade')['charged_off'].value_counts \
    (normalize=True).loc[:,1]
sns.barplot(x=charge_off_rates.index, y=charge_off_rates.values)
```

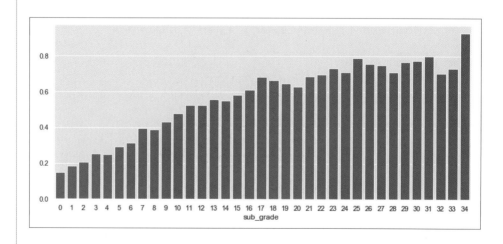

차트에서 볼 수 있듯이 sub_grade가 악화될수록 대손상각 확률이 높아지는 추세가 분명하므로 이를 핵심 특성으로 간주한다.

4.1.2 연속 특성 분석

연간 소득(annual_inc) 특성을 살펴보자.

```
dataset[['annual_inc']].describe()
```

	annual_inc
count	8.149860e+05
mean	7.523039e+04
std	6.524373e+04
min	0.000000e+00
25%	4.500000e+04
50%	6.500000e+04
75%	9.000000e+04
max	9.550000e+06

연간 소득 범위는 0원부터 100억 원까지이며 중앙값은 7천3백만 원이다. 소득 범위가 넓으므로 연간 소득 변수의 로그 변환을 사용한다.

```
dataset['log_annual_inc'] = dataset['annual_inc'].apply(lambda x: np.log10(x+1))
dataset.drop('annual_inc', axis=1, inplace=True)
```

신용 점수(fico_range_low, fico_range_high) 특성을 살펴보자.

```
dataset[['fico_range_low','fico_range_high']].corr()
```

	fico_range_low	fico_range_high
fico_range_low	1.0	1.0
fico_range_high	1.0	1.0

신용 점수의 저점과 고점의 상관관계가 1이라는 점을 감안할 때 두 신용 점수의 평균을 특성으로 유지하는 것이 좋다.

```
dataset['fico_score'] = 0.5*dataset['fico_range_low'] +\
    0.5*dataset['fico_range_high']
dataset.drop(['fico_range_high', 'fico_range_low'], axis=1, inplace=True)
```

4.2 범주형 데이터 인코딩

분류 모델에서 특성을 사용하려면 범주형 데이터(즉, 텍스트 특성)를 숫자로 변환해야 하는데, 이 과정을 인코딩이라고 한다. 다양한 인코딩 방법이 있으나 이 실전 문제에서는 0에서 n 사이의 값을 갖는 레이블을 인코딩하는 레이블 인코더를 사용한다. 여기서 n은 고유 레이블의 수이다. 사이킷런의 **LabelEncoder** 함수를 다음 단계에서 사용해 모든 범주형 열을 한 번에 인코딩한다.

```
from sklearn.preprocessing import LabelEncoder
# 분류형 부울 마스크
categorical_feature_mask = dataset.dtypes==object
# 마스크를 사용해 범주형 열을 필터링하고 목록으로 변환
categorical_cols = dataset.columns[categorical_feature_mask].tolist()
```

범주형 열을 살펴보자.

```
categorical_cols
```

```
['grade',
 'sub_grade',
 'home_ownership',
 'verification_status',
 'purpose',
 'addr_state',
 'initial_list_status',
 'application_type']
```

4.3 데이터 샘플링

대출 데이터가 치우쳤다는 점을 감안해 대손상각과 비대손상각 관측치를 동일한 개수로 샘플링한다. 이런 샘플링으로 데이터셋의 균형을 잡고 과적합을 방지한다.

```
loanstatus_0 = dataset[dataset["charged_off"]==0]
loanstatus_1 = dataset[dataset["charged_off"]==1]
subset_of_loanstatus_0 = loanstatus_0.sample(n=5500)
subset_of_loanstatus_1 = loanstatus_1.sample(n=5500)
dataset = pd.concat([subset_of_loanstatus_1, subset_of_loanstatus_0])
dataset = dataset.sample(frac=1).reset_index(drop=True)
print("Current shape of dataset :",dataset.shape)
```

샘플링에는 장점이 있지만 몇 가지 단점도 있다. 샘플링을 하면 가져온 데이터와 동일하지 않은 일부 데이터를 제외할 수 있는데, 이는 결과의 정확도 수준에 영향을 준다. 또한 적절한 크기의 샘플을 선택하기가 어렵다. 따라서 샘플링은 주의해서 수행하되 비교적 균형 잡힌 데이터셋이라면 하지 않는 것이 일반적이다.

5. 알고리즘 및 모델 평가

5.1 훈련 – 테스트 분할

다음 단계는 모델 평가를 위해 유효성 검사 데이터셋을 분할하는 것이다.

```
Y= dataset["charged_off"]
X = dataset.loc[:, dataset.columns != 'charged_off']
validation_size = 0.2
seed = 7
X_train, X_validation, Y_train, Y_validation = \
    train_test_split(X, Y, test_size=validation_size, random_state=seed)
```


5.2 테스트 옵션 및 평가 메트릭

이 단계에서는 테스트 옵션과 평가 메트릭을 선택한다. 이 분류에서는 roc_auc 평가 메트릭을 선택한다. 이 측정 항목에 대한 자세한 내용은 4장에 설명했다. 이 측정 항목은 양성 및 음성 클래스를 구별하는 모델의 능력을 나타낸다. 1.0의 roc_auc는 모델이 모든 예측을 완벽하게 수행했음을 나타내고 값 0.5는 모델이 랜덤 모델만큼 좋음을 나타낸다.

```
num_folds = 10
scoring = 'roc_auc'
```

이 모델은 많은 양의 거짓 음성을 감당할 수 없는데, 투자자와 회사의 신뢰성에 부정적 영향을 미치기 때문이다. 따라서 사기 탐지 사용 사례에서 했던 것처럼 재현율을 사용할 수 있다.

5.3 모델 및 알고리즘 비교

분류 알고리즘을 확인해 보자. 확인할 모델 목록에 인공 신경망과 앙상블 모델이 포함되었다.

```
models = []
models.append(('LR', LogisticRegression()))
models.append(('LDA', LinearDiscriminantAnalysis()))
models.append(('KNN', KNeighborsClassifier()))
models.append(('CART', DecisionTreeClassifier()))
models.append(('NB', GaussianNB()))
# 신경망
models.append(('NN', MLPClassifier()))
# 앙상블 모델
# 부스팅 방법
models.append(('AB', AdaBoostClassifier()))
models.append(('GBM', GradientBoostingClassifier()))
# 배깅 방법
models.append(('RF', RandomForestClassifier()))
models.append(('ET', ExtraTreesClassifier()))
```

위에 표시된 모델에 대해 k-겹 교차 검증을 수행한 후 전체 성능은 다음과 같다.

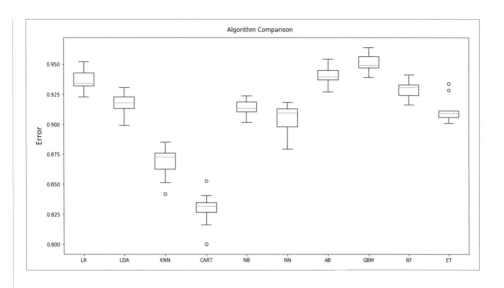

가장 잘 수행한 경사 부스팅 방법(GBM) 모델을 다음 단계의 격자 탐색을 위해 선택한다. 모델 매개변수와 함께 GBM에 대한 자세한 내용은 4장에 설명했다.

6. 모델 튜닝 및 격자 탐색

4장에서 논의된 예측기 수와 최대 깊이 하이퍼파라미터를 튜닝한다.

```
# 격자 탐색: 경사 부스팅 조절
n_estimators = [20,180] max_depth= [3,5]
param_grid = dict(n_estimators=n_estimators, max_depth=max_depth)
model = GradientBoostingClassifier()
kfold = KFold(n_splits=num_folds, random_state=seed)
grid = GridSearchCV(estimator=model, param_grid=param_grid, scoring=scoring, \
                    cv=kfold)
grid_result = grid.fit(X_train, Y_train)
print("Best: %f using %s" % (grid_result.best_score_, grid_result.best_params_))
```

```
Best: 0.952950 using {'max_depth': 5, 'n_estimators': 180}
```

Max_depth 값이 5이고 예측기 수가 150인 GBM 모델이 가장 좋은 결과를 보여 준다.

7. 모델 확정

이제 모델 선택을 위한 마지막 단계를 수행한다.

7.1 테스트 데이터셋의 결과

격자 탐색 단계에서 찾은 매개변수로 GBM 모델을 준비하고 테스트 데이터셋에 대한 결과를 확인해 보자.

```
model = GradientBoostingClassifier(max_depth= 5, n_estimators= 180)
model.fit(X_train, Y_train)
# 검증셋에 대한 정확도 추정
predictions = model.predict(X_validation)
print(accuracy_score(Y_validation, predictions))
```

```
0.889090909090909
```

테스트셋에 대한 모델의 정확도는 89%로 합리적이다. 혼동 행렬을 살펴보자.

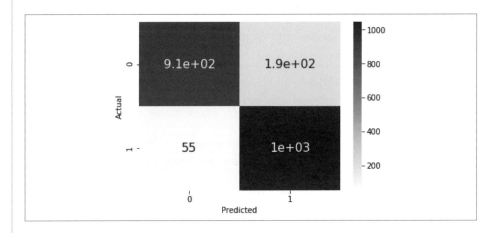

혼동 행렬과 테스트셋의 전체 결과를 살펴보면 거짓 양성 비율과 거짓 음성 비율이 모두 더 낮다. 전반적인 모델 성능이 좋아 보이고 훈련셋 결과와 일치한다.

7.2 변수 직관성 및 특성 중요성

이 단계에서는 학습된 모델의 변수 중요도를 계산하고 표시한다.

```
print(model.feature_importances_) # 내장 클래스 feature_importances 사용
feat_importances = pd.Series(model.feature_importances_, index=X.columns)
# 더 나은 시각화를 위한 특성 중요도 그래프 그리기
feat_importances.nlargest(10).plot(kind='barh')
pyplot.show()
```

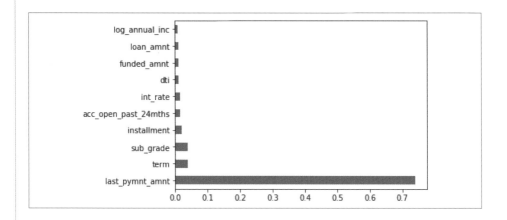

모델 중요도의 결과는 직관적이다. 마지막 결제 금액이 가장 중요한 특성인 것으로 보이며 그다음으로 중요한 특성은 대출 기간과 하위 등급이다.

8. 결론

이 실전 문제에서는 대출 불이행 예측에 적용된 분류 기반 트리 알고리즘을 소개했다. 우리는 데이터 준비가 매우 중요한 단계 중 하나임을 보여 주었다. 특성 직관성, 상관관계 분석, 시각화, 특성의 데이터 품질 검사와 같은 다양한 기술로 특성 제거를 수행해 이 문제를 해결했다. 범주형 데이터를 처리, 분석하고 범주형 데이터를 모델에 사용할 수 있는 형식으로 변환하는 다양한 방법이 있을 수 있음도 설명했다.

데이터 처리를 수행하고 변수 중요성에 대한 이해를 확립하는 것이 모델 개발 과정의 핵심임을 강조했다. 이러한 단계에 초점을 맞춰 채무 불이행 예측에 대한 강력한 결과를 생성하는 간단한 분류 기반 모델을 구현했다.

6.3 실전 문제 3: 비트코인 거래 전략

비트코인은 익명의 사토시 나카모토가 2009년에 오픈 소스로 처음 출시한 이래 가장 오랫동안 실행되고 가장 잘 알려진 암호화폐이다.

암호화폐 거래의 주요 단점은 시장의 변동성이다. 암호화폐 시장은 연중 무휴로 운영되기 때문에 빠르게 변화하는 시장 역학에 대응해 암호화폐의 위치를 추적하기란 사실상 불가하다. 이런 점에서 자동 거래 알고리즘과 거래 봇이 도움이 될 수 있다.

다양한 머신러닝 알고리즘을 사용해 시장의 움직임을 예측하기 위해 거래 신호를 생성할 수 있다. 머신러닝 알고리즘은 다음 날의 움직임을 시장 상승(매수 포지션), 시장 하락(매도 포지션), 시장 횡보(포지션 없음) 세 가지로 분류할 수 있다. 시장 방향을 알기 때문에 최적의 진입점과 출구점을 결정할 수 있다.

머신러닝에는 특성 엔지니어링이라는 한 가지 핵심 측면이 있다. 이는 더 나은 결과를 얻기 위해 새롭고 직관적인 특성을 만들고 이를 머신러닝 알고리즘에 포함할 수 있음을 의미한다. 자산의 미래 가격을 예측하는 데 유용한 특성으로 다양한 기술 지표를 도입할 수 있다. 이러한 기술 지표는 가격 혹은 거래량과 같은 시장 변수에서 도출되며 추가 정보나 신호를 포함한다. 추세, 거래량, 변동성, 모멘텀 지표 등 다양한 범주의 기술 지표가 있다.

이번 실전 문제에서는 다양한 분류 기반 모델을 사용해 현재 위치의 신호가 매수 또는 매도인지 예측한다. 시장 가격에서 추세 및 모멘텀 지표를 생성해 예측의 추가 특성으로 활용한다.

이 실전 문제에서 중점을 두는 내용은 다음과 같다.

- 분류(장기/단기 신호 분류) 모델을 사용한 거래 전략 구축
- 특성 엔지니어링, 추세, 모멘텀, 평균 회귀의 기술 지표 구성
- 거래 전략의 결과를 백테스팅하기 위한 프레임워크 구축
- 거래 전략을 평가하기 위한 올바른 평가 메트릭 선택

분류 기반 모델을 사용한 비트코인 매매 예측

1. 문제 정의

거래 전략 매매 신호를 예측하는 문제를 분류 프레임워크에서 정의하는데, 예측되는 변수의 값이 매수는 1이고, 매도는 0이 된다. 이 신호는 단기와 장기 가격 추세를 비교해 결정한다.

사용할 데이터는 평균 일일 거래량이 가장 많은 비트스탬프[5] 거래소에서 가져온다. 데이터에는 2012년 1월부터 2017년 5월까지의 가격이 들어 있다. 데이터에서 다양한 추세와 모멘텀 지표를 생성하고 이를 예측 모델의 성능을 향상시키기 위한 특성으로 추가한다.

이 실전 문제를 마치고 나면 데이터 정리와 특성 엔지니어링부터 모델 튜닝과 백테스팅 프레임워크 개발에 이르기까지 거래 전략을 구축하는 일반적인 접근방식에 익숙해질 것이다.

2. 시작하기 – 데이터 및 패키지 불러오기

패키지와 데이터를 불러온다.

2.1. 패키지 불러오기

이 단계에서는 표준 파이썬 패키지를 불러온다. 세부 사항은 이전 실전 문제에서 제시되었으며 자세한 내용은 이 실전 문제의 주피터 노트북을 참고한다.

2.2 데이터 불러오기

이 단계에서 비트스탬프 웹사이트에서 가져온 비트코인 데이터를 불러온다.

```
# 데이터셋 불러오기
dataset = pd.read_csv('BitstampData.csv')
```

---

[5] https://www.bitstamp.com

3. 탐색적 데이터 분석

이 단계에서 데이터를 자세히 살펴본다.

3.1 기술 통계

먼저 데이터의 형태를 살펴보자.

```
dataset.shape
```

```
(2841377, 8)
```

```
# 데이터 확인
set_option('display.width', 100)
dataset.tail(2)
```

	Timestamp	Open	High	Low	Close	Volume_ (BTC)	Volume_ (Currency)	Weighted_ Price
2841372	1496188560	2190.49	2190.49	2181.37	2181.37	1.700166	3723.784755	2190.247337
2841373	1496188620	2190.50	2197.52	2186.17	2195.63	6.561029	14402.811961	2195.206304

데이터셋에는 분 단위의 OHLC^{Open, High, Low, Close} 데이터와 비트코인 거래량이 있다. 총 관측치가 약 280만 개로 데이터셋 규모가 크다.

4. 데이터 준비

이 부분에서는 모델링을 준비하기 위해 데이터를 정리한다.

4.1 데이터 정리

'NaN'을 마지막 값으로 바꿔서 데이터를 정리한다.

```
dataset[dataset.columns.values] = dataset[dataset.columns.values].ffill()
```

Timestamp 열은 모델링에 유용하지 않으므로 데이터셋에서 삭제한다.

```
dataset=dataset.drop(columns=['Timestamp'])
```

4.2 분류를 위한 데이터 준비

첫 번째 단계는 모델의 목표 변수를 만드는 것이다. 이것은 거래 신호가 매수인지 매도인지를 나타내는 열이다. 단기 가격을 10일 이동평균으로, 장기 가격을 60일 이동평균으로 정의한다. 단기 가격이 장기 가격보다 더 높으면(낮으면) 라벨 1(0)로 표시하기로 정한다.

```
# 좁은 윈도우에 짧은 단순 이동평균 생성
dataset['short_mavg'] = dataset['Close'].rolling(window=10, min_periods=1,\
    center=False).mean()
# 긴 윈도우에 긴 단순 이동평균 생성
dataset['long_mavg'] = dataset['Close'].rolling(window=60, min_periods=1,\
    center=False).mean()
# 신호 생성
dataset['signal'] = np.where(dataset['short_mavg'] > dataset['long_mavg'], 1.0, 0.0)
```

4.3 특성 엔지니어링

예측 모델의 성능에 영향을 미칠 것으로 예상되는 특성의 분석으로 특성 엔지니어링을 시작한다. 투자 전략을 이끄는 핵심 요소에 대한 개념적 이해를 바탕으로, 위험이나 특성을 포착할 수 있는 새로운 특성을 식별하고 생성한다. 이 실전 문제에서는 특정 모멘텀 기술 지표의 효과를 살펴본다.

비트코인의 현재 데이터는 날짜, 시가, 고가, 저가, 종가, 거래량으로 구성된다. 이 데이터를 사용해 다음과 같은 모멘텀 지표를 계산한다.

- **이동평균**
  이동평균은 시계열의 잡음을 줄여 가격 추세를 보여 준다.

- **스토캐스틱 오실레이터(%K)**

  스토캐스틱 오실레이터는 특정 기간 동안 주식의 종가를 이전 가격 범위와 비교하는 모멘텀 지표이다. %K와 %D는 각각 느린 지표와 빠른 지표를 나타낸다. 빠른 지표는 느린 지표보다 기본 주가의 변동에 더 민감하며, 따라서 많은 거래 신호를 생성할 확률이 있다.

- **상대 강도 지수**

  상대 강도 지수Relative strength index(RSI)는 주식 또는 기타 자산 가격의 과매수(또는 과매도) 상태를 평가하기 위해 최근 가격 변동의 규모를 측정하는 모멘텀 지표이다. RSI의 범위는 0에서 100까지이다. RSI가 70에 가까워지면 자산은 과매수된 것으로 본다. 즉, 자산이 과매수될 수 있으며 철회할 수 있는 신호이다. 마찬가지로, RSI가 30에 가까워지면 자산이 과매도되어 저평가될 확률이 있음을 나타낸다.

- **변화율**

  변화율Rate of change(ROC)은 현재 가격과 n기간 과거 가격 사이의 백분율 변화를 측정하는 모멘텀 오실레이터이다. ROC 값이 높은 자산은 과매수 확률이 높은 것으로 본다. ROC가 낮을수록 과매도 확률이 높다.

- **모멘텀**

  모멘텀Momentum(MOM)은 주가 또는 거래량의 가속 속도, 즉 가격이 변하는 속도이다.

다음 단계는 예측에 유용한 몇 가지 특성을 생성하는 방법을 보여 준다. 추세 및 모멘텀에 대한 특성은 다른 거래 전략 모델에 활용할 수 있다.

```python
# 지수 이동평균 계산
def EMA(df, n):
    EMA = pd.Series(df['Close'].ewm(span=n, min_periods=n).mean(), name='EMA_'\
        + str(n))
    return EMA

dataset['EMA10'] = EMA(dataset, 10)
dataset['EMA30'] = EMA(dataset, 30)
dataset['EMA200'] = EMA(dataset, 200)
dataset.head()

# 변화율 계산
def ROC(df, n):
    M = df.diff(n - 1)
    N = df.shift(n - 1)
    ROC = pd.Series(((M / N) * 100), name = 'ROC_' + str(n))
    return ROC
```

```python
dataset['ROC10'] = ROC(dataset['Close'], 10)
dataset['ROC30'] = ROC(dataset['Close'], 30)

# 가격 모멘텀 계산
def MOM(df, n):
    MOM = pd.Series(df.diff(n), name='Momentum_' + str(n))
    return MOM

dataset['MOM10'] = MOM(dataset['Close'], 10)
dataset['MOM30'] = MOM(dataset['Close'], 30)

# 상대 강도 지수 계산
def RSI(series, period):
    delta = series.diff().dropna()
    u = delta * 0   d = u.copy()
    u[delta > 0] = delta[delta > 0]
    d[delta < 0] = -delta[delta < 0]
    u[u.index[period-1]] = np.mean( u[:period] )  #first value is sum of avg gains
    u = u.drop(u.index[:(period-1)])
    d[d.index[period-1]] = np.mean( d[:period] )  #first value is sum of avg losses
    d = d.drop(d.index[:(period-1)])
    rs = u.ewm(com=period-1, adjust=False).mean() / \
        d.ewm(com=period-1, adjust=False).mean()
    return 100 - 100 / (1 + rs)

dataset['RSI10'] = RSI(dataset['Close'], 10)
dataset['RSI30'] = RSI(dataset['Close'], 30)
dataset['RSI200'] = RSI(dataset['Close'], 200)

# 확률 변동 계산
def STOK(close, low, high, n):
    STOK = ((close - low.rolling(n).min()) / (high.rolling(n).max() - \
        low.rolling(n).min())) * 100
    return STOK

def STOD(close, low, high, n):
    STOK = ((close - low.rolling(n).min()) / (high.rolling(n).max() - \
        low.rolling(n).min())) * 100
    STOD = STOK.rolling(3).mean()
    return STOD

dataset['%K10'] = STOK(dataset['Close'], dataset['Low'], dataset['High'], 10)
dataset['%D10'] = STOD(dataset['Close'], dataset['Low'], dataset['High'], 10)
```

```
dataset['%K30'] = STOK(dataset['Close'], dataset['Low'], dataset['High'], 30)
dataset['%D30'] = STOD(dataset['Close'], dataset['Low'], dataset['High'], 30)
dataset['%K200'] = STOK(dataset['Close'], dataset['Low'], dataset['High'], 200)
dataset['%D200'] = STOD(dataset['Close'], dataset['Low'], dataset['High'], 200)

# 이동평균 계산
def MA(df, n):
    MA = pd.Series(df['Close'].rolling(n, min_periods=n).mean(), name='MA_'\
        + str(n))
    return MA

dataset['MA21'] = MA(dataset, 10)
dataset['MA63'] = MA(dataset, 30)
dataset['MA252'] = MA(dataset, 200)
```

특성이 완성되었으니 사용해 보자.

4.4 데이터 시각화

이 단계에서는 특성과 예측되는 변수의 다양한 속성을 시각화한다.

```
dataset[['Weighted_Price']].plot(grid=True)
plt.show()
```

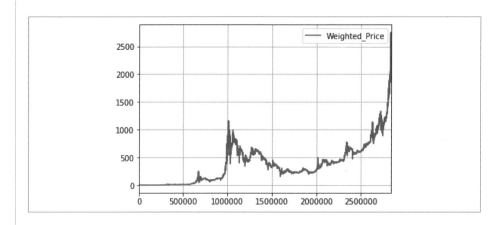

차트를 보면 비트코인 가격이 2017년에 거의 100원에서 280만 원으로 급등했다. 또한 가격 변동성이 높음을 쉽게 알 수 있다. 예측되는 변수의 분포를 살펴보자.

```
fig = plt.figure()
plot = dataset.groupby(['signal']).size().plot(kind='barh', color='red')
plt.show()
```

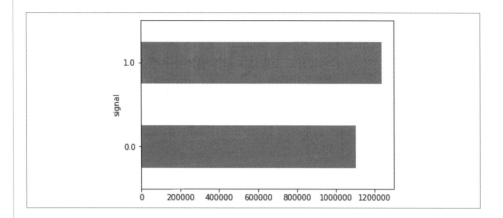

예측되는 변수는 시간의 52% 이상에서 1인데, 이는 매도 신호보다 매수 신호가 더 많다는
것을 의미한다. 예측되는 변수는 특히 첫 번째 실전 문제에서 본 '사기 데이터셋'과 비교할
때 상대적으로 균형이 잡혀 있다.

5. 알고리즘 및 모델 평가

이 단계에서는 다양한 알고리즘을 평가한다.

5.1 훈련 – 테스트 분할

먼저 데이터셋을 훈련셋(80%)과 테스트셋(20%)으로 분할한다. 이 실전 문제에서는 더 빠
른 계산을 위해 100,000개의 관측치를 사용한다. 다음 단계는 전체 데이터셋을 사용하려는
경우에서와 동일하다.

```
# 검증 데이터셋 분할
subset_dataset= dataset.iloc[-100000:]
Y= subset_dataset["signal"]
X = subset_dataset.loc[:, dataset.columns != 'signal']
validation_size = 0.2
```

```
seed = 1
X_train, X_validation, Y_train, Y_validation =\
    train_test_split(X, Y, test_size=validation_size, random_state=1)
```

5.2 테스트 옵션 및 평가 메트릭

데이터에 심각한 클래스 불균형이 없기 때문에 정확도를 평가 메트릭으로 사용할 수 있다.

```
# 분류 옵션 테스트
num_folds = 10
scoring = 'accuracy'
```

5.3 모델 및 알고리즘 비교

전략에 가장 적합한 알고리즘이 무엇인지 알기 위해 선형, 비선형 및 앙상블 모델을 평가한다.

5.3.1 모델

예제: 분류 알고리즘 확인

```
models = []
models.append(('LR', LogisticRegression(n_jobs=-1)))
models.append(('LDA', LinearDiscriminantAnalysis()))
models.append(('KNN', KNeighborsClassifier()))
models.append(('CART', DecisionTreeClassifier()))
models.append(('NB', GaussianNB()))

# 신경망
models.append(('NN', MLPClassifier()))

# 앙상블 모델
# 부스팅 방법
models.append(('AB', AdaBoostClassifier()))
models.append(('GBM', GradientBoostingClassifier()))

# 배깅 방법
models.append(('RF', RandomForestClassifier(n_jobs=-1)))
```

k-겹 교차 검증을 수행한 후 모델을 다음과 같이 비교한다.

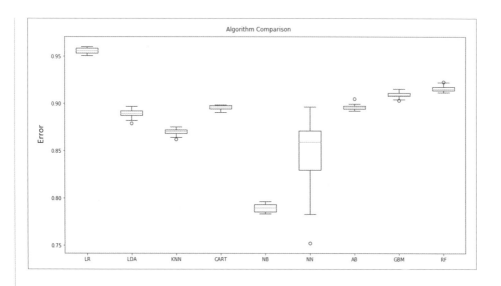

일부 모델은 유망한 결과를 보이지만 데이터셋의 방대한 크기, 많은 특성, 예측되는 변수와 특성 간의 예상되는 비선형 관계를 고려하면 앙상블 모델이 우세하다. 랜덤 포레스트는 앙상블 모델 중 최고의 성능을 보인다.

6. 모델 튜닝 및 격자 탐색

예측기의 수와 최대 깊이를 변경해 랜덤 포레스트 모델에 대한 격자 탐색을 수행한다(랜덤 포레스트 모델과 튜닝할 매개변수에 대한 자세한 내용은 4장에 설명했다).

```
n_estimators = [20,80]
max_depth= [5,10]
criterion = ["gini","entropy"]
param_grid = dict(n_estimators=n_estimators, max_depth=max_depth, \
    criterion = criterion )
model = RandomForestClassifier(n_jobs=-1)
kfold = KFold(n_splits=num_folds, random_state=seed)
grid = GridSearchCV(estimator=model, param_grid=param_grid, \
    scoring=scoring, cv=kfold)
grid_result = grid.fit(X_train, Y_train)
print("Best: %f using %s" % (grid_result.best_score_,\
    grid_result.best_params_))
```

```
Best: 0.903438 using {'criterion': 'gini', 'max_depth': 10, 'n_estimators': 80}
```

7. 모델 확정

튜닝 단계에서 찾은 최상의 매개변수로 모델을 완성하고 변수 직관성을 살펴본다.

7.1 테스트 데이터셋의 결과

이 단계에서는 테스트셋으로 선택한 모델을 평가한다.

```
# 모델 준비
model = RandomForestClassifier(criterion='gini', n_estimators=80,max_depth=10)
#model = LogisticRegression()
model.fit(X_train, Y_train)
# 검증셋에 대한 정확도 추정
predictions = model.predict(X_validation)
print(accuracy_score(Y_validation, predictions))
```

```
0.9075
```

선택한 모델은 90.75%의 정확도로 매우 우수한 성능을 보인다. 다음에는 혼동 행렬을 살펴
보자.

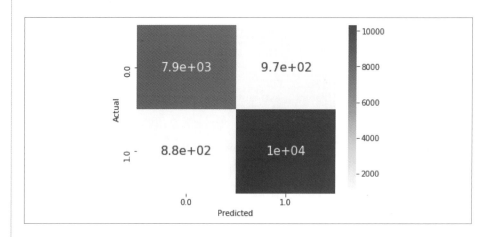

전반적인 모델 성능은 합리적이며 훈련셋 결과와 일치한다.

7.2 변수 직관성 및 특성 중요성

모델의 특성 중요도를 살펴보자.

```
Importance = pd.DataFrame({'Importance':model.feature_importances_*100}, \
    index=X.columns)
Importance.sort_values('Importance', axis=0, ascending=True).plot(kind='barh', \
    color='r' )
plt.xlabel('Variable Importance')
```

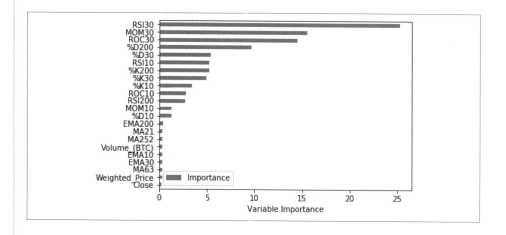

변수 중요도의 결과는 직관적으로 보이며 지난 30일 동안의 RSI 및 MOM 모멘텀 지표가 가장 중요한 두 가지 특성이다.

특성 중요도 차트는 새로운 특성을 도입하면 모델 성능이 향상된다는 사실을 입증한다.

7.3 백테스팅 결과

추가로 개발한 모델에 백테스트를 수행한다. 일별 수익률에 전날 영업 마감 시 보유한 포지션을 곱해 전략 수익률 열을 만들고 이를 실제 수익률과 비교한다.

> **TIP** 거래 전략 백테스팅
>
> 이 실전 문제에 제시된 것과 유사한 백테스팅 접근방식을 사용해 모든 거래 전략을 신속하게 백테스트할 수 있다.

```
backtestdata = pd.DataFrame(index=X_validation.index)
backtestdata['signal_pred'] = predictions
backtestdata['signal_actual'] = Y_validation
backtestdata['Market Returns'] = X_validation['Close'].pct_change()
backtestdata['Actual Returns'] = backtestdata['Market Returns'] * \
                                backtestdata['signal_actual'].shift(1)
backtestdata['Strategy Returns'] = backtestdata['Market Returns'] * \
                                backtestdata['signal_pred'].shift(1)
backtestdata=backtestdata.reset_index()
backtestdata.head()
backtestdata[['Strategy Returns','Actual Returns']].cumsum().hist()
backtestdata[['Strategy Returns','Actual Returns']].cumsum().plot()
```

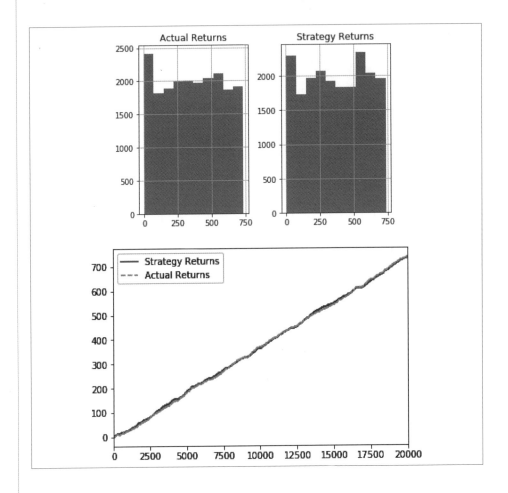

백테스팅 결과를 살펴보면 실제 시장수익률에서 크게 벗어나지 않는다. 실제로 달성된 모멘텀 거래 전략은 수익을 내기 위해 매수 또는 매도할 가격 방향을 더 잘 예측했다. 그러나 정확도는 100%가 아니고(96% 이상) 실제 수익에 비해 비교적 적은 손실을 기록했다.

8. 결론

이 실전 문제는 머신러닝으로 금융 문제를 해결할 때 문제를 구조화하는 것이 핵심 단계라는 것을 시연해 보였다. 이 과정에서 투자 목표에 따라 레이블을 변환하고 특성 엔지니어링을 수행하는 것이 거래 전략을 위해 필요하다는 것을 확인했다. 가격 움직임의 추세 및 모멘텀과 관련된 직관적인 특성을 사용하는 것이 효율적임을 입증했다. 이것은 모델의 예측력을 높이는 데 유용했다. 마지막으로 과거 데이터를 사용해 거래 전략을 시뮬레이션할 수 있는 백테스팅 프레임워크를 소개했다. 이를 통해 실제 자본을 위험에 빠뜨리기 전에 결과를 생성하고 위험과 수익성을 분석할 수 있었다.

6.4 맺음말

- '실전 문제 1: 사기 탐지'에서는 불균형 데이터셋의 문제와 올바른 평가 메트릭 확보의 중요성을 살펴보았다.
- '실전 문제 2: 채무 불이행 확률'에서는 데이터 처리, 특성 선택, 탐색 분석에 대한 다양한 기술과 개념을 다루었다.
- '실전 문제 3: 비트코인 거래 전략'에서는 모델 향상을 위해 기술 지표를 특성으로 만드는 방법을 살펴보았다. 거래 전략을 위한 백테스팅 프레임워크도 소개했다.

전반적으로 이 장에 제시된 파이썬, 머신러닝, 금융의 개념은 금융의 다른 분류 기반 문제에 대한 청사진으로 사용할 수 있다.

6.5 연습 문제

- 주식 또는 거시 경제 변수와 관련된 특성을 사용해 주가의 상승과 하락을 예측해 보자(이 장에 제시된 비트코인 기반 실전 문제의 아이디어를 사용).

- 거래 특성을 사용해 자금 세탁을 감지하는 모델을 만들어 보자. 이 연습 문제에 대한 샘플 데이터셋은 캐글[6]에서 얻을 수 있다.

- 신용도와 관련된 특성을 사용해 기업의 신용 등급을 분석해 보자.

---

6 https://oreil.ly/GcinN

비지도 학습

3부에서는 기본적인 비지도 학습 알고리즘을 다루고 적용 사례와 실전 문제를 제공합니다.

7장에서는 유용하고 차별적인 정보의 대부분을 유지하면서 데이터셋의 기능 수를 줄이는 필수 기술을 설명합니다. 또한 주성분 분석을 통한 차원 축소의 표준 접근방식에 대해 논의하고 포트폴리오 관리, 거래 전략 및 수익률 곡선 구성의 실전 문제를 다룹니다.

8장에서는 군집화와 유사도를 공유하는 객체 그룹 식별과 관련된 알고리즘 및 기술을 다루고, 실전 문제에서는 거래 전략 및 포트폴리오 관리에서 군집화를 활용해 봅니다.

Part III

비지도 학습

## CHAPTER 7

비지도 학습: 차원 축소

앞선 장들에서 답이 이미 알려진 데이터(즉, 입력 데이터에 클래스 레이블이 포함되었음)를 사용해 머신러닝 모델을 구축하는 데 지도 학습 기술을 사용했다. 이제 답을 알 수 없는 경우 입력 데이터로 구성된 데이터셋에서 추론을 도출하는 비지도 학습을 살펴본다. 비지도 학습 알고리즘은 데이터가 산출하려는 출력에 대한 지식 없이 데이터에서 패턴을 추론한다. 레이블 데이터를 요하지 않는 이 모델군을 사용하면 분석과 모델 개발에 더 큰 데이터셋을 쉽게 사용할 수 있다. 레이블 데이터는 시간이 오래 걸리고 생성하거나 획득하는 데 비실용적일 수 있다.

차원 축소는 비지도 학습의 핵심 기술이다. 정보 손실을 최소화하면서 원래 특성에서 가장 중요한 것을 포착하는 변수의 더 작은 셋을 찾는 방법으로 데이터를 압축한다. 차원 축소는 높은 차원과 관련된 문제를 완화하는 데 도움이 되며, 탐색하기 어려운 고차원 데이터의 주요 특성을 시각화할 수 있다.

차원 축소 기술은 데이터셋이 크고 많은 차원을 포함하는 금융 분야에서 매우 실용적이고 유용하다. 차원 축소를 통해 데이터셋의 잡음과 중복을 줄이고 더 적은 특성을 사용해 데이터셋을 찾는다. 고려할 변수가 적을수록 데이터셋의 탐색과 시각화가 간단해진다. 또한 차원 축소 기술은 특성 수를 줄이거나 새로운 특성을 찾아서 지도 학습 기반 모델을 향상시킨다. 실무자들은 이러한 차원 축소 기법을 사용해 자산 클래스와 개별 투자에 자금을 배분하고, 거래 전략과 신호를 식별하며, 포트폴리오 헤징과 위험 관리를 구현하고, 상품 가격책정 모델을 개발한다.

7장에서는 근본적인 차원 축소 기법을 논의하고 포트폴리오 관리, 금리 모델링, 거래 전략 개발 분야의 세 가지 실전 문제를 살펴본다. 실전 문제는 재무 관점에서 다양한 주제를 다룰 뿐만 아니라 여러 머신러닝 및 데이터 과학 개념을 강조하도록 설계되었다. 표준화된 템플릿은 머신러닝, 재무 개념, 파이썬으로의 모델링 단계 세부 구현을 포함한다. 이 템플릿은 재무의 다른 차원 축소 기반 문제에 대한 청사진으로 사용할 수 있다.

'실전 문제 1: 포트폴리오 관리(고유 포트폴리오 찾기)'에서는 위험 조정 수익을 극대화하기 위해 차원 축소 알고리즘을 사용해 자산을 여러 자산 클래스에 배분한다. 또한 구축한 포트폴리오의 성능 평가를 위해 백테스팅 프레임워크를 도입한다.

'실전 문제 2: 수익률 곡선 구축 및 이자율 모델링'에서는 차원 축소 기법을 사용해 수익률 곡선의 일반적인 움직임을 생성한다. 이는 더 빠르고 효율적인 포트폴리오 관리, 거래, 헤징, 위험 관리를 촉진하기 위해 여러 자산 클래스에 걸쳐 차원 축소 기술을 사용해 시장 변수의 차원을 줄이는 방법을 보여 준다.

'실전 문제 3: 비트코인 거래(속도와 정확성 향상)'에서는 차원 축소 기술을 이용한 알고리즘 트레이딩을 배운다. 이 실전 문제에서 저차원에서의 데이터 탐색도 함께 시연해 보인다.

위에서 언급한 사항 외 다음 내용도 살펴본다.

- 차원 축소에 사용되는 모델, 기술의 기본 개념과 파이썬으로 구현하는 방법
- 주성분 분석(PCA)의 고윳값 및 고유벡터 개념, 올바른 주성분 수 선택, 주성분의 요인 가중치 추출
- 효과적인 데이터 탐색과 시각화를 위해 특이값 분해(SVD), t-SNE 같은 차원 축소 기술을 사용한 고차원 데이터 요약
- 축소된 주성분을 사용해 원본 데이터를 재구성하는 방법
- 차원 축소를 사용해 지도 학습 알고리즘의 속도와 정확성을 향상하는 방법
- 포트폴리오 성능 확인을 위한 백테스팅 프레임워크, 샤프 비율, 포트폴리오의 연간 수익과 같은 포트폴리오 성능 메트릭을 분석

7.1 차원 축소 기술

차원 축소는 더 적은 특성을 사용해 데이터셋의 정보를 더 효율적으로 나타낸다. 이러한 기술은 정보가 없는 데이터의 변동을 무시하거나 데이터가 있는 저차원의 부분공간을 식별함으로써 데이터를 저차원 공간에 투영한다.

차원 축소 기술에는 여러 유형이 있는데, 이 장에서는 그중 가장 자주 사용되는 기술을 다룬다.

- 주성분 분석principal component analysis(PCA)
- 커널 주성분 분석kernel principal component analysis(KPCA)
- t-분산 확률적 이웃 임베딩 t-distributed stochastic neighbor embedding(t-SNE)

이러한 차원 축소 기술을 적용한 후, 저차원 특성 부분공간은 대응하는 고차원 특성 부분공간의 선형 또는 비선형 함수가 될 수 있다. 따라서 광범한 수준에서 이러한 차원 축소 알고리즘은 선형과 비선형으로 분류할 수 있다. PCA와 같은 선형 알고리즘은 새로운 변수를 원래 특성의 선형 조합으로 만들 수 있다.

KPCA, t-SNE와 같은 비선형 알고리즘은 데이터에서 더 복잡한 구조를 포착할 수 있다. 그러나 무한한 수의 옵션을 고려할 때 알고리즘은 솔루션에 도달하기 위해 가정을 해야 한다.

---

1 https://oreil.ly/tI-KJ

7.1.1 주성분 분석

주성분 분석(PCA)의 개념은 데이터의 분산을 가능한 한 많이 유지하면서 변수가 많은 데이터 셋의 차원을 줄이는 것이다. PCA를 사용하면 원래 데이터 포인트의 대부분을 설명할 수 있는 데이터의 다른 표현이 있는지 여부를 이해할 수 있다.

PCA는 선형 조합을 통해 원래 변수를 산출하는 새로운 변수셋을 찾는다. 새로운 변수를 주성분(PC)이라고 한다. 이러한 주성분은 직교(또는 독립적)하며 원본 데이터를 나타낼 수 있다. 구성요소의 수는 PCA 알고리즘의 하이퍼파라미터로 목표 차원을 설정한다.

PCA 알고리즘은 원래 데이터를 주성분 공간에 투영함으로써 작동한다. 그런 다음 데이터의 최대 분산 방향과 일치하는 주성분 순서를 식별한다. (이전에 계산된 성분이 포착한 변동을 고려한 후) 각 주성분은 데이터의 최대 분산 방향에 맞춰진다. 순차 최적화는 또한 새 성분이 기존 성분과 상호 연관되지 않도록 한다. 따라서 결과 집합은 벡터 공간에서 직교성을 갖는다.

각 주성분이 설명하는 원본 데이터 분산량의 감소는 원본 특성 간의 상관관계 정도를 반영한다. 예를 들어, 전체 특성 수에 비해 원래 변동의 95%를 포착하는 성분의 수는 원래 데이터의 선형적 독립성을 반영한다. PCA의 작동 방식을 이해하기 위해 [그림 7-1]에 표시된 데이터 분포를 살펴보자.

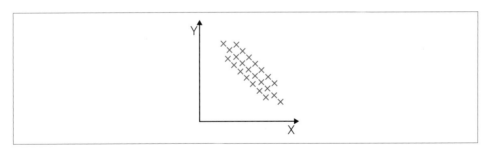

그림 7-1 주성분 분석-1

PCA는 변환과 회전을 통해 원본에서 얻은 새로운 사분면 시스템(y′축과 x′축)을 찾는다. 좌표계의 중심을 원래 포인트(0, 0)에서 데이터 포인트 분포의 중심으로 이동시킨다. 그런 다음 x 축을 데이터 포인트에서 변동이 가장 많은 주 변동축(최대 확산 방향)으로 이동시킨다. 그런 다음 다른 축을 주 변동축에 직각으로 덜 중요한 변형 방향으로 이동시킨다.

[그림 7-2]에 보이는 PCA의 예에서는 두 차원이 기본 데이터의 거의 모든 분산을 설명한다.

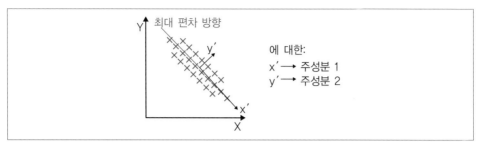

그림 7-2 주성분 분석-2

최대 분산을 포함하는 이러한 새로운 방향을 주성분이라고 하며, 주성분은 설계상 서로 직교한다.

주성분을 찾는 방법에는 고유 분해Eigen decomposition와 특이값 분해singular value decomposition (SVD) 두 가지 방법이 있다.

고유 분해

고유 분해는 다음 단계를 따른다.

1 특성에 대한 공분산 행렬을 생성한다.

2 공분산 행렬을 계산한 다음 공분산 행렬의 고유 벡터를 계산한다.[2] 이것이 최대 분산 방향이다.

3 고윳값을 생성한다. 이는 주성분의 크기를 정의한다.

따라서 n 차원의 경우 $n \times n$ 분산–공분산 행렬이 있고 결과적으로 n값을 갖는 고유 벡터와 n 고윳값을 갖는다.

파이썬의 사이킷런 라이브러리는 강력한 PCA 구현을 제공한다. `sklearn.decomposition.PCA` 함수는 원하는 수의 주성분을 계산하고 데이터를 성분 공간에 투영한다. 다음 코드는 데이터셋에서 주성분을 만드는 두 가지 방법을 보여 준다.

---

2 고유 벡터와 고윳값(https://oreil.ly/fDaLg)은 선형 대수의 개념이다.

예제: 구현

```
# PCA 알고리즘 가져오기
from sklearn.decomposition import PCA
# 알고리즘 초기화 및 주성분 수 설정
pca = PCA(n_components=2)
# 데이터에 모델 적합화
pca.fit(data)
# 주성분 리스트 가져오기
pca.components_
# 모델을 데이터로 변환
pca.transform(data)
# 고윳값 얻기
pca.explained_variance_ratio
```

사이킷런 라이브러리의 함수를 사용해 얻을 수 있는 **요소 로딩**과 같은 추가 항목이 있다. 실전 문제에서 그 사용을 시연해 보일 것이다.

특이값 분해

특이값 분해(SVD)는 행렬을 세 개의 행렬로 분해하는 것으로 보다 일반적인 $m \times n$ 직사각형 행렬에 적용할 수 있다. A가 $m \times n$ 행렬이면 SVD는 행렬을 다음과 같이 표현할 수 있다.

$$A = U\Sigma V^T$$

여기서 A는 $m \times n$ 행렬, U는 직교 행렬($m \times m$), Σ는 음이 아닌 직사각형 대각 행렬($m \times n$), V는 직교 행렬($n \times n$)이다. 주어진 행렬의 SVD는 행렬을 분해하는 방법을 정확히 알려준다. Σ는 특이값이라고 하는 m개의 대각선 값을 갖는 대각 행렬이다. 크기는 원본 데이터의 정보를 보존하는 데 얼마나 중요한지를 나타낸다. V는 열 벡터로 주성분을 포함한다.

위에서 볼 수 있듯이 고유 분해와 SVD는 PCA를 사용하는 것이 다른 각도에서 초기 데이터를 효율적으로 보고 있다는 것을 알려 준다. 둘 다 항상 같은 답을 줄 것이다. 그러나 SVD는 희소 행렬(0이 아닌 요소가 거의 없는 행렬)을 처리할 수 있으므로 고유 분해보다 훨씬 더 효율적일 수 있다. 또한 SVD는 특히 일부 특성이 강한 상관관계를 가질 때 더 좋은 수치 안정성을 산출한다.

잘린 SVD는 가장 큰 특이값만 계산하는 SVD의 변형이다. 여기서 계산 횟수는 사용자 지정 매개변수이다. 이 방법은 열의 수가 지정된 절단과 같은 인수분해를 생성한다는 점에서 일반 SVD와 다르다. 예를 들어, $n \times n$ 행렬이 주어지면 SVD는 n개의 열이 있는 행렬을 생성하는 반면 잘린 SVD는 n보다 작은 지정된 수의 열이 있는 행렬을 생성한다.

예제: 구현

```
from sklearn.decomposition import TruncatedSVD
svd = TruncatedSVD(ncomps=20).fit(X)
```

PCA 기술은 차수를 줄이는 데 매우 효과적이지만 결과적으로 생성되는 주성분은 원래 특성보다 해석하기 어려울 수 있다는 단점이 있다. 또한 결과가 선택한 주성분 수에 따라 달라질 수 있다. 예를 들어 주성분이 너무 적으면 원래 특성 목록과 비교했을 때 일부 정보를 놓칠 수 있다. 또한 매우 강한 비선형 데이터에서는 PCA가 제대로 작동하지 않을 수 있다.

7.1.2 커널 주성분 분석

PCA의 주요 한계는 선형 변환만 가능하다는 것이다. 커널 주성분 분석(KPCA)은 PCA를 확장하여 비선형성을 처리한다. 먼저 원본 데이터를 일부 비선형 특성 공간(일반적으로 더 높은 차원의 공간)에 매핑한다. 그런 다음 PCA를 적용해 해당 공간에서 주성분을 추출한다.

KPCA가 적용된 간단한 예가 [그림 7-3]에 나와 있다. 선형 변환은 왼쪽 그림의 동그라미와 십자 모양 데이터 포인트에 적합하다. 그러나 모든 데이터 포인트가 오른쪽 그래프에 따라 정렬되면 결과가 선형적으로 분리될 수 없다. 그러면 KPCA를 적용해 구성요소를 분리해야 한다.

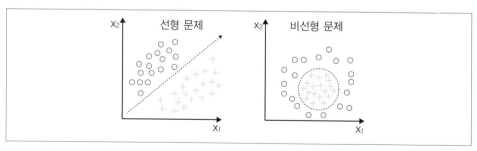

그림 7-3 커널 주성분 분석

```
from sklearn.decomposition import KernelPCA
kpca = KernelPCA(n_components=4, kernel='rbf').fit_transform(X)
```

파이썬 코드에서 방사형 기저 함수 커널[3]인 kernel='rbf'를 지정한다. 이것은 일반적으로 SVM과 같은 머신러닝 기술의 커널로 사용된다(4장 참조).

KPCA를 사용하면 더 높은 차원 공간에서의 성분 분리가 더 쉬워지는데, 이는 더 높은 차원으로의 매칭이 종종 더 큰 분류 능력을 제공하기 때문이다.

7.1.3 t-분산 확률적 이웃 임베딩

t-분산 확률적 이웃 임베딩(t-SNE)은 각 포인트 주변의 이웃 확률 분포를 모델링해 차원을 줄이는 차원 축소 알고리즘이다. 여기서 '이웃'은 주어진 포인트에서 가장 가까운 포인트 집합을 말한다. 알고리즘이 고차원에서 떨어져 있는 포인트 사이의 거리를 유지하는 것과 반대로 저차원에서 유사한 포인트를 함께 유지하는 것을 강조한다.

알고리즘은 해당 고차원과 저차원 공간에서 데이터 포인트의 유사성 확률 계산으로 시작된다. 포인트의 유사성은 A를 중심으로 한 정규 분포에서 이웃이 확률 밀도에 비례하여 선택되면 점 A가 점 B를 이웃으로 선택할 조건부 확률로 계산한다. 그런 다음 알고리즘은 저차원 공간에 있는 데이터 포인트를 완벽히 표현하기 위해, 저차원과 고차원 공간에서 조건부 확률(또는 유사성) 간의 차이를 최소화한다.

```
from sklearn.manifold import TSNE
X_tsne = TSNE().fit_transform(X)
```

t-SNE는 이 장의 '실전 문제 3'에서 자세히 알아본다.

---

3 https://oreil.ly/zCo-X

7.2 실전 문제 1: 포트폴리오 관리(고유 포트폴리오 찾기)

포트폴리오 관리의 주요 목표는 위험 조정 수익을 극대화하기 위해 자본을 여러 자산 클래스에 배분하는 것이며, 자산 배분에 가장 범용적으로 사용되는 기술이 평균 분산 포트폴리오 최적화이다. 이 방법은 추정된 공분산 행렬과 생각하는 자산의 기대 수익률이 필요하다. 그러나 재무수익의 불규칙한 속성으로 이러한 입력에서 추정 오류가 발생하는데, 특히 배분되는 자산의 수에 비해 수익의 표본 크기가 충분하지 않을 때 그렇다. 이러한 오류는 결과적인 포트폴리오의 최적성을 크게 위협해 좋지 않고 불안정한 결과를 초래한다.

차원 축소는 이런 문제를 해결하는 데 사용할 수 있는 기술이다. PCA를 사용해 자산의 $n \times n$ 공분산 행렬을 가져와서 자산과 해당 분산으로 구성된 n개의 선형 비상관 주요 포트폴리오(고유 포트폴리오라고도 함) 셋을 만들 수 있다. 공분산 행렬의 주성분은 자산 간의 공분산을 대부분 포함하며 상호 연관성은 없다. 또한 표준화된 주성분을 포트폴리오 가중치로 사용할 수 있으며, 이러한 주요 포트폴리오의 수익이 선형적으로 상관관계가 없음이 통계적으로 확인된다.

이 실전 문제에서는 PCA의 개념을 이해하고 다양한 주성분을 백테스트하며 자산 배분을 위한 고유 포트폴리오를 찾는 일반적인 접근방식을 학습한다.

이 실전 문제에서 중점을 두는 내용은 다음과 같다.

- PCA 고윳값과 고유 벡터 이해 및 주성분을 사용한 포트폴리오 가중치 유도
- 포트폴리오 성과를 평가하기 위한 백테스팅 프레임워크 개발
- 차원 축소 모델링 문제를 처음부터 끝까지 해결하는 방법 이해

자산 배분을 위한 차원 축소

1. 문제 정의

이 실전 문제의 목표는 주식 수익 데이터셋에 PCA를 사용해 주식 포트폴리오의 위험 조정 수익을 극대화하는 것이다.

이 실전 문제에서는 다우 존스 산업평균지수(DJIA)와 30개 종목이 들어 있는 데이터셋을 사용한다. 사용된 수익률 데이터는 2000년 이후 자료에서 가져왔으며, 야후 파이낸스[4]에서 얻을 수 있다.

또한 가상 포트폴리오의 성능을 벤치마크와 비교하고 모델을 백테스트해 접근방식의 효과를 평가할 것이다.

2. 시작하기 – 데이터 및 패키지 불러오기

2.1 패키지 불러오기

데이터 불러오기, 데이터 분석, 데이터 준비, 모델 평가, 모델 튜닝에 사용되는 라이브러리 목록은 다음과 같다. 패키지와 특성에 대한 대부분의 자세한 내용은 2장과 4장에 설명했다.

예제: 차원 축소를 위한 패키지

```
from sklearn.decomposition import PCA
from sklearn.decomposition import TruncatedSVD
from numpy.linalg import inv, eig, svd
from sklearn.manifold import TSNE
from sklearn.decomposition import KernelPCA
```

예제: 데이터 처리 및 시각화를 위한 패키지

```
import numpy as np
import pandas as pd
```

---

[4] https://finance.yahoo.com

```
import matplotlib.pyplot as plt
from pandas import read_csv, set_option
from pandas.plotting import scatter_matrix
import seaborn as sns
from sklearn.preprocessing import StandardScaler
```

2.2 데이터 불러오기

DJIA 지수에서 모든 회사의 조정된 종가가 들어 있는 데이터프레임을 가져온다.

```
# 데이터 불러오기
dataset = read_csv('Dow_adjcloses.csv', index_col=0)
```

3. 탐색적 데이터 분석

다음으로 데이터셋을 검사한다.

3.1 기술 통계

데이터의 형태를 살펴보자.

```
dataset.shape
```

```
(4804, 30)
```

데이터는 2000년 이후 지수에서 30개 종목의 일일 종가가 포함된 30개 열과 4,804개 행으로 구성되었다.

3.2 데이터 시각화

가장 먼저 해야 할 일은 데이터를 바라보는 감각을 익히는 것이다. 수익 상관관계를 살펴보자.

```
correlation = dataset.corr()
plt.figure(figsize=(15, 15))
plt.title('Correlation Matrix')
sns.heatmap(correlation, vmax=1, square=True,annot=True, cmap='cubehelix')
```

일일 수익 간에는 상당한 양의 상관관계가 있다. 그림[5]은 또한 데이터에 포함된 정보를 더 적은 변수(즉, 현재 가지고 있는 30차원보다 더 작은 값)로 표현할 수 있음을 나타낸다. 차원 축소를 구현한 후 데이터를 다시 자세히 살펴보자.

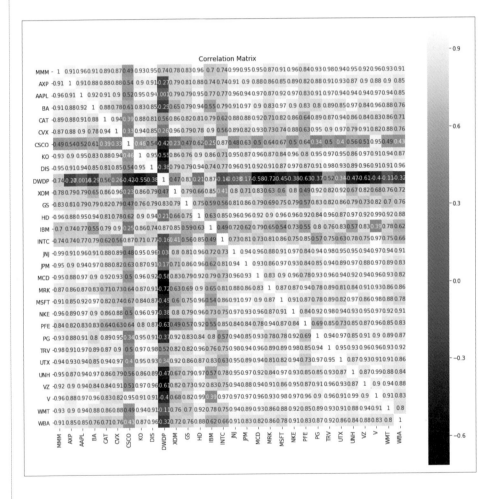

---

5 https://oreil.ly/yFwu-

4. 데이터 준비

다음 절에서 모델링을 위해 데이터를 준비한다.

4.1 데이터 정리

먼저 행에서 'NA' 값을 삭제하거나 열의 평균으로 채운다.

```
# 값 확인 및 제거
print('Null Values =',dataset.isnull().values.any())
```

```
Null Values = True
```

시작일 이후 일부 종목이 지수에 추가되었다. 적절한 분석을 위해 결측값이 30% 이상인 항목은 삭제한다. 이 기준에 맞는 두 개의 종목은 Dow Chemicals와 Visa이다.

```
missing_fractions = dataset.isnull().mean().sort_values(ascending=False)
missing_fractions.head(10)
drop_list = sorted(list(missing_fractions[missing_fractions > 0.3].index))
dataset.drop(labels=drop_list, axis=1, inplace=True)
dataset.shape
```

```
(4804, 28)
```

결국 28개 종목의 수익 데이터와 DJIA 지수에 대한 추가 데이터를 얻게 된다. 이제 'NA'를 열의 평균으로 채운다.

```
# 누락된 값을 데이터셋에서 사용 가능한 마지막 값으로 채우기
dataset=dataset.fillna(method='ffill')
```

4.2 데이터 변환

누락된 값을 처리할 뿐 아니라 데이터셋 특성을 단위 척도(평균 = 0, 분산 = 1)로 표준화한다. PCA를 적용하기 전에 모든 변수가 동일한 척도상에 있어야 한다. 그렇지 않으면 큰 값을 가진 특성이 결과를 지배한다. 사이킷런에 있는 **StandardScaler** 함수를 사용해 아래와 같이 데이터셋을 표준화한다.

```python
from sklearn.preprocessing import StandardScaler
scaler = StandardScaler().fit(datareturns)
rescaledDataset = pd.DataFrame(scaler.fit_transform(datareturns),columns =\
    datareturns.columns, index = datareturns.index)
# 변환된 데이터 요약
datareturns.dropna(how='any', inplace=True)
rescaledDataset.dropna(how='any', inplace=True)
```

전반적으로 데이터를 정리하고 표준화하는 것은 오류 없는 차원 축소를 위해 의미 있고 신뢰할 수 있는 데이터셋을 생성하는 데 중요하다. 정리하고 표준화한 데이터셋 종목 중 한 종목의 수익을 살펴보자.

```python
# DJIA에 대한 로그 반환 시각화
plt.figure(figsize=(16, 5)) plt.title("AAPL Return") rescaledDataset.AAPL.plot()
plt.grid(True);
plt.legend()
plt.show()
```

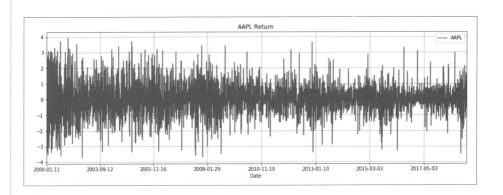

5. 알고리즘 및 모델 평가

5.1 훈련 – 테스트 분할

포트폴리오를 훈련셋과 테스트셋으로 나누어 최상의 포트폴리오에 대한 분석을 수행하고 백테스팅을 수행한다.

```python
# 데이터를 훈련셋 및 테스트셋으로 나누기
percentage = int(len(rescaledDataset) * 0.8)
X_train = rescaledDataset[:percentage]
X_test = rescaledDataset[percentage:]
stock_tickers = rescaledDataset.columns.values n_tickers = len(stock_tickers)
```

5.2 모델 평가: 주성분 분석 적용

다음 단계로는 사이킷런 라이브러리를 사용해 PCA를 수행하는 함수를 만든다. 이 함수는 추가 분석에 사용될 데이터에서 주성분을 생성한다.

```python
pca = PCA() PrincipalComponent=pca.fit(X_train)
```

5.2.1 PCA를 사용한 분산 설명

이 단계에서는 PCA를 사용해 분산을 설명한다. 각 주성분이 설명하는 원본 데이터의 분산량 감소는 원본 특성 간의 상관관계를 나타낸다. 첫 번째 주성분은 원래 데이터에서 가장 큰 분산을 나타내고 두 번째 주성분은 그다음으로 높은 분산을 나타내는 식이다. 고윳값이 가장 낮은 고유 벡터는 데이터셋에서 최소 변동량을 설명한다. 따라서 이러한 값은 삭제해도 된다.

다음 차트는 주성분의 수와 각 성분에 따른 분산을 보여 준다.

```python
NumEigenvalues=20
fig, axes = plt.subplots(ncols=2, figsize=(14,4))
Series1 = pd.Series(pca.explained_variance_ratio_[:NumEigenvalues]).sort_values()
Series2 = pd.Series(pca.explained_variance_ratio_[:NumEigenvalues]).cumsum()
Series1.plot.barh(title='Explained Variance Ratio by Top Factors', ax=axes[0]);
```

```
Series1.plot(ylim=(0,1), ax=axes[1], title='Cumulative Explained Variance');
```

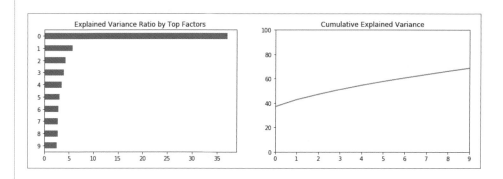

가장 중요한 요소가 일일 수익 변동의 약 40%를 설명한다. 이 지배적인 주성분은 일반적으로 '시장' 요인으로 해석된다. 포트폴리오 가중치를 살펴보면서 이 요소와 다른 요소를 해석해 보자.

오른쪽 그림은 누적 분산을 보여 주는데, 약 10개 요소가 분석된 28개 종목 수익 분산의 73%를 설명함을 알 수 있다.

5.2.2 포트폴리오 가중치 살펴보기

이 단계에서는 개별 주성분을 더 자세히 살펴본다. 개별 주성분은 원래 특성보다 해석하기가 더 어려울 수 있다. 그러나 28개 종목과 관련된 직관적인 테마를 평가하기 위해 각 주성분에 대한 요소의 가중치를 살펴볼 수 있다. 5개의 포트폴리오를 구성해 각 주식의 가중치를 처음 5개의 주성분 각각으로 정의한다. 그런 다음 현재 선택한 주성분에서 모든 회사의 각 가중치로 구성된 내림차순 그래프를 시각화하는 산점도를 만든다.

```
def PCWeights(): # 28개 주성분에 대한 가중치
    weights = pd.DataFrame()
    for i in range(len(pca.components_)):
        weights["weights_{}".format(i)] = \
          pca.components_[i] / sum(pca.components_[i])
    weights = weights.values.T
    return weights
weights=PCWeights()
sum(pca.components_[0])
```

```
-5.247808242068631
```

```
NumComponents=5
topPortfolios = pd.DataFrame(pca.components_[:NumComponents], \
    columns=dataset.columns)
eigen_portfolios = topPortfolios.div(topPortfolios.sum(1), axis=0)
eigen_portfolios.index = [f'Portfolio {i}' for i in range( NumComponents)]
np.sqrt(pca.explained_variance_)
eigen_portfolios.T.plot.bar(subplots=True, layout=(int(NumComponents),1), \
    figsize=(14,10), legend=False, sharey=True, ylim= (-1,1))
```

그래프의 배율이 동일하므로 다음과 같은 히트맵도 볼 수 있다.

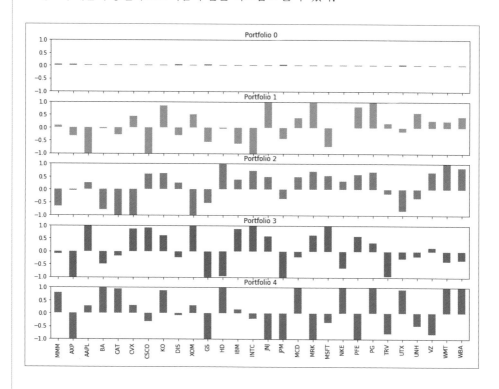

```
# 히트맵 그리기
sns.heatmap(topPortfolios)
```

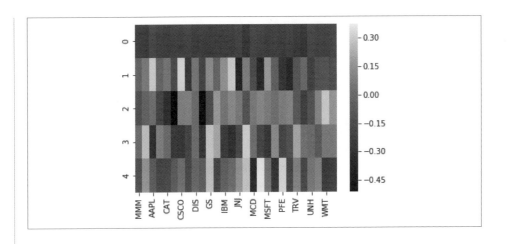

히트맵과 막대 그래프는 각 고유 벡터에서 서로 다른 종목의 기여도를 보여 준다.

전통적으로 포트폴리오가 독립적인 위험 요소를 어느 정도 나타낸다는 것은 각각의 주요 포트폴리오를 통해 알 수 있다. 이러한 위험 요소의 표현은 포트폴리오의 자산에 따라 달라진다. 실전 문제에서 자산은 모두 미국 내 주식이다. 분산이 가장 큰 주요 포트폴리오는 일반적으로 체계적인 위험 요소(즉, '시장' 요소)이다. 첫 번째 주성분(포트폴리오 0)을 살펴보면 가중치가 종목 전체에 균일하게 분포되었음을 알 수 있다. 거의 동일한 이 가중치 포트폴리오는 지수 변동의 40%를 설명하며 체계적인 위험 요소를 공정하게 표현한다.

나머지 고유 포트폴리오는 일반적으로 부문 또는 산업 요소에 해당한다. 예를 들어 포트폴리오 1은 의료 분야의 JNJ(존슨앤드존슨)과 MRK(머크앤드컴퍼니)에 높은 가중치를 할당한다. 마찬가지로 포트폴리오 3은 AAPL(애플), MSFT(마이크로소프트), IBM과 같은 IT 기술 및 전자 회사에 높은 가중치를 둔다.

포트폴리오의 자산 범위가 확장되어 광범위한 글로벌 투자가 포함되면 국제 주식 위험, 금리 위험, 상품 노출, 지리적 위험, 기타 여러 요소를 식별할 수 있다.

다음 단계에서는 최상의 고유 포트폴리오를 찾는다.

5.2.3 최고의 고유 포트폴리오 찾기

최상의 고유 포트폴리오를 결정하기 위해 샤프 비율Sharpe ratio을 사용한다. 샤프 비율은 포트폴리오의 연간 변동성에 대한 연간 수익을 설명하는 위험 조정 성과 평가 방법이다. 높은 샤프 비율은 특정 포트폴리오의 수익이 높고 변동성이 낮음을 의미한다. 연간 샤프 비율은 연간 수익을 연간 변동성으로 나누어 계산한다. 연간 수익의 경우 연간 기간(1년 동안 거래소 운영일)과 관련하여 모든 수익의 기하학적 평균을 적용한다. 연간 변동성은 수익의 표준 편차에 연간 기간의 제곱근을 곱해 계산한다.

다음 코드는 포트폴리오의 샤프 비율을 계산한다.

```python
# 샤프 비율 계산
# 연간 거래 일수(즉 252일)를 기준으로 계산
def sharpe_ratio(ts_returns, periods_per_year=252):
    n_years = ts_returns.shape[0]/ periods_per_year
    annualized_return = np.power(np.prod(1+ts_returns), (1/n_years))-1
    annualized_vol = ts_returns.std() * np.sqrt(periods_per_year)
    annualized_sharpe = annualized_return / annualized_vol
    return annualized_return, annualized_vol, annualized_sharpe
```

각 고유 포트폴리오에 대한 주성분 가중치를 계산하는 루프를 생성한다. 그런 다음 샤프 비율 함수를 사용해 샤프 비율이 가장 높은 포트폴리오를 찾는다. 샤프 비율이 가장 높은 포트폴리오를 알고 나면 비교를 위해 지수의 실적을 시각화할 수 있다.

```python
def optimizedPortfolio():
    n_portfolios = len(pca.components_)
    annualized_ret = np.array([0.] * n_portfolios)
    sharpe_metric = np.array([0.] * n_portfolios)
    annualized_vol = np.array([0.] * n_portfolios)
    highest_sharpe = 0
    stock_tickers = rescaledDataset.columns.values
    n_tickers = len(stock_tickers)
    pcs = pca.components_

    for i in range(n_portfolios):
        pc_w = pcs[i] / sum(pcs[i])
        eigen_prtfi = pd.DataFrame(data ={'weights': pc_w.squeeze()*100}, \
            index = stock_tickers)
        eigen_prtfi.sort_values(by=['weights'], ascending=False, inplace=True)
        eigen_prti_returns = np.dot(X_train_raw.loc[:, eigen_prtfi.index], pc_w)
        eigen_prti_returns = pd.Series(eigen_prti_returns.squeeze(),\
            index=X_train_raw.index)
        er, vol, sharpe = sharpe_ratio(eigen_prti_returns)
```

```python
        annualized_ret[i] = er
        annualized_vol[i] = vol
        sharpe_metric[i] = sharpe
        sharpe_metric= np.nan_to_num(sharpe_metric)

    # 샤프 비율이 가장 높은 포트폴리오 찾기
    highest_sharpe = np.argmax(sharpe_metric)
    print('Eigen portfolio #%d with the highest Sharpe. Return %.2f%%,\
        vol = %.2f%%, Sharpe = %.2f' %
        (highest_sharpe,
        annualized_ret[highest_sharpe]*100,
        annualized_vol[highest_sharpe]*100,
        sharpe_metric[highest_sharpe]))

    fig, ax = plt.subplots()
    fig.set_size_inches(12, 4)
    ax.plot(sharpe_metric, linewidth=3)
    ax.set_title('Sharpe ratio of eigen-portfolios')
    ax.set_ylabel('Sharpe ratio')
    ax.set_xlabel('Portfolios')
    results = pd.DataFrame(data={'Return': annualized_ret,\
        'Vol': annualized_vol,
        'Sharpe': sharpe_metric})
    results.dropna(inplace=True)
    results.sort_values(by=['Sharpe'], ascending=False, inplace=True)
    print(results.head(5))

    plt.show()

optimizedPortfolio()
```

```
Eigen portfolio #0 with the highest Sharpe. Return 11.47%, vol = 13.31%, \
Sharpe = 0.86
    Return   Vol  Sharpe
0   0.115  0.133   0.862
7   0.096  0.693   0.138
5   0.100  0.845   0.118
1   0.057  0.670   0.084
```

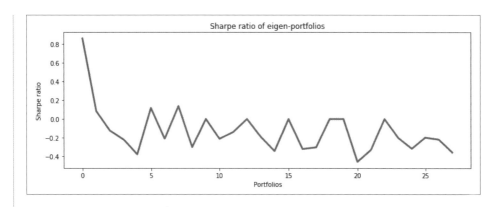

위의 결과에서 알 수 있듯이 포트폴리오 0은 수익이 가장 높고 변동성이 가장 낮다. 이 포트폴리오의 구성을 살펴보자.

```python
weights = PCWeights()
portfolio = portfolio = pd.DataFrame()

def plotEigen(weights, plot=False, portfolio=portfolio):
    portfolio = pd.DataFrame(data ={'weights': weights.squeeze() * 100}, \
        index = stock_tickers)
    portfolio.sort_values(by=['weights'], ascending=False, inplace=True)
    if plot:
        portfolio.plot(title='Current Eigen-Portfolio Weights',
            figsize=(12, 6),
            xticks=range(0, len(stock_tickers), 1),
            rot=45,
            linewidth=3
            )
        plt.show()

    return portfolio
# 가중치는 배열에 저장되며 여기서 0은 첫 번째 주성분의 가중치임.
plotEigen(weights=weights[0], plot=True)
```

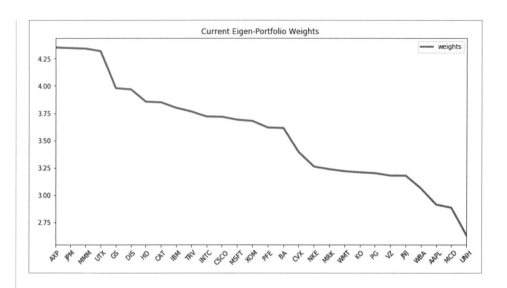

포트폴리오는 분산의 40%를 설명하고 체계적인 위험 요소를 나타낸다. 포트폴리오 가중치 (y축의 백분율)를 살펴보면 크게 다르지 않으며 모든 종목이 2.7%에서 4.5% 범위에 있다. 그러나 금융 부문의 가중치가 더 높은 것으로 보이며 AXP(아메리칸익스프레스), JPM(JP 모간 체이스), GS(골드만삭스) 등의 종목은 가중치가 평균 이상이다.

5.2.4. 고유 포트폴리오 백테스트

이제 테스트셋으로 알고리즘을 백테스트해 보자. 이 절에서는 상위 성과와 하위 성과를 살펴본다. 상위 성과로 3위와 4위의 고유 포트폴리오(포트폴리오 5와 1)를 살펴보고, 하위 성과로는 19위(포트폴리오 14)를 살펴본다.

```
def Backtest(eigen):
    ''' Plots principal components returns against real returns.
    '''
    eigen_prtfi = pd.DataFrame(data ={'weights': eigen.squeeze()}, \
        index=stock_tickers)
    eigen_prtfi.sort_values(by=['weights'], ascending=False, inplace=True)
    eigen_prti_returns = np.dot(X_test_raw.loc[:, eigen_prtfi.index], eigen)
    eigen_portfolio_returns = pd.Series(eigen_prti_returns.squeeze(),\
        index=X_test_raw.index)
    returns, vol, sharpe = sharpe_ratio(eigen_portfolio_returns)
    print('Current Eigen-Portfolio:\nReturn = %.2f%%\nVolatility = %.2f%%\n\
        Sharpe = %.2f' % (returns * 100, vol * 100, sharpe))
```

```
    equal_weight_return=(X_test_raw * (1/len(pca.components_))).sum(axis=1)
    df_plot = pd.DataFrame({'EigenPorfolio Return': eigen_portfolio_returns, \
        'Equal Weight Index': equal_weight_return}, index=X_test.index)
    np.cumprod(df_plot + 1).plot(title='Returns of the equal weighted\
        index vs. First eigen-portfolio',
        figsize=(12, 6), linewidth=3)
    plt.show()

Backtest(eigen=weights[5])
Backtest(eigen=weights[1])
Backtest(eigen=weights[14])
```

Current Eigen-Portfolio:
Return = 32.76%
Volatility = 68.64%
Sharpe = 0.48

Current Eigen-Portfolio:
Return = 99.80%
Volatility = 58.34%
Sharpe = 1.71

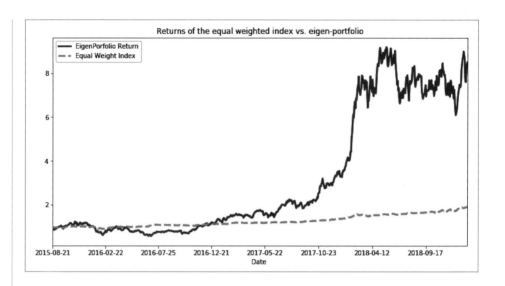

Returns of the equal weighted index vs. eigen-portfolio

```
Current Eigen-Portfolio:
Return = -79.42%
Volatility = 185.30%
Sharpe = -0.43
```

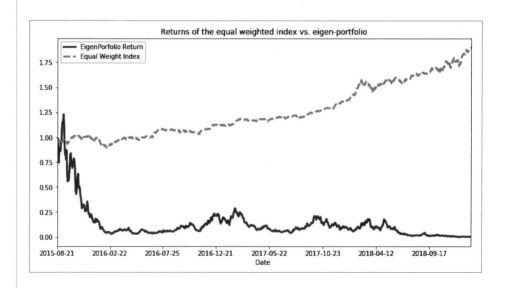

Returns of the equal weighted index vs. eigen-portfolio

앞의 차트에서 볼 수 있듯이, 상위 포트폴리오의 고유 포트폴리오 수익은 동일 가중치 지수를 능가한다. 19위를 차지한 고유 포트폴리오는 테스트셋에서 시장보다 훨씬 더 낮은 성과를 보였다. 초과한 성과와 저조한 성과는 고유 포트폴리오의 주식 또는 부문의 가중치에 기인한다. 더 나아가 각 포트폴리오의 개별 견인 요소를 이해할 수 있다. 예를 들어, 포트폴리오 1은 앞서 논의한 바와 같이 의료 분야 종목에 높은 가중치를 부여한다. 이 부문은 2017년 이후로 상당한 상승을 보였으며 이는 고유 포트폴리오 1 차트에 반영되었다.

이러한 고유 포트폴리오가 독립적이라는 점을 감안할 때 다양화 기회도 제공한다. 따라서 이러한 상관관계가 없는 고유 포트폴리오에 다수 투자해 잠재적인 포트폴리오 관리 이점을 얻을 수 있다.

6. 결론

이 실전 문제에서는 포트폴리오 관리와 자산 배분을 위해 PCA의 고웃값과 고유 벡터를 사용해 차원 축소 기법을 적용했다.

일부 해석성이 손실되었지만 결과 포트폴리오의 직관이 위험 요소와 일치할 수 있음을 시연해 보였다. 그 예로 첫 번째 고유 포트폴리오는 체계적인 위험 요소에 노출된 반면 다른 포트폴리오는 부문 또는 산업 밀집으로 인한 위험 요소에 노출되었다.

백테스팅을 통해 훈련셋에서 최고의 결과를 얻은 포트폴리오도 테스트셋에서 가장 강력한 성능을 달성했음을 알았다. 일부 포트폴리오는 위험 조정 성과 지표인 샤프 비율을 기준으로 지수 성능을 능가했다.

전반적으로 PCA를 사용해 고유 포트폴리오를 분석하면 자산 배분 및 포트폴리오 관리를 위한 강력한 방법론을 생성할 수 있음을 확인했다.

7.3 실전 문제 2: 수익률 곡선 구축 및 이자율 모델링

포트폴리오 관리, 거래, 위험 관리와 관련된 문제는 수익률 곡선에 대한 깊은 이해와 모델링을 요한다.

수익률 곡선은 5장의 '실전 문제 4: 수익률 곡선 예측'에 설명된 대로 일반적으로 선 그래프로 표시되는 만기 범위에 걸친 이자율 또는 수익률을 나타낸다. 수익률 곡선은 특정 시점에서 '채권 가격'을 보여 주는데, 화폐의 시간가치로 인해 종종 이자율이 만기의 함수로 상승한다.

재무 연구자가 수익률 곡선을 연구한 결과, 수익률 곡선 모양의 변화 또는 움직임이 몇 가지 관찰 불가한 요소에 기인한다는 것을 찾아냈다. 특히 경험적 연구에 따르면 다양한 미국 국채 수익률 변동의 99% 이상을 수준, 기울기, 곡률이라고 하는 세 가지 요소로 감지할 수 있다. 요인 이름을 보면 각 요소가 충격에 반응해 수익률 곡선 모양에 어떤 영향을 주는지 이해하게 된다. 수준 충격은 모든 만기 금리를 거의 동일하게 변경함으로써 전체 곡선의 수준을 위아래로 변경하는 평행 이동을 유도한다. 기울기 요소에 대한 충격은 단기 및 장기 금리의 차이를 변경한다. 예를 들어, 장기 금리가 단기 금리보다 더 많이 오르면 곡선이 더 가팔라진다(시각적으로 곡선이 더 위로 기울어진다). 단기 및 장기 금리의 변화도 수익률 곡선을 더 평평하게 만들 수 있다. 곡률 요소에 대한 충격의 주된 효과는 중기 금리에 집중되어 구부러짐, 비틀림 또는 U자형 형태로 나타난다.

차원 축소는 수익률 곡선의 움직임을 위의 세 가지 요소로 나눈다. 수익률 곡선을 더 적은 성분으로 줄이면 수익률 곡선의 몇 가지 직관적인 차원에 집중할 수 있다. 거래자와 위험 관리자는 이자율 위험을 헤징하기 위해 이 기술을 사용해 위험 요소의 곡선을 압축한다. 마찬가지로 포트폴리오 관리자에게는 자금을 배분할 때 분석해야 할 차원이 더 적어진다. 금리 조정자는 이 기술을 사용해 수익률 곡선을 모델링하고 그 곡선의 모양을 분석한다. 전반적으로 더 빠르고 효과적인 포트폴리오 관리, 거래, 헤징, 위험 관리가 가능해진다.

이 실전 문제에서는 PCA를 사용해 수익률 곡선의 일반적인 움직임을 생성하고, 세 가지 주성분이 각각 수익률 곡선의 수준, 기울기, 곡률에 해당함을 보여 준다.

이 실전 문제에서 중점을 두는 내용은 다음과 같다.

- 고유 벡터의 직관적 이해
- 원본 데이터의 재구성을 위해 차원 축소 결과의 차원을 사용

차원 축소를 사용한 수익률 곡선 생성

1. 문제 정의

이 실전 문제의 목표는 차원 축소 기술을 사용해 수익률 곡선의 일반적인 움직임을 생성하는 것이다.

이 실전 문제에 사용된 데이터는 재무, 경제 및 대체 데이터셋의 최고 소스인 Quandl[6]에서 얻었다. 이 절에서는 재무 곡선의 1개월부터 30년까지 11개의 테너(또는 만기) 데이터를 사용한다. 데이터는 일일 빈도이며 1960년부터 이용 가능하다.

2. 시작하기 – 데이터 및 파이썬 패키지 불러오기

2.1. 패키지 불러오기

파이썬 패키지는 이전 절의 '실전 문제 1'에서 사용한 것과 유사하다. 자세한 내용은 주피터 노트북을 참고한다.

2.2 데이터 불러오기

첫 번째 단계에서는 Quandl에서 재무 금리 곡선의 여러 테너 데이터를 불러온다.

```
# quandl을 사용하려면 ApiConfig.api_key를 설정해 quandl API에 대해 사용자를 식별해야 함
# API 참조 바람
# 자세한 내용은 quandl 문서
quandl.ApiConfig.api_key = 'API Key'
treasury = ['FRED/DGS1MO','FRED/DGS3MO','FRED/DGS6MO','FRED/DGS1',\
    'FRED/DGS2','FRED/DGS3','FRED/DGS5','FRED/DGS7','FRED/DGS10',\
    'FRED/DGS20','FRED/DGS30']
treasury_df = quandl.get(treasury)
treasury_df.columns = ['TRESY1mo','TRESY3mo','TRESY6mo','TRESY1y',\
    'TRESY2y','TRESY3y','TRESY5y','TRESY7y','TRESY10y',\'TRESY20y','TRESY30y']
dataset = treasury_df
```

---

6 https://www.quandl.com

3. 탐색적 데이터 분석

먼저 데이터를 살펴보자.

3.1 기술 통계

다음 단계에서 데이터셋의 형태를 살펴본다.

```
# 형태
dataset.shape
```

```
(14420, 11)
```

데이터셋에는 14,420개 행이 있으며 50년 이상 재무 금리 곡선의 11개 테너 데이터가 있다.

3.2 데이터 시각화

다운로드한 데이터에서 이자율의 움직임을 살펴보자.

```
dataset.plot(figsize=(10,5))
plt.ylabel("Rate")
plt.legend(bbox_to_anchor=(1.01, 0.9), loc=2)
plt.show()
```

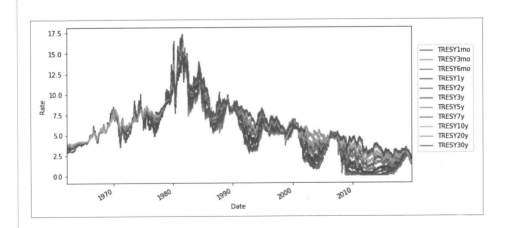

다음 단계에서는 테너 간의 상관관계를 살펴본다.

```
# 상관관계
correlation = dataset.corr()
plt.figure(figsize=(15, 15)) plt.title('Correlation Matrix')
sns.heatmap(correlation, vmax=1, square=True, annot=True, cmap='cubehelix')
```

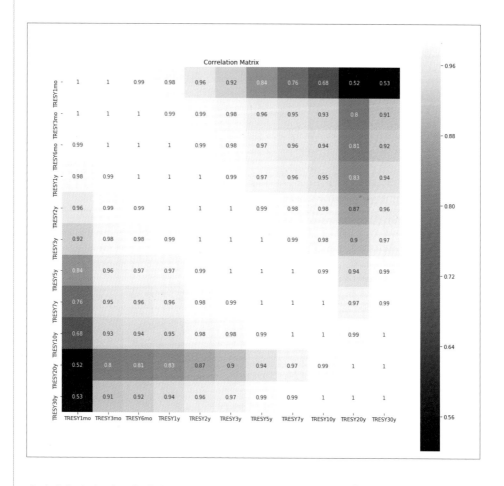

출력에서 볼 수 있듯이 테너 간에는 상당한 양의 상관관계가 있다.[7] 이는 데이터로 모델링할 때 차원을 줄이는 것이 유용할 수 있음을 나타낸다. 차원 축소 모델을 구현한 후 데이터의 시각화를 수행한다.

----

7 https://oreil.ly/hjQG7

4. 데이터 준비

데이터 정리 및 변환은 이 실전 문제에서 필요한 모델링 전제 조건이다.

4.1 데이터 정리

데이터에 'NA'가 있는지 확인하고 이를 삭제하거나 열의 평균으로 채운다.

4.2 데이터 변환

큰 값을 가진 특성이 결과를 지배하는 것을 방지하기 위해 PCA를 적용하기 전에 동일한 척도로 변수를 표준화한다.

사이킷런의 **StandardScaler** 함수를 사용해 데이터셋의 특성을 단위 척도(평균 = 0, 분산 = 1)로 표준화한다.

```
from sklearn.preprocessing import StandardScaler
scaler = StandardScaler().fit(dataset)
rescaledDataset = pd.DataFrame(scaler.fit_transform(dataset),\
columns = dataset.columns, index = dataset.index)
# 변환된 데이터 요약
data dataset.dropna(how='any', inplace=True)
rescaledDataset.dropna(how='any', inplace=True)
```

예제: 표준화된 데이터셋 시각화

```
rescaledDataset.plot(figsize=(14, 10))
plt.ylabel("Rate")
plt.legend(bbox_to_anchor=(1.01, 0.9), loc=2)
plt.show()
```

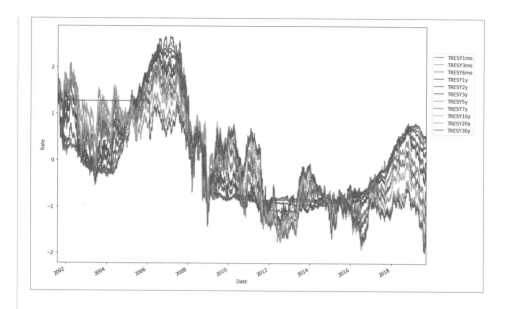

5. 알고리즘 및 모델 평가

5.1 모델 평가 – 주성분 분석 적용

다음 단계로 사이킷런 라이브러리를 사용해 PCA를 수행하는 함수를 만든다. 이 함수는 추가 분석에 사용될 데이터에서 주성분을 생성한다.

```
pca = PCA()
PrincipalComponent=pca.fit(rescaledDataset)
```

5.1.1 PCA를 사용한 분산 설명

```
NumEigenvalues=5
fig, axes = plt.subplots(ncols=2, figsize=(14, 4))
pd.Series(pca.explained_variance_ratio_[:NumEigenvalues]).sort_values().\
    plot.barh(title='Explained Variance Ratio by Top Factors',ax=axes[0]);
pd.Series(pca.explained_variance_ratio_[:NumEigenvalues]).cumsum()\
    .plot(ylim=(0,1),ax=axes[1], title='Cumulative Explained Variance');
```

```
# explained_variance
pd.Series(np.cumsum(pca.explained_variance_ratio_)).to_frame\
    ('Explained Variance_Top 5').head(NumEigenvalues).style.format('{:,.2%}'.format)
```

	Explained Variance_Top 5
0	84.36%
1	98.44%
2	99.53%
3	99.83%
4	

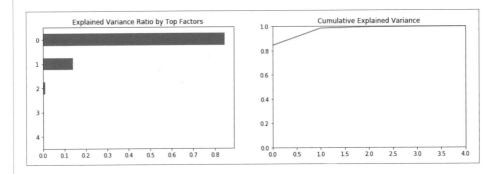

처음 세 가지 주성분은 각각 분산의 84.4%, 14.08%, 1.09%를 차지한다. 누적하면 세 가지 주성분은 데이터 내 모든 움직임의 99.5% 이상을 설명하는데, 이는 매우 효율적인 차원 축소이다. 첫 번째 실전 문제에서 처음 10개의 성분이 분산의 73%를 차지했다는 것을 상기해 보자.

5.1.2 주성분에 대한 직관

이상적으로 이러한 주성분에 대한 직관적인 해석을 할 수 있다. 이를 위해 먼저 각 주성분의 가중치를 결정하는 함수를 만들고 주성분의 시각화를 수행한다.

```
def PCWeights():
    '''
    Principal Components (PC) weights for each 28 PCs
    '''
    weights = pd.DataFrame()
```

```
    for i in range(len(pca.components_)):
        weights["weights_{}".format(i)] = \
            pca.components_[i] / sum(pca.components_[i])
    weights = weights.values.T
    return weights

weights = PCWeights()
NumComponents=3
topPortfolios = pd.DataFrame(weights[:NumComponents], columns=dataset.columns)
topPortfolios.index = [f'Principal Component {i}' \
    for i in range(1, NumComponents+1)]
axes = topPortfolios.T.plot.bar(subplots=True, legend=False, figsize=(14, 10))
plt.subplots_adjust(hspace=0.35)
axes[0].set_ylim(0, .2);
```

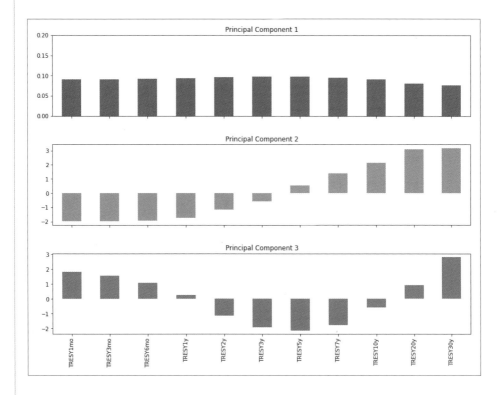

```
pd.DataFrame(pca.components_[0:3].T).plot(style= ['s-','o-','^-'], \
    legend=False, title="Principal Component")
```

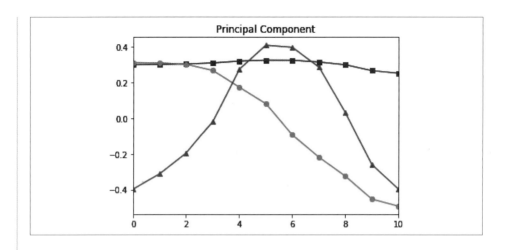

고유 벡터의 성분을 그래프로 표현하면 다음과 같이 해석할 수 있다.

- **주성분 1**

  첫 번째 고유 벡터는 모두 양의 값을 가지며 모든 테너는 동일한 방향으로 가중치가 부여된다. 즉, 첫 번째 주성분은 모든 만기가 동일한 방향으로 이동하도록 하는 움직임을 반영하며, 그 방향은 수익률 곡선의 방향 이동에 해당한다. 전체 수익률 곡선을 위아래로 이동시키는 움직임이다.

- **주성분 2**

  두 번째 고유 벡터는 성분의 절반이 음수이고 나머지는 양수이다. 곡선의 단기(장기) 금리에는 양(음)의 가중치가 적용된다. 즉, 두 번째 주성분은 짧은 끝이 한 방향으로, 긴 끝이 다른 방향으로 이동하는 움직임을 반영한다. 결과적으로 수익률 곡선의 기울기 이동을 나타낸다.

- **주성분 3**

  세 번째 고유 벡터는 성분의 첫 번째 1/3이 음수, 두 번째 1/3이 양수, 마지막 세 번째 1/3이 음수이다. 즉, 세 번째 주성분은 짧은 끝과 긴 끝이 한 방향으로 가고 중간이 다른 방향으로 이동하는 움직임을 반영해 수익률 곡선의 곡률 이동을 나타낸다.

5.1.3 주성분을 사용한 곡선 재구성

PCA의 주요 특성 중 하나는 PCA의 출력을 사용해 초기 데이터셋을 재구성할 수 있다는 것이다. 간단한 행렬 재구성을 사용해 초기 데이터와 거의 똑같은 복제본을 생성할 수 있다.

```
pca.transform(rescaledDataset)[:, :2]
```

```
array([[ 4.97514826, -0.48514999],
       [ 5.03634891, -0.52005102],
       [ 5.14497849, -0.58385444],
       ...,
       [-1.82544584,  2.82360062],
       [-1.69938513,  2.6936174 ],
       [-1.73186029,  2.73073137]])
```

기계적으로, PCA는 행렬 곱일 뿐이다.

$$Y = XW$$

이 식에서 Y는 주성분, X는 입력 데이터, W는 계수 행렬로, 아래 방정식에 따라 원래 행렬을 복구할 수 있다.

$$X = YW'$$

여기서 W'은 계수 W 행렬의 역이다.

```
nComp=3
reconst= pd.DataFrame(np.dot(pca.transform(rescaledDataset)[:, :nComp], \
                            pca.components_[:nComp,:]),columns=dataset.columns)
plt.figure(figsize=(10,8))
plt.plot(reconst)
plt.ylabel("Treasury Rate")
plt.title("Reconstructed Dataset")
plt.show()
```

이 그림은 복제된 재무 금리 차트를 보여 주는데, 처음 세 가지 주성분만 사용해 원래 차트를 복제할 수 있음을 시연해 보인다. 데이터를 11차원에서 3차원으로 줄였음에도 정보의 99% 이상을 유지하고 원본 데이터를 쉽게 재현할 수 있다. 또한 수익률 곡선 모멘트의 세 가지 견인 요소에 대해 직관적으로 알 수 있다. 수익률 곡선을 더 적은 수의 성분으로 줄이면 실무자가 금리에 영향을 미치는 소수의 요소에 집중할 수 있다. 예를 들어, 포트폴리오를 헤지하기 위해서는 처음 세 가지 주성분의 움직임에 대응해 충분히 포트폴리오를 방어할 수 있다.

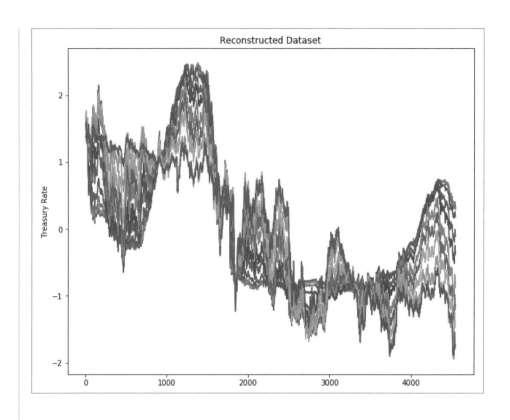

6. 결론

이 실전 문제에서는 재무 금리 곡선을 소수의 성분으로 나누기 위해 차원 축소를 도입했다. 이 실전 문제에서는 주성분이 매우 직관적이라는 것을 알았다. 처음 세 가지 주성분은 변동의 99.5% 이상을 설명하고 각각 방향 이동, 기울기 이동, 곡률 이동을 나타낸다.

주성분 분석 사용, 고유 벡터 분석, 그 이면의 내용을 직관적으로 이해함으로써 차원 축소를 사용해 수익률 곡선에서 직관적인 소수 차원으로 줄이는 방법을 시연해 보였다. 수익률 곡선의 이러한 차원 축소는 더 빠르고 효과적인 포트폴리오 관리, 거래, 헤징, 위험 관리로의 향상을 이끌 수 있다.

7.4 실전 문제 3: 비트코인 거래(속도와 정확성 향상)

거래가 더욱 자동화됨에 따라 거래자는 전략을 더 정확하고 효율적으로 만들기 위해 가능한 한 많은 특성과 기술 지표를 계속 사용하려 할 것이다. 이때 대두하는 부작용 하나는 변수를 많이 추가할수록 더 복잡해져 확실한 결론에 도달하기가 더 어려워진다는 것이다. 차원 축소 기술을 사용하면 원본 데이터의 상당한 분산을 유지하면서 많은 특성과 기술 지표를 몇 개의 논리적 컬렉션으로 압축할 수 있다. 이를 통해 모델 학습과 튜닝 속도를 높일 수 있다. 상관 변수를 제거해 과적합을 방지하는 데도 도움이 된다. 상관 변수는 궁극적으로 득보다 실이 더 클 수 있다. 그리고 차원 축소는 거래 전략을 구축하고 지속적으로 모니터링할 때 중요한 작업인 그룹화 또는 관계를 이해하기 위해 데이터셋을 탐색하고 시각화하는 데 유용하다.

이 실전 문제에서는 차원 축소를 사용해 6장에 제시된 '실전 문제 3: 비트코인 거래 전략'을 향상시킬 것이다. 즉 매매 신호를 예측하기 위해 단기간과 장기간 가격 관계를 고려해 비트코인 거래 전략을 설계한다. 추세, 거래량, 변동성, 모멘텀 등 몇 가지 새로운 직관적인 기술 지표 특성을 만든다. 더 좋은 결과를 얻기 위해 이러한 특성에 차원 축소 기술을 적용한다.

이 실전 문제에서 중점을 두는 내용은 다음과 같다.

- 지도 학습을 위해 더 빠르고 더 좋은 결과를 얻기 위한 데이터셋의 차원 축소
- SVD 및 t-SNE를 사용한 저차원의 데이터 시각화

차원 축소를 사용한 거래 전략 향상

1. 문제 정의

이 실전 문제의 목표는 차원 축소 기술을 사용해 알고리즘 거래 전략을 향상시키는 것이다. 이 실전 문제에 사용된 데이터와 변수는 '실전 문제 3: 비트코인 거래 전략'의 것과 동일하다. 참고로 2012년 1월부터 2017년 10월까지 일별 비트코인 가격 데이터, 거래량, 가중 비트코인 가격을 사용하고 있다. 이 실전 문제에 제시된 3단계와 4단계는 6장의 실전 문제와 동일한 단계를 사용한다. 따라서 이 실전 문제에서는 반복을 피하기 위해 두 단계를 압축해 설명한다.

2. 시작하기 – 데이터 및 파이썬 패키지 불러오기

2.1. 파이썬 패키지 불러오기

이 실전 문제에 사용된 파이썬 패키지는 앞에서 살펴본 두 실전 문제에 제시된 것과 동일하다.

3. 탐색적 데이터 분석

이 단계에 대한 자세한 내용은 6장 실전 문제 3의 '3. 탐색적 데이터 분석'을 참조한다.

4. 데이터 준비

다음 절에서 모델링을 위한 데이터를 준비한다.

4.1 데이터 정리

'NA'를 사용 가능한 마지막 값으로 채워 데이터를 정리한다.

```
dataset[dataset.columns] = dataset[dataset.columns].ffill()
```

4.2 분류를 위한 데이터 준비

각 움직임에 다음과 같은 레이블을 붙인다. 단기 가격이 장기 가격보다 상승하면 1로 하고 단기 가격이 장기 가격보다 하락하면 0으로 한다. 이 레이블은 이 실전 문제의 예측되는 변수인 '신호'라고 부르는 변수에 지정한다. 예측을 위한 데이터를 살펴보자.

```
dataset.tail(5)
```

	Open	High	Low	Close	Volume_(BTC)	Volume_(Currency)	Weighted_Price	short_mavg	long_mavg	signal
2841372	2190.49	2190.49	2181.37	2181.37	1.700	3723.785	2190.247	2179.259	2189.616	0.0
2841373	2190.50	2197.52	2186.17	2195.63	6.561	14402.812	2195.206	2181.622	2189.877	0.0
2841374	2195.62	2197.52	2191.52	2191.83	15.663	34361.024	2193.792	2183.605	2189.943	0.0
2841375	2195.82	2216.00	2195.82	2203.51	27.090	59913.493	2211.621	2187.018	2190.204	0.0
2841376	2201.70	2209.81	2196.98	2208.33	9.962	21972.309	2205.649	2190.712	2190.510	1.0

데이터셋에는 신호 열과 기타 열이 있다.

4.3 특성 엔지니어링

이 단계에서는 신호 예측에 사용할 예측 변수를 포함해 데이터셋을 구성한다. 일일 시가, 고가, 저가, 종가, 거래량을 포함한 비트코인 장중 가격 데이터를 사용해 다음과 같은 기술 지표를 계산한다.

- 이동평균
- 스토캐스틱 오실레이터 %K 및 %D
- 상대 강도 지수(RSI)
- 변화율(ROC)
- 모멘텀(MOM)

지표를 만드는 코드와 설명은 6장에 제시했다. 최종 데이터셋과 사용된 열은 다음과 같다.

	Close	Volume_(BTC)	Weighted_Price	signal	EMA10	EMA30	EMA200	ROC10	ROC30	MOM10	...	RSI200	%K10	%D10	%K30
2841372	2181.37	1.700	2190.247	0.0	2181.181	2182.376	2211.244	0.431	-0.649	8.42	...	46.613	56.447	73.774	47.883
2841373	2195.63	6.561	2195.206	0.0	2183.808	2183.231	2211.088	1.088	-0.062	23.63	...	47.638	93.687	71.712	93.805
2841374	2191.83	15.663	2193.792	0.0	2185.266	2183.786	2210.897	1.035	-0.235	19.83	...	47.395	80.995	77.043	81.350
2841375	2203.51	27.090	2211.621	0.0	2188.583	2185.058	2210.823	1.479	0.297	34.13	...	48.213	74.205	82.963	74.505
2841376	2208.33	9.962	2205.649	1.0	2192.174	2186.560	2210.798	1.626	0.516	36.94	...	48.545	82.810	79.337	84.344

4.4 데이터 시각화

예측되는 변수의 분포를 살펴보자.

```
fig = plt.figure()
plot = dataset.groupby(['signal']).size().plot(kind='barh', color='red')
plt.show()
```

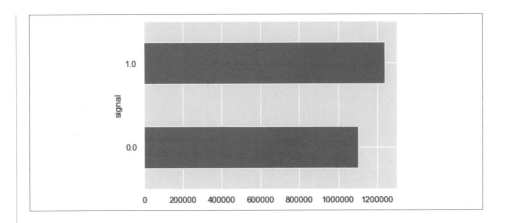

예측한 신호는 52.9% 확률의 '매수'이다.

5. 알고리즘 및 모델 평가

다음에는 차원 축소를 수행하고 모델을 평가한다.

5.1 훈련 – 테스트 분할

이 단계에서는 데이터셋을 훈련셋과 테스트셋으로 분할한다.

```
Y= subset_dataset["signal"]
X = subset_dataset.loc[:, dataset.columns != 'signal']
validation_size = 0.2
X_train, X_validation, Y_train, Y_validation = train_test_split \
    (X, Y, test_size=validation_size, random_state=1)
```

차원 축소를 적용하기 전에 동일한 척도로 변수를 표준화한다. 데이터 표준화는 다음 파이
썬 코드로 실행한다.

```
from sklearn.preprocessing import StandardScaler
scaler = StandardScaler().fit(X_train)
rescaledDataset = pd.DataFrame(scaler.fit_transform(X_train),\
    columns = X_train.columns, index = X_train.index)

# 변환된 데이터 요약
```

```
X_train.dropna(how='any', inplace=True)
rescaledDataset.dropna(how='any', inplace=True)
rescaledDataset.head(2)
```

	Close	Volume_(BTC)	Weighted_Price	EMA10	EMA30	EMA200	ROC10	ROC30	MOM10	MOM30	...	RSI200	%K10	%D10	%K30	%D30
2834071	1.072	-0.367	1.040	1.064	1.077	1.014	0.005	-0.159	0.009	-0.183	...	-0.325	1.322	0.427	-0.205	-0.412
2836517	-1.738	1.126	-1.714	-1.687	-1.653	-1.733	-0.533	-0.597	-0.066	-0.416	...	-0.465	-1.620	-0.511	-1.283	-0.970

5.2 특이값 분해(특성 감소)

여기서는 SVD를 사용해 PCA를 수행한다. 특히 사이킷런 패키지의 TruncatedSVD 메서드를 사용해 전체 데이터셋을 상위 5개 성분을 사용하는 표현으로 변환한다.

```
ncomps = 5
svd = TruncatedSVD(n_components=ncomps)
svd_fit = svd.fit(rescaledDataset)
Y_pred = svd.fit_transform(rescaledDataset)
ax = pd.Series(svd_fit.explained_variance_ratio_.cumsum()).plot(kind='line', \
    figsize=(10, 3))
ax.set_xlabel("Eigenvalues")
ax.set_ylabel("Percentage Explained")
print('Variance preserved by first 5 components == {:.2%}'. \
    format(svd_fit.explained_variance_ratio_.cumsum()[-1]))
```

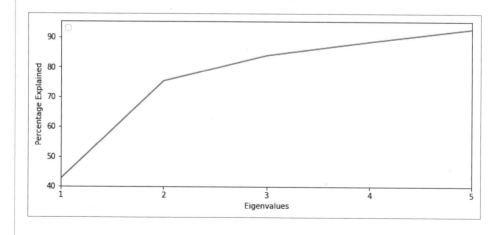

계산 후 전체 25개 이상의 원래 특성 대신 5개 성분을 사용해 분산의 92.75%를 보존한다. 이것은 모델 분석 및 반복에 매우 유용한 압축이다.

편의를 위해 다음과 같은 상위 5개 성분에 대해 파이썬 데이터프레임을 만든다.

```
dfsvd = pd.DataFrame(Y_pred, columns=['c{}'.format(c) for \
    c in range(ncomps)], index=rescaledDataset.index)
print(dfsvd.shape)
dfsvd.head()
```

```
(8000, 5)
```

	c0	c1	c2	c3	c4
2834071	-2.252	1.920	0.538	-0.019	-0.967
2836517	5.303	-1.689	-0.678	0.473	0.643
2833945	-2.315	-0.042	1.697	-1.704	1.672
2835048	-0.977	0.782	3.706	-0.697	0.057
2838804	2.115	-1.915	0.475	-0.174	-0.299

5.2.1 축소된 특성의 기본 시각화

압축된 데이터셋을 시각화해 보자.

```
svdcols = [c for c in dfsvd.columns if c[0] == 'c']
```

- 페어-플롯

    페어-플롯은 2D 산점도 집합을 간단하게 표현한 것으로 각 성분을 다른 모든 성분에 대해 그린다. 데이터 포인트는 신호 분류에 따라 색상을 선택한다.

```
plotdims = 5 ploteorows = 1
dfsvdplot = dfsvd[svdcols].iloc[:, :plotdims]
dfsvdplot['signal']=Y_train
ax = sns.pairplot(dfsvdplot.iloc[::ploteorows, :], hue='signal', size=1.8)
```

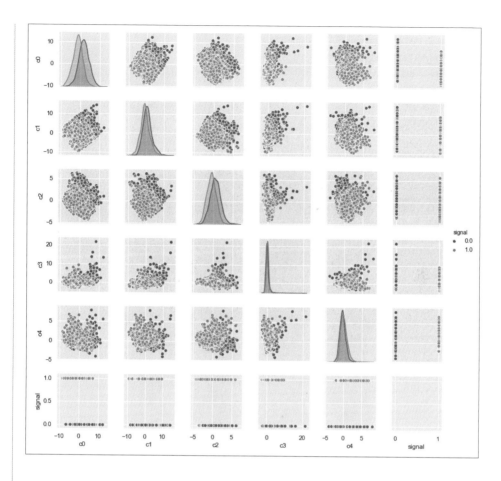

컬러 도트(전체 컬러는 깃허브[8])가 명확하게 분리되었음을 볼 수 있다. 이는 신호가 동일한 데이터 포인트가 함께 모이는 경향이 있음을 의미한다. 첫 번째 성분에서 다섯 번째 성분으로 진행함에 따라 신호 분포의 특징이 더 유사해지면서 더 뚜렷하게 분리된다. 즉, 플롯은 모델에서 5개 성분을 모두 지원한다.

5.3 t-SNE 시각화

이 단계에서는 t-SNE를 구현하고, 결과를 시각화한다. 사이킷런에 있는 기본 구현을 사용할 것이다.

---

8 https://oreil.ly/GWfug

```
tsne = TSNE(n_components=2, random_state=0)
Z = tsne.fit_transform(dfsvd[svdcols])
dftsne = pd.DataFrame(Z, columns=['x','y'], index=dfsvd.index)
dftsne['signal'] = Y_train
g = sns.lmplot('x', 'y', dftsne, hue='signal', fit_reg=False, size=8, \
    scatter_kws={'alpha':0.7,'s':60})
```

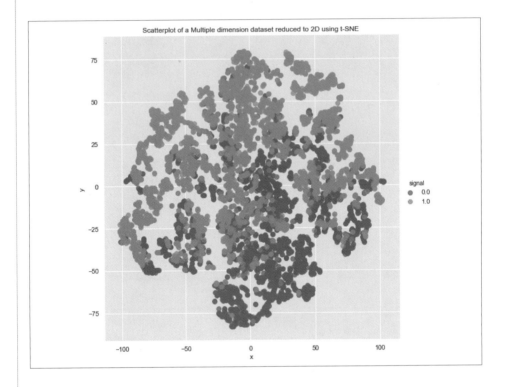

도표를 보면 거래 신호를 위한 군집화가 잘 되었음을 알 수 있다. 긴 신호와 짧은 신호가 겹치는 부분이 있지만 특성 수가 줄어 잘 구별된다.

5.4 차원 축소가 있는 모델과 없는 모델 비교

이 단계에서는 차원 축소가 분류, 전체 정확도, 계산 시간에 미치는 영향을 분석한다.

```
# 분류를 위한 테스트 옵션
scoring = 'accuracy'
```

5.4.1 모델

먼저 차원 축소가 없는 모델과 모든 기술 지표가 포함된 경우 소요된 시간을 살펴본다.

```
import time start_time = time.time()
# 알고리즘 체크
models =  RandomForestClassifier(n_jobs=-1)
cv_results_XTrain= cross_val_score(models, X_train, Y_train, cv=kfold, \
    scoring=scoring)
print("Time Without Dimensionality Reduction--- %s seconds ---" % \
    (time.time() - start_time))
```

```
Time Without Dimensionality Reduction
7.781347990036011 seconds
```

차원 축소가 없는 경우 소요된 총시간은 약 8초이다. 잘린 SVD에서 5개 주성분만 사용되는 경우 차원 축소에 걸리는 시간을 살펴보자.

```
start_time = time.time()
X_SVD= dfsvd[svdcols].iloc[:, :5]
cv_results_SVD = cross_val_score(models, X_SVD, Y_train, cv=kfold, \
    scoring=scoring)
print("Time with Dimensionality Reduction--- %s seconds ---" % \
    (time.time() - start_time))
```

```
Time with Dimensionality Reduction
2.281977653503418 seconds
```

차원 축소에 소요된 총시간은 약 2초이며, 시간이 네 배 줄어 상당한 개선을 보였다. 이번에는 압축된 데이터셋을 사용할 때 정확도가 떨어지는지 조사해 보자.

```
print("Result without dimensionality Reduction: %f (%f)" % \
    (cv_results_XTrain.mean(), cv_results_XTrain.std()))
print("Result with dimensionality Reduction: %f (%f)" % \
    (cv_results_SVD.mean(), cv_results_SVD.std()))
```

```
Result without dimensionality Reduction: 0.936375 (0.010774)
Result with dimensionality Reduction: 0.887500 (0.012698)
```

정확도는 93.6%에서 88.7%로 대략 5% 감소한다. 속도 향상은 이러한 정확도 손실과 균형을 이루어야 한다. 정확도 손실이 허용 가능한지 여부는 문제에 따라 달라질 수 있다. 만약 모델을 매우 자주 재보정해야 한다면, 특히 대규모 고속 데이터셋을 처리할 때라면 계산 시간의 단축은 필수이다. 계산 시간의 향상은 특히 거래 전략 개발의 초기 단계에서 이점이 있다. 짧은 시간에 많은 특성(또는 기술 지표)을 테스트할 수 있기 때문이다.

6. 결론

이 실전 문제에서는 거래 전략의 맥락에서 차원 수를 줄이는 데 있어 차원 축소 및 주성분 분석의 효율성을 시연해 보였다. 차원 축소를 통해 모델링 속도를 네 배 향상시키는 동시에 이에 상응하는 정확도를 달성했다. 광범위한 데이터셋을 다루는 거래 전략 개발에서 속도 향상은 전 개발 과정의 개선을 이끌 수 있다.

SVD와 t-SNE는 모두 축소된 데이터셋을 산출하고, 거래 신호 데이터를 평가하기 위해 축소된 데이터셋을 쉽게 시각화할 수 있음을 시연해 보였다. 이를 통해 원래 특성 수로는 불가능했던 거래 전략의 장단기 신호를 구분할 수 있었다.

7.5 맺음말

이 장의 실전 문제는 다양한 차원 축소 방법의 개념을 이해하고, 주성분에 대한 직관적 방법을 개발하며, 압축된 데이터셋을 시각화하는 데 중점을 두었다.

전반적으로 실전 문제를 통해 이 장에 제시된 파이썬, 머신러닝, 금융의 개념은 금융의 차원 축소 기반 문제에 대한 청사진으로 사용할 수 있다.

다음 장에서는 비지도 학습의 또 다른 유형인 군집화의 개념과 실전 문제를 살펴본다.

7.6 연습 문제

- 차원 축소를 사용해 다른 지수 내의 주식에서 다른 요소를 추출하고, 이를 사용해 거래 전략을 구축해 보자.

- 5장에서 살펴본 회귀 기반 실전 문제에 차원 축소를 사용해 계산 시간이 개선되었는지 확인해 보자. 요소 로딩을 사용해 성분을 설명하고 그에 대한 높은 수준의 직관을 개발해 보자.

- 실전 문제 3에서 살펴본 주성분의 요소 로딩을 수행하고 다른 성분의 직관을 이해해 보자.

- 환율 통화 또는 다른 상품 가격의 주성분을 가져와서 주된 주성분의 견인 요소를 식별하고 직관적인 거시 경제 변수에 연결해 보자.

## CHAPTER 8

비지도 학습: 군집화

7장에서는 비지도 학습의 한 유형인 차원 축소를 탐구했다. 8장에서는 데이터에서 숨겨진 구조를 발견할 수 있는 비지도 학습 기술의 범주인 **군집화**에 대해 알아본다.

군집화와 차원 축소는 모두 데이터를 요약한다. 차원 축소는 관련성이 가장 높은 정보를 포착하면서 새롭고 더 적은 특성을 사용해 데이터를 표시함으로써 압축한다. 마찬가지로 군집화는 데이터 볼륨을 줄이고 패턴을 찾는 방법이다. 그러나 새 변수를 만드는 것이 아니라 원본 데이터를 분류한다. 군집화 알고리즘은 유사한 데이터 포인트로 구성된 부분에 관측치를 할당한다. 군집화의 목표는 주어진 군집의 항목이 서로 다른 군집의 항목보다 서로 더 유사하도록, 데이터에서 자연스러운 그룹화를 찾는 것이다. 군집화는 생성된 여러 범주 또는 그룹의 렌즈를 통해 데이터를 더 잘 이해할 수 있다. 또한 학습된 기준에 따라 새로운 개체를 자동으로 분류할 수 있다.

금융 분야에서 군집화는 거래자와 투자 관리자가 유사한 특징을 기반으로 자산, 클래스, 부문 및 국가의 동종 그룹을 찾는 데 사용되었다. 군집화 분석은 거래 신호 범주에 대한 통찰력을 제공해 거래 전략을 강화한다. 이 기술은 고객 또는 투자자를 여러 그룹으로 분류해 그들의 행동을 더 잘 이해하고 추가 분석을 수행하는 데 사용되었다.

이 장에서는 기본적인 군집화 기술에 대해 논의하고 포트폴리오 관리, 거래 전략 개발 분야의 실전 문제를 세 가지 살펴본다.

'**실전 문제1: 쌍 거래를 위한 군집화**'에서는 군집화 방법을 사용해 거래 전략을 위한 주식 쌍을 선택한다. 쌍 거래 전략은 밀접하게 관련된 두 가지 금융 상품에서 매수 포지션과 매도 포지션을 매칭한다. 상품 수가 많을 때는 적절한 주식 쌍을 찾기가 어려울 수 있다. 이 실전 문제에서 군집화가 거래 전략 개발 및 기타 유사한 상황에서 어떻게 유용한 기술이 될 수 있는지 시연해 보인다.

'**실전 문제 2: 포트폴리오 관리(투자자 군집화)**'에서는 비슷한 능력과 위험을 감수할 의사가 있는 투자자 군집을 식별한다. 효과적인 자산 배분 및 포트폴리오 재조정을 위해 군집화 기술을 사용하는 방법을 보여 준다. 포트폴리오 관리 과정의 일부를 자동화하는 방법을 보여 주는데, 이는 투자 관리자와 로보 어드바이저 모두에게 매우 유용하다.

'**실전 문제 3: 계층적 위험 패리티**'에서는 군집화 기반 알고리즘을 사용해 자본을 서로 다른 자산 클래스에 배분하고 그 결과를 다른 포트폴리오 배분 기법과 비교한다.

이 장에서는 군집화 기술과 관련된 다음 개념에 대해 알아본다.

- 군집화에 사용되는 모델 및 기술의 기본 개념
- 파이썬에서 다양한 군집화 기술을 구현하는 방법
- 군집화 결과의 시각화를 효과적으로 수행하는 방법
- 군집화 결과의 직관적인 의미 이해
- 문제에 적합한 군집화 기술을 선택하는 방법
- 서로 다른 군집화 알고리즘에서 적절한 수의 군집 선택
- 파이썬을 사용한 계층적 군집화 트리 구축

NOTE_ 이 장의 코드 저장소
군집화를 위한 파이썬 기반 마스터 템플릿과 이 장에 제시된 실전 문제를 위한 주피터 노트북은 이 책의 코드 저장소 '8장 비지도 학습: 군집화'에서 찾을 수 있다. 이 장에 제시된 군집화 모델(k-평균, 계층적 군집화 등)과 관련된 파이썬의 머신러닝 문제를 풀려면 템플릿을 문제 설명에 맞게 수정하면 된다. 이전 장과 마찬가지로 이 장의 실전 문제에서도 2장에 제시된 표준화된 모델 개발 단계와 함께 표준 파이썬 마스터 템플릿을 사용한다. 군집화 실전 문제의 경우 6단계(모델 튜닝 및 격자 탐색)와 7단계(모델 확정)가 5단계(알고리즘 및 모델 평가)와 통합되었다.

8.1 군집화 기술

많은 유형의 군집화 기술이 있는데, 이 기술은 그룹화를 식별하는 전략 측면에서 서로 다르다. 적용할 기술의 선택은 데이터의 속성과 구조에 따라 달라진다. 이 장에서는 다음 세 가지 군집화 기술을 다룬다.

- k-평균 군집화
- 계층적 군집화
- 선호도 전파 군집화

다음 절에서는 장단점을 비롯해 이러한 군집화 기술을 요약한다. 각 군집화 방법에 대한 세부 정보는 실전 문제에서 제공한다.

8.1.1 k-평균 군집화

k-평균은 가장 잘 알려진 군집화 기술이다. k-평균 알고리즘은 데이터 포인트를 찾아서 서로 유사성이 높은 클래스로 그룹화하는 것을 목표로 한다. 이러한 유사성은 데이터 포인트 간 거리에 반비례한다고 이해하면 된다. 데이터 포인트가 서로 가까울수록 동일한 군집에 속할 확률이 높아진다.

알고리즘은 k개의 중심을 찾고 군집 내 분산(관성inertia)을 최소화하는 것을 목표로 각 데이터 포인트를 정확히 하나의 군집에 할당한다. 일반적으로 유클리드 거리(두 지점 사이의 일반 거리)를 사용하지만 다른 거리 메트릭을 사용할 수 있다. k-평균 알고리즘은 주어진 k에 대한 국소 최적값을 제공하며 다음 과정을 따른다.

1 군집수를 지정한다.
2 군집 중심으로 데이터 포인트를 무작위로 선택한다.
3 가장 가까운 군집 중심에 데이터 포인트를 할당한다.
4 할당된 포인트의 평균으로 군집 중심을 업데이트한다.
5 모든 군집 중심이 변경되지 않을 때까지 3~4단계를 반복한다.

간단히 말해서, 반복할 때마다 지정된 수의 중심 주위를 무작위로 이동하면서 각 데이터 포인트를 가장 가까운 중심에 할당한다. 이 작업을 마치면 각 중심에 있는 모든 점의 평균 거리를 계산한다. 그런 다음 데이터 포인트에서 해당 중심까지의 최소 거리를 더 이상 줄일 수 없다면 군집을 찾은 것이다.

k-평균 하이퍼파라미터

k-평균 하이퍼파라미터에는 다음과 같이 3개가 있다.

- **군집 수**
  생성할 군집과 중심의 개수이다.
- **최대 반복**
  단일 실행에 대한 알고리즘의 최대 반복이다.
- **초기 수**
  다른 중심 시드로 알고리즘을 실행하는 횟수이다. 최종 결과는 관성 측면에서 정의된 횟수만큼 연속 실행 시 얻은 최상의 출력이다.

k-평균을 사용하면 군집 중심에 대한 다른 임의의 시작점이 종종 매우 다른 군집 솔루션을 생성한다. 따라서 최소 10개의 서로 다른 임의 초기화를 사용해 사이킷런의 k-평균 알고리즘을 실행하고 횟수가 가장 많은 솔루션을 선택한다.

k-평균의 장점은 단순성, 광범위한 적용성, 빠른 수렴, 대용량 데이터에 대한 선형 확장성, 균등한 크기의 군집 생성이다. 정확한 군집 수 k를 미리 알고 있을 때 가장 유용하다. 반면에 k-평균의 주요 단점은 하이퍼파라미터를 튜닝해야 한다는 것이다. 이외에 글로벌 최적을 찾는다는 보장이 없고 이상치에 민감하다는 단점이 있다.

파이썬으로 구현

파이썬의 사이킷런 라이브러리에는 강력한 k-평균 구현 함수가 있다. 다음 코드는 데이터셋에 k-평균 군집화를 적용하는 방법을 보여 준다.

```python
from sklearn.cluster import KMeans
# k-평균으로 적합화
k_means = KMeans(n_clusters=nclust)
k_means.fit(X)
```

군집 수는 튜닝해야 할 주요 하이퍼파라미터이다. 이 장의 실전 문제 1과 2에서 k-평균 군집화 기술을 살펴보면서 올바른 군집 수와 시각화를 선택하는 방법도 자세히 알아본다.

8.1.2 계층적 군집화

계층적 군집화Hierarchical clustering는 내림 우선순위가 있는 군집을 생성하는 것이다. 계층적 군집화의 주요 장점은 군집 수를 지정할 필요가 없이 모델이 스스로 결정한다는 것이다. 이 군집화 기술은 응집 계층적 군집화와 분할 계층적 군집화의 두 가지 유형으로 나뉜다.

응집 계층적 군집화는 가장 일반적인 유형의 계층적 군집화이며 유사성을 기반으로 개체를 그룹화하는 데 사용된다. 이는 각 관측치가 자체 군집에서 시작되고 계층 위로 이동하면서 군집 쌍이 병합되는 '상향식bottom-up' 접근방식이다. 응집 계층적 군집화 알고리즘은 국소 최적을 제공하고 다음 과정을 따른다.

1 각 데이터 포인트를 단일 포인트 군집으로 만들고 N 군집을 형성한다.
2 가장 가까운 두 데이터 포인트를 가져와 결합해 N-1 군집을 형성한다.
3 가장 가까운 두 군집을 가져와 결합해 N-2 군집을 형성한다.
4 군집이 하나만 남을 때까지 3단계를 반복한다.

분할 계층적 군집화는 '하향식top-down'으로 작동하고 나머지 군집을 순차적으로 분할해 가장 뚜렷한 하위 그룹을 생성한다.

응집 계층적 군집화와 분할 계층적 군집화는 모두 N-1 계층적 수준을 생성하고, 데이터를 동종 그룹으로 가장 잘 분할하는 수준에서 군집화를 생성한다. 우리는 더 일반적인 통합 군집화 접근방식에 중점을 둘 것이다.

계층적 군집화를 사용하면 이진 계층적 군집화의 시각화인 덴드로그램dendrograms을 그림으로 나타낼 수 있다. 덴드로그램은 서로 다른 데이터셋 간의 계층적 관계를 보여 주는 트리 다이어그램의 한 종류로 계층적 군집화 결과를 흥미롭고 유용하게 시각화한다. 덴드로그램에는 계층적 군집화 알고리즘의 메모리가 포함되므로 차트를 검사해 군집이 어떻게 형성되었는지 알 수 있다.

[그림 8-1]은 계층적 군집화에 기반한 덴드로그램의 예를 보여 준다. 데이터 포인트 간의 거리는 차이점을 나타내고 블록의 높이는 군집 간의 거리를 나타낸다.

하단에서 융합되는 관측치는 비슷하지만 상단의 관측치는 매우 다르다. 덴드로그램을 사용하면 수평축이 아닌 수직축의 위치를 기준으로 결론을 내린다.

계층적 군집화의 장점은 구현하기 쉽고 군집 수를 지정할 필요가 없으며 데이터를 이해하는 데 매우 유용한 덴드로그램을 생성한다는 것이다. 반면에 계층적 군집화의 시간 복잡성으로 인해 k-평균과 같은 알고리즘에 비해 계산 시간이 길어질 수 있다. 데이터셋 규모가 큰 경우 덴드로그램을 보고 정확한 군집 수를 결정하기 어려울 수 있다. 계층적 군집화는 이상치에 매우 민감해 이상치가 있는 경우 모델 성능이 크게 저하된다.

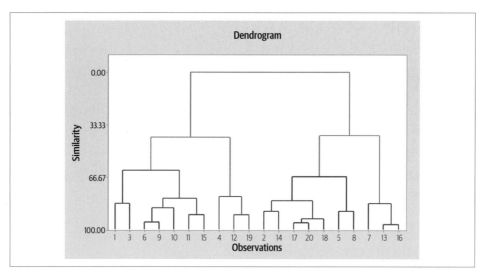

그림 8-1 계층적 군집화

파이썬으로 구현

다음 코드는 데이터셋에 군집이 네 개 있는 응집 계층적 군집화를 적용하는 방법을 보여 준다.

```
from sklearn.cluster import AgglomerativeClustering
model = AgglomerativeClustering(n_clusters=4, affinity='euclidean',\
    linkage='ward')
clust_labels1 = model.fit_predict(X)
```

응집 계층적 군집화의 하이퍼파라미터에 대한 자세한 내용은 사이킷런 웹사이트에서 찾을 수 있다. 이 장의 실전 문제 1과 3에서 계층적 군집화 기술을 살펴볼 것이다.

8.1.3 선호도 전파 군집화

선호도 전파 Affinity propagation는 수렴될 때까지 데이터 포인트 간에 메시지를 전송해 군집을 생성한다. k-평균과 같은 군집화 알고리즘과 달리 선호도 전파는 알고리즘을 실행하기 전에 군집 수를 결정하거나 추정할 필요가 없다. 군집 수를 결정하기 위해 선호도 전파에서는 두 가지 중요한 매개변수를 사용한다. **선호도**는 사용되는 예제(또는 프로토타입) 수를 제어한다. 그리고 **감쇠 계수**는 메시지의 책임과 가용성을 감소시켜서 메시지를 업데이트할 때 수치적 변동을 피하게 한다.

적은 수의 예제를 사용해 데이터셋을 설명한다. 예제는 군집을 대표하는 입력셋의 구성원이다. 선호도 전파 알고리즘은 데이터 포인트 간의 쌍별 유사성 셋을 받아들이고, 데이터 포인트와 해당 예제 간의 총합의 유사성을 최대화해 군집을 찾는다. 쌍 사이에 전송된 메시지는 한 샘플이 다른 샘플에 예제가 될 수 있는 적합성을 나타낸다. 다른 쌍의 값에 응답해 적합성을 업데이트한다. 업데이트는 수렴할 때까지 반복적으로 발생하며, 이 시점에서 최종 예제가 선택되고 최종 군집화를 얻는다.

선호도 전파는 알고리즘을 실행하기 전에 군집 수를 결정할 필요가 없다는 장점이 있다. 이 알고리즘은 빠르고 유사성이 큰 행렬에 적용할 수 있다. 반면에 이 알고리즘은 종종 국소 최적화 솔루션으로 수렴되며 때로는 수렴하지 못할 수 있다.

파이썬으로 구현

다음 코드는 데이터셋에 대한 선호도 전파 알고리즘을 구현하는 방법을 보여 준다.

```
from sklearn.cluster import AffinityPropagation
# 알고리즘 초기화 및 주성분 수 설정
ap = AffinityPropagation()
ap.fit(X)
```

선호도 전파 군집화의 하이퍼파라미터에 대한 자세한 내용은 사이킷런 웹사이트에서 찾을 수 있다. 이 장의 실전 문제 1과 2에서 선호도 전파 기술을 살펴볼 것이다.

8.2 실전 문제 1: 쌍 거래를 위한 군집화

쌍 거래 전략은 유사한 시장 위험 요소 노출을 가진 상관 자산 포트폴리오를 구성한다. 이러한 자산의 일시적인 가격 불일치는 한 상품에서는 매수 포지션을, 다른 상품에서는 매도 포지션을 통해 수익을 올릴 기회를 창출할 수 있다. 시장 위험을 제거하고 주식의 상대적 수익에서 일시적인 불일치를 이용하도록 쌍 거래 전략을 설계한다.

쌍 거래의 기본 전제는 **평균 복귀**가 자산의 예상되는 역학이라는 것이다. 평균 복귀는 장기적인 균형 관계로 이어져야 하는데, 이를 통계적 방법으로 근사하려고 한다. 이러한 장기 추세에서 (일시적인) 차이가 발생하는 순간이 생기면 이익을 얻을 수 있다. 성공적인 쌍 거래의 핵심은 사용할 자산의 올바른 쌍을 선택할 수 있는 능력이다.

전통적으로 시행 착오를 통해 쌍을 선택했다. 단순히 같은 부문이나 산업에 속한 주식이나 상품을 함께 그룹화했다. 이러한 주식이 유사한 산업의 회사를 따른다면 같은 그룹의 다른 회사 주식도 이와 비슷하게 움직여야 한다는 생각에서였다. 그러나 이 생각이 반드시 맞는 것은 아니다. 또한 주식의 규모가 큰 경우, 가능한 쌍이 총 $n(n-1)/2$개(n은 상품 수)라는 점을 감안할 때 적합한 쌍을 찾기는 어렵다. 이때 군집화가 유용한 기술이 된다.

이 실전 문제에서는 군집화 알고리즘을 사용해 쌍 거래 전략을 위한 주식 쌍을 선택할 것이다.

이 실전 문제에서 중점을 두는 내용은 다음과 같다.

- 세 가지 주요 군집화 방법 평가: k-평균, 계층적 군집화, 선호도 전파 군집화
- k-평균과 계층적 군집화에서 올바른 수의 군집화를 찾는 방법 이해
- 덴드로그램 보기를 비롯한 군집화 데이터 시각화
- 올바른 군집화 알고리즘 선택

군집화를 사용한 쌍 선택

1. 문제 정의

이 실전 문제의 목표는 S&P 500 주식에 대한 군집화 분석을 수행해 쌍 거래 전략을 위한 쌍을 찾는 것이다. S&P 500 주식 데이터는 야후 파이낸스의 `pandas_datareader`를 사용해 얻었다. 여기에는 2018년 이후의 가격 데이터가 있다.

2. 시작하기 – 데이터 및 파이썬 패키지 불러오기

데이터 불러오기, 데이터 분석, 데이터 준비 및 모델 평가에 사용되는 라이브러리 목록은 다음과 같다.

2.1 파이썬 패키지 불러오기

패키지와 특성에 대한 세부 내용은 대부분 2장과 4장에서 살펴보았으며 패키지의 사용법은 모델 개발 과정의 여러 단계에서 시연해 보일 것이다.

예제: 군집화를 위한 패키지

```
from sklearn.cluster import KMeans, AgglomerativeClustering, AffinityPropagation
from scipy.cluster.hierarchy import fcluster
from scipy.cluster.hierarchy import dendrogram, linkage, cophenet
from scipy.spatial.distance import pdist
from sklearn.metrics import adjusted_mutual_info_score
from sklearn import cluster, covariance, manifold
```

예제: 데이터 처리 및 시각화를 위한 패키지

```
# 라이브러리 불러오기
import numpy as np
import pandas as pd
import matplotlib.pyplot as plt
from pandas import read_csv, set_option
from pandas.plotting import scatter_matrix
```

```
import seaborn as sns
from sklearn.preprocessing import StandardScaler
import datetime
import pandas_datareader as dr
import matplotlib.ticker as ticker
from itertools import cycle
```

2.2 데이터 불러오기

주식 데이터 불러오기는 아래와 같다.[1]

```
dataset = read_csv('SP500Data.csv', index_col=0)
```

3. 탐색적 데이터 분석

이 절에서 데이터를 간단히 살펴본다.

3.1 기술 통계

데이터의 형태를 살펴보자.

```
# 형태
dataset.shape
```

```
(448, 502)
```

데이터에는 502개 열과 448개 관측치가 있다.

3.2 데이터 시각화

군집화 시각화를 자세히 살펴보자.

---

1 pandas_datareader를 이용해 주가 데이터를 가져오는 방법은 주피터 노트북을 참고한다.

4. 데이터 준비

다음 절에서 모델링을 위한 데이터를 준비한다.

4.1 데이터 정리

이 단계에서는 행의 NA를 확인하고 이를 삭제하거나 열의 평균으로 채운다.

```
# null 값 확인 및 제거
print('Null Values =',dataset.isnull().values.any())
```

```
Null Values = True
```

결측값이 30% 이상인 열을 제거한다.

```
missing_fractions = dataset.isnull().mean().sort_values(ascending=False)
missing_fractions.head(10)
drop_list = sorted(list(missing_fractions[missing_fractions > 0.3].index))
dataset.drop(labels=drop_list, axis=1, inplace=True)
dataset.shape
```

```
(448, 498)
```

Null 값이 있는 경우 일부 행을 삭제한다.

```
# 누락된 값을 데이터셋에서 사용 가능한 마지막 값으로 채움.
dataset=dataset.fillna(method='ffill')
```

데이터 정리 단계에서는 누락된 값이 있는 항목을 식별하고 채웠다. 이 단계에서는 군집화에서 오류 없이 사용할 수 있도록 데이터셋을 의미 있고 안정적이며 깨끗하게 만드는 것이 중요하다.

4.2 데이터 변환

군집화를 위해 연간 수익과 분산을 변수로 사용한다. 이는 **주식 실적** 및 **변동성**의 주요 지표이기 때문이다. 변수 준비를 위한 코드는 다음과 같다.

```
# 연평균 수익률 및 변동성 계산
returns = pd.DataFrame(dataset.pct_change().mean() * 252)
returns.columns = ['Returns']
returns['Volatility'] = dataset.pct_change().std() * np.sqrt(252)
data = returns
```

군집화를 적용하기 전에 모든 변수가 동일한 척도상에 있어야 한다. 그렇지 않으면 큰 값을 가진 특성이 결과를 지배한다. 사이킷런에 있는 **StandardScaler**를 사용해 데이터셋 특성을 단위 척도(평균 = 0, 분산 = 1)로 표준화한다.

```
from sklearn.preprocessing import StandardScaler
scaler = StandardScaler().fit(data)
rescaledDataset = pd.DataFrame(scaler.fit_transform(data), \
    columns = data.columns, index = data.index)
# 변환된 데이터 요약
rescaledDataset.head(2)
```

	Returns		Volatility
ABT	0.794067	-0.702741	ABBV

데이터가 준비되었으므로 이제 군집화 알고리즘을 탐색할 수 있다.

5. 알고리즘 및 모델 평가

다음 모델을 살펴본다.

- k-평균
- 계층적 군집화(응집 군집화)
- 선호도 전파

5.1 k-평균 군집화

여기서는 k-평균을 사용해 모델링하고 최적의 군집 수를 찾는 두 가지 방법을 평가한다.

5.1.1 최적의 군집수 찾기

k-평균은 처음에 데이터 포인트를 군집에 무작위로 할당한 다음 중심 또는 평균값을 계산한다는 것을 우리는 알고 있다. 또한 각 군집 내의 거리를 계산하고 이를 제곱한 다음 합산해 제곱 오차의 합을 구한다.

기본 아이디어는 군집 내 총 변동(또는 오류)을 최소화하는 k개의 군집을 정의하는 것이다. 다음 두 가지 방법은 k-평균에서 군집 수를 찾는 데 유용하다.

- **엘보 기법**

  군집 내 SSE(오차 제곱합) 기준
- **실루엣 기법**

  실루엣 점수 기준

먼저 엘보 기법을 살펴본다. 각 포인트의 SSE는 해당 표현(가령 예측 군집 중심)부터 포인트까지 거리의 제곱이다. 군집 수의 값 범위에 대해 오차 제곱합이 표시된다. 첫 번째 군집은 많은 정보를 추가하지만(많은 분산을 설명) 결국 한계 이득이 감소해 그래프에 각도가 나타난다. 이 시점에서 군집 수를 선택하므로 이를 '엘보 기준'이라고 한다.

사이킷런 라이브러리를 사용해 파이썬에서 이를 구현하고 k값 범위의 SSE를 차트로 보여 준다.

```
distortions = []
max_loop=20
for k in range(2, max_loop):
    kmeans = KMeans(n_clusters=k)
    kmeans.fit(X)
    distortions.append(kmeans.inertia_)
fig = plt.figure(figsize=(15, 5))
plt.plot(range(2, max_loop), distortions)
plt.xticks([i for i in range(2, max_loop)], rotation=75)
plt.grid(True)
```

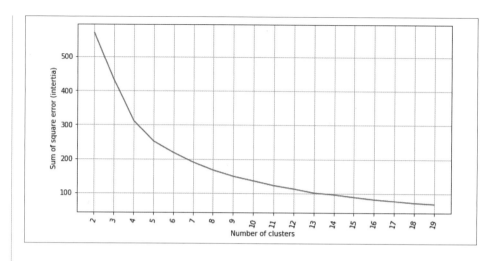

오차 제곱합 차트를 살펴보면 이 데이터의 약 5~6개 군집에서 '엘보 꼬임'이 발생했다. 군집 수가 6개를 넘으면 군집 내의 SSE가 정체되기 시작한다는 것을 알 수 있다.

이제 실루엣 기법을 살펴보자. 실루엣 점수는 포인트가 다른 군집(분리)에 비해 자신의 군집(응집력)과 얼마나 유사한지 측정한다. 실루엣 값의 범위는 1에서 −1 사이이다. 높은 값이 바람직하며 이는 포인트가 올바른 군집에 배치되었음을 나타낸다. 많은 포인트의 실루엣 값이 음수이면 군집을 너무 많이 혹은 너무 적게 생성했음을 나타낸다.

사이킷런 라이브러리를 사용해 파이썬에서 이를 구현하고 k값 범위에 대한 실루엣 점수를 차트로 보여 준다.

```python
from sklearn import metrics
silhouette_score = []
for k in range(2, max_loop):
    kmeans = KMeans(n_clusters=k, random_state=10, n_init=10, n_jobs=-1)
    kmeans.fit(X)
    silhouette_score.append(metrics.silhouette_score(X, kmeans.labels_, \
        random_state=10))
fig = plt.figure(figsize=(15, 5))
plt.plot(range(2, max_loop), silhouette_score)
plt.xticks([i for i in range(2, max_loop)], rotation=75)
plt.grid(True)
```

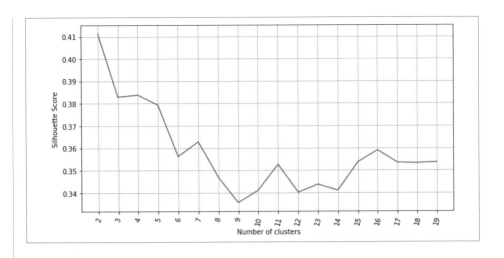

실루엣 점수 차트를 보면 그래프에서 꼬임이 보이는 부분이 다양하다. 6개 군집 이후 SSE에 큰 차이가 없는데, 이는 k-평균 모델에서 6개 군집이 선호되는 선택임을 의미한다.

두 방법의 정보를 통합해 최적의 군집 수를 6개로 추론한다.

5.1.2 군집화와 시각화

6개 군집화로 k-평균 모델을 구축하고 결과를 시각화해 보자.

```
nclust=6
# k-평균으로 적합화
k_means = cluster.KMeans(n_clusters=nclust)
k_means.fit(X)
# 레이블 추출
target_labels = k_means.predict(X)
```

데이터셋의 변수 수가 매우 많으면 군집이 어떻게 형성되는지 시각화하기가 쉽지 않다. 기본 산점도는 2차원 공간에서 군집을 시각화하는 방법이다. 데이터에 내재된 관계를 식별하기 위해 산점도를 만든다.

```
centroids = k_means.cluster_centers_
fig = plt.figure(figsize=(16,10))
ax = fig.add_subplot(111)
scatter = ax.scatter(X.iloc[:,0],X.iloc[:,1], c=k_means.labels_, \
```

```
        cmap="rainbow", label = X.index)
ax.set_title('k-means results')
ax.set_xlabel('Mean Return')
ax.set_ylabel('Volatility')
plt.colorbar(scatter)
plt.plot(centroids[:,0],centroids[:,1],'sg',markersize=11)
```

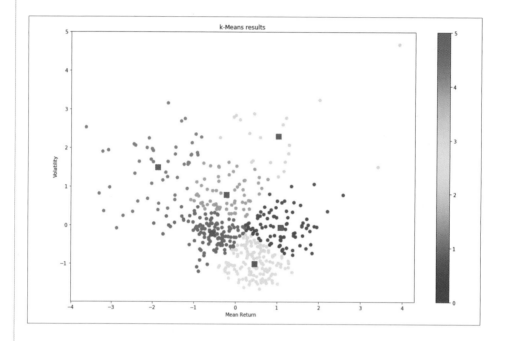

앞의 도표에서 서로 다른 색상으로 구분된 별개의 군집이 있음을 어느 정도 알 수 있다(전체 버전[2]). 도표의 데이터 그룹은 매우 잘 분리된 것 같다. 정사각형으로 표시된 군집의 중심도 어느 정도 분리되었다.

각 군집의 주식 수를 살펴보자.

```
# 각 군집의 주식 수 표시
clustered_series = pd.Series(index=X.index, data=k_means.labels_.flatten())
# 군집 레이블이 있는 군집화된 주식
clustered_series_all = pd.Series(index=X.index, data=k_means.labels_.flatten())
clustered_series = clustered_series[clustered_series != -1]
```

----

2 https://oreil.ly/8RvSp

```
plt.figure(figsize=(12,7))
plt.barh(
    range(len(clustered_series.value_counts())),
    clustered_series.value_counts()
)
plt.title('Cluster Member Counts')
plt.xlabel('Stocks in Cluster')
plt.ylabel('Cluster Number')
plt.show()
```

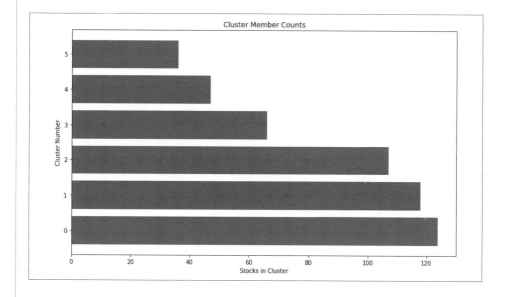

군집당 주식의 수는 약 40~120개이다. 분포가 동일하지는 않지만 각 군집에 상당한 수의 주식이 있다.

계층적 군집화를 살펴보자.

5.2 계층적 군집화(응집 군집화)

첫 번째 단계에서는 계층 그래프를 보고 군집 수를 확인한다.

5.2.1 계층 그래프/덴드로그램 작성

계층 구조 클래스에는 동일한 클래스의 연결 메서드에서 반환된 값을 사용하는 덴드로그램 메서드가 있다. 연결 방법은 데이터셋과 메서드를 매개변수로 사용해 거리를 최소화하는 것이다. ward를 메서드로 사용하는 이유는 군집 간 거리의 분산을 최소화하기 때문이다.

```
from scipy.cluster.hierarchy import dendrogram, linkage, ward
# 연결 계산
Z= linkage(X, method='ward')
Z[0]
```

```
array([3.30000000e+01, 3.14000000e+02, 3.62580431e-03, 2.00000000e+00])
```

응집 군집화 알고리즘을 시각화하는 가장 좋은 방법은 군집 트리를 표시하는 덴드로그램을 사용하는 것이다. 말단은 개별 주식이고 루트는 최종 단일 군집이다. 각 군집 사이의 거리는 y축에 표시된다. 브랜치가 길수록 두 군집의 상관관계가 낮아진다.

```
# 덴드로그램 그리기
plt.figure(figsize=(10, 7))
plt.title("Stocks Dendrograms")
dendrogram(Z,labels = X.index)
plt.show()
```

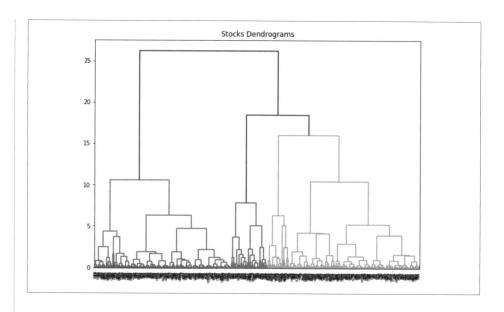

이 차트는 선택한 거리 임계값에 대해 생성될 군집 수를 시각적으로 검사하는 데 사용할 수 있다(수평축의 주식 이름은 명확하지 않지만 여러 군집으로 그룹화되어 있음). 가상의 직선, 수평선이 통과하는 수직선의 수는 해당 거리 임계값으로 생성된 군집의 수이다. 예를 들어, 값 20에서 수평선은 덴드로그램의 두 개 수직 분기를 통과해 해당 거리 임계값에 두 개 군집이 있음을 나타낸다. 해당 분기의 모든 데이터 포인트(말단)는 수평선이 통과한 군집으로 레이블이 지정된다.

13으로 임계값 컷을 선택하면 다음 파이썬 코드에서 확인된 대로 네 개의 군집이 생성된다.

```
distance_threshold = 13
clusters = fcluster(Z, distance_threshold, criterion='distance')
chosen_clusters = pd.DataFrame(data=clusters, columns=['cluster']) chosen_
clusters['cluster'].unique()
```

```
array([1, 4, 3, 2], dtype=int64)
```

5.2.2 군집화 및 시각화
네 개의 군집으로 계층적 군집화 모델을 구축하고 결과를 시각화해 보자.

```
nclust = 4
hc = AgglomerativeClustering(n_clusters=nclust, affinity='euclidean', \
linkage='ward')
clust_labels1 = hc.fit_predict(X)
fig = plt.figure(figsize=(16,10))
ax = fig.add_subplot(111)
scatter = ax.scatter(X.iloc[:,0],X.iloc[:,1], c=clust_labels1, cmap="rainbow")
ax.set_title('Hierarchical Clustering')
ax.set_xlabel('Mean Return')
ax.set_ylabel('Volatility')
plt.colorbar(scatter)
```

k-평균 군집화의 도표와 유사하게 서로 다른 색상으로 구분된 별개의 군집이 몇 가지 있음을 알 수 있다(전체 버전).

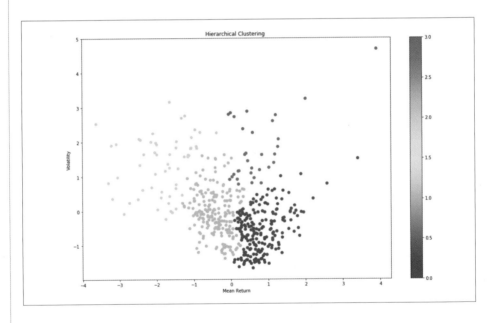

이제 선호도 전파 군집화를 살펴본다.

5.3 선호도 전파

선호도 전파 모델을 구축하고 결과를 시각화해 보자.

```
ap = AffinityPropagation()
ap.fit(X)
clust_labels2 = ap.predict(X)
fig = plt.figure(figsize=(10,8))
ax = fig.add_subplot(111)
scatter = ax.scatter(X.iloc[:,0],X.iloc[:,1], c=clust_labels2, cmap="rainbow")
ax.set_title('Affinity')
ax.set_xlabel('Mean Return')
ax.set_ylabel('Volatility')
plt.colorbar(scatter)
```

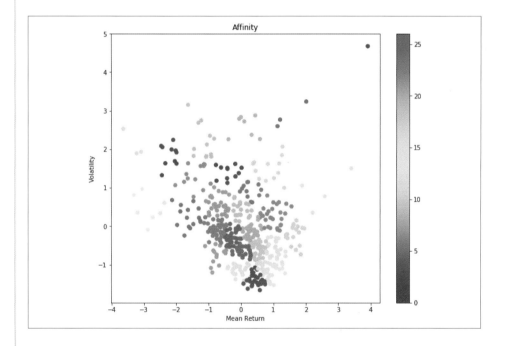

선택한 하이퍼파라미터를 사용한 선호도 전파 모델은 k−평균과 계층적 군집화보다 더 많은 군집을 생성했다. 그룹화가 명확하지만 군집 수가 더 많아 더 많이 겹친다(전체 버전). 다음 단계에서는 군집화 기술을 평가한다.

5.4 군집화 평가

참값 레이블을 알 수 없는 경우 모델 자체를 사용해 평가를 수행해야 한다. 실루엣 계수

(sklearn.metrics.sil houette_score)는 사용할 수 있는 한 가지 예이다. 실루엣 계수 점수가 높을수록 군집이 더 잘 정의된 것이다. 위에 정의된 각 군집화 방법에서 실루엣 계수를 계산한다.

```
from sklearn import metrics
print("km", metrics.silhouette_score(X, k_means.labels_, metric='euclidean'))
print("hc", metrics.silhouette_score(X, hc.fit_predict(X), metric='euclidean'))
print("ap", metrics.silhouette_score(X, ap.labels_, metric='euclidean'))
```

```
km 0.3350720873411941
hc 0.3432149515640865
ap 0.3450647315156527
```

선호도 전파가 가장 잘 수행한다는 점을 감안해 선호도 전파를 진행하고 이 군집화 방법에 지정된 27개의 군집을 사용한다.

5.5 군집 내의 수익 시각화

군집화 기술과 군집 수를 확정했지만, 군집화가 합리적인 결과로 이어지는지 확인해야 한다. 이를 위해 몇 가지 군집에서 주식의 과거 행태를 시각화한다.

```
# 군집 레이블이 있는 모든 주식 (-1 포함)
clustered_series = pd.Series(index=X.index, data=ap.fit_predict(X).flatten())
# 군집 레이블이 있는 군집화된 주식
clustered_series_all = pd.Series(index=X.index, data=ap.fit_predict(X).flatten())
clustered_series = clustered_series[clustered_series != -1]
# 각 군집에 있는 주식 수 얻기
counts = clustered_series_ap.value_counts()
# 군집 시각화
cluster_vis_list = list(counts[(counts<25) & (counts>1)].index)[::-1]
cluster_vis_list

# 가장 작은 군집 여러 개 그리기
plt.figure(figsize=(12, 7))
cluster_vis_list[0:min(len(cluster_vis_list), 4)]
for clust in cluster_vis_list[0:min(len(cluster_vis_list), 4)]:
    tickers = list(clustered_series[clustered_series==clust].index)
    # 주식 수익률 (로그 정규) 계산
```

```
        means = np.log(dataset.loc[:"2018-02-01", tickers].mean())
        data = np.log(dataset.loc[:"2018-02-01", tickers]).sub(means)
        data.plot(title='Stock Time Series for Cluster %d' % clust)
    plt.show()
```

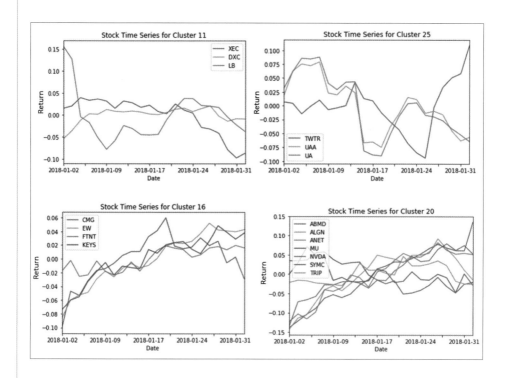

위의 차트를 보면 주식 수가 적은 모든 군집에서 서로 다른 군집에 있는 주식이 유사하게 움직임을 알 수 있는데, 이는 군집화 기술의 효과를 입증한다.

6. 주식 쌍 선택

군집이 생성되면 여러 공적분 기반 통계 기술을 군집 내의 주식에 적용해 쌍을 생성할 수 있다. 둘 이상의 시계열이 고정되지 않고 함께 이동하는 경향이 있는 경우, 두 개의 시계열은 공적분된 것으로 간주한다.[3] 시계열 간 공적분의 존재는 Augmented Dickey-Fuller 테

---

3 자세한 내용은 5장을 참조한다.

스트[4], Johansen 테스트[5] 등의 여러 통계 기술로 검증할 수 있다.

이 단계에서는 군집 내의 증권 목록을 스캔하고 쌍 간의 공적분을 테스트한다. 먼저 공적분 검정 점수 행렬, p-값 행렬, p-값이 0.05보다 작은 모든 쌍을 반환하는 함수를 작성한다.

공적분 및 쌍 선택 함수

```python
def find_cointegrated_pairs(data, significance=0.05):
    # 이 함수는 https://www.quantopian.com에서 가져옴.
    n = data.shape[1]
    score_matrix = np.zeros((n, n))
    pvalue_matrix = np.ones((n, n))
    keys = data.keys()
    pairs = []
    for i in range(1):
        for j in range(i+1, n):
            S1 = data[keys[i]]
            S2 = data[keys[j]]
            result = coint(S1, S2)
            score = result[0]
            pvalue = result[1]
            score_matrix[i, j] = score
            pvalue_matrix[i, j] = pvalue
            if pvalue < significance:
                pairs.append((keys[i], keys[j]))
    return score_matrix, pvalue_matrix, pairs
```

다음으로, 위에서 만든 함수를 사용해 여러 군집에서 서로 다른 쌍의 공적분을 확인하고 찾은 쌍을 반환한다.

```python
from statsmodels.tsa.stattools import coint
cluster_dict = {}
for i, which_clust in enumerate(ticker_count_reduced.index):
    tickers = clustered_series[clustered_series == which_clust].index
    score_matrix, pvalue_matrix, pairs = find_cointegrated_pairs(dataset[tickers])
    cluster_dict[which_clust] = {}
    cluster_dict[which_clust]['score_matrix'] = score_matrix
```

---

4 https://oreil.ly/5xKZy

5 https://oreil.ly/9zbnC

```
        cluster_dict[which_clust]['pvalue_matrix'] = pvalue_matrix
        cluster_dict[which_clust]['pairs'] = pairs

    pairs = []
    for clust in cluster_dict.keys():
        pairs.extend(cluster_dict[clust]['pairs'])
    print ("Number of pairs found : %d" % len(pairs))
    print ("In those pairs, there are %d unique tickers." % len(np.unique(pairs)))
```

```
Number of pairs found : 32
In those pairs, there are 47 unique tickers.
```

쌍 선택 과정의 결과를 시각화해 보자. t-SNE 기술을 사용한 쌍 시각화와 관련된 단계의 자세한 내용은 이 실전 문제의 주피터 노트북을 참고한다.

다음 차트는 비전통적인 쌍을 찾기 위한 k-평균의 강도를 보여 준다(시각화에서 화살표로 표시됨). DXC는 DXC Technology의 시세 기호이고 XEC는 Cimarex Energy의 시세 기호이다. 이 두 종목은 서로 다른 섹터에 있으며 표면적으로는 공통점이 없는 것처럼 보이지만 k-평균 군집화와 공적분 테스트를 사용하면 쌍으로 식별된다. 이것은 두 주가 움직임 사이에 장기적으로 안정적인 관계가 존재한다는 것을 의미한다.

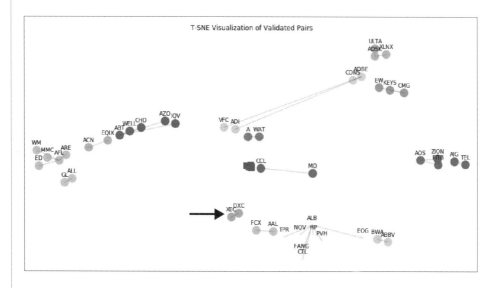

쌍이 생성되면 쌍 거래 전략을 적용할 수 있다. 쌍의 주가가 확인된 장기 관계에서 벗어날 때, 투자자는 실적이 저조한 주식에서 롱(매수) 포지션을 취하고 실적이 우수한 주식에서 숏(매도) 포지션을 취하려고 한다. 주식이 과거 관계로 돌아가면 가격 수렴으로 이익이 발생한다.

7. 결과

이 실전 문제에서는 쌍 거래 전략에 사용할 쌍을 식별할 수 있는 작은 주식 풀을 찾는 군집화 기법의 효율성을 입증했다. 이 실전 문제의 다음 단계는 주식 그룹의 주식 쌍으로 다양한 롱/숏 거래 전략을 탐색하고 백테스트하는 것이다.

군집화는 주식 및 기타 유형의 자산을 다른 여러 종류의 거래 전략에서 특징이 유사한 그룹으로 나누는 데 사용할 수 있다. 또한 포트폴리오 구성에 효율적이며, 자산 간 다각화가 충분히 가능한 자산 풀을 선택하는 데도 유용하다.

8.3 실전 문제 2: 포트폴리오 관리(투자자 군집화)

자산 관리 및 투자 배분은 투자 관리자가 각 고객 또는 투자자를 위해 맞춤형 접근방식을 설계해야 하는, 종종 지루하고 시간이 많이 소요되는 과정이다.

이러한 고객을 특정 투자자 프로필이나 그룹으로 구성할 수 있다면, 그리고 각 그룹을 유사한 특징을 가진 투자자로 구성할 수 있다면 어떨까?

유사한 특징을 기반으로 투자자를 군집화하면 투자 관리 과정을 단순화하고 표준화할 수 있다. 이러한 알고리즘은 연령, 소득, 위험 허용 범위와 같은 다양한 요소에 따라 투자자를 그룹화한다. 이는 투자 관리자가 투자자 기반 내에서 별개의 그룹을 식별하는 데 도움이 될 수 있다. 또한 이 기술을 사용함으로써 관리자는 의사 결정에 부정적 영향을 미칠 수 있는 편견을 피할 수 있다. 군집화를 통해 분석된 요소는 자산 배분과 재조정에 큰 영향을 미칠 수 있으므로 보다 빠르고 효과적인 투자 관리의 귀중한 도구가 된다.

이 실전 문제에서는 군집화 방법을 사용해 다양한 유형의 투자자를 식별한다.

이 실전 문제에 사용된 데이터는 연방준비제도 이사회에서 실시한 소비자 재정 설문조사에서 가져왔다. 5장의 '실전 문제 3: 투자자 위험 감수 및 로보 어드바이저'에서 사용한 데이터셋을 그대로 사용했다.

이 실전 문제에서 중점을 두는 내용은 다음과 같다.

- 군집화에서 파생된 그룹화의 직관적 의미 이해
- 올바른 군집화 기술 선택
- 군집화 결과 시각화 및 k-평균에서 정확한 군집 수 선택

투자자 그룹화를 위한 군집화 사용

1. 문제 정의

이 실전 문제의 목표는 위험을 감수하려는 능력 및 의지와 관련된 매개변수를 기반으로 개인 또는 투자자를 그룹화하는 군집화 모델을 구축하는 것이다. 이를 달성하기 위해 일반적인 인구 통계와 재무 속성을 사용하는 데 중점을 둘 것이다.

여기서 사용하는 설문조사 데이터에는 2007년(금융 위기 이전)과 2009년(금융 위기 이후) 10,000명 이상의 개인 응답과 500개 이상의 특성이 있다. 데이터에는 많은 변수가 있으므로 먼저 변수의 수를 줄이고 투자자의 투자 위험도, 투자 성향과 직접적으로 연결된 가장 직관적인 특성을 선택한다.

2. 시작하기 - 데이터 및 파이썬 패키지 불러오기

2.1 파이썬 패키지 불러오기

이 실전 문제에서 불러온 패키지는 5장의 실전 문제에서 불러온 것과 유사하다. 다만 군집화 기술과 관련된 일부 추가 패키지는 다음 코드에서 확인한다.

```
# 군집화 기술을 위한 패키지 가져오기
from sklearn.cluster import KMeans, AgglomerativeClustering,AffinityPropagation
from sklearn.metrics import adjusted_mutual_info_score
from sklearn import cluster, covariance, manifold
```

2.2 데이터 불러오기

개인의 투자 위험도와 투자 성향을 나타내는 다음 속성을 제공하기 위해 (이전에 5장에서도 사용된) 데이터를 추가로 처리한다. 전처리된 데이터는 2007년 설문조사용 데이터이며 이를 아래와 같이 불러온다.

```
# 데이터셋 불러오기
dataset = pd.read_excel('ProcessedData.xlsx')
```

3. 탐색적 데이터 분석

다음으로 데이터에서 발견된 다양한 열과 특성을 자세히 살펴본다.

3.1 기술 통계

먼저 데이터의 형태를 살펴본다.

```
dataset.shape
```

```
(3866, 13)
```

데이터에는 13개 열에 3,886명 개인에 대한 정보가 있다.

```
# 데이터 확인
set_option('display.width', 100)
dataset.head(5)
```

	ID	AGE	EDUC	MARRIED	KIDS	LIFECL	OCCAT	RISK	HHOUSES	WSAVED	SPENDMOR	NWCAT	INCCL
0	1	3	2	1	0	2	1	3	1	1	5	3	4
1	2	4	4	1	2	5	2	3	0	2	5	5	5
2	3	3	1	1	2	3	2	2	1	2	4	4	4
3	4	3	1	1	2	3	2	2	1	2	4	3	4
4	5	4	3	1	1	5	1	2	1	3	3	5	5

위의 표에서 볼 수 있듯이 개인마다 12개의 속성이 있다. 이러한 속성은 인구 통계, 재무, 행동 속성으로 분류할 수 있으며, 이를 [그림 8-2]에 요약했다.

그림 8-2 개인 군집화를 위한 속성

이들 중 다수는 5장 실전 문제에서 사용 및 정의되었다. 이 실전 문제에서 사용한 몇 가지 추가 속성을 아래와 같이 정의한다.

- **수명주기**

  수명주기는 사람이 위험을 감수할 수 있는 능력을 추정하는 데 사용되는 수명주기 변수이다. 위험을 감수하는 능력의 수준을 높이는 데는 여섯 가지 범주가 있다. 1은 '55세 미만, 미혼, 자녀 없음'을 나타내고 6은 '55세 이상, 일하지 않음'을 나타낸다.

- **주택 소유**

  개인이 주택 소유자인지 여부를 나타낸다. 1은 개인이 주택을 소유함(0은 주택을 소유하지 않음)을 의미한다.

- **지출 선호**

  자산이 1에서 5까지로 평가될 경우, 지출 선호도가 높음을 나타낸다.

3.2 데이터 시각화

군집화 시각화를 자세히 살펴본다.

4. 데이터 준비

여기에서는 모델링을 준비하기 위해 필요한 데이터 변경을 수행한다.

4.1 데이터 정리

이 단계에서는 행의 NA 값을 확인하고 이를 삭제하거나 열의 평균으로 채운다.

```
print('Null Values =', dataset.isnull().values.any())
```

```
Null Values = False
```

누락된 데이터가 없고 데이터가 이미 범주 형식으로 돼 있으므로 더 이상 데이터 정리를 수행하지 않았다. ID 열은 불필요하여 삭제한다.

```
X=X.drop(['ID'], axis=1)
```

4.2 데이터 변환

3.1절에서 보았듯이 모든 열은 이상치 없이 유사한 숫자 척도를 가진 범주형 데이터를 나타낸다. 따라서 군집화를 위한 데이터 변환이 필요하지 않다.

5. 알고리즘 및 모델 평가

k-평균의 성능과 선호도 전파를 분석한다.

5.1 k-평균 군집화

이 단계에서 k-평균 군집화의 세부 사항을 살펴본다. 먼저 최적의 군집 수를 찾은 다음 모델을 만든다.

5.1.1 최적의 군집 수 찾기

k-평균 모델의 군집 수를 평가하기 위해 다음의 측정 항목을 살펴본다. 이 두 가지 측정 항목을 가져오는 파이썬 코드는 실전 문제 1의 코드와 동일하다.

  1 오차 제곱합(SSE)

  2 실루엣 점수

출력: 군집 내 오차 제곱합(SSE)

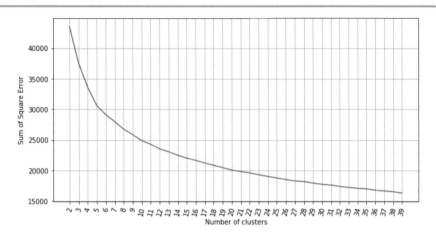

출력: 실루엣 점수

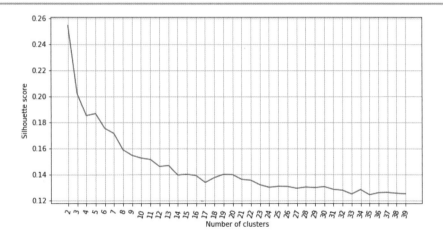

앞의 두 차트를 모두 살펴보면, 최적의 군집 수는 약 7인 것 같다. 군집 수가 6개를 넘어 증가함에 따라 군집 내의 SSE가 정체되기 시작한다. 두 번째 그래프에서 그래프의 여러 부분이 꼬임을 볼 수 있다. 7개 군집 이후 SSE에 큰 차이가 없으므로 아래의 k-평균 모델에서 7개 군집을 사용해 진행한다.

5.1.2 군집화와 시각화

7개의 군집이 있는 k-평균 모델을 만들어 보자.

```
nclust=7
# k-평균으로의 적합화
k_means = cluster.KMeans(n_clusters=nclust)
k_means.fit(X)
```

데이터셋의 각 개인에게 대상 군집을 할당한다. 각 군집의 행태를 이해하기 위한 탐색적 데이터 분석을 위해 할당을 추가로 사용한다.

```
# 레이블 추출
target_labels = k_means.predict(X)
```

5.2 선호도 전파

여기에서 선호도 전파 모델을 구축하고 군집 수를 살펴본다.

```
ap = AffinityPropagation()
ap.fit(X)
clust_labels2 = ap.predict(X)
cluster_centers_indices = ap.cluster_centers_indices_
labels = ap.labels_
n_clusters_ = len(cluster_centers_indices)
print('Estimated number of clusters: %d' % n_clusters_)
```

```
Estimated number of clusters: 161
```

선호도 전파로 인해 150개가 넘는 군집이 생성되었다. 이렇게 군집 수가 많으면 군집 간의 적절한 구별을 확인하기가 어렵다.

5.3 군집 평가

이 단계에서는 실루엣 계수(`sklearn.metrics.silhouette_score`)를 사용해 군집의 성능을 확인한다. 실루엣 계수 점수가 높을수록 군집이 더 잘 정의된 모델이라고 할 수 있다.

```
from sklearn import metrics
print("km", metrics.silhouette_score(X, k_means.labels_))
print("ap", metrics.silhouette_score(X, ap.labels_))
```

```
km 0.170585217843582
ap 0.09736878398868973
```

k-평균 모델은 선호도 전파에 비해 실루엣 계수가 훨씬 더 높다. 또한 선호도 전파로 발생하는 많은 수의 군집을 유지할 수 없다. 당면한 문제의 맥락에서 더 적은 수의 군집 또는 투자자의 범주화는 투자 관리 과정을 단순화하고 표준화하는 데 도움이 된다. 이 정보의 사용자(가령 재정 고문)에게 군집 표현에 대한 관리 가능한 직관을 제공한다. 6~8개의 투자자 유형을 이해하고 소통하는 것은 100개 이상의 서로 다른 프로필을 의미 있게 이해하기만 하는 것보다 훨씬 더 실용적이다. 이를 염두에 두고 선호하는 군집화 기법으로 k-평균을 사용한다.

6. 군집 직관

다음 단계에서는 군집을 분석하고 그로부터 결론을 도출한다. 군집의 각 변수의 평균을 차트로 표현하고 결과를 요약한다.

```
cluster_output= pd.concat([pd.DataFrame(X),  pd.DataFrame(k_means.labels_, \
    columns = ['cluster'])],axis=1)
output=cluster_output.groupby('cluster').mean()
```

예제: 인구 통계 특성(각 군집 차트)

```
output[['AGE','EDUC','MARRIED','KIDS','LIFECL','OCCAT']].\
        plot.bar(rot=0, figsize=(18,5));
```

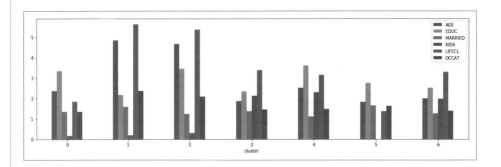

이 차트는 각 군집에 대한 속성의 평균값을 보여 준다(전체 버전[6]). 예를 들어, 군집 0과 1을 비교할 때 군집 0은 평균 연령이 더 낮지만 평균 학력은 더 높다. 그러나 이 두 군집은 결혼 상태와 자녀 수 측면에서는 훨씬 비슷하다. 따라서 인구 통계적 속성에 따라 군집 0의 개인은 평균적으로 군집 1의 개인에 비해 투자 위험도가 더 높다.

예제: 재무 및 행동 속성(각 군집 차트)

```
output[['HHOUSES','NWCAT','INCCL','WSAVED','SPENDMOR','RISK']].\
     plot.bar(rot=0, figsize=(18,5));
```

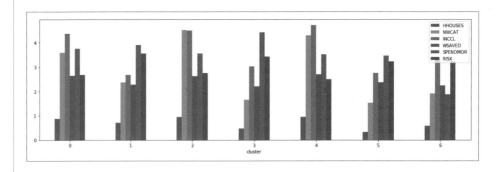

----
6 https://oreil.ly/61d9_

이 차트는 각 군집에 대한 재무 및 행동 속성의 평균값을 보여 준다(전체 버전). 군집 0과 군집 1을 다시 비교하면 전자는 평균 주택 소유가 높고 평균 순자산과 소득이 높으며, 후자에 비해 위험을 감수하려는 의지가 낮다. '저축 대 소득' 비교 및 저축 의지 측면에서 두 군집은 비슷하다. 따라서 군집 0의 개인이 평균적으로 군집 1의 개인에 비해 능력이 더 높으면서 위험을 감수하려는 의지가 낮다고 가정할 수 있다.

두 군집에 대한 인구 통계, 재무, 행동 속성의 정보를 결합하면 군집 0의 개인은 위험을 감수할 수 있는 전반적인 능력이 군집 1의 개인보다 더 높다. 다른 모든 군집에 대해 유사한 분석을 수행해 결과를 요약하면 아래 표와 같다. 위험 허용 능력 열은 각 군집의 위험 허용 범위에 대한 주관적 평가를 나타낸다.

군집	특성	위험 대처 능력
군집 0	낮은 연령, 높은 순자산과 소득, 덜 위험한 생활 범주, 더 많이 소비할 의지	높음
군집 1	높은 연령, 낮은 순자산과 소득, 고위험 생활 범주, 위험을 감수하려는 의지, 낮은 교육 수준	낮음
군집 2	높은 연령, 높은 순자산과 소득, 고위험 생활 범주, 위험을 감수하려는 의지, 집 소유	중간
군집 3	낮은 연령, 매우 낮은 순자산과 소득, 고위험을 감수하려는 의지, 다자녀	낮음
군집 4	중간 연령, 매우 높은 순자산과 소득, 고위험을 감수하려는 의지, 다자녀, 집 소유	높음
군집 5	낮은 연령, 매우 낮은 순자산과 소득, 고위험을 감수하려는 의지, 자녀 없음	중간
군집 6	낮은 연령, 중간 순자산과 소득, 고위험을 감수하려는 의지, 다자녀, 집 소유	낮음

7. 결론

이 실전 문제의 핵심 하나는 군집 직관을 이해하는 접근방식이다. 시각화 기술을 사용해 각 군집에 있는 변수의 평균값을 질적으로 해석하여 군집 구성원의 예상 동작을 이해했다. 위험 허용 범위를 기반으로 다양한 투자자 그룹을 찾는 데 있어 군집화의 효율성을 시연해 보였다.

군집화 알고리즘이 다양한 요소(가령 연령, 소득, 위험 허용 범위)를 기반으로 투자자를 성공적으로 그룹화할 수 있다는 점을 감안할 때, 포트폴리오 관리자는 포트폴리오 배분을 표준화하고 군집 전반의 전략을 재조정해 투자 관리 과정을 더 빠르고 효율적으로 향상시킬 수 있다.

8.4 실전 문제 3: 계층적 위험 패리티

마코위츠Markowitz의 **평균 분산 포트폴리오 최적화**는 포트폴리오 구성 및 자산 배분에 가장 일반적으로 사용되는 기술이다. 이 기법에서는 입력으로 사용할 자산의 공분산 행렬과 예상 수익을 추정해야 한다. 7장의 '실전 문제 1: 포트폴리오 관리(고유 포트폴리오 찾기)'에서 논의한 바와 같이 재무 수익의 불규칙한 속성은 특히 자산 수가 샘플 크기에 비해 많은 경우 기대 수익과 공분산 행렬에 대한 추정 오류를 일으킨다. 이러한 오류는 결과 포트폴리오의 최적성을 크게 위협해 오류가 있는 불안정한 결과를 초래한다. 또한 가정된 자산 수익, 변동성 또는 공분산의 작은 변화에도 최적화 절차의 결과에 큰 영향을 미칠 수 있다. 이런 의미에서 마코위츠의 평균 분산 최적화는 잘못된 (또는 조건이 나쁜) 역 문제이다.

마르코 로페즈 드 프라도Marcos López de Prado는 「Building Diversified Portfolios That Outperform Out-of-Sample(샘플을 능가하는 다양한 포트폴리오 구축)」[7]에서 **계층적 위험 패리티**라는 군집화를 기반으로 한 포트폴리오 배분 방법을 제안한다. 계층적 위험 패리티의 주요 아이디어는 주식 수익의 공분산 행렬에서 계층적 군집화를 실행한 다음 각 군집 계층에 자본을 균등하게 분배하여 다양한 가중치를 찾는 것이다. (따라서 많은 상관 전략이 하나의 비상관 전략과 동일한 총 배분을 받는다.) 이렇게 하면 마코위츠의 평균 분산 최적화에서 발견된 일부 문제(위에 강조 표시됨)를 완화하고 수치 안정성을 향상한다.

이 실전 문제에서는 군집화 방법을 기반으로 계층적 위험 패리티를 구현하고 이를 마코위츠의 평균 분산 최적화 방법과 비교한다.

이 실전 문제에 사용된 데이터셋은 2018년부터 S&P 500 주식의 가격 데이터이다. 데이터셋은 야후 파이낸스에서 다운로드할 수 있다. 실전 문제 1에서 사용한 것과 동일한 데이터셋이다.

---

7 https://oreil.ly/2BmW5

이 실전 문제에서 중점을 두는 내용은 다음과 같다.

- 포트폴리오 배분을 위한 군집화 기반 기술 적용
- 포트폴리오 배분 방법을 비교하기 위한 프레임워크 개발

군집화를 사용한 계층적 위험 패리티 구현

1. 문제 정의

이 실전 문제의 목표는 주식 데이터셋에서 군집화 기반 알고리즘을 사용해 자본을 서로 다른 자산 클래스에 배분하는 것이다. 포트폴리오 배분을 기존 마코위츠 평균 분산 최적화와 백테스트하고 비교하기 위해 시각화를 수행하고 샤프 비율과 같은 성능 메트릭을 사용한다.

2. 시작하기 – 데이터 및 파이썬 패키지 불러오기

2.1 파이썬 패키지 불러오기

이 실전 문제에서 불러온 패키지는 이전 실전 문제에서 불러온 패키지와 유사하다. 그러나 군집화 기술과 관련된 일부 추가 패키지는 다음 코드에 나타냈다.

```
# 모델 패키지 불러오기
import scipy.cluster.hierarchy as sch
from sklearn.cluster import AgglomerativeClustering
from scipy.cluster.hierarchy import fcluster
from scipy.cluster.hierarchy import dendrogram, linkage, cophenet
from sklearn.metrics import adjusted_mutual_info_score
from sklearn import cluster, covariance, manifold
import ffn
# 평균 분산 최적화를 위한 패키지
import cvxopt as opt
from cvxopt import blas, solvers
```

이 실전 문제에서는 실전 문제 1과 동일한 데이터를 사용하기 때문에 반복을 피하기 위해 다음 단계(데이터 불러오기) 중 일부를 건너뛴다. 상기 데이터에는 약 500개 주식과 448개 관측치가 있다.

3. 탐색적 데이터 분석

이 실전 문제의 뒷부분에서 시각화 군집화에 대해 자세히 살펴본다.

4. 데이터 준비

4.1 데이터 정리

데이터 정리 단계는 실전 문제 1을 참조한다.

4.2 데이터 변환

군집화에 연간 수익을 사용한다. 또한 데이터를 훈련한 다음 데이터를 테스트한다. 여기서는 테스트를 위해 데이터셋의 20%를 분리해 훈련 데이터셋과 테스트 데이터셋을 준비한다.

```
X= dataset.copy('deep')
row= len(X)
train_len = int(row*.8)
X_train = X.head(train_len)
X_test = X.tail(row-train_len)
# 수익률 계산
returns = X_train.to_returns().dropna()
returns_test=X_test.to_returns().dropna()
```

5. 알고리즘 및 모델 평가

이 단계에서 계층적 군집화를 살펴보고 추가 분석 및 시각화를 수행한다.

5.1 계층 그래프 / 덴드로그램 생성

첫 번째 단계는 응집 계층적 군집화 기술을 사용해 상관관계 군집을 찾는 것이다. 계층 구조 클래스에는 동일한 클래스의 연결 메서드에서 반환된 값을 사용하는 덴드로그램 메서드가 있다. 연결 방법은 데이터셋과 메서드를 매개변수로 사용해 거리를 최소화하는 것이다. 거리 측정에는 다양한 옵션이 있는데, 여기서 선택할 옵션은 와드이다. 군집 사이의 거리 분산을 최소화하기 때문이다. 다른 가능한 거리 측정에는 단일과 중심이 있다.

연결linkage은 다음의 한 줄 코드로 실제 군집화를 수행하고 다음 형식으로 결합된 군집 목록을 반환한다.

```
Z= [stock_1, stock_2, distance, sample_count]
```

프리커서로서, 상관관계를 거리로 변환하는 함수를 정의한다.

```
def correlDist(corr):
    # 상관관계를 기반으로 하는 거리 행렬, 여기서 0 <= d [i, j] <= 1
    # 적절한 거리 측정법임
    dist = ((1 - corr) / 2.) ** .5
    # 거리 행렬
    return dist
```

이제 주식 수익의 상관관계를 거리로 변환한 다음 아래 단계에서 연결 계산을 수행한다. 연결 계산 후 덴드로그램을 통해 군집을 시각화한다. 다시 말하지만 최하단은 개별 주식이고 최상단은 최종 단일 군집이다. 각 군집 사이의 거리는 y축에 표시된다. 분기가 길수록 두 군집 사이의 상관관계가 적다.

```
# 연결 계산
dist = correlDist(returns.corr())
link = linkage(dist, 'ward')
# 덴드로그램 그리기
plt.figure(figsize=(20, 7))
plt.title("Dendrograms")
dendrogram(link,labels = X.columns)
plt.show()
```

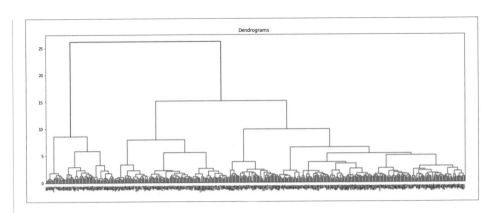

이 차트에서 가로축은 군집을 나타낸다. 가로축에 있는 주식의 이름은 명확하게 보이지 않지만(주식이 500개 있으니 그럴 만하다) 여러 군집으로 그룹화되었음을 알 수 있다. 적절한 군집 수는 원하는 거리 임계값 수준에 따라 2, 3 또는 6으로 나타난다. 다음으로는 이 단계에서 계산된 연결을 활용해 계층적 위험 패리티를 기반으로 한 자산 배분을 계산한다.

5.2 계층적 위험 패리티 단계

계층적 위험 패리티(HRP) 알고리즘은 프라도의 논문에 설명된 대로 세 단계로 작동한다.

- **트리 군집화**

  상관 행렬을 기반으로 유사한 투자를 군집으로 그룹화한다. 계층 구조가 있는 것은 공분산 행렬을 반대로 변환할 때 2차 최적화의 안정성 문제를 개선하는 데 도움이 된다.

- **준대각화**

  유사한 투자가 함께 배치되도록 공분산 행렬을 재구성한다. 행렬 대각화를 통해 역분산 할당에 따라 가중치를 최적으로 분배할 수 있다.

- **재귀 이분법**

  군집 공분산을 기반으로 재귀적 이분법을 통해 배분한다.

이전 절의 첫 번째 단계인 거리 메트릭을 기반으로 군집을 식별한 후, 준대각화를 진행한다.

5.2.1 준대각화

준대각화는 가장 큰 값이 대각선을 따라 놓이도록 공분산 행렬의 행과 열을 재구성하는 행렬 직렬화matrix seriation라고 알려진 방법이다. 다음 코드에 표시된 것처럼 이 방법은 유사한 투자를 함께 배치하도록 공분산 행렬을 재구성한다. 이 행렬 대각화를 통해 역분산 할당에 따라 가중치를 최적으로 분배할 수 있다.

```python
def getQuasiDiag(link):
    # 거리별로 군집화된 항목 정렬
    link = link.astype(int)
    sortIx = pd.Series([link[-1, 0], link[-1, 1]])
    numItems = link[-1, 3]  # 원래 항목 수
    while sortIx.max() >= numItems:
        sortIx.index = range(0, sortIx.shape[0] * 2, 2)  # 공간 생성
        df0 = sortIx[sortIx >= numItems]  # 군집 찾기
        i = df0.index
        j = df0.values - numItems
        sortIx[i] = link[j, 0]  # 항목 1
        df0 = pd.Series(link[j, 1], index=i + 1)
        sortIx = sortIx.append(df0)  # 항목 2
        sortIx = sortIx.sort_index()  # 재정렬
        sortIx.index = range(sortIx.shape[0])  # 재색인
    return sortIx.tolist()
```

5.2.2 재귀 이분법

다음 단계에서는 하향식 접근방식인 재귀적 이분법을 수행한다. 이 방법은 집계된 분산에 대한 반비례를 기반으로 하위집합 간에 포트폴리오 가중치를 분할한다. getClusterVar 함수는 군집 분산을 계산하며 이 과정에서 getIVP 함수의 역분산 포트폴리오가 필요하다. getRecBipart 함수는 getClusterVar 함수의 출력을 사용해 군집 공분산을 기반으로 하는 재귀 이분법을 통해 최종 배분을 계산한다.

```python
def getIVP(cov, **kargs):
    # 역분산 포트폴리오 계산
    ivp = 1. / np.diag(cov)
    ivp /= ivp.sum()
    return ivp
def getClusterVar(cov,cItems):
    # 군집당 분산 계산
    cov_=cov.loc[cItems,cItems] # 행렬 분할
    w_=getIVP(cov_).reshape(-1, 1)
    cVar=np.dot(np.dot(w_.T,cov_),w_)[0, 0]
    return cVar
```

```
def getRecBipart(cov, sortIx):
    # HRP 배분 계산
    w = pd.Series(1, index=sortIx)
    cItems = [sortIx]  # 하나의 군집에서 모든 항목 초기화
    while len(cItems) > 0:
        cItems = [i[j:k] for i in cItems for j, k in ((0,\
            len(i) // 2), (len(i) // 2, len(i))) if len(i) > 1]  # 이등분
        for i in range(0, len(cItems), 2):  # 쌍으로 구문 분석
            cItems0 = cItems[i]  # 군집 1
            cItems1 = cItems[i + 1]  # 군집 2
            cVar0 = getClusterVar(cov, cItems0)
            cVar1 = getClusterVar(cov, cItems1)
            alpha = 1 - cVar0 / (cVar0 + cVar1)
            w[cItems0] *= alpha  # 가중치 1
            w[cItems1] *= 1 - alpha  # 가중치 2
    return w
```

다음 getHRP 함수는 군집화, 준대각화, 재귀 이분법의 세 단계를 결합해 최종 가중치를 생성한다.

```
def getHRP(cov, corr):
    # 계층적 포트폴리오 구성
    dist = correlDist(corr)
    link = sch.linkage(dist, 'single')
    #plt.figure(figsize=(20, 10))
    #dn = sch.dendrogram(link, labels=cov.index.values)
    #plt.show()
    sortIx = getQuasiDiag(link)
    sortIx = corr.index[sortIx].tolist()
    hrp = getRecBipart(cov, sortIx)
    return hrp.sort_index()
```

5.3 다른 자산 배분 방법과 비교

이 실전 문제에서는 군집화를 사용해 마코위츠의 평균 분산 포트폴리오 최적화에 대한 대안을 개발하는 일에 중점을 둔다. 이 단계에서는 마코위츠의 평균 분산 기법을 기반으로 포트폴리오 배분을 계산하는 함수를 정의한다. getMVP 함수는 자산의 공분산 행렬을 입력으로 사용하고 평균 분산 최적화를 수행하며 포트폴리오 배분을 생성한다.

```
def getMVP(cov):
    cov = cov.T.values
    n = len(cov)
    N = 100
    mus = [10 ** (5.0 * t / N - 1.0) for t in range(N)]
    # cvxopt 행렬로 변환
    S = opt.matrix(cov)
    #pbar = opt.matrix(np.mean(returns, axis=1))
    pbar = opt.matrix(np.ones(cov.shape[0]))
    # 제약 행렬 만들기
    G = -opt.matrix(np.eye(n))   # 음의 n x n 단위 행렬
    h = opt.matrix(0.0, (n, 1))
    A = opt.matrix(1.0, (1, n))
    b = opt.matrix(1.0)
    # 2차 계획법을 사용해 효율적인 프론티어 가중치 계산
    solvers.options['show_progress'] = False
    portfolios = [solvers.qp(mu * S, -pbar, G, h, A, b)['x']
                    for mu in mus]
    ## 프론티어의 위험과 수익 계산
    returns = [blas.dot(pbar, x) for x in portfolios]
    risks = [np.sqrt(blas.dot(x, S * x)) for x in portfolios]
    ## 프론티어 곡선의 2차 다항식 계산
    m1 = np.polyfit(returns, risks, 2)
    x1 = np.sqrt(m1[2] / m1[0])
    # 최적의 포트폴리오 계산
    wt = solvers.qp(opt.matrix(x1 * S), -pbar, G, h, A, b)['x']
    return list(wt)
```

5.4 모든 유형의 자산 배분을 위한 포트폴리오 가중치 얻기

이 단계에서는 위의 함수를 사용하고 두 가지 자산 배분 방법을 사용해 자산 배분을 계산한다. 그런 다음 자산 배분 결과를 시각화한다.

```
def get_all_portfolios(returns):
    cov, corr = returns.cov(), returns.corr()
    hrp = getHRP(cov, corr)
    mvp = getMVP(cov)
    mvp = pd.Series(mvp, index=cov.index)
    portfolios = pd.DataFrame([mvp, hrp], index=['MVP', 'HRP']).T
    return portfolios
```

```
# 포트폴리오를 얻고 원그래프 그리기
portfolios = get_all_portfolios(returns)
portfolios.plot.pie(subplots=True, figsize=(20, 10),legend = False);
fig, (ax1, ax2) = plt.subplots(1, 2,figsize=(30,20))
ax1.pie(portfolios.iloc[:, 0], );
ax1.set_title('MVP',fontsize=30)
ax2.pie(portfolios.iloc[:, 1]);
ax2.set_title('HRP',fontsize=30)
```

다음의 원그래프에 나타난 MVP 대 HRP의 자산 배분 중 HRP에서 다양성이 더 많음을 분명히 볼 수 있다. 이번에는 백테스트 결과를 살펴보자.

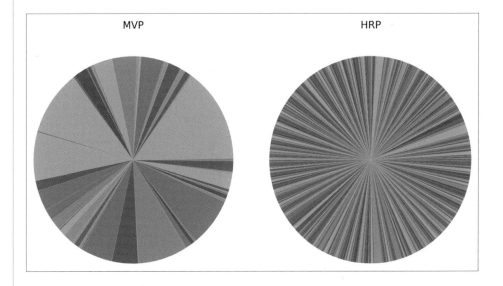

6. 백테스팅

이제 알고리즘에 의해 생성된 포트폴리오의 성과를 백테스트해 샘플 내 결과와 샘플 외 결과를 모두 살펴볼 것이다.

```
Insample_Result=pd.DataFrame(np.dot(returns,np.array(portfolios)), \
    'MVP','HRP'], index = returns.index)
OutOfSample_Result=pd.DataFrame(np.dot(returns_test,np.array(portfolios)), \
    columns=['MVP', 'HRP'], index = returns_test.index)
Insample_Result.cumsum().plot(figsize=(10, 5), title ="In-Sample Results",\
```

```
        style=['--','-'])
OutOfSample_Result.cumsum().plot(figsize=(10, 5), title ="Out Of Sample Results",\
        style=['--','-'])
```

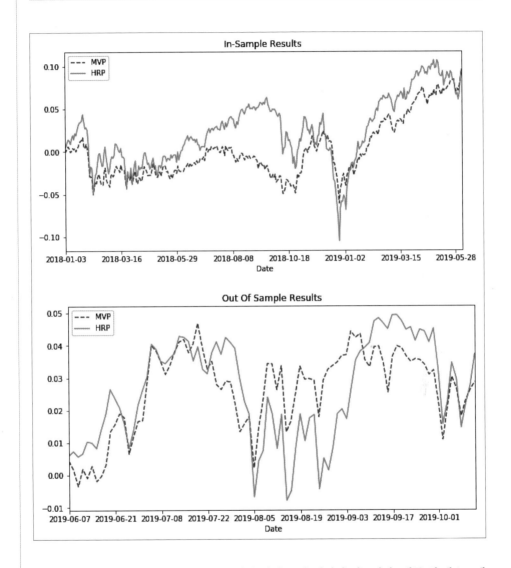

차트를 보면 MVP는 샘플 테스트에서 상당한 시간 동안 실적이 저조하다. 샘플 외 테스트에서 MVP는 2019년 8월부터 2019년 9월 중순까지 짧은 기간 동안 HRP보다 더 좋은 성과를 거두었다. 다음 단계에서는 두 가지 배분 방법에 대한 샤프 비율을 조사한다.

예제: 샘플 내 결과

```
# 결과
stddev = Insample_Result.std() * np.sqrt(252)
sharp_ratio = (Insample_Result.mean()*np.sqrt(252))/(Insample_Result).std()
Results = pd.DataFrame(dict(stdev=stddev, sharp_ratio = sharp_ratio))
Results
```

	stdev	sharp_ratio
MVP	0.086	0.785
HRP	0.127	0.524

예제: 샘플 외 결과

```
# 결과
stddev_oos = OutOfSample_Result.std() * np.sqrt(252)
sharp_ratio_oos = (OutOfSample_Result.mean()*np.sqrt(252))/(OutOfSample_Result).\
    std()
Results_oos = pd.DataFrame(dict(stdev_oos=stddev_oos, sharp_ratio_oos = \
    sharp_ratio_oos))
Results_oos
```

	stdev_oos	sharp_ratio_oos
MVP	0.103	0.787
HRP	0.126	0.836

MVP의 샘플 내 결과는 유망해 보이지만 계층적 군집화 접근방식을 사용해 구성된 포트폴리오의 샘플 외 샤프 비율과 전체 수익률이 더 좋다. HRP가 비상관관계 자산 전반에 걸쳐 달성한 다각화는 이 방법론을 충격에 대해 더욱 견고하게 한다.

7. 결론

이 실전 문제에서 계층적 군집화를 기반으로 한 포트폴리오 배분이 자산을 유사한 특징을 가진 군집으로 더 잘 분리할 수 있음을 확인했다. 이는 마코위츠의 평균 분산 포트폴리오 최적화에서 사용된 고전적 상관 분석에 의존하지 않는다.

마코위츠의 기술을 사용하면 소수의 주식에 집중되고 다양성이 낮은 포트폴리오가 생성된다. 계층적 군집화 기반 배분을 활용하는 HRP 접근방식은 더 다양하고 분산된 포트폴리오를 만든다. 이 접근방식은 최고의 샘플 외 성능을 제공하고 포트폴리오의 분산화로 위험을 관리할 수 있다.

실제로 해당하는 계층적 위험 패리티 전략은 최소 분산 기반 포트폴리오 배분의 단점을 해결한다. 시각적이고 유연하며 포트폴리오 배분과 관리를 위한 안정적 방법론을 제공하는 것 같다.

8.5 맺음말

이 장에서 다양한 군집화 기술에 대해 배웠고 이를 사용해 여러 재무 영역에서 의사 결정을 향상시키기 위해 데이터의 자연스러운 구조를 살펴보았다. 실전 문제를 통해 군집화 기술이 거래 전략 및 포트폴리오 관리를 향상시키는 데 유용할 수 있음을 시연해 보았다.

실전 문제는 다양한 재무 문제에 대한 접근방식을 제공하는 것 외에도 군집화 모델의 개념 이해, 직관 개발, 군집 시각화에 중점을 두었다. 전반적으로 실전 문제를 통해 이 장에 제시된 파이썬, 머신러닝, 금융의 개념은 금융의 다른 군집화 기반 문제에 대한 청사진으로 사용할 수 있다.

지금까지 지도 학습과 비지도 학습을 다루었다. 다음 장에서는 머신러닝의 또 다른 유형인 강화 학습을 살펴볼 것이다.

8.6 연습 문제

- 계층적 군집화를 사용해 외환 또는 상품과 같은 다른 자산 클래스에 대한 투자 군집을 만들어 보자.
- 채권 금리 시장에서 거래 쌍에 대한 군집화 분석을 적용해 보자.

강화 학습과 자연어 처리

4부에서는 강화 학습 및 자연어 처리(NLP) 기술을 다루고 적용 사례와 실전 문제를 보여 줍니다.

9장에서는 금융 산업에 적용할 가능성이 큰 강화 학습에 대한 개념과 실전 문제를 다룹니다. 강화 학습의 '보상 극대화'라는 주요 아이디어는 금융 내 여러 영역의 핵심 동기와 완벽하게 일치합니다. 또한 거래 전략, 포트폴리오 최적화 및 파생상품 헤징과 관련된 실전 문제를 다룹니다.

10장에서는 자연어 처리 기술을 설명하고 금융의 여러 영역에서 텍스트 데이터를 의미 있는 표현으로 변환하는 필수 단계에 대해 설명합니다. 감정 분석, 챗봇 및 문서 해석과 관련된 실전 문제를 다룹니다.

Part IV

강화 학습과 자연어 처리

CHAPTER 9

강화 학습

인센티브는 거의 모든 것을 이끄는 힘이 있는데, 금융도 예외는 아니다. 인간은 레이블이 붙은 수백만 개의 사례에서 배우지 않는다. 대신 행동에 뒤따르는 긍정적 경험이나 부정적 경험을 통해 배운다. 이와 같이 경험과 그에 따라 주어지는 보상이나 페널티에서 배운다는 것이 강화 학습의 핵심 아이디어이다.

강화 학습은 보상을 극대화하고 페널티를 최소화하는 최적의 정책을 통해 최선의 조치를 찾도록 머신을 훈련시키는 접근방식이다.

알파고(바둑 프로기사를 물리친 최초의 컴퓨터 프로그램)를 강화한 강화 학습 알고리즘도 금융 분야로 진출하고 있다. 보상을 극대화하는 강화 학습의 주요 아이디어는 알고리즘 거래, 포트폴리오 관리 등 재무의 여러 영역에 부합한다. 강화 학습은 불확실하고 역동적인 환경에서 수익률을 극대화하는 에이전트의 개념이 금융 시장과 상호 작용하는 투자자나 거래 전략과 공통점이 많기 때문에 특히 알고리즘 거래에 적합하다. 강화 학습 기반 모델은 이전 장에서 논의한 가격 예측 기반 거래 전략에서 한 단계 더 나아가 행동(즉, 주문, 아무것도 하지 않음, 주문 취소 등)에 대한 규칙 기반 정책을 결정한다.

마찬가지로 포트폴리오 관리 및 자산 배분에서 강화 학습 기반 알고리즘은 예측을 생성하지 않으며 시장 구조를 암시적으로 학습하지 않는다. 오히려 더 많은 일을 한다. 지속적으로 변화하는 시장에서 포트폴리오 배분 가중치를 동적으로 변경하는 정책을 직접 학습한다. 강화 학습 모델은 시장 상품에 대한 구매나 판매 주문을 완료하는 절차가 수반되는 주문 실행 문제에도 활용한다. 여기서 알고리즘은 시행 착오를 통해 학습함으로써 최적의 실행 경로를 스스로 파악한다.

운영 환경에서 더 많은 뉘앙스와 매개변수를 처리할 수 있는 강화 학습 알고리즘은 파생상품 헤징 전략도 생성할 수 있다. 전통적인 금융 기반 헤징 전략과 달리 강화 학습 기반 헤징 전략은 거래 비용, 시장 영향, 유동성 제약, 위험 한도와 같은 실제 시장 마찰 상황에서 실효성 있는 최적의 전략이다.

9장에서는 주요 금융 활용을 다루는 세 가지 강화 학습 기반 실전 문제, 즉 알고리즘 거래, 파생상품 헤징, 포트폴리오 배분을 다룬다. 모델 개발 단계의 경우 실전 문제는 2장에 제시된 표준화된 7단계 모델 개발 과정을 따른다. 모델 개발 및 평가는 강화 학습의 핵심 단계이므로 이 단계를 강조한다. 머신러닝과 금융의 여러 개념이 구현된 경우, 이러한 실전 문제는 금융의 다른 강화 학습 기반 문제에 청사진으로 사용할 수 있다.

'**실전 문제 1: 강화 학습 기반 거래 전략**'에서는 알고리즘 거래 전략을 개발하기 위해 강화 학습을 사용하는 방법을 시연해 보인다.

'**실전 문제 2: 파생상품 헤징**'에서는 강화 학습 기반 기술을 구현하고 분석해 시장 마찰이 있는 파생상품 포트폴리오에 대한 최적의 헤징 전략을 계산한다.

'**실전 문제 3: 포트폴리오 배분**'에서는 위험 조정 수익률을 극대화하기 위해 암호화폐 데이터셋에 강화 학습 기반 기술을 사용해 자본을 다른 암호화폐에 배분하는 방법을 설명한다. 또한 모델을 훈련하고 테스트하기 위해 강화 학습 기반 시뮬레이션 환경을 도입한다.

위에서 언급한 사항 외에도, 다음 내용도 함께 살펴본다.

- 강화 학습의 주요 구성요소(가령 보상, 에이전트, 환경, 행동, 정책)
- 정책 및 가치 기반 모델과 함께 강화 학습을 위한 모델 기반 및 모델 없는 알고리즘
- 마코프 의사 결정 프로세스(MDP), 시간차(TD) 학습, 인공 신경망(ANN) 같은 강화 학습 문제를 해결하기 위한 기본 접근방식
- 인공 신경망과 딥러닝을 사용해 가치 및 정책 기반 강화 학습 알고리즘을 훈련하고 테스트하는 방법
- 파이썬을 사용해 강화 학습 문제에 대한 에이전트나 시뮬레이션 환경을 설정하는 방법
- 분류 기반 머신러닝 프레임워크에서 알고리즘 거래 전략, 포트폴리오 관리, 상품 헤징과 관련된 문제 설명을 설계하고 구현하는 방법

9.1 강화 학습: 이론 및 개념

강화 학습(RL)은 광범위한 개념과 용어를 아우르는 확장된 주제이다. 이 장의 이론 절에서는 [그림 9-1]에 열거된 항목과 주제를 다룬다.[2]

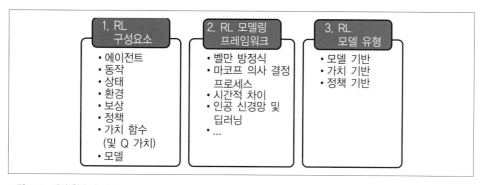

그림 9-1 강화 학습의 개념

강화 학습을 사용해 문제를 해결하려면 먼저 RL 구성요소를 이해하고 정의하는 것이 중요하다.

9.1.1 강화 학습 구성요소

강화 학습 시스템의 주요 구성요소는 에이전트, 동작, 환경, 상태, 보상이다.

----

1 https://oreil.ly/Fp0xD
2 더 자세한 내용은 리차드 수턴(Richard Sutton)과 앤드류 바르토(Andrew Barto) 공저 『Reinforcement Learning: An Introduction』을 참고하거나 런던 대학 내 데이비드 실버(David Silver)의 무료 온라인 강화학습 강의를 참고바란다.

- **에이전트**

  동작을 수행하는 본체이다.

- **동작**

  에이전트가 환경에서 수행할 수 있는 동작이다.

- **환경**

  에이전트가 속해 있는 세계이다.

- **상태**

  현재 상황을 의미한다.

- **보상**

  에이전트가 마지막으로 수행한 동작을 평가하기 위해 환경에서 보낸 즉각적인 반환이다.

강화 학습의 목표는 실험적 시도와 비교적 간단한 피드백 루프를 통해 최적의 전략을 학습하는 것이다. 에이전트는 최적의 전략으로 환경에 적극적으로 적응함으로써 보상을 극대화한다. 지도 학습과 달리, 이러한 보상 신호는 모델에 즉각 전달되지 않는다. 대신 에이전트가 수행하는 일련의 동작의 결과로 보상 신호를 반환한다.

에이전트의 동작은 일반적으로 에이전트가 환경에서 인식하는 내용에 따라 달라진다. 에이전트가 인식하는 것을 환경 관찰 또는 환경 상태라고 한다. [그림 9-2]는 강화 학습 시스템의 구성요소를 요약해 보여 준다.

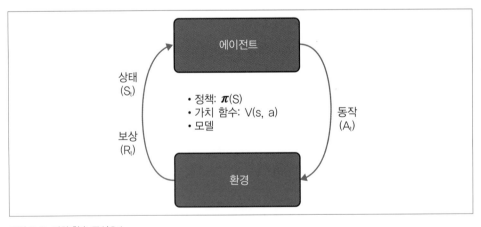

그림 9-2 강화 학습 구성요소

에이전트와 환경 간 상호 작용에는 시간(t = 1, 2 ... T)에 따른 일련의 동작과 관찰된 보상이 포함된다. 이 과정에서 에이전트는 환경에 대한 지식을 축적하고 최적의 정책을 학습하며 최상의 정책을 효율적으로 학습하기 위해 다음에 취할 조치를 결정한다. 시간 단계 t에서의 상태, 동작, 보상을 각각 S_t, A_t ... R_t로 지정하면, 상호 작용 순서는 하나의 에피소드('시행' 또는 '궤적'이라고도 하는)로 완전히 설명되고 순서는 최종 상태 S_T: S_1, A_1, R_2, S_2, A_2 ... A_T에서 끝난다.

강화 학습에는 지금까지 언급한 다섯 가지 구성요소 외에도 정책, 가치 함수(및 Q 가치), 환경 모델의 세 가지 추가 구성요소가 있다. 구성요소에 대해 자세히 알아보자.

정책

정책은 에이전트가 결정을 내리는 방법을 설명하는 알고리즘 또는 규칙의 집합이다. 공식적으로 말하면 정책은 일반적으로 π로 표시되는 함수로 상태(s)와 동작(a)을 매핑한다.

$$a_t = \pi(s_t)$$

즉 에이전트는 현재 상태에 따라 행동을 결정한다. 정책은 결정적이거나 확률적일 수 있는데, 결정적 정책은 상태를 동작에 매핑하는 반면 확률적 정책은 동작에 대한 확률 분포를 출력한다. 이는 동작 a를 취하는 대신 상태가 주어진 동작에 할당된 확률이 있음을 의미한다.

강화 학습의 목표는 (π*라고도 하는) 최적의 정책을 학습하는 것이다. 최적의 정책은 모든 상태에서 수익률을 극대화하는 동작 방법을 알려 준다.

가치 함수(및 Q 가치)

강화 학습 에이전트의 목표는 환경에서 동작을 잘 수행하는 방법을 학습하는 것이다. 수학적으로 이는 미래 보상 또는 누적 할인 보상 G를 최대화하는 것을 의미하며, 다른 시간에 보상 함수 R의 함수로 다음 식과 같이 표현할 수 있다.

$$G_t = R_{t+1} + \gamma R_{t+2} + ... = \sum_0^\infty y^k R_{t+k+1}$$

할인 계수 γ는 0에서 1 사이의 값을 갖고 미래 보상이 즉각적인 혜택을 제공하지 않으며 불확실성이 더 높을 수 있으므로 미래 보상에 불리하다. 미래 보상은 가치 함수에 대한 중요한 입력이다.

가치 함수(또는 상태 가치)는 미래 보상 G_t의 예측을 통해 상태의 매력도를 측정한다. 상태 s의 가치 함수는 예상 수익률이며, 시간 t에서 이 상태에 있으면 정책 π를 사용한다.

$$V(s) = E[G_t \mid S_t = s]$$

마찬가지로 상태–동작 쌍(s, a)의 동작–가치 함수(Q 가치)를 다음과 같이 정의한다.

$$Q(s, a) = E[G_t \mid S_t = s, A_t = a]$$

따라서 가치 함수는 정책 π를 따르는 상태에 대한 예상 수익률이다. Q 가치는 정책 π를 따르는 상태–동작 쌍에 대한 예상 보상이다.

가치 함수와 Q 가치도 서로 연결된다. 목표 정책 π를 따르므로 가능한 동작에 대한 확률 분포와 Q 가치를 사용해 가치 함수를 복구할 수 있다.

$$V(s) = \sum_{a \in A} Q(s, a)\pi(a \mid s)$$

앞의 방정식은 가치 함수와 Q 가치의 관계를 나타낸다.

많은 강화 학습 모델의 핵심 구성요소 중 하나인 벨만 방정식(이 장의 뒷부분에서 설명)을 도출하는 데 보상 함수(R), 미래 보상(G), 가치 함수, Q 가치의 관계를 사용한다.

모델

모델은 환경의 설명자이다. 모델을 사용하면 환경이 에이전트와 상호 작용하고 피드백을 제공하는 방법을 학습하거나 추론할 수 있다. 계획하는 데 모델을 사용한다는 것은 가능한 미래 상황을 고려해 일련의 동작을 결정한다는 의미이다. 예를 들어, 주식 시장 모델은 향후 가격이 어떻게 될지 예측하는 일을 한다. 모델에는 전환 확률 함수(P)와 보상 함수의 두 가지 주요 부분이 있으며, 그중 보상 함수는 이미 알아보았다. 전환 함수(P)는 조치를 취한 후 한 상태에서 다른 상태로 전환될 확률을 기록한다.

전반적으로 강화 학습 에이전트는 [그림 9-3]에 표시된 정책 또는 가치 함수를 직간접적으로 학습하려고 한다. 정책 학습 방법은 강화 학습 모델 유형에 따라 다르다. 환경을 완전히 알면 모델 기반 접근방식을 사용해 최적의 솔루션을 찾을 수 있다.[3] 환경을 알지 못하면 모델 없는 접근방식을 따르고 알고리즘의 일부로 모델을 명시적으로 학습한다.

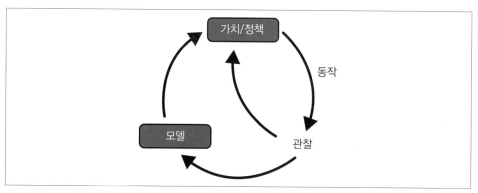

그림 9-3 모델, 가치, 정책

거래에서의 강화 학습 구성요소

거래 설정 시 강화 학습 구성요소가 무엇인지 알아보자.

- **에이전트**

  에이전트는 거래 에이전트이다. 에이전트를 거래소의 현재 상태와 계정을 기반으로 거래 결정을 내리는 인간 거래자라고 생각할 수 있다.

- **동작**

  매수, 보류, 매도의 세 가지 동작이 있다.

- **보상 함수**

  명백한 보상 함수는 실현된 손익Profit and Loss(PnL)이다. 다른 보상 함수는 샤프 비율 또는 최대 손실률이 될 수 있다.[4] 이익과 위험 사이에 균형을 잡는 복잡한 보상 함수가 다양할 수 있다.

- **환경**

  거래 환경은 거래소이다. 거래소에서 거래하는 경우 환경의 완전한 상태를 관찰하지 못한다. 특히 다른 에이전트를 인식하지 못하며 에이전트가 관찰하는 것은 환경의 실제 상태가 아니라 일부 파생된 것이다.

---

3 모델 기반 및 모델 없는 접근방식에 대한 자세한 내용은 9.1.3절(강화 학습 모델)을 참조한다.

4 고정 대비 최대 하락폭은 새로운 최고점에 도달하기 전에 포트폴리오의 최고점부터 최저점까지 관찰된 최대 손실이자 특정 기간의 하락 위험을 나타내는 지표이다.

이를 부분적으로 관찰 가능한 마코프 의사 결정 프로세스partially observable Markov decision process(POMDP)라고 한다. 이는 금융에서 접하는 가장 일반적인 유형의 환경이다.

9.1.2 강화 학습 모델링 프레임워크

이 절에서는 여러 강화 학습 모델에서 사용되는 강화 학습의 핵심 프레임워크를 설명한다.

벨만 방정식

벨만 방정식은 가치 함수와 Q 가치를 즉각적인 보상과 할인된 미래 가치로 분해하는 방정식 집합을 나타낸다.

강화 학습에서 에이전트의 주요 목표는 이르게 되는 모든 상태에서 기대되는 보상 합계를 구하는 것이다. 이를 달성하려면 최적의 가치 함수와 Q 가치를 얻어야 하는데, 이때 벨만 방정식이 유용하다.

보상 함수(R), 미래 보상(G), 가치 함수, Q 가치의 관계를 사용해 [식 9-1]과 같이 가치 함수에 대한 벨만 방정식을 도출한다.

$$V(s) = E[R_{t+1} + \gamma V(S_{t+1}) \mid S_t = s]$$

식 9-1 가치 함수에 대한 벨만 방정식

여기서 가치 함수는 두 부분으로 분해되는데, 즉각적인 보상 R_{t+1} 및 이전 방정식에 표시된 대로 후속 상태의 할인된 값 $\gamma V(S_{t+1})$이다. 따라서 문제를 즉각적인 보상과 할인된 후속 상태로 분류했다. 시간 t에서 상태 s에 대한 상태 값 $V(s)$는 현재 보상 R_{t+1}과 시간 $t+1$에서 가치 함수를 사용해 계산할 수 있다. 이것이 가치 함수에 대한 벨만 방정식이다. 이 방정식은 $V^*(s)$로 표시되는 가치 함수에 대한 '벨만 최적화 방정식'이라고 하는 방정식을 얻기 위해 최대화될 수 있다.

최적의 상태–동작 가치(Q 가치)를 추정하기 위해 매우 유사한 알고리즘을 따른다. 가치 함수 및 Q 가치에 대한 단순화된 반복 알고리즘은 [식 9-2]와 [식 9-3]에 나와 있다.

$$V_{k+1}(s) = \max_a \sum_{s'} P_{ss'}^a \left(R_{ss'}^a + \gamma V_k(s') \right)$$

식 9-2 가치 함수에 대한 반복 알고리즘

$$Q_{k+1}(s, a) = \sum_{s'} P_{ss'}^a \left[R_{ss'}^a + \gamma * \max_{a'} * Q_k(s', a') \right]$$

식 9-3 Q 가치에 대한 반복 알고리즘

여기서

- $P_{ss'}^a$ 는 동작 a가 선택되었을 때 상태 s에서 상태 s'로 전이될 확률이다.
- $R_{ss'}^a$ 는 동작 a가 선택되었을 때 에이전트가 상태 s에서 상태 s'로 이동할 때 받는 보상이다.

벨만 방정식은 상태 값을 다른 상태 값으로 표현할 수 있기 때문에 중요하다. 즉, s_{t+1}의 Q 가치 또는 가치 함수를 안다면 s_t의 값을 매우 쉽게 계산할 수 있다. 따라서 다음 상태의 값을 알면 현재 상태의 값을 알 수 있기 때문에 반복적인 접근방식으로 각 상태의 값을 계산하는 것이 가능하다.

환경에 대한 완전한 정보가 있는 경우, [식 9-2]와 [식 9-3]에 표시된 반복 알고리즘은 다음 절에서 시연해 보일 동적 프로그래밍으로 해결할 수 있는 계획 문제로 바뀐다. 애석하게도 대부분의 시나리오에서 $R_{ss'}$ 또는 $P_{ss'}$를 모르기 때문에 벨만 방정식을 직접 적용하지 못하지만, 이는 많은 강화 학습 알고리즘의 이론적 토대가 된다.

마코프 의사 결정 프로세스

거의 모든 강화 학습 문제를 마코프 의사 결정 프로세스(MDP)로 구성할 수 있다. MDP는 강화 학습 환경을 식으로 설명한다. MDP는 $M = S, A, P, R, \gamma$의 다섯 가지 요소로 구성되는데, 이 기호는 이전 절에서 정의한 것과 의미가 같다.

- S: 상태 집합
- A: 일련의 작동
- P: 전환 확률
- R: 보상 함수
- γ: 미래 보상에 대한 할인 계수

MDP는 일련의 시간 단계 t = 1,⋯, T에 걸쳐 순차적인 의사 결정 문제로 에이전트와 환경의 상호 작용을 구성한다. 에이전트와 환경은 끊임없이 상호 작용한다. 에이전트는 동작을 선택하고 환경은 그 동작에 반응해 새로운 상황을 에이전트에 제시한다. 이는 최적의 정책이나 전략을 내놓기 위함이다. 벨만 방정식은 전체 알고리즘의 기초를 형성한다.

MDP의 모든 상태에는 미래가 과거가 아니라 오직 현재 상태에 의존한다는 마코프 속성이 있다.

금융 맥락에서 MDP의 예를 살펴보고 벨만 방정식을 분석해 보자. 시장에서의 거래는 MDP로 공식화될 수 있는데, 이는 상태에서 상태로 전환될 확률이 부여되는 과정이다. [그림 9-4]는 상태 집합, 전환 확률, 동작, 보상이 있는 금융 시장에서의 MDP 예를 보여 준다.

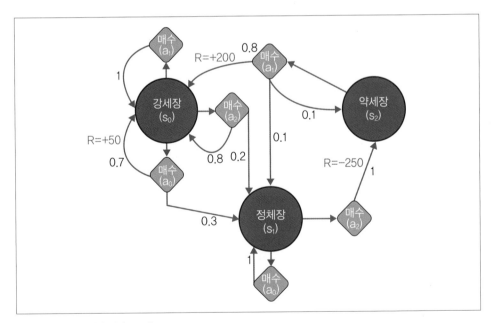

그림 9-4 마코프 의사 결정 프로세스

여기에 제시된 MDP에는 세 가지 상태(s_0, s_1, s_2)로 표시된 강세, 약세, 정체 시장이 있다. 거래자의 세 가지 동작은 각각 a_0, a_1, a_2로 표시된 보류, 매수, 매도이다. 이는 가상의 설정으로 전환 확률을 알고 있고 거래자의 동작이 시장 상태의 변화로 이어진다고 가정한다. 다음 절에서는 가정을 하지 않고 강화 학습 문제를 해결하기 위한 접근법을 살펴볼 것이다. 또한 차트는 다양한 동작에 대한 전환 확률과 보상을 보여 준다. 상태 s_0(강세장)에서 시작하면 에이전트는 a_0, a_1, a_2(보류, 매수, 매도) 동작 중에서 선택할 수 있다. 매수 동작(a_1)을 선택하면 보상 없이 확실하게 s_0 상태를 유지한다. 따라서 원하는 경우 영원히 거기에 머물기로 결정할 수 있다. 그러나 보류 동작(a_0)을 선택하면 70%의 확률로 +50의 보상을 얻고 s_0 상태에 남게 된다. 그런 다음 가능한 한 많은 보상을 얻기 위해 다시 시도할 수 있다. 그러나 어느 시점에서 s_1(정체장) 상태로 끝난다. s_1 상태에서는 보류(a_0) 또는 매수(a_1)의 두 가지 동작만 가능하다. 동작 a_1을 반복적으로 선택하며 상태를 그대로 유지하거나 s_2 상태(약세장)로 이동하고 −250의 마이너스 보상을 받을 수도 있다. 상태 s_3에서는 매수 동작(a_1)을 선택해 상태 s_0(강세장)으로 돌아가는 과정에서 +200의 보상을 받는다.

이제 MDP를 보면 시간이 지남에 따라 가장 많은 보상을 얻게 되는 최적의 정책이나 전략을 찾을 수 있다. 상태 s_0에서는 동작 a_0이 최선의 선택이고, 상태 s_2에서는 에이전트가 동작 a_1을 취할 수밖에 없지만, 상태 s_1에서는 에이전트가 그대로 있어야 하는지(a_0) 아니면 매도해야 하는지(a_2)가 분명하지 않다.

최적의 Q 가치를 얻기 위해 [식 9-3]에 따라 다음 벨만 방정식을 적용해 보자.

$$Q_{k+1}(s, a) = \sum_{s'} P_{ss'}^{a} [R_{ss'}^{a} + \gamma * \max_{a'} {}^* Q_k(s', a')]$$

```
import numpy as np
nan=np.nan # 불가능한 동작을 나타냄.
# 전이 확률에 대한 배열
P = np.array([ # shape=[s, a, s']
[[0.7, 0.3, 0.0], [1.0, 0.0, 0.0], [0.8, 0.2, 0.0]],
[[0.0, 1.0, 0.0], [nan, nan, nan], [0.0, 0.0, 1.0]],
[[nan, nan, nan], [0.8, 0.1, 0.1], [nan, nan, nan]],
])
# 반환을 위한 배열
R = np.array([ # shape=[s, a, s']
[[50., 0.0, 0.0], [0.0, 0.0, 0.0], [0.0, 0.0, 0.0]],
[[50., 0.0, 0.0], [nan, nan, nan], [0.0, 0.0, -250.]],
```

```
    [[nan, nan, nan], [200., 0.0, 0.0], [nan, nan, nan]],
])
# 동작
A = [[0, 1, 2], [0, 2], [1]]
# yahoo 금융에서 이미 얻은 데이터를 가져옴.
# 이제 Q-Value 반복 알고리즘을 실행해 보자.
Q = np.full((3, 3), -np.inf) # -inf for impossible actions 불가능한 동작에 대한 음의
무한대
for state, actions in enumerate(A):
    Q[state, actions] = 0.0 # Initial value = 0.0, for all possible actions 가능한 모
든 동작에 대해 초깃값 = 0.0
discount_rate = 0.95
n_iterations = 100
for iteration in range(n_iterations):
    Q_prev = Q.copy()
    for s in range(3):
        for a in A[s]:
            Q[s, a] = np.sum([
                T[s, a, sp] * (R[s, a, sp] + discount_rate * np.max(Q_prev[sp]))
            for sp in range(3)])
print(Q)
```

```
[[109.43230584 103.95749333  84.274035  ]
 [  5.5402017          -inf   5.83515676]
 [        -inf 269.30353051          -inf]]
```

이것은 0.95의 할인율을 사용할 때 MDP에 대한 최적의 정책(Q 가치)을 제공한다. 각 상태에서 가장 높은 Q 가치를 찾아보면 세 가지 선택지가 있다. 강세장(s_0)에서 보류 동작(a_0)을 선택한다. 정체장(s_1)에서 매도 동작(a_2)을 선택한다. 약세장(s_2)에서는 매수 동작(a_1)을 선택한다.

앞의 예에서 최적의 정책을 얻기 위한 동적 프로그래밍(DP) 알고리즘을 보여 주었다. 이 방법은 환경에 대해 완전히 알고 있다는 비현실적 가정을 하지만 대부분의 접근방식에서 개념적 토대가 된다.

시간차 학습

이산적 동작이 있는 강화 학습 문제는 이전 예에서 본 것처럼 마코프 의사 결정 프로세스로 모델링할 수 있지만 대부분의 경우 에이전트가 처음부터 전환 확률을 통찰하는 것은 아니다. 또한 보상이 무엇이 될지 알지 못한다. 이때 시간차(TD) 학습이 유용하다.

시간차 학습 알고리즘은 벨만 방정식을 기반으로 하는 가치 반복 알고리즘(식 9–2)과 매우 유사하지만 에이전트가 MDP에 대한 일부 지식만 있다는 사실을 고려해 조정된다. 일반적으로 에이전트는 처음에 가능한 상태와 동작만 알고 그 이상은 알지 못한다고 가정한다. 예를 들어 에이전트는 순전히 무작위 정책인 탐색 정책을 사용해 MDP를 탐색하고, 진행되면서 시간차 학습 알고리즘은 실제로 관찰된 전환 및 보상을 기반으로 상태 값의 추정치를 업데이트한다.

시간차 학습의 핵심 아이디어는 가치 함수 $V(S_t)$를 추정 수익률 $R_{t+1} + \gamma V(S_{t+1})$(TD 타깃이라고 함)로 업데이트하는 것이다. 가치 함수를 업데이트하려는 정도는 학습률 하이퍼파라미터 α에 의해 제어되는데, α는 값을 업데이트할 때 얼마나 공격적이기를 원하는지 정의한다. α가 0에 가까우면 적극적으로 업데이트하지 않는다. α가 1에 가까우면 이전 값을 업데이트된 값으로 그대로 대체한다.

$$V(s_t) \leftarrow V(s_t) + \alpha(R_{t+1} + \gamma V(s_{t+1}) - V(s_t))$$

마찬가지로 Q 가치 추정의 경우

$$Q(s_t, a_t) \leftarrow Q(s_t, a_t) + \alpha(R_{t+1} + \gamma Q(s_{t+1}, a_{t+1}) - Q(s_t, a_t))$$

많은 강화 학습 모델은 다음 절에서 살펴볼 시간차 학습 알고리즘을 사용한다.

인공 신경망 및 딥러닝

강화 학습 모델은 종종 인공 신경망과 딥러닝 방법을 활용해 가치 또는 정책 함수를 근사한다. 즉, 인공 신경망은 상태를 값에 매핑하거나 상태–작업 쌍을 Q 가치에 매핑하는 방법을 학습할 수 있다. 인공 신경망은 **계수** 또는 **가중치**를 사용해 입력을 출력에 연관시키는 함수를 근사한다. 강화 학습의 맥락에서 인공 신경망을 학습한다는 것은 보상이 극대화되는 방식으로 반복적으로 조정해 올바른 가중치를 찾는 것을 의미한다. 인공 신경망 관련 방법(딥러닝 포함)에 대한 자세한 내용은 3장과 5장을 참조한다.

9.1.3 강화 학습 모델

강화 학습은 각 단계의 보상과 확률에 쉽게 접근할 수 있는지 여부에 따라 모델 기반 알고리즘과 모델 없는 알고리즘으로 분류할 수 있다.

모델 기반 알고리즘

모델 기반 알고리즘은 환경을 이해하고 이를 나타내는 모델을 생성하려고 한다. 강화 학습 문제에 잘 정의된 전환 확률과 제한된 수의 상태 및 동작이 포함된 경우, 유한 MDP[5]로 문제를 구성할 수 있고 이전 예제와 유사하게 동적 프로그래밍(DP)이 정확한 솔루션을 계산할 수 있다.

모델 없는 알고리즘

모델 없는 알고리즘은 모델이나 사전 지식 없이 실제 경험만으로 예상되는 보상을 극대화하려고 한다. 모델이 없는 알고리즘은 모델에 대한 정보가 불완전할 때 사용한다. 에이전트의 정책 $\pi(s)$는 총보상의 극대화를 목표로 특정 상태에서 취할 수 있는 최적의 동작에 대한 지침을 제공한다. 각 상태는 해당 정책에 따라 동작을 취할 때 이 상태에서 받을 수 있는 미래 보상의 양을 예측하는 가치 함수 $V(s)$와 연관된다. 즉, 가치 함수는 상태가 얼마나 좋은지를 수량화한다. 모델 없는 알고리즘은 가치 기반과 정책 기반으로 세분화된다. 가치 기반 알고리즘은 상태에서 최상의 동작을 선택해 상태 또는 Q 가치를 학습한다. 이 알고리즘은 일반적으로 강화 학습 프레임워크 절에서 논의한 시간차 학습을 기반으로 한다. 정책 기반 알고리즘(직접 정책 탐색이라고도 함)은 상태를 동작에 매핑하는 최적의 정책을 직접 학습한다(진정한 최적의 정책을 얻을 수 없는 경우 최적의 정책에 근접하려고 시도한다).

대부분의 금융 상황에서는 환경, 보상, 전환 확률을 완전히 알지 못하므로 모델 없는 알고리즘 및 관련 접근방식으로 돌아가야 한다.[6] 따라서 다음 절과 실전 문제에서는 모델 없는 방법 및 관련 알고리즘에 중점을 둔다.

[그림 9-5]는 모델 없는 강화 학습의 분류를 보여 준다.

---

5 MDP의 상태 및 동작 공간이 유한한 경우, 이를 유한 마코프 의사 결정 프로세스라고 한다.

6 이전 절에서 논의한 동적 프로그래밍 기반 MDP 예는 모델 기반 알고리즘의 예제이다. 여기서 볼 수 있듯이 이 알고리즘에는 예제 보상 및 전환 확률이 필요하다.

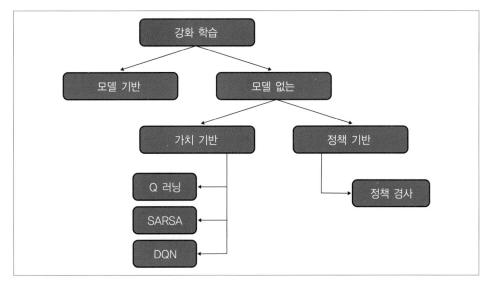

그림 9-5 강화 학습 모델 용어

모델 없는 방법의 맥락에서 시간차 학습은 많이 사용되는 접근방식이다. 시간차에서 알고리즘은 자체 사전 추정치를 기반으로 추정치를 구체화한다. 가치 기반 알고리즘인 Q 러닝 및 SARSA는 이 접근방식을 사용한다.

모델 없는 방법은 종종 인공 신경망을 활용해 값이나 정책 함수를 근사한다. 정책 경사 및 DQN(딥 Q 망)은 보편적으로 사용되는 두 가지 모델 없는 알고리즘으로 인공 신경망을 사용한다. 정책 경사는 정책을 직접 매개변수화하는 정책 기반 접근방식이다. 딥 Q 망은 딥러닝과 Q 러닝을 결합한 가치 기반 방법으로, 학습 목표가 Q 가치 추정 최적화로 설정된다.[7]

Q 러닝

Q 러닝은 시간차 학습의 적응형이다. 알고리즘은 Q 가치(또는 동작-가치) 함수를 기반으로 수행할 동작을 평가한다. Q 가치 함수는 특정 상태에서 특정 동작을 수행하는 값을 결정한다. 각 상태-동작 쌍(s, a)에 대해 이 알고리즘은 에이전트가 동작 a로 상태 s를 떠날 때 받는 보상 R의 실행 평균과 나중에 받을 것으로 예상되는 보상을 추적한다.

---

7 정책 기반 그리고 가치 기반 방법을 이용한 동작 비판 모델과 같은 여러 모델이 있다.

타깃 정책이 최적으로 작동하므로 다음 상태에 대한 Q 가치 추정치의 최댓값을 취한다.

학습은 비정책 기반off-policy으로 진행된다. 즉, 알고리즘은 가치 함수에만 내포된 정책을 기반으로 동작을 선택할 필요가 없다. 그러나 수렴을 위해서는 모든 학습 과정 전체에 걸쳐 상태-동작 쌍을 계속 업데이트해야 하며, 이를 보장하는 확실한 방법은 다음 절에서 자세히 정의하는 ε-탐욕ε-greedy 정책을 사용하는 것이다. Q 러닝은 다음 단계를 따른다.

1 시간 단계 t에서는 s_t 상태에서 시작해 Q 가치에 따라 동작 $a_t = max_a Q(s_t, a)$을 선택한다.

2 ε 탐욕 접근방식을 적용해 ε 확률로 동작을 무작위 선택하거나 Q 가치 함수에 따라 최선의 동작을 선택한다. 이것은 주어진 상태에서 새로운 동작의 탐색exploration을 보장하는 동시에 학습 경험을 활용exploitation한다.[8]

3 동작 a_t를 취하면 보상 R_{t+1}을 확인하고 다음 상태 S_{t+1}로 이동한다.

4 동작-가치 함수를 업데이트한다.

$$Q(s_t, a_t) \leftarrow Q(s_t, a_t) + \alpha(R_{t+1} + \gamma \max_a Q(s_{t+1}, a_t) - Q(s_t, a_t))$$

5 시간 단계를 $t = t+1$로 증가시키고 단계를 반복한다.

위의 단계를 충분히 반복하면 알고리즘은 최적의 Q 가치로 수렴한다.

SARSA

SARSA도 시간차 학습 기반 알고리즘으로, ... S_t, A_t, R_{t+1}, S_{t+1}, A_{t+1}, ... 순서를 따라 Q 가치를 업데이트하는 절차를 말한다. SARSA는 처음 두 단계가 Q 러닝 단계와 유사하다. 그러나 Q 러닝과 달리 에이전트가 최적의 정책을 파악하고 동일한 정책을 사용해 동작하는 정책 기반 알고리즘이다. 알고리즘에서 업데이트와 동작에 사용되는 정책이 동일하지만 Q 러닝은 비정책 기반 알고리즘으로 간주한다.

딥 Q 망

이전 절에서는 Q 러닝을 통해 벨만 방정식 기반 반복 업데이트를 사용해 개별 상태 동작이 있는 환경에서 최적의 Q 가치 함수를 학습할 수 있는 방법을 살펴보았다. 그러나 Q 러닝에는 다음과 같은 단점이 있다.

• 상태 및 동작 공간이 큰 경우 최적의 Q 가치 테이블을 빨리 계산하는 것이 거의 불가하다.

---

8 비정책 기반, ε 탐욕, 탐색, 활용은 강화 학습에서 일반적으로 사용되는 용어로 다른 절과 실전 문제에서도 사용된다.

- Q 러닝이 불안정해지고 발산할 수 있다.

이러한 단점을 해결하기 위해 인공 신경망을 사용해 Q 가치를 근사한다. 예를 들어 매개변수 θ 가 있는 함수를 사용해 Q 가치를 계산하는 경우, Q 가치 함수를 $Q(s,a;\theta)$로 표시할 수 있다. 딥 Q 러닝 알고리즘은 상태를 동작에 매핑하는 다층 딥 Q 망의 가중치 θ 집합을 학습해 Q 가치를 근사한다. 알고리즘은 두 가지 혁신적인 메커니즘을 통해 Q 러닝의 훈련 절차를 크게 개선하고 안정화하는 것을 목표로 한다.

- **경험 재생**

  시뮬레이션 또는 실제 경험 중에 발생하는 상태-동작 쌍에 대해 Q 러닝을 실행하는 대신, 알고리즘은 에이전트가 경험하는 상태, 동작, 보상, 다음 상태로의 전환 기록을 하나의 큰 재생 메모리에 저장한다. 이는 관찰의 미니 배치라고 할 수 있다. Q 러닝 업데이트 중에 샘플이 재생 메모리에서 무작위로 추출되므로 하나의 샘플을 여러 번 사용할 수 있다. 경험 재생은 데이터 효율성을 향상시키고 관찰 순서의 상관관계를 제거하며 데이터 분포의 변화를 완만하게 한다.

- **주기적으로 업데이트되는 타깃**

  Q는 주기적으로 업데이트만 되는 목푯값에 최적화된다. Q 망은 C 단계(C는 하이퍼파라미터)마다 최적화 타깃으로 복제되고 고정된 상태로 유지된다. 이러한 수정은 단기 진동을 극복하기 때문에 학습이 더 안정적으로 이루어진다. 망 매개변수를 학습하기 위해 알고리즘은 경사 하강법[9]을 딥 Q 망의 목표 추정치와 현재 상태-동작 쌍 $Q(s,a;\theta)$의 Q 가치 추정치 간의 차이 제곱으로 정의된 손실 함수에 적용한다. 손실 함수는 다음과 같다.

$$L(\theta_i) = \mathbb{E}[(r + \gamma \max_{a'} Q(s',\,a'\,;\,\theta_{i-1}) - Q(s,\,a;\,\theta_i))^2]$$

손실 함수는 본질적으로 평균 제곱 오차(MSE) 함수이다. 여기서 $(r + \gamma \max_{a'} Q(s',\,a'\,;\,\theta_{i-1}))$는 목푯값을 나타내고 $Q[s,\,a;\,\theta_i]$는 예측값을 나타낸다. θ는 손실 함수가 최소화될 때 계산되는 망 가중치이다. 목표 및 현재 추정치는 가중치 집합에 따라 달라지며, 학습 전에 목표가 고정되는 지도 학습과 차별화된다.

[그림 9-6]에는 매수, 매도, 보류 동작이 포함된 거래 예에 대한 딥 Q 망의 예가 나와 있다. 이 그림에서는 망에 상태만 입력으로 제공하고 가능한 모든 동작(즉, 매수, 매도, 보류)에 대한 Q 가치를 한번에 받는다. 이 장의 실전 문제 1과 3에서 딥 Q 망을 사용한다.

---

9 경사 하강법의 자세한 내용은 3장을 참조한다.

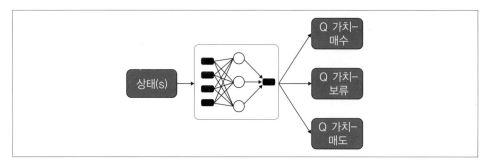

그림 9-6 딥 Q 망

정책 경사

정책 경사는 정책 함수 π를 학습하는 정책 기반 방법으로, 각 상태에서는 해당 상태에 가장 적합한 동작으로 직접 매핑한다. Q 가치 함수가 필요 없는 가치 기반 방법보다 더 간단한 접근방식이다.

정책 경사 방법은 θ, $\pi(a|s;\theta)$에 대해 매개변수화된 함수로 정책을 직접 학습한다. 이 함수는 복잡할 수 있으며 정교한 모델이 필요할 수도 있다. 정책 경사 방법에서는 복잡한 함수를 학습하는 데 효율적이기 때문에 인공 신경망을 사용해 상태를 동작으로 매핑한다. 인공 신경망의 손실 함수는 예상 수익(누적 미래 보상)과 반대된다. 정책 경사 방법의 목적 함수는 다음과 같이 정의한다.

$$J(\theta) = V_{\pi_\theta}(S_1) = \mathbb{E}_{\pi_\theta}[V_1]$$

이 식에서 θ는 상태를 동작에 매핑하는 인공 신경망의 가중치 집합을 나타낸다. 여기서 아이디어는 목적 함수를 최대화해 인공 신경망의 가중치(θ)를 계산하는 것이다.

이는 최대화 문제이기 때문에 정책 매개변수 θ에 대한 목표의 편미분을 사용해 경사 상승(손실 함수를 최소화하는 데 사용되는 경사 하강과 반대됨)을 구해 정책을 최적화한다.

$$\theta \leftarrow \theta + \frac{\partial}{\partial\theta} J(\theta)$$

경사 상승을 사용해 가장 높은 수익을 내는 최고의 θ를 찾을 수 있다. θ를 k 차원에서 적은 양의 ε으로 변화시키거나 경사를 유도하기 위한 분석적 접근법을 사용해 경사를 수치적으로 계산할 수 있다.

이 장의 뒷부분에 제시되는 실전 문제 2에서 정책 경사 방법을 사용할 것이다.

9.1.4 강화 학습의 도전과제

지금까지 강화 학습 알고리즘이 할 수 있는 작업만 다루었는데, 여기에도 다음과 같은 취약점이 있다.

- **자원 효율성**
  현재의 심층 강화 학습 알고리즘이 원하는 수준의 숙련도에 도달하려면 방대한 시간, 학습 데이터, 계산 자원이 필요하다. 따라서 제한된 자원으로 강화 학습 알고리즘의 학습을 가능하게 만드는 것은 계속해서 중요한 문제가 된다.

- **보상 배정**
  강화 학습에서 보상 신호는 결과에 기여한 동작보다 훨씬 늦게 발생해 동작과 그 결과의 연관성을 복잡하게 만들 수 있다.

- **해석성**
  강화 학습에서는 모델이 쉽게 이해할 수 있는, 입력과 해당 출력 간의 의미 있고 직관적인 관계를 제공하기가 비교적 어렵다. 심층 신경망이 통합된 대부분의 고급 강화 학습 알고리즘에는 신경망 내부에 계층과 노드가 많아서 해석하기가 더 어렵다.

이제 실전 문제를 살펴보자.

9.2 실전 문제 1: 강화 학습 기반 거래 전략

알고리즘 거래에는 주로 정책 개발, 매개변수 최적화, 백테스팅의 세 가지 구성요소가 있다. 정책은 시장의 현재 상태에 따라 취해야 할 동작을 결정한다. 매개변수 최적화는 임계값 또는 계수와 같은 전략 매개변수의 가능한 값에 대해 탐색을 사용해 수행한다. 마지막으로, 백테스팅은 과거 데이터를 사용해 어떻게 진행되었을지 조사해 거래 전략의 실행 가능성을 평가한다.

강화 학습은 주어진 환경에서 보상을 극대화하는 정책을 만드는 것이다. 강화 학습은 규칙 기반 거래 정책을 직접 코딩할 필요 없이 바로 학습한다. 규칙과 임계값을 명시적으로 지정할 필요가 없다. 자체적으로 정책을 결정할 수 있는 능력은 강화 학습 모델을 머신러닝 알고리즘으로 만들어서 자동화된 알고리즘 거래 모델 또는 거래 봇을 생성하는 데 매우 요긴한 최적의 능력이다.

매개변수 최적화 및 백테스팅 단계에서 강화 학습은 종단 간 최적화를 가능케 하고 (잠재적으로 지연되는) 보상을 최대화한다. 강화 학습 에이전트는 시뮬레이션에서 훈련되고 원하는 만큼 복잡할 수 있다. 지연 시간, 유동성, 수수료를 고려하면 분리 단계를 거치지 않고도 매개변수 최적화 및 백테스팅 단계를 원활하게 결합할 수 있다. 또한 강화 학습 알고리즘은 인공 신경망에 의해 매개변수화된 강력한 정책을 학습한다. 강화 학습 알고리즘은 장기간에 걸쳐 훈련을 받고 충분한 메모리를 가지고 있다는 점을 고려할 때 과거 데이터에서 경험함으로써 다양한 시장 조건에 적응하는 방법을 학습할 수 있다. 이를 통해 정책의 단순성으로 인해 변화하는 시장 상황에 적응하는 방법을 훈련할 만큼 강력한 매개변수화가 없기도 한 지도 학습 기반 거래 전략보다 변화무쌍한 시장에 훨씬 더 강력하게 대처할 수 있다.

정책, 매개변수 최적화, 백테스팅을 쉽게 처리할 수 있는 능력을 갖춘 강화 학습은 차세대 알고리즘 거래에 이상적이다. 덧붙이자면, 대규모 투자 은행과 헤지펀드의 보다 정교한 알고리즘 실행 데스크 여러 곳이 강화 학습을 사용해 의사 결정을 최적화하기 시작한 것으로 보인다.

이 실전 문제에서는 강화 학습을 기반으로 종단 거래 전략을 만들 것이다. 딥 Q 망(DQN)과 함께 Q 러닝 접근방식을 사용해 정책과 거래 전략의 구현을 제시할 것이다. 앞서 논의했듯이 'Q 러닝'이라는 이름은 상태 s 및 제공된 동작 a를 기반으로 예상되는 보상을 반환하는 $Q(s, a)$ 함수를 일컫는다. 이 실전 문제에서는 특정 거래 전략의 개발 외에도 강화 학습 기반 거래 전략의 일반적인 프레임워크와 구성요소에 대해 설명할 것이다.

이 실전 문제에서 중점을 두는 내용은 다음과 같다.

- 거래 전략 관점에서 강화 학습 프레임워크의 주요 구성요소 이해
- 에이전트를 정의한 후 훈련 및 테스트 설정을 통해 파이썬에서 강화 학습의 Q 러닝 방법 평가
- 케라스 패키지를 사용해 파이썬으로 강화 학습 문제에 사용할 심층 신경망 구현
- 강화 학습 기반 모델을 구현하는 동안 파이썬 프로그래밍의 클래스 구조 이해
- 강화 학습 기반 알고리즘의 직관 및 해석 이해

강화 학습 기반 거래 전략 생성

1. 문제 정의

이 실전 문제의 강화 학습 프레임워크에서 알고리즘은 주가의 현재 상태에 따라 동작(매수, 매도, 보류)을 수행한다. 최고의 동작을 수행하기 위해 심층 Q 러닝 모델을 사용해 알고리즘을 학습한다. 이 실전 문제에 대한 강화 학습 프레임워크의 주요 구성요소는 다음과 같다.

- **에이전트**

  거래 에이전트

- **동작**

  매수, 매도, 보류

- **보상 함수**

  실전 문제에서는 실현된 손익(PnL)을 보상 함수로 사용한다. 보상은 매도(실현된 손익), 매수(보상 없음), 보류(보상 없음)의 동작에 따라 달라진다.

- **상태**

  주어진 기간 동안 과거 주가 차이의 시그모이드 함수[10]를 상태로 사용한다. 상태 S_t는 $(d_{t-\tau+1}, d_{t-1}, d_t)$로 설명된다. 여기서 $d_T = sigmoid(p_t - p_{t-1})$, p_t는 시간 t에서의 가격, τ는 시간 윈도우 크기이다. 시그모이드 함수는 과거 주가의 차이를 0과 1 사이의 숫자로 변환해 값을 확률로 정규화하고 상태를 해석하기 쉽게 만든다.

- **환경**

  증권 거래소나 주식 시장

---

10 시그모이드 함수의 자세한 내용은 3장을 참조한다.

사용할 데이터는 S&P 500 종가이다. 이 데이터는 야후 파이낸스에서 추출했으며 2010년부터 2019년까지 10년간의 일일 데이터가 있다.

2. 시작하기 – 데이터 및 파이썬 패키지 불러오기

2.1 파이썬 패키지 불러오기

딥러닝 기반 모델 개발을 비롯해 데이터 불러오기에서 모델 평가에 이르기까지 모델 구현의 모든 단계에 사용되는 라이브러리 목록이 들어 있다. 패키지와 함수의 자세한 내용은 대부분 2장, 3장, 4장에서 설명했다. 그 외 용도로 사용되는 패키지는 여기 파이썬 코드에서 제외했으며, 그 사용법은 모델 개발 과정의 다른 단계에서 시연해 보일 것이다.

예제: 강화 학습 패키지

```
import keras
from keras import layers, models, optimizers
from keras import backend as K
from collections import namedtuple, deque
from keras.models import Sequential
from keras.models import load_model
from keras.layers import Dense
from keras.optimizers import Adam
```

```
import numpy as np
import pandas as pd
import matplotlib.pyplot as plt
from pandas import read_csv, set_option
import datetime import math
from numpy.random import choice
import random
from collections import deque
```

2.2 데이터 불러오기

2010년부터 2019년까지 가져온 데이터를 불러온다.

```
dataset = read_csv('data/SP500.csv', index_col=0)
```

3. 탐색적 데이터 분석

이 절에서는 기술 통계 및 데이터 시각화를 살펴본다. 먼저 데이터셋을 살펴보자.

```
# 형태
dataset.shape
```

```
(2515, 6)
```

```
# 데이터 확인
set_option('display.width', 100)
dataset.head(5)
```

	Open	High	Low	Close	Adj Close	Volume
Date						
2001-01-02	1320.28	1320.28	1276.05	1283.27	1283.27	1129400000
2001-01-03	1283.27	1347.76	1274.62	1347.56	1347.56	1880700000
2001-01-04	1347.56	1350.24	1329.14	1333.34	1333.34	2131000000
2001-01-05	1333.34	1334.77	1294.95	1298.35	1298.35	1430800000
2001-01-08	1298.35	1298.35	1276.29	1295.86	1295.86	1115500000

데이터에는 총 2,515개 행과 6개 열이 있는데, 시가, 고가, 저가, 종가, 조정 종가, 총거래량 열이다. 조정 종가는 분할 및 배당금에 대해 조정된 종가이다. 이 실전 문제의 목적상 종가를 중심으로 한다.

차트를 보면 S&P 500이 2010년과 2019년 사이에 상승세를 보인다. 이제 데이터 준비를 수행하자.

4. 데이터 준비

강화 학습 알고리즘에서는 오류 없이 사용할 수 있는 의미 있고 신뢰할 수 있으며 깨끗한 데이터셋을 생성해야 하기 때문에 이 단계가 중요하다.

4.1 데이터 정리

이 단계에서 행의 NA를 확인하고 이를 삭제하거나 열의 평균으로 채운다.

```
# null값 확인 및 제거
print('Null Values =', dataset.isnull().values.any())
```

```
Null Values = False
```

데이터에 null 값이 없으므로 데이터 정리를 수행할 필요가 없다.

5. 알고리즘 및 모델 평가

강화 학습 모델 개발의 핵심 단계로, 모든 관련 기능과 클래스를 정의하고 알고리즘을 훈련한다. 첫 번째 단계에서는 훈련셋과 테스트셋을 위한 데이터를 준비한다.

5.1 훈련 – 테스트 분할

이 단계에서는 원본 데이터셋을 훈련셋과 테스트셋으로 분할한다. 테스트셋을 사용해 최종 모델의 성능을 확인하고 과적합이 있는지 알아본다. 데이터셋의 80%를 모델링에 사용하고 20%를 테스트에 사용한다.

```
X=list(dataset["Close"])
X=[float(x) for x in X] validation_size = 0.2
train_size = int(len(X) * (1-validation_size))
X_train, X_test = X[0:train_size], X[train_size:len(X)]
```

5.2 구현 단계 및 모듈

이 실전 문제(및 강화 학습)의 전체 알고리즘은 클래스 기반 코드 구조를 구축하고 많은 모듈과 함수를 동시에 사용해야 하므로 약간 복잡하다. 이 절은 프로그램의 동작 원리를 기능적으로 설명하기 위해 실전 문제에 추가했다.

간단히 말해 알고리즘은 현재 시장 가격이 제공될 때 매수, 매도, 보류 여부를 결정한다.

[그림 9-7]은 실전 문제의 맥락에서 Q 러닝 기반 알고리즘의 훈련을 개괄해 보여 준다. 알고리즘은 특정 상태에 있고 해당 상태에서 특정 동작을 수행하는 값을 결정하는 Q 가치를 기반으로 수행할 작업을 평가한다.

[그림 9-7]에 따라 상태는 가격의 현재와 과거 행동(P_t, $P_{t-1}, \cdots$)을 기반으로 결정된다. 현재 상태에 따라 동작은 '매수'이다. 이 동작으로 11,300원의 보상(즉, 동작과 관련된 손익)을 관찰하고 다음 상태로 이동한다. 알고리즘은 현재 보상과 다음 상태의 Q 가치를 사용해 Q 가치 함수를 업데이트한다. 알고리즘은 다음 시간 단계를 계속 진행한다. 위의 단계를 충분히 반복하면 알고리즘이 최적의 Q 가치로 수렴된다.

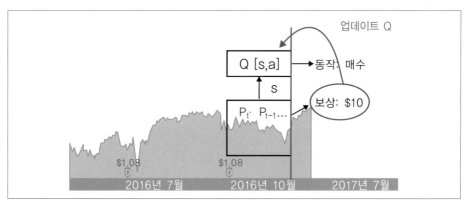

그림 9-7 거래를 위한 강화 학습

실전 문제에서 사용하는 딥 Q 망은 인공 신경망을 사용해 Q 가치를 근사한다. 따라서 동작-가치 함수는 $Q(s,a;\theta)$로 정의된다. 딥 Q 러닝 알고리즘은 상태를 동작에 매핑하는 다층 딥 Q 망의 가중치 집합 θ를 학습해 Q 가치 함수를 근사한다.

모듈 및 함수

딥 Q 망 알고리즘을 구현하려면 모델 훈련 중에 상호 작용하는 여러 함수와 모듈을 구현해야 한다. 모듈과 함수를 요약해 설명하면 다음과 같다.

- **에이전트 클래스**

  에이전트는 에이전트 클래스로 정의한다. 이것은 Q 러닝을 수행하는 변수와 멤버 함수를 보유한다. 훈련 국면을 사용해 Agent 클래스의 개체를 생성하며 이를 모델 훈련에 사용한다.

- **도우미 함수**

  이 모듈에서 훈련에 유용한 추가 함수를 만든다.

- **학습 모듈**

  이 단계에서는 에이전트 및 도우미 메소드에 정의된 변수와 함수를 사용해 데이터 훈련을 수행한다. 훈련 중에 매일 규정된 동작을 예측하고 보상을 계산하며 딥러닝 기반 Q 러닝 모델 가중치를 여러 에 피소드에 걸쳐 반복적으로 업데이트한다. 또한 각 동작의 손익을 합산해 총이익이 발생했는지 확인한 다. 목표는 총이익을 극대화하는 것이다.

다른 모듈과 함수의 상호 작용에 대한 자세한 내용은 이 장의 실전 문제 1, 5.5절(모델 훈련)에서 다룬다.

각각에 대해 자세히 살펴보자.

5.3 에이전트 클래스

에이전트 클래스는 다음 구성요소로 구성된다.

- Constructor(생성자)
- model 함수
- act 함수
- expReplay 함수

Constructor는 init 함수로 정의되며 보상 함수에 대한 할인 계수(discount factor), ε 탐욕 접근방식에 대한 epsilon, 상태 크기(state size), 동작 크기(action size) 같은 중요한 매개변수를 포함한다. 동작 수는 3개(매수, 매도, 보류)로 설정한다. 메모리(memory) 변수는 재생 메모리(replay memory) 크기를 정의한다. 이 함수의 입력 매개변수에는 학습이 진행 중인지 여부를 정의하는 is_eval 매개변수가 들어 있다. 이 변수는 평가/테스트 단계에서 True로 변경된다. 또한 평가/훈련 단계에서 사전 훈련된 모델을 사용해야 하는 경우 model_name 변수를 사용해 전달한다.

```
class Agent:
    def __init__(self, state_size, is_eval=False, model_name=""):
        self.state_size = state_size # 전날 정규화
    self.action_size = 3 # 보류, 매수, 매도
        self.memory = deque(maxlen=1000)
    self.inventory = []
        self.model_name = model_name
        self.is_eval = is_eval
    self.gamma = 0.95
        self.epsilon = 1.0
        self.epsilon_min = 0.01
        self.epsilon_decay = 0.995
    self.model = load_model("models/" + model_name) if is_eval \
            else self._model()
```

model 함수는 상태를 동작에 매핑하는 딥러닝 모델이다. 이 함수는 환경 상태를 가져와 동작에 대한 확률 분포를 참조하는 Q 가치 테이블 또는 정책을 반환한다. 이 함수는 케라스 파이썬 라이브러리를 사용해 구축되었다.[11] 사용된 딥러닝 모델의 구조는 다음과 같다.

- 모델은 입력으로 제공되는 상태 크기와 변수 수가 동일한 데이터 행을 예상한다.

- 첫 번째, 두 번째, 세 번째 은닉층에는 노드가 각각 64, 32, 8개 있으며 이 모든 층은 렐루 활성화 함수를 사용한다.

- 출력층은 동작 크기(즉, 3개)가 노드 수와 동일하며 노드는 선형 활성화 함수를 사용한다.[12]

```
def _model(self):
    model = Sequential()
    model.add(Dense(units=64, input_dim=self.state_size, activation="relu"))
    model.add(Dense(units=32, activation="relu"))
    model.add(Dense(units=8, activation="relu"))
    model.add(Dense(self.action_size, activation="linear"))
    model.compile(loss="mse", optimizer=Adam(lr=0.001))
    return model
```

act 함수는 상태가 주어졌을 때 동작을 반환한다. 이 함수는 model 함수를 사용하고 매수, 매도, 보류 동작을 반환한다.

....

11 케라스 기반의 딥러닝 모델 구현에 대한 자세한 내용은 3장을 참조한다.

12 선형 및 렐루 활성화 함수에 대한 자세한 내용은 3장을 참조한다.

```
def act(self, state):
    if not self.is_eval and random.random() <= self.epsilon:
        return random.randrange(self.action_size)
    options = self.model.predict(state)
    return np.argmax(options[0])
```

expReplay 함수는 관찰된 경험을 기반으로 신경망을 훈련하는 핵심 함수이다. 이 함수는 앞에서 설명한 경험 재생 메커니즘을 구현한다. 경험 재생은 에이전트가 경험한 상태, 동작, 보상, 다음 상태로의 전환 기록을 저장한다. 관찰(재생 메모리)의 미니 배치를 입력으로 사용하고 손실 함수를 최소화해 딥러닝 기반 Q 러닝 모델 가중치를 업데이트한다. 이 함수에 구현된 ε 탐욕 접근방식은 과적합을 방지한다. 함수를 설명하기 위해 다음 파이썬 코드의 주석에 단계 개요와 함께 일련번호를 부여했다.

1 훈련에 사용되는 관찰셋인 재생 버퍼 메모리를 준비한다. for 루프를 사용해 새로운 경험을 재생 버퍼 메모리에 추가한다.

2 미니 배치에서 상태, 동작, 보상, 다음 상태 전환에 대한 모든 관찰을 반복한다.

3 벨만 방정식을 기반으로 Q 테이블의 목표 변수를 업데이트한다. 현재 상태가 최종 상태이거나 에피소드의 끝인 경우 업데이트가 일어난다. 이것은 done 변수로 표현되며 훈련 함수에서 추가로 정의된다. 완료되지 않은 경우 타깃을 보상으로 설정한다.

4 딥러닝 모델을 사용해 다음 상태의 Q 가치를 예측한다.

5 현재 재생 버퍼의 동작에 대한 상태의 Q 가치를 타깃으로 설정한다.

6 model.fit 함수를 사용해 딥러닝 모델 가중치를 업데이트한다.

7 ε 탐욕 접근방식을 구현한다. 이 접근법은 확률이 ε인 동작을 무작위로 선택하거나 확률이 $1-\varepsilon$인 Q 가치 함수에 따라 최선의 동작을 선택한다.

```
def expReplay(self, batch_size):
    mini_batch = []
    l = len(self.memory)
    # 1: 리플레이 메모리 준비
    for i in range(l - batch_size + 1, l):
        mini_batch.append(self.memory[i])

    #2: 재생 메모리 일괄처리를 반복함.
    for state, action, reward, next_state, done in mini_batch:
        target = reward # reward or Q at time t     시간 t에서의 보상 혹은 Q
        # 3: Q 테이블의 대상 업데이트. 테이블 방정식
        if not done:
```

```
        target = reward + self.gamma * \
            np.amax(self.model.predict(next_state)[0])
    #set_trace()

    # 4: 테이블에서 현재 상태의 Q 가치
    target_f = self.model.predict(state)
    # 5: 테이블에서 주어진 동작에 대한 출력 Q 테이블 업데이트
    target_f[0][action] = target
    # 6: 모델의 훈련 및 적합화
    self.model.fit(state, target_f, epochs=1, verbose=0)

    # 7: 엡실론 탐욕 알고리즘 구현
    if self.epsilon > self.epsilon_min:
        self.epsilon *= self.epsilon_decay
```

5.4 도우미 함수

이 모듈에서는 학습에 유용한 추가 함수를 만든다. 몇 가지 중요한 도우미 함수를 설명하는데, 이외의 도우미 함수에 대한 자세한 내용은 이 책의 깃허브 저장소에 있는 주피터 노트북을 참고한다.

getState 함수는 주식 데이터, 시간 t(예측 날짜), 윈도우 n(시간적으로 되돌아갈 일의 수)이 주어지면 상태를 생성한다. 먼저 가격차 벡터를 계산한 다음 sigmoid 함수를 사용해 벡터를 0에서 1로 스케일링한다. 상태로 반환한다.

```
def getState(data, t, n):
    d = t - n + 1
    block = data[d:t + 1] if d >= 0 else -d * [data[0]] + data[0:t + 1]
    res = []
    for i in range(n - 1):
        res.append(sigmoid(block[i + 1] - block[i]))
    return np.array([res])
```

plot_behavior 함수는 매수/매도 동작에 대한 지표와 함께 시장 가격 도표를 반환한다. 훈련 및 테스트 국면에서 알고리즘의 전반적인 평가에 사용된다.

```
def plot_behavior(data_input, states_buy, states_sell, profit):
    fig = plt.figure(figsize = (15, 5))
```

```
plt.plot(data_input, color='r', lw=2.)
plt.plot(data_input, '^', markersize=10, color='m', label='Buying signal',\
    markevery=states_buy)
plt.plot(data_input, 'v', markersize=10, color='k', label='Selling signal',\
    markevery = states_sell)
plt.title('Total gains: %f'%(profit))
plt.legend()
plt.show()
```

5.5 모델 훈련

데이터 훈련을 진행한다. 에이전트를 기반으로 다음 변수를 정의하고 '주식' 에이전트를 생성한다.

- **에피소드**

  전체 데이터를 통해 코드를 훈련한 횟수이다. 이 실전 문제에서는 10개 에피소드를 사용한다.

- **윈도우 크기**

  상태를 평가하기 위해 고려할 시장 일수이다.

- **배치 크기**

  훈련 중 재생 버퍼 또는 메모리 사용의 크기이다.

변수가 정의되면 에피소드를 반복해 모델을 훈련한다. [그림 9-8]은 훈련 단계에 대한 심층 분석을 보여 주는데 지금까지 논의된 모든 요소가 포함되었다. 상단 절에서는 훈련 모듈의 7단계를 설명하고 하단 절에서는 재생 버퍼 함수(가령 **exeReplay** 함수)의 단계를 설명한다.

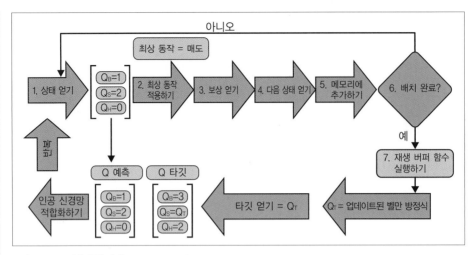

그림 9-8 Q 거래 훈련 단계

[그림 9-8]에서 일련번호가 부여된 여섯 단계는 다음 파이썬 코드에도 번호가 매겨졌으며 각 단계 설명은 다음과 같다.

1 도우미 함수 getState를 사용해 현재 상태를 가져오는데 상태 벡터를 반환한다. 여기서 벡터의 길이를 윈도우 크기로 정의하고 상태 값은 0과 1 사이에 있는 값이다.

2 에이전트 클래스의 act 함수를 사용해 주어진 상태에 대한 동작을 가져온다.

3 주어진 동작에 대한 보상을 받는다. 동작과 보상의 매핑은 이 실전 문제의 '문제 정의' 절에 설명했다.

4 getState 함수를 사용해 다음 상태를 가져온다. Q 함수를 업데이트하기 위해 벨만 방정식에서 다음 상태의 세부 사항을 사용한다.

5 상태, 다음 상태, 동작 등에 대한 세부 정보는 에이전트 개체의 메모리에 저장되며 exeReplay 함수에서 사용된다. 샘플 미니 배치는 다음과 같다.

State	action	reward	next_state	done
0.5000	2	0	1.0000	False
1.0000	0	0	0.0000	False
0.0000	1	1	0.0000	False
0.0000	0	0	0.0766	False
0.0766	1	0	0.9929	False
0.9929	2	0	1.0000	False
1.0000	2	17.410	1.0000	False
1.0000	2	0	0.0003	False
0.0003	2	0	0.9997	False
0.9997	1	0	0.9437	False

6 배치가 완료되었는지 확인한다. 배치 크기는 배치 크기 변수로 정의한다. 배치가 완료되면 재생 버퍼 함수로 이동하고 Q 예측과 Q 타깃 사이의 MSE를 최소화해 Q 함수를 업데이트한다. 그렇지 않은 경우 다음 시간 단계로 이동한다.

이 코드는 각 에피소드의 최종 결과와 함께 에피소드별 매도 및 매수 동작과 총수익을 보여 주는 도표를 생성한다.

```python
window_size = 1
agent = Agent(window_size)
l = len(data) - 1
batch_size = 10
states_sell = []
states_buy = []
episode_count = 3

for e in range(episode_count + 1):
    print("Episode " + str(e) + "/" + str(episode_count))
    # 1: 상태 얻기
    state = getState(data, 0, window_size + 1)

    total_profit = 0
    agent.inventory = []

    for t in range(l):
        # 2: 최선의 동작 적용
        action = agent.act(state)

        # 상태
```

```python
        next_state = getState(data, t + 1, window_size + 1)
        reward = 0

        if action == 1: # 매수
            agent.inventory.append(data[t])
            states_buy.append(t)
            print("Buy: " + formatPrice(data[t]))

    elif action == 2 and len(agent.inventory) > 0: # 매도
            bought_price = agent.inventory.pop(0)
            # 3: 보상 얻기

            reward = max(data[t] - bought_price, 0)
            total_profit += data[t] - bought_price
            states_sell.append(t)
            print("Sell: " + formatPrice(data[t]) + " ¦ Profit: " \
                + formatPrice(data[t] - bought_price))

    done = True if t == l - 1 else False
    # 4: 벨만 방정식에 사용될 다음 상태 얻기
    next_state = getState(data, t + 1, window_size + 1)

    # 5: 메모리에 추가
    agent.memory.append((state, action, reward, next_state, done))
    state = next_state

    if done:
        print("--------------------------------")
        print("Total Profit: " + formatPrice(total_profit))
        print("--------------------------------")

    # 6: 리플레이 버퍼 함수 실행
    if len(agent.memory) > batch_size:
        agent.expReplay(batch_size)

    if e % 10 == 0:
        agent.model.save("models/model_ep" + str(e))
```

```
Running episode 0/10
Total Profit: $6738.87
```

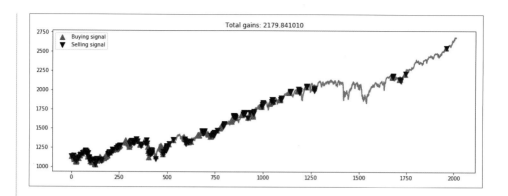

Running episode 1/10
Total Profit: −$45.07

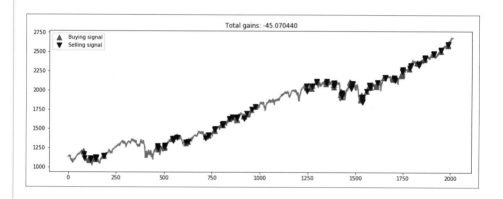

Running episode 9/10
Total Profit: $1971.54

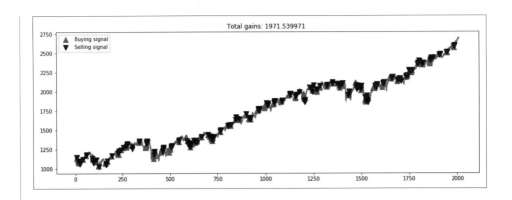

```
Running episode 10/10
Total Profit: $1926.84
```

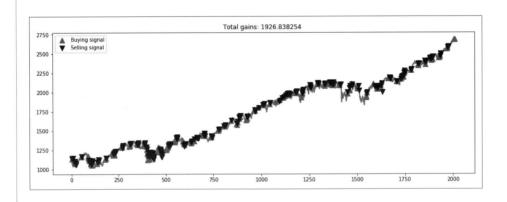

차트에서 매수/매도 패턴에 대한 세부 정보와 처음 2개(0과 1), 마지막 2개(9 및 10) 에피소드의 총이득을 볼 수 있다(다른 에피소드에 대한 내용은 깃허브 참조).

보다시피, 에피소드 0과 1의 시작 부분에서 에이전트는 동작의 결과에 대한 선입견이 없기 때문에 그와 관련된 보상을 관찰하기 위해 무작위 동작을 취한다. 에피소드 0에서는 전체 수익이 7,600,000원으로 실제로 강력한 결과이지만, 에피소드 1에서는 전체적으로 51,000원의 손실이 발생한다. 에피소드당 누적 보상이 처음에 크게 변동한다는 사실은 알고리즘이 탐색 과정을 진행하고 있음을 나타낸다. 에피소드 9와 10을 보면 에이전트가 훈련을 통해 학습을 시작하는 것 같다. 전략을 발견하고 지속적으로 활용하기 시작한다. 이 마지막 두 에피소드의 매수/매도 동작은 에피소드 0보다 적지만 훨씬 더 강력한 손익을 유도한다. 이후

에피소드의 매수/매도 동작은 전체 기간에서 균일하게 수행되었으며 전체 수익은 안정적이다.

이상적으로는 학습 에피소드의 수가 이 실전 문제에 사용된 수보다 더 많아야 한다. 학습 에피소드 수가 많을수록 학습 성능이 향상된다. 테스트를 진행하기 전에 모델 튜닝에 대한 세부 정보를 살펴보자.

5.6 모델 튜닝

다른 머신러닝 기술과 마찬가지로, 격자 탐색 같은 기술을 사용해 강화 학습에서 모델 하이퍼파라미터의 최상의 조합을 찾을 수 있다. 강화 학습 기반 문제에 대한 격자 탐색은 계산 집약적이다. 따라서 이 절에서는 격자 탐색을 수행하지 않고 고려할 주요 하이퍼파라미터를 모델 출력에 대한 잠재적 영향, 직감과 함께 제시한다.

- **감마(할인 계수)**

  감마가 감소하면 에이전트가 단기 보상에 대한 우선순위를 지정하고 보상이 무엇인지 파악하고 장기 보상을 덜 강조한다. 이 실전 문제에서 할인 계수를 낮추면 알고리즘이 장기 보상에 초점을 맞출 수 있다.

- **엡실론**

  엡실론 변수는 모델의 탐색 대 활용 속성을 주도한다. 환경에 대해 더 많이 알수록 무작위 탐색이 줄어든다. 엡실론을 줄이면 무작위 동작 가능성이 줄고 이미 발견한 고가치 동작의 혜택을 받을 수 있는 기회가 더 많아진다. 그러나 거래 설정에서 알고리즘이 훈련 데이터에 과적합되는 것을 원하지 않으며 그에 따라 엡실론을 수정해야 한다.

- **에피소드 및 배치 크기**

  훈련셋에서 더 많은 에피소드와 더 큰 배치 크기는 더 나은 훈련과 더 최적의 Q 가치로 이어진다. 그러나 에피소드 수와 배치 크기를 늘리면 총 훈련 시간이 증가하므로 절충안이 필요하다.

- **윈도우 크기**

  윈도우 크기는 상태를 평가하기 위해 고려할 시장 일수를 결정한다. 과거에 더 많은 일수로 상태를 결정하고 싶은 경우 이 값을 늘린다.

- **딥러닝 모델 계층 및 노드 수**

  더 나은 훈련과 더 최적의 Q 가치를 위해 수정한다. 인공 신경망 모델의 계층과 노드 변경에 따른 영향의 자세한 내용은 3장에서, 딥러닝 모델에 대한 격자 탐색은 5장에서 각각 설명했다.

6. 데이터 테스트

데이터를 훈련한 후 테스트 데이터셋에서 모델을 평가한다. 이 단계는 강화 학습에 특히 중요하다. 에이전트가 보상을 데이터의 가짜 특성과 잘못 연관시키거나 특정 차트 패턴에 과적합할 수 있다. 테스트 단계에서는 테스트 데이터에 대한 훈련 단계에서 이미 훈련된 모델(model_ep10)의 성능을 확인한다. 파이썬 코드는 이전에 본 훈련셋과 유사하다. 그러나 is_eval를 true로 설정하고 응답 버퍼 함수를 호출하지 않으며 학습이 없다. 결과를 살펴보자.

```python
# 에이전트는 앞선 훈련셋에 이미 정의되었음.
test_data = X_test
l_test = len(test_data) - 1
state = getState(test_data, 0, window_size + 1)
total_profit = 0
is_eval = True
done = False
states_sell_test = []
states_buy_test = []
model_name = "model_ep10"
agent = Agent(window_size, is_eval, model_name)
state = getState(data, 0, window_size + 1)
total_profit = 0
agent.inventory = []

for t in range(l_test):
    action = agent.act(state)

    next_state = getState(test_data, t + 1, window_size + 1)
    reward = 0
    if action == 1:
        agent.inventory.append(test_data[t])
        print("Buy: " + formatPrice(test_data[t]))
    elif action == 2 and len(agent.inventory) > 0:
        bought_price = agent.inventory.pop(0)
        reward = max(test_data[t] - bought_price, 0)
        total_profit += test_data[t] - bought_price
        print("Sell: " + formatPrice(test_data[t]) + " ¦ profit: " +\
            formatPrice(test_data[t] - bought_price))
    if t == l_test - 1:
        done = True
    agent.memory.append((state, action, reward, next_state, done))
```

```
        state = next_state

    if done:
        print("------------------------------------------")
        print("Total Profit: " + formatPrice(total_profit))
        print("------------------------------------------")
```

```
Total Profit: $1280.40
```

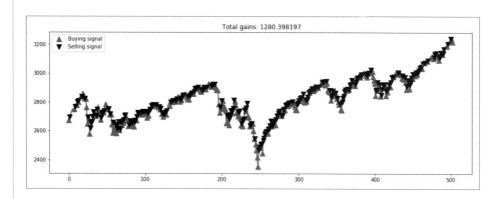

위의 결과를 살펴보면 모델의 전체 수익은 1,500,000원이며 딥 Q 망 에이전트가 테스트셋에서 꽤 잘 작동한다고 할 수 있다.

7. 결론

이 실전 문제에서는 거래 신호를 생성하기 위해 실행 중인 주식 시장 데이터를 투입하기만 하면 되는 자동 거래 전략 또는 거래 봇을 만들었다. 알고리즘이 자체적으로 정책을 결정하고 전반적인 접근법이 지도 학습 기반 접근법보다 훨씬 더 간단하고 원칙적이라는 것을 확인했다. 훈련된 모델은 테스트셋에 대해 수익성이 있었고 강화 학습 기반 거래 전략의 효과를 입증했다.

심층 신경망을 기반으로 하는 딥 Q 망 같은 강화 학습 모델을 사용하면, 인간 거래자가 배울 수 있는 것보다 더 복잡하고 강력한 정책을 학습할 수 있다.

강화 학습 기반 모델은 복잡성이 높고 해석 가능성이 낮기 때문에 시각화 및 테스트 단계가 매우 중요하다. 해석 가능성을 위해 훈련 알고리즘의 훈련 에피소드 플롯을 사용했으며 모델이 일정 기간에 훈련을 시작하고 전략을 발견하며 이를 활용하기 시작한다는 것을 발견했다. 실시간 거래를 위해 모델을 배포하기 전에 서로 다른 기간에 충분한 횟수의 테스트를 수행해야 한다.

강화 학습 기반 모델을 사용하는 동안 보상 함수 및 상태와 같은 강화 학습 구성요소를 신중하게 선택하고 전체 모델 결과에 미치는 영향을 이해해야 한다. 모델을 구현하거나 훈련하기 전에 '강화 학습 알고리즘이 올바른 메트릭을 최적화하는 방법을 배울 수 있도록 보상 함수 또는 상태를 어떻게 엔지니어링할 수 있을까?' 같은 질문에 대해 생각해 보는 것 역시 중요하다.

전반적으로 이러한 강화 학습 기반 모델을 사용하면 재무 실무자가 매우 유연한 접근법으로 거래 전략을 만들 수 있다. 이 실전 문제에서 제공하는 프레임워크는 알고리즘 거래에 사용할 강력한 모델을 개발하는 데 좋은 출발점이 될 것이다.

9.3 실전 문제 2: 파생상품 헤징

파생 상품 가격 책정 및 위험 관리를 다루는 전통적인 금융 이론은 대부분 거래 제한, 거래 비용, 시장 영향, 유동성 제약 등이 없이 완벽한 헤지가 가능하다는 이상적인 시장 가정에 기반한다. 그러나 실제로 거래 제한, 거래 비용 등 이러한 마찰은 매우 현실적이다. 결과적으로 파생 상품을 사용한 실질적인 위험 관리에는 사람의 감독과 유지가 필요하다. 모델 자체로는 역부족이다. 여전히 구현은 부분적으로 기존 도구의 단점을 보완하는 거래자의 직관적 이해로 결정된다.

운영 환경에서 더 많은 미묘한 차이와 매개변수를 처리할 수 있는 강화 학습 알고리즘은 본질적으로 헤징 목표와 일치한다. 강화 학습 모델은 앞에서 예시한 마찰이 있는 세상에서도 최적의 동적 전략을 생성할 수 있다. 모델 없는 강화 학습 접근법은 이론적 가정을 거의 요하지 않는다. 사람이 자주 개입하지 않고도 헤징을 자동화할 수 있으므로 전체 헤징 과정이 훨씬 빨라진다. 강화 학습 모델은 많은 양의 과거 데이터에서 훈련할 수 있으며 많은 변수를 고려해 더 정확하고 명확한 헤징 결정을 내린다. 또한 방대한 양의 데이터를 사용할 수 있으므로 강화 학습 기반 모델은 그 어느 때보다 유용하고 효율적이다.

이 실전 문제에서는 한스 뷜러[Hans Bühler]의 논문 「Deep Hedging(딥 헤징)」에 제시된 아이디어를 채택한 강화 학습 기반 헤징 전략을 구현한다. 위험 조정 손익을 최소화해 특정 유형의 파생상품(콜옵션)에 대한 최적의 헤징 전략을 구축할 것이다. 위험 평가 척도로 포지션 또는 포트폴리오의 테일 위험량을 정량화하는 위험 조건부 가치(CVaR) 척도를 사용한다.

이 실전 문제에서 중점을 두는 내용은 다음과 같다.

- 정책 기반(또는 직접 정책 검색 기반) 강화 학습 사용 및 심층 신경망을 사용한 구현
- 강화 학습 기반 거래 전략의 효과를 전통적인 블랙−숄즈 모델과 비교
- 파이썬의 클래스 구조를 사용해 강화 학습 문제에 대한 에이전트 설정
- 정책 경사 기반 강화 학습 방법 구현 및 평가
- 텐서플로 파이썬 패키지에서 함수의 기본 개념 소개
- 주가 및 블랙−숄즈 가격 모델의 몬테카를로 시뮬레이션 구현 및 그리스 옵션 계산

강화 학습 기반 헤징 전략 구현

1. 문제 정의

이 실전 문제의 강화 학습 프레임워크에서 알고리즘은 기본 자산의 시장 가격을 사용해 콜옵션에 대한 최상의 헤징 전략을 결정한다. 직접 정책 검색 강화 학습 전략을 사용한다. 「딥 헤징」논문에서 도출된 전반적인 아이디어는 위험 평가 척도에서 헤지 오류를 최소화하는 데 기반을 둔다. $t=1$에서 $t=T$까지 일정 기간 동안 콜옵션 헤징 전략의 전체 손익은 다음과 같이 작성할 수 있다.

$$PnL_T(Z, \delta) = -Z_T + \sum_{t=1}^{T} \delta_{t-1}(S_t - S_{t-1}) - \sum_{t=1}^{T} C_t$$

- Z_T는 만기 시 콜옵션의 지불이다.
- $\delta_{t-1}(S_t - S_{t-1})$은 t일의 헤지 상품 현금 흐름이다. 여기서 δ는 헤지이고 S_t는 t일의 현물 가격이다.
- C_t는 시간 t에서의 거래 비용이며 일정하거나 헤지 규모에 비례할 수 있다.

식의 개별 구성요소는 현금 흐름의 구성요소이다. 그러나 보상 함수를 설계하는 동안 모든 위치에서 발생하는 위험을 고려하는 것이 좋다. 척도 CVaR을 위험 평가 척도로 사용한다. CVaR은 테일 위험량을 정량화하며 신뢰 수준 α에 대해 예상 부족(expected shortfall – 위험 회피 매개변수)을 나타낸다.[13] 이제 보상 함수가 다음과 같이 수정되었다.

$$V_T = f\left(-Z_T + \sum_{t=1}^{T}\delta_{t-1}(S_t - S_{t-1}) - \sum_{t=1}^{T}C_t\right)$$

여기서 f는 CVaR을 나타낸다.

CVaR을 최소화해 주가, 행사가, 위험 회피 매개변수(α)를 고려하여 최적의 헤징 전략(즉, $\delta_1, \delta_2 ..., \delta_T$)을 학습하도록 순환 신경망 기반 신경망을 학습한다. 단순성을 위해 거래 비용을 0으로 가정한다. 이 모델은 거래 비용과 기타 시장 마찰을 통합하도록 확장하기가 용이하다.

합성 주가에 사용되는 데이터는 로그 정규 가격 분포를 가정하여 몬테카를로 시뮬레이션을 사용해 생성한다. 이자율이 0%이고 연간 변동성이 20%라고 가정한다.

모델의 주요 구성요소는 다음과 같다.

- **에이전트**
  거래자 혹은 거래 에이전트

- **동작**
  헤징 전략(즉, $\delta_1, \delta_2 ..., \delta_T$)

- **보상 함수**
  CVaR – 볼록 함수이며 모델 훈련 중에 최소화된다.

- **상태**
  상태는 현재 시장과 관련 제품 변수를 나타낸다. 상태는 모델 입력을 나타내고, 시뮬레이션된 주가 경로(즉, $S_1, S_2 ..., S_T$), 행사가, 위험 회피 매개변수(α)를 포함한다.

- **환경**
  증권 거래소 또는 주식 시장

---

[13] 예상 부족은 테일 시나리오에 대한 투자의 예상 가치이다.

2. 시작하기

2.1 파이썬 패키지 불러오기

파이썬 패키지 불러오기는 이전 실전 문제에서와 유사하다. 자세한 내용은 이 실전 문제의 주피터 노트북을 참고한다.

2.2 데이터 생성

이 단계에서는 블랙-숄즈 시뮬레이션을 사용해 이 실전 문제에 대한 데이터를 생성한다.

이 함수는 주가에 대한 몬테카를로 경로를 생성하고 각 경로에 대한 옵션 가격을 가져온다. 표시된 대로 계산은 주가의 로그 정규 가정을 기반으로 한다.

$$S_{t+1} = S_t e^{\left(\mu - \frac{1}{2}\sigma^2\right)\Delta t + \sigma\sqrt{\Delta t}Z}$$

여기서 S는 주가, σ는 변동성, μ는 드리프트, t는 시간, Z는 표준 정규 변수이다.

```
def monte_carlo_paths(S_0, time_to_expiry, sigma, drift, seed, n_sims, \
    n_timesteps):
    """
    Create random paths of a stock price following a brownian geometric motion
        return:
    a (n_timesteps x n_sims x 1) matrix
    """
    if seed > 0:
        np.random.seed(seed)
    stdnorm_random_variates = np.random.randn(n_sims, n_timesteps)
    S = S_0
    dt = time_to_expiry / stdnorm_random_variates.shape[1]
    r = drift
    S_T = S * np.cumprod(np.exp((r-sigma**2/2)*dt+sigma*np.sqrt(dt)*\
    stdnorm_random_variates), axis=1)
    return np.reshape(np.transpose(np.c_[np.ones(n_sims)*S_0, S_T]), \
        (n_timesteps+1, n_sims, 1))
```

한 달 동안 현물 가격에 대해 50,000회 시뮬레이션을 생성한다. 총 시간 단계 수는 30이다. 따라서 각 몬테카를로 시나리오에 대해 하루에 1회 관찰한다. 시뮬레이션에 필요한 매개변수는 다음과 같이 정의된다.

```
S_0 = 100; K = 100; r = 0; vol = 0.2; T = 1/12
timesteps = 30; seed = 42; n_sims = 5000

# 몬테카를로 경로 생성하기
paths_train = monte_carlo_paths(S_0, T, vol, r, seed, n_sims, timesteps)
```

3. 탐색적 데이터 분석

이 절에서는 기술 통계 및 데이터 시각화를 살펴본다. 데이터가 시뮬레이션에 의해 생성되었으므로 시뮬레이션 알고리즘의 온전성 검사로 하나의 경로만 검사하면 된다.

```
# 시뮬레이션 경로 그리기
plt.figure(figsize=(20, 10))
plt.plot(paths_train[1])
plt.xlabel('Time Steps')
plt.title('Stock Price Sample Paths')
plt.show()
```

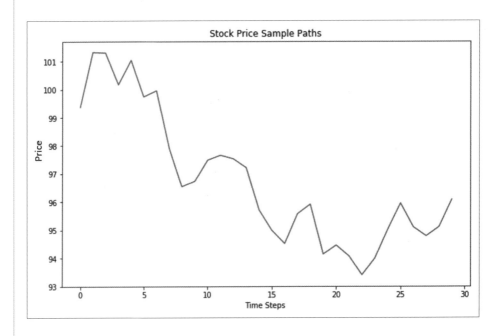

4. 알고리즘 및 모델 평가

이 직접 정책 검색 접근법에서는 인공 신경망을 사용해 상태를 동작으로 매핑한다. 기존 인공 신경망에서는 모든 입출력이 서로 독립적이라고 가정한다. 그러나 시간 t에서의 헤징 결정(δ_t로 표시)은 경로에 따라 달라지며 이전 시간 단계에서 내린 주가와 헤징 결정의 영향을 받는다. 따라서 전통적인 인공 신경망을 사용하기는 불가하다. 순환 신경망은 인공 신경망의 한 종류로 기본 시스템의 시간에 따라 변화하는 역학을 포착할 수 있으며, 이런 맥락에서 더욱 적합하다. 순환 신경망에는 지금까지 계산된 정보를 저장하는 메모리가 있다. 5장에서 시계열 모델링을 위해 순환 신경망 모델의 이 속성을 사용했다. LSTM(5장에서도 논의됨)은 장기 종속성을 학습할 수 있는 특별한 종류의 순환 신경망이다. 동작에 매핑할 때 망에서 과거 상태 정보를 사용할 수 있다. 관련 과거 데이터의 추출은 학습 과정의 일부로 학습된다. LSTM 모델을 사용해 상태를 동작으로 매핑하고 헤징 전략(즉, $\delta_1, \delta_2, \cdots \delta_T$)을 얻는다.

4.1 정책 경사 스크립트

이 절에서는 구현 단계와 모델 훈련을 다룬다. 주가 경로($S_1, S_2, ...S_T$), 행사가, 위험 회피 매개변수 α 같은 입력 변수를 훈련된 모델에 제공하고 출력으로 헤징 전략(즉, $\delta_1, \delta_2, ...\delta_T$)을 받는다. [그림 9-9]에서 실전 문제에 대한 정책 경사 훈련의 개요를 볼 수 있다.

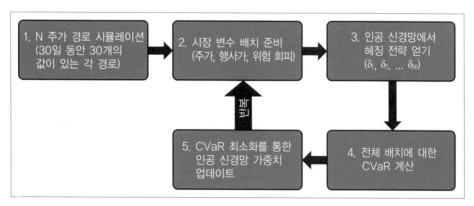

그림 9-9 파생상품 헤징을 위한 정책 경사 훈련

이 실전 문제의 2절에서 이미 1단계를 수행했다. 2~5단계는 자명하며 나중에 정의되는 agent 클래스에서 구현된다. agent는 훈련을 수행하는 변수와 멤버 함수를 보유한다. agent 클래스의 개체는 훈련 국면을 사용해 생성되며 모델 훈련에 사용된다. 2~5단계를 충분히 반복하면 최적의 정책 경사 모델이 생성된다.

이 클래스에는 다음 모듈이 포함된다.

- Constructor(생성자)

- execute_graph_batchwise 함수

- training, predict, restore 함수

각 함수에 대한 파이썬 코드를 더 자세히 살펴보자.

모델 매개변수를 정의하는 init 함수로 Constructor를 정의한다. LSTM 모델의 각 계층에 있는 timesteps, batch_size 및 노드 수를 생성자에 전달할 수 있다. 모델의 입력 변수(즉, 주가 경로, 행사가, 위험 회피 매개변수)를 텐서플로 플레이스홀더로 정의한다. 플레이스홀더는 계산 그래프 외부에서 데이터를 공급하는 데 사용되며, 훈련 단계에서 이러한 입력 변수의 데이터를 공급한다. tf.MultiRNNCell 함수를 사용해 텐서플로에서 LSTM 망을 구현한다. LSTM 모델은 62, 46, 46 및 1의 노드가 있는 네 개 층을 사용한다. 손실 함수는 훈련 단계에서 tf.train이 호출될 때 CVaR을 최소화한다. 거래 전략의 음의 실현 손익을 분류하고$(1-\alpha)$ 최고 손실의 평균을 계산한다.

```python
class Agent(object):
    def __init__(self, time_steps, batch_size, features,\
        nodes = [62, 46, 46, 1], name='model'):
        # 1. 변수 초기화
        tf.reset_default_graph()
        self.batch_size = batch_size # 배치의 옵션 수
        self.S_t_input = tf.placeholder(tf.float32, [time_steps, batch_size, \
            features]) # 스팟
        self.K = tf.placeholder(tf.float32, batch_size) # 행사가
        self.alpha = tf.placeholder(tf.float32) # cVaR를 위한 알파

    S_T = self.S_t_input[-1,:,0] # T에서의 스팟
    # 스팟의 변화
    dS = self.S_t_input[1:, :, 0] - self.S_t_input[0:-1, :, 0]
    #dS = tf.reshape(dS, (time_steps, batch_size))
```

```
# 2. RNN에서 사용할 S_t 준비 마지막 시간 단계 제거(T에서 포트폴리오는 0임)
S_t = tf.unstack(self.S_t_input[:-1, :,:], axis=0)

# 빌드
lstm = tf.contrib.rnn.MultiRNNCell([tf.contrib.rnn.LSTMCell(n) \
        for n in nodes])

# 3. 상태는 0을 무시하고 마지막 실제 RNN 상태를 보유하는 텐서임.
# 전략 텐서는 모든 셀의 출력을 보유함.
    self.strategy, state = tf.nn.static_rnn(lstm, S_t, initial_state=\
        lstm.zero_state(batch_size, tf.float32), dtype=tf.float32)
    self.strategy = tf.reshape(self.strategy, (time_steps-1, batch_size))

# 4. 옵션 가격
self.option = tf.maximum(S_T-self.K, 0)
self.Hedging_PnL = - self.option + tf.reduce_sum(dS*self.strategy, \
        axis=0)

# 5. 각 경로의 총 헤지 손익
self.Hedging_PnL_Paths = - self.option + dS*self.strategy

# 6. 주어진 신뢰 수준 알파에 대한 CVaR 계산
# 1-알파 최대 손실(상위 1-알파 음의 손익)을 취하고 평균을 계산함.
CVaR, idx = tf.nn.top_k(-self.Hedging_PnL, tf.cast((1-self.alpha)*\
    batch_size, tf.int32))
CVaR = tf.reduce_mean(CVaR)

# 7. CVaR 최소화
self.train = tf.train.AdamOptimizer().minimize(CVaR)
self.saver = tf.train.Saver()
self.modelname = name
```

execute_graph_batchwise 함수는 관찰된 경험을 기반으로 신경망을 훈련하는 프로그램의 핵심 함수이다. 상태 배치를 입력으로 취하고 CVaR을 최소화해 정책 경사 기반 LSTM 모델 가중치를 업데이트한다. 이 함수는 LSTM 모델을 훈련하여 에폭과 배치를 반복해 헤징 전략을 예측한다. 먼저 시장 변수(주가, 행사가, 위험 회피)의 배치를 준비하고 훈련을 위해 sess.run 함수를 사용한다. 이 sess.run은 그 안에 정의된 모든 작업을 실행하는 텐서플로 함수이다. 여기에서 입력을 받아 생성자에서 정의된 tf.train 함수를 실행한다. 충분한 반복 후에 최적의 정책 경사 모델을 생성한다.

```python
def _execute_graph_batchwise(self, paths, strikes, riskaversion, sess, \
    epochs=1, train_flag=False):
    # 1: 변수 초기화
    sample_size = paths.shape[1]
    batch_size=self.batch_size
    idx = np.arange(sample_size)
    start = dt.datetime.now()
    # 2: 모든 에폭에 걸쳐 반복
    for epoch in range(epochs):
        # 각 배치에 대한 헤징 손익 저장
        pnls = []
        strategies = []
        if train_flag:
            np.random.shuffle(idx)
        # 3: 관찰 반복
        for i in range(int(sample_size/batch_size)):
            indices = idx[i*batch_size : (i+1)*batch_size]
            batch = paths[:,indices,:]

            # 4: LSTM 훈련
            if train_flag:# 훈련 실행 및 손익과 전략 헤징
                _, pnl, strategy = sess.run([self.train, self.Hedging_PnL, \
                    self.strategy], {self.S_t_input: batch,\
                    self.K : strikes[indices],\
                    self.alpha: riskaversion})
                    # 5: 평가 및 비훈련
            else:
                pnl, strategy = sess.run([self.Hedging_PnL, self.strategy], \
                    {self.S_t_input: batch,\
                    self.K : strikes[indices], self.alpha: riskaversion})
            pnls.append(pnl)
            strategies.append(strategy)

        #6: 위험 회피 수준 알파를 고려한 옵션 가격 계산
        CVaR = np.mean(-np.sort(np.concatenate(pnls))\
            [:int((1-riskaversion)*sample_size)])
        #7: 훈련 단계에서 훈련 메트릭 반환
        if train_flag:
            if epoch % 10 == 0:
                print('Time elapsed:', dt.datetime.now()-start)
                print('Epoch', epoch, 'CVaR', CVaR)
                #Saving the model 모델 저장
                self.saver.save(sess, "model.ckpt")
```

```
        self.saver.save(sess, "model.ckpt")

        # 8: CVaR 및 기타 매개변수 반환
        return CVaR, np.concatenate(pnls), np.concatenate(strategies,axis=1)
```

training 함수는 단순히 execute_graph_batchwise 함수를 호출하고 훈련에 필요한 모든 입력을 이 함수에 제공한다. predict 함수는 상태(시장 변수)가 주어진 경우 동작(헤징 전략)을 반환한다. restore 함수는 저장된 훈련 모델을 복원해 훈련을 더 진행하든가 아니면 예측에 사용한다.

```
def training(self, paths, strikes, riskaversion, epochs, session, init=True):
    if init:
        sess.run(tf.global_variables_initializer())
    self._execute_graph_batchwise(paths, strikes, riskaversion, session, \
        epochs, train_flag=True)

def predict(self, paths, strikes, riskaversion, session):
    return self._execute_graph_batchwise(paths, strikes, riskaversion,\
        session,1, train_flag=False)

def restore(self, session, checkpoint):
    self.saver.restore(session, checkpoint)
```

4.2 데이터 훈련

정책 기반 모델을 훈련하는 단계는 다음과 같다.

1 CVaR에 대한 위험 회피 매개변수, 특성 수(총 주식 수이며 이 경우에는 하나만 있음), 행사가, 배치 크기를 정의한다. CVaR은 최소화하려는 손실의 양을 나타낸다. 예를 들어, CVaR이 99%이면 극심한 손실을 피하고 싶고 CVaR이 50%이면 평균 손실을 최소화한다는 의미이다. 평균 손실을 줄이기 위해 50%의 CVaR로 학습한다.

2 CVaR을 기반으로 한 손실 함수가 있는 순환 신경망 기반 정책을 갖는 정책 경사 에이전트를 생성한다.

3 배치 처리를 반복한다. LSTM 기반 망의 정책 출력이 전략을 정의한다.

4 마지막으로 훈련된 모델을 저장한다.

```
batch_size = 1000
features = 1
```

```
K = 100
alpha = 0.50 # CVaR에 대한 위험 회피 매개변수
epoch = 101 # 11로 설정되었지만 이상적으로는 높은 숫자여야 함.
model_1 = Agent(paths_train.shape[0], batch_size, features, name='rnn_final')
# 모델 훈련에는 수분 소요
start = dt.datetime.now()
with tf.Session() as sess:
    # 모델 훈련
    model_1.training(paths_train, np.ones(paths_train.shape[1])*K, alpha,\
        epoch, sess)
print('Training finished, Time elapsed:', dt.datetime.now()-start)
```

```
Time elapsed: 0:00:03.326560
Epoch 0 CVaR 4.0718956
Epoch 100 CVaR 2.853285
Training finished, Time elapsed: 0:01:56.299444
```

5. 데이터 테스트

테스트는 특히 강화 학습의 경우 중요한 단계이다. 모델이 입력과 해당 출력 간에 쉽게 이해할 수 있는 의미 있고 직관적인 관계를 제공하기 어렵기 때문이다. 테스트 단계에서는 헤징 전략의 효과를 서로 비교하고 블랙-숄즈 모델에 기반한 델타 헤징 전략과 비교한다. 먼저 이 단계에서 사용되는 도우미 함수를 정의한다.

5.1 블랙-숄즈와 비교하기 위한 도우미 함수

이 모듈에서는 기존 블랙-숄즈 모델과 비교하는 데 사용되는 추가 함수를 만든다.

5.1.1. 블랙-숄즈 가격 및 델타

BlackScholes_price 함수는 콜옵션 가격에 대한 분석 공식을 구현하고 BS_delta는 콜옵션의 델타에 대한 분석 공식을 구현한다.

```
def BS_d1(S, dt, r, sigma, K):
    return (np.log(S/K) + (r+sigma**2/2)*dt) / (sigma*np.sqrt(dt))

def BlackScholes_price(S, T, r, sigma, K, t=0):
```

```
        dt = T-t
        Phi = stats.norm(loc=0, scale=1).cdf
        d1 = BS_d1(S, dt, r, sigma, K)
        d2 = d1 - sigma*np.sqrt(dt)
        return S*Phi(d1) - K*np.exp(-r*dt)*Phi(d2)

def BS_delta(S, T, r, sigma, K, t=0): dt = T-t
        d1 = BS_d1(S, dt, r, sigma, K)
        Phi = stats.norm(loc=0, scale=1).cdf
        return Phi(d1)
```

5.1.2 테스트 결과 및 플로팅

헤지의 효과를 평가하기 위한 주요 지표와 관련 도표를 계산하는 데 다음 함수를 사용한다. test_hedging_strategy 함수는 CVaR, 손익 및 헤지 손익을 포함해 다양한 유형의 손익을 계산한다. plot_deltas 함수는 서로 다른 시점에서 강화 학습 델타 대 블랙-숄즈 헤징 비교를 도표화한다. plot_strategy_pnl 함수는 강화 학습 기반 전략과 블랙-숄즈 헤징의 총손익을 표시하는 데 사용된다.

```
def test_hedging_strategy(deltas, paths, K, price, alpha, output=True):
    S_returns = paths[1:,:,0]-paths[:-1,:,0]
    hedge_pnl = np.sum(deltas * S_returns, axis=0)
    option_payoff = np.maximum(paths[-1,:,0] - K, 0)
    replication_portfolio_pnls = -option_payoff + hedge_pnl + price
    mean_pnl = np.mean(replication_portfolio_pnls)
    cvar_pnl = -np.mean(np.sort(replication_portfolio_pnls)\
        [:int((1-alpha)*replication_portfolio_pnls.shape[0])])
    if output:
        plt.hist(replication_portfolio_pnls)
        print('BS price at t0:', price)
        print('Mean Hedging PnL:', mean_pnl)
        print('CVaR Hedging PnL:', cvar_pnl)
    return (mean_pnl, cvar_pnl, hedge_pnl, replication_portfolio_pnls, deltas)

def plot_deltas(paths, deltas_bs, deltas_rnn, times=[0, 1, 5, 10, 15, 29]):
    fig = plt.figure(figsize=(10,6))
    for i, t in enumerate(times):
        plt.subplot(2,3,i+1)
        xs =  paths[t,:,0]
        ys_bs = deltas_bs[t,:]
```

```
        ys_rnn = deltas_rnn[t,:]
        df = pd.DataFrame([xs, ys_bs, ys_rnn]).T
        plt.plot(df[0], df[1], df[0], df[2], linestyle='', marker='x' )
        plt.legend(['BS delta', 'RNN Delta'])
        plt.title('Delta at Time %i' % t)
        plt.xlabel('Spot')
        plt.ylabel('$\Delta$')
    plt.tight_layout()

def plot_strategy_pnl(portfolio_pnl_bs, portfolio_pnl_rnn):
    fig = plt.figure(figsize=(10,6))
    sns.boxplot(x=['Black-Scholes', 'RNN-LSTM-v1 '], y=[portfolio_pnl_bs, \
        portfolio_pnl_rnn])
    plt.title('Compare PnL Replication Strategy')
    plt.ylabel('PnL')
```

5.1.3 블랙-숄즈 복제에 대한 헤징 오류

기존의 블랙-숄즈 모델을 기반으로 한 헤징 전략을 얻는 데 다음 함수를 사용하며 강화 학습 기반 헤징 전략과 비교하는 데도 추가 사용한다.

```
def black_scholes_hedge_strategy(S_0, K, r, vol, T, paths, alpha, output):
    bs_price = BlackScholes_price(S_0, T, r, vol, K, 0)
    times = np.zeros(paths.shape[0])
    times[1:] = T / (paths.shape[0]-1)
    times = np.cumsum(times)
    bs_deltas = np.zeros((paths.shape[0]-1, paths.shape[1]))
    for i in range(paths.shape[0]-1):
        t = times[i]
        bs_deltas[i,:] = BS_delta(paths[i,:,0], T, r, vol, K, t)
    return test_hedging_strategy(bs_deltas, paths, K, bs_price, alpha, output)
```

5.2 블랙-숄즈와 강화 학습 비교

CVaR 위험 회피 매개변수의 영향을 살펴봄으로써 헤징 전략의 효과를 비교하고 옵션의 화폐성, 드리프트, 근본 과정의 변동성을 변경하는 경우 강화 학습 기반 모델이 헤징 전략을 얼마나 잘 일반화하는지 조사한다.

5.2.1 99% 위험 회피 테스트

앞서 언급했듯이 CVaR은 최소화하려는 손실의 양을 나타낸다. 평균 손실을 최소화하기 위해 50%의 위험 회피를 사용해 모델을 훈련했다. 그러나 테스트 목적으로 위험 회피율을 99%로 높인다. 즉, 극심한 손실을 피하기 위함이며 이 결과를 블랙–숄즈 모델과 비교한다.

```
n_sims_test = 1000
# 테스트셋에 대한 몬테카를로 경로
alpha = 0.99
paths_test = monte_carlo_paths(S_0, T, vol, r, seed_test, n_sims_test, \
    timesteps)
```

훈련된 함수를 사용해 다음 코드에서 블랙–숄즈 및 강화 학습 모델을 비교한다.

```
with tf.Session() as sess:
    model_1.restore(sess, 'model.ckpt')
    # 앞에서 훈련된 model_1 사용
    test1_results = model_1.predict(paths_test, np.ones(paths_test.shape[1])*K, \
        alpha, sess)

_,_,_,portfolio_pnl_bs, deltas_bs = black_scholes_hedge_strategy\
(S_0,K, r, vol, T, paths_test, alpha, True)
plt.figure()
_,_,_,portfolio_pnl_rnn, deltas_rnn = test_hedging_strategy\
(test1_results[2], paths_test, K, 2.302974467802428, alpha, True)
plot_deltas(paths_test, deltas_bs, deltas_rnn)
plot_strategy_pnl(portfolio_pnl_bs, portfolio_pnl_rnn)
```

```
BS price at t0: 2.3029744678024286
Mean Hedging PnL: -0.0010458505607415178
CVaR Hedging PnL: 1.2447953011695538
RL based BS price at t0: 2.302974467802428
RL based Mean Hedging PnL: -0.0019250998451393934
RL based CVaR Hedging PnL: 1.3832611348053374
```

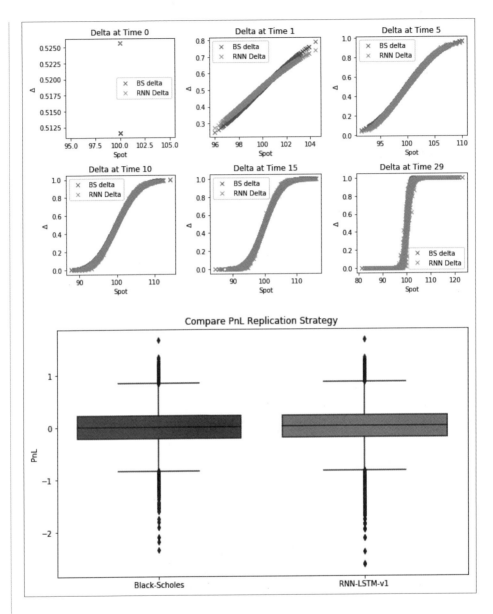

위험 회피율이 99%인 첫 번째 테스트셋(행사가 100, 드리프트 동일, 볼륨 동일)의 경우 결과가 상당히 좋아 보인다. 블랙–숄즈와 강화 학습 기반 접근법의 델타가 1일부터 30일까지 시간이 지남에 따라 수렴하는 것을 볼 수 있다. 두 전략은 CVaR이 비슷하고 크기가 낮으며 블랙–숄즈와 강화 학습에 대한 값이 각각 1.24, 1.38이다. 또한 두 번째 차트에서 볼 수 있듯이 두 전략의 변동성은 비슷하다.

5.2.2 화폐성 변화

이제 행사가 대 현물가의 비율로 정의되는 화폐성이 변경될 때 전략을 비교해 보자. 화폐성을 변경하기 위해 행사가를 10만큼 낮춘다. 코드는 이전 문제의 코드와 유사하며 출력은 아래와 같다.

```
BS price at t0: 10.07339936955367
Mean Hedging PnL: 0.0007508571761945107
CVaR Hedging PnL: 0.6977526775080665
RL based BS price at t0: 10.073
RL based Mean Hedging PnL: -0.038571546628968216
RL based CVaR Hedging PnL: 3.4732447615593975
```

화폐성 변화로 인해 강화 학습 전략의 손익이 블랙-숄즈 전략의 손익보다 훨씬 더 나빠진 것을 알 수 있다. 모든 날에 걸쳐 둘 사이의 델타가 상당한 편차를 보인다. 강화 학습 기반 전략의 CVaR과 변동성은 훨씬 더 높다. 결과는 모델을 다양한 수준의 화폐성으로 일반화하는 동안 주의해야 하며 프로덕션 환경에서 구현하기 전에 다양한 행사가를 사용해 모델을 학습해야 함을 보여 준다.

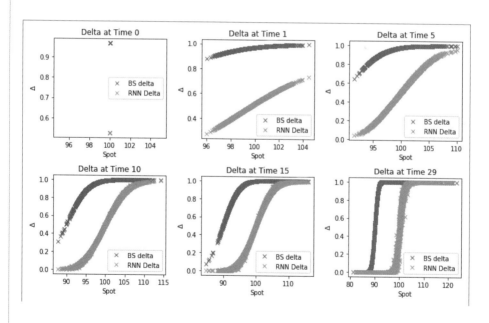

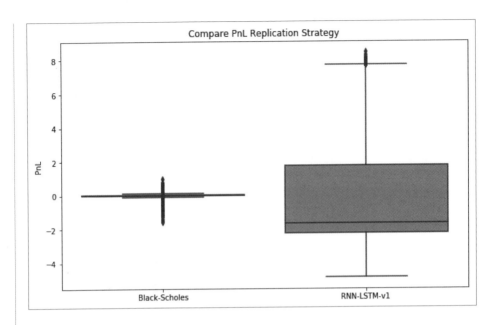

5.2.3 드리프트 변화

이제 드리프트가 변경될 때 전략을 비교해 보자. 드리프트를 변경하기 위해 주가의 드리프트가 월 4% 또는 연간 48%라고 가정한다. 출력은 다음과 같다.

```
BS price at t0: 2.3029744678024286
Mean Hedging PnL: -0.01723902964827388
CVaR Hedging PnL: 1.2141220199385756
RL based BS price at t0: 2.3029
RL based Mean Hedging PnL: -0.037668804359885316
RL based CVaR Hedging PnL: 1.357201635552361
```

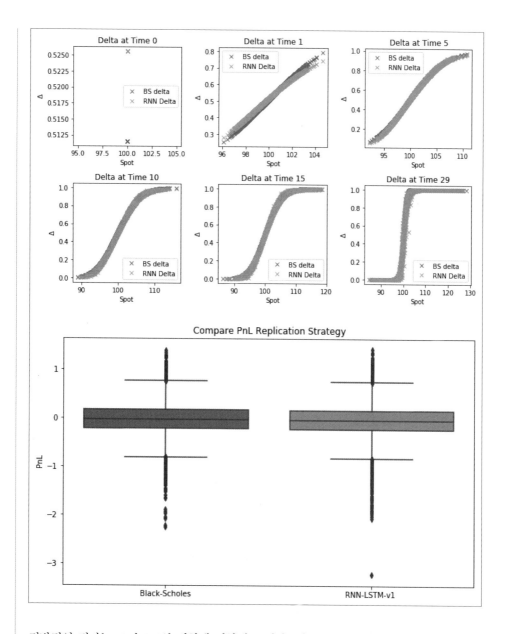

전반적인 결과는 드리프트의 변화에 적합해 보인다. 결론은 위험 회피가 변경되었을 때의 결과와 유사하여 두 가지 접근법에 대한 델타가 시간이 지남에 따라 수렴한다. 다시 말하지만, CVaR은 크기가 비슷하며 블랙-숄즈는 1.21 값을, 강화 학습은 1.357 값을 생성한다.

5.2.4 변동성 변화

마지막으로, 변동성 변화의 영향을 살펴본다. 변동성을 변경하기 위해 5%씩 늘린다.

```
BS price at t0: 2.3029744678024286
Mean Hedging PnL: -0.5787493248269506
CVaR Hedging PnL: 2.5583922824407566
RL based BS price at t0: 2.309
RL based Mean Hedging PnL: -0.5735181045192523
RL based CVaR Hedging PnL: 2.835487824499669
```

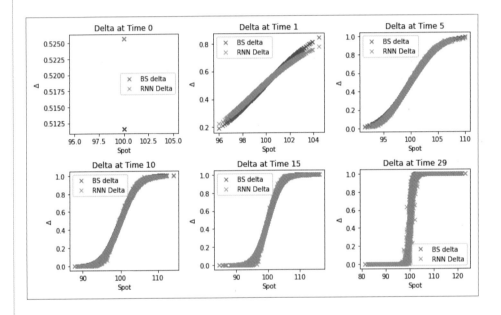

결과를 보면 두 모델의 델타, CVaR, 전반적인 변동성이 비슷하다. 따라서 전반적으로 다른 비교를 살펴보면 이 강화 학습 기반 헤징의 성과는 블랙-숄즈 기반 헤징과 동등하다.

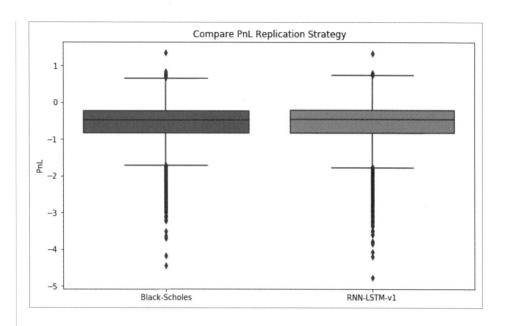

6. 결론

이 실전 문제에서는 강화 학습을 사용해 콜옵션 헤징 전략의 효과를 비교했다. 강화 학습 기반 헤징 전략은 특정 입력 매개변수가 수정된 경우에도 매우 잘 수행되었다. 그러나 이 전략은 다른 화폐성 수준의 옵션 전략을 일반화할 수 없었다. 이로써 강화 학습이 데이터 집약적인 접근법이라는 사실과 다양한 시나리오로 모델을 훈련하는 것이 중요함을 확인했다. 강화 학습 모델을 다양한 파생상품에 사용할 경우 이는 더욱 중요하다.

우리는 강화 학습과 전통적인 블랙–숄즈 전략이 비슷하다는 것을 알았지만 강화 학습 접근법은 개선할 여지가 더 많다. 강화 학습 모델은 다양한 하이퍼파라미터와 도구를 사용해 추가 학습이 가능하므로 성능 향상이 기대된다. 두 접근법 간의 절충안을 고려할 때 이국적인 파생상품에 대해 두 헤징 모델을 비교해 보는 것은 흥미로울 것이다.

전반적으로 강화 학습 기반 접근법은 모델 독립적이고 확장 가능하며 많은 고전적 문제에서는 효율성을 향상시킨다.

9.4 실전 문제 3: 포트폴리오 배분

이전 실전 문제에서 논의한 바와 같이 포트폴리오 배분에 가장 일반적으로 사용되는 기술인 평균 분산 포트폴리오 최적화는 다음과 같은 취약점이 있다.

- 재무 수익의 불규칙한 속성으로 인한 예상 수익률 및 공분산 행렬의 추정 오류
- 결과 포트폴리오의 최적성을 크게 위협하는 불안정한 2차 최적화

7장의 '실전 문제 1: 포트폴리오 관리(고유 포트폴리오 찾기)'와 8장의 '실전 문제 3: 계층적 위험 패리티'에서 이러한 취약점 일부를 해결했다. 여기서는 강화 학습 관점에서 이 문제에 접근한다.

정책을 스스로 결정할 수 있는 강화 학습 알고리즘은 지속적인 감독 없이 자동화된 방식으로 포트폴리오 배분을 수행할 수 있는 강력한 모델이다. 포트폴리오 배분과 관련된 수동 단계의 자동화는 특히 로보 어드바이저에 매우 유용할 수 있다.

강화 학습 기반 프레임워크에서 포트폴리오 배분은 원스텝 최적화 문제가 아니라 지연된 보상이 있는 포트폴리오를 지속적으로 제어하는 것으로 취급한다. 이산적 최적 배분에서 지속적인 제어 영역으로 이동하고 지속적으로 변하는 시장 환경에서 강화 학습 알고리즘을 활용해 복잡하고 동적인 포트폴리오 배분 문제를 해결할 수 있다.

이 실전 문제에서는 Q 러닝 기반 접근방식과 딥 Q 망을 사용해 일련의 암호화폐 간에 최적의 포트폴리오 배분 정책을 만든다. 전반적으로 파이썬 기반 구현 측면에서 접근방식과 프레임워크는 실전 문제 1의 것과 유사하다. 따라서 이 실전 문제에서는 일부 반복되는 절이나 코드 설명을 생략한다.

이 실전 문제에서 중점을 두는 내용은 다음과 같다.

- 포트폴리오 배분 문제에서 강화 학습의 구성요소 정의
- 포트폴리오 배분의 맥락에서 Q 러닝 평가
- 강화 학습 프레임워크에서 사용할 시뮬레이션 환경 생성
- 거래 전략 개발에 사용되는 Q 러닝 프레임워크를 포트폴리오 관리로 확장

포트폴리오 배분을 위한 강화 학습 기반 알고리즘 생성

1. 문제 정의

이 실전 문제를 위해 정의된 강화 학습 프레임워크에서 알고리즘은 포트폴리오의 현재 상태에 따라 최적의 포트폴리오 배분 작업을 수행한다. 딥 Q 러닝 프레임워크를 사용해 알고리즘을 학습하며 모델의 구성요소는 다음과 같다.

- **에이전트**

  포트폴리오 매니저, 로보 어드바이저, 개인 투자자

- **동작**

  포트폴리오 가중치 할당 및 재조정. 딥 Q 망 모델은 포트폴리오 가중치로 변환되는 Q 가치를 제공한다.

- **보상 함수**

  샤프 비율. 수익률 또는 최대 손실률과 같이 수익과 위험 사이의 균형을 제공하는 복잡한 보상 기능이 광범위하게 존재할 수 있다.

- **상태**

  상태는 특정 시간 윈도우를 기반으로 한 상품의 상관 행렬이다. 상관 행렬은 서로 다른 상품 간의 관계에 대한 정보가 있고 포트폴리오 배분을 수행하는 데 유용할 수 있으므로 포트폴리오 배분에 적합한 상태 변수이다.

- **환경**

  암호화폐 거래소

이 실전 문제에 사용된 데이터셋은 캐글 플랫폼에서 가져온 것이다. 여기에는 2018년 암호화폐의 일일 가격이 들어 있다. 데이터에는 비트코인, 이더리움, 리플, 라이트코인, 대시 등 가장 유동적인 암호화폐 몇 가지가 포함되었다.

2. 시작하기 – 데이터 및 파이썬 패키지 불러오기

2.1 파이썬 패키지 불러오기

이 단계에서는 표준 파이썬 패키지를 불러온다. 세부 사항은 이전 실전 문제에 이미 제시했으며, 자세한 내용은 이 실전 문제의 주피터 노트북을 참고한다.

2.2 데이터 불러오기

가져온 데이터를 불러온다.

```
dataset = read_csv('data/crypto_portfolio.csv',index_col=0)
```

3. 탐색적 데이터 분석

3.1 기술 통계

이 절에서 데이터의 기술 통계 및 데이터 시각화를 살펴보자.

```
# 형태
dataset.shape
```

```
(375, 15)
```

```
# 데이터 확인
set_option('display.width', 100) dataset.head(5)
```

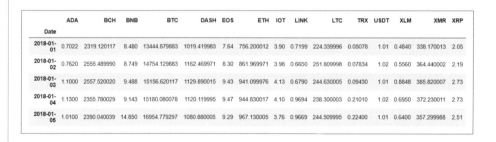

Date	ADA	BCH	BNB	BTC	DASH	EOS	ETH	IOT	LINK	LTC	TRX	USDT	XLM	XMR	XRP
2018-01-01	0.7022	2319.120117	8.480	13444.879883	1019.419983	7.64	756.200012	3.90	0.7199	224.339996	0.05078	1.01	0.4840	338.170013	2.05
2018-01-02	0.7620	2555.489990	8.749	14754.129883	1162.469971	8.30	861.969971	3.98	0.6650	251.809998	0.07834	1.02	0.5560	364.440002	2.19
2018-01-03	1.1000	2557.520020	9.488	15156.620117	1129.890015	9.43	941.099976	4.13	0.6790	244.630005	0.09430	1.01	0.8848	385.820007	2.73
2018-01-04	1.1300	2355.780029	9.143	15180.080078	1120.119995	9.47	944.830017	4.10	0.9694	238.300003	0.21010	1.02	0.6950	372.230011	2.73
2018-01-05	1.0100	2390.040039	14.850	16954.779297	1080.880005	9.29	967.130005	3.76	0.9669	244.509995	0.22400	1.01	0.6400	357.299988	2.51

데이터에는 총 375개 행과 15개 열이 있다. 이 열에는 2018년 서로 다른 암호화폐의 일일 가격이 15개 있다.

4. 알고리즘 및 모델 평가

모든 함수와 클래스를 정의하고 알고리즘을 학습하는 강화 학습 모델 개발의 핵심 단계이다.

4.1 에이전트 및 암호화폐 환경 스크립트

Q 러닝을 수행하는 변수와 멤버 함수를 보유한 Agent 클래스가 있다. 이는 실전 문제 1에서 정의한 에이전트 클래스와 유사하며, 심층 신경망의 Q 가치 출력을 포트폴리오 가중치로 또는 그 반대로 변환하는 추가 함수가 있다. 학습 모듈은 여러 에피소드 및 배치를 통해 반복을 구현하고 학습에 사용할 상태, 동작, 보상, 다음 상태의 정보를 저장한다. 이 실전 문제에서는 Agent 클래스의 파이썬 코드와 학습 모듈에 대한 자세한 설명을 생략한다. 독자는 이 책의 코드 저장소에 있는 주피터 노트북에서 자세한 내용을 참고할 수 있다.

CryptoEnvironment라는 클래스를 사용해 암호화폐에 대한 시뮬레이션 환경을 구현한다. 시뮬레이션 환경 또는 gym의 개념은 강화 학습 문제에서 매우 보편적이다. 강화 학습의 도전과제 하나는 학습할 수 있는 사용 가능한 시뮬레이션 환경이 없다는 것이다. OpenAI gym은 다양한 시뮬레이션 환경(가령 아타리 게임, 2D/3D 물리적 시뮬레이션)을 제공하는 툴킷이므로 에이전트를 훈련하고 비교하거나 새로운 강화 학습 알고리즘을 개발할 수 있다. 또한 강화 학습 연구를 위한 표준화된 환경 및 벤치마크가 되는 것을 목표로 개발되었다. CryptoEnvironment 클래스에서 유사한 개념을 도입해 암호화폐에 대한 시뮬레이션 환경을 만든다. 이 클래스에는 다음과 같은 주요 함수가 있다.

- getState

  이 함수는 is_cov_matrix 또는 is_raw_time_series 플래그에 따라 상태, 과거 수익률, 원시 과거 데이터를 반환한다.

- getReward

  이 함수는 포트폴리오 가중치와 과거 참조 기간을 고려해 포트폴리오의 보상(가령 샤프 비율)을 반환한다.

```python
class CryptoEnvironment:
    def __init__(self, prices = './data/crypto_portfolio.csv', capital = 1e6):
        self.prices = prices
        self.capital = capital
        self.data = self.load_data()
```

```python
    def load_data(self):
        data =  pd.read_csv(self.prices)
        try:
            data.index = data['Date']
            data = data.drop(columns = ['Date'])
        except:
            data.index = data['date']
            data = data.drop(columns = ['date'])
        return data

def preprocess_state(self, state):
        return state

def get_state(self, t, lookback, is_cov_matrix=True\
        is_raw_time_series=False):
        assert lookback <= t

        decision_making_state = self.data.iloc[t-lookback:t]
        decision_making_state = decision_making_state.pct_change().dropna()

        if is_cov_matrix:
            x = decision_making_state.cov()
            return x
        else:
            if is_raw_time_series:
                decision_making_state = self.data.iloc[t-lookback:t]
            return self.preprocess_state(decision_making_state)

    def get_reward(self, action, action_t, reward_t, alpha = 0.01):
        def local_portfolio(returns, weights):
            weights = np.array(weights)
            rets = returns.mean() # * 252
            covs = returns.cov() # * 252
            P_ret = np.sum(rets * weights)
            P_vol = np.sqrt(np.dot(weights.T, np.dot(covs, weights)))
            P_sharpe = P_ret / P_vol
            return np.array([P_ret, P_vol, P_sharpe])

        data_period = self.data[action_t:reward_t]
        weights = action
        returns = data_period.pct_change().dropna()

        sharpe = local_portfolio(returns, weights)[-1]
```

```
    sharpe = np.array([sharpe] * len(self.data.columns))
    ret = (data_period.values[-1] - data_period.values[0]) / \
        data_period.values[0]

    return np.dot(returns, weights), ret
```

다음 단계에서 강화 학습 모델의 훈련을 살펴보자.

4.2 데이터 훈련

첫 번째 단계로 Agent 클래스와 CryptoEnvironment 클래스를 초기화한다. 그런 다음 훈련 목적에 맞게 에피소드 수와 배치 크기를 설정한다. 암호화폐의 변동성을 감안해 상태 window_size를 180으로, rebalancing_frequency를 90일로 설정했다.

```
N_ASSETS = 15
agent = Agent(N_ASSETS)
env = CryptoEnvironment()
window_size = 180
episode_count = 50
batch_size = 32
rebalance_period = 90
```

[그림 9-10]은 강화 학습 기반 포트폴리오 배분 전략을 개발하는 데 사용되는 딥 Q 망 알고리즘 훈련의 심층적인 내용을 제공한다. 자세히 보면 차트는 실전 문제 1의 [그림 9-8]에 정의된 단계와 유사하지만 Q-Matrix, 보상 함수, 동작에 약간의 차이가 있다. 1~7단계는 훈련 및 CryptoEnvironment 모듈을 설명한다. 8~10단계는 Agent 모듈의 재생 버퍼 기능 (가령 exeReplay 함수)에서 발생하는 작업을 보여 준다.

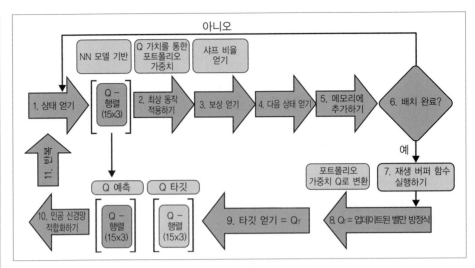

그림 9-10 포트폴리오 최적화를 위한 딥 Q 망 훈련

1~6단계의 세부 사항은 다음과 같다.

1 CryptoEnvironment 모듈에 정의된 도우미 함수 getState를 사용해 현재 상태를 가져온다. 윈도우 크기에 따라 암호화폐의 상관 행렬을 반환한다.

2 Agent 클래스의 act 함수를 사용해 주어진 상태에 대한 동작을 가져온다. 동작은 암호화폐 포트폴리오의 가중치이다.

3 CryptoEnvironment 모듈에서 getReward 함수를 사용해 주어진 작업에 대한 보상을 얻는다.

4 getState 함수를 사용해 다음 상태를 가져온다. 다음 상태의 세부 사항은 Q 함수를 업데이트하기 위한 벨만 방정식에서 추가로 사용된다.

5 상태, 다음 상태, 동작의 세부 정보를 에이전트 개체의 메모리에 저장한다. 이 메모리는 exeReplay 함수에서 추가로 사용된다.

6 배치가 완료되었는지 확인한다. 배치 크기는 배치 크기 변수로 정의한다. 배치가 완료되지 않은 경우 다음 번 반복으로 이동한다. 배치가 완료되면 재생 버퍼 기능으로 이동하고 8, 9, 10단계에서 Q 예측과 Q 타깃 간의 평균 제곱 오차를 최소화해 Q 함수를 업데이트한다.

다음 차트에 표시된 것처럼 코드는 각 에피소드에 대한 두 개의 차트와 함께 최종 결과를 생성한다. 첫 번째 차트는 시간 경과에 따른 총 누적 수익률을, 두 번째 차트는 포트폴리오의 각 암호화폐 비율을 보여 준다.

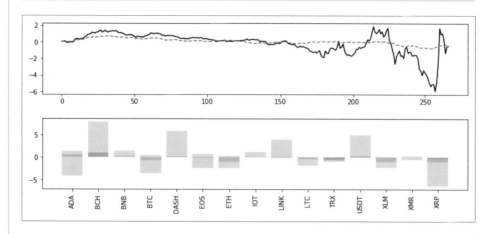

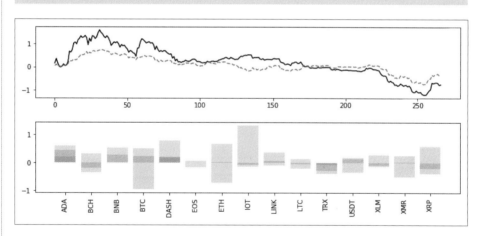

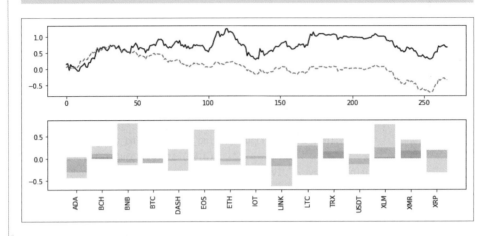

Episode 48/50 epsilon 1.0

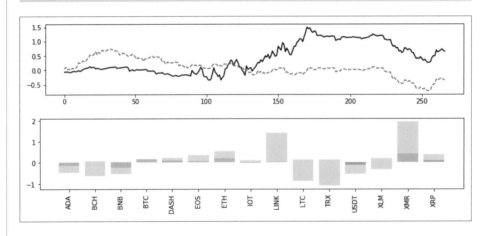

Episode 49/50 epsilon 1.0

차트에는 처음 두 에피소드와 마지막 두 에피소드의 포트폴리오 배분에 대한 세부 정보가 요약되었다. 다른 에피소드에 대한 자세한 내용은 이 책의 깃허브 저장소에 있는 주피터 노트북에서 확인할 수 있다. 검은색 실선은 포트폴리오의 성과를 나타내고 회색 점선은 동일한 가중치의 암호화폐 포트폴리오인 벤치마크의 성과를 나타낸다.

에피소드 0과 1의 시작에서 에이전트는 동작의 결과에 대한 선입견이 없으며, 매우 변동적인 수익을 관찰하기 위해 무작위 동작을 취한다. 에피소드 0은 비정상적인 성능 동작의 명확한 예를 보여 준다. 에피소드 1은 더 안정적인 움직임을 보이지만 궁극적으로 벤치마크보다 성능이 더 낮다. 이것은 학습 초기에 에피소드당 누적 보상이 크게 변동한다는 증거이다.

에피소드 48과 49의 마지막 두 차트는 에이전트가 학습하기 시작하고 최적의 전략을 발견하는 것을 보여 준다. 전체 수익은 상대적으로 안정적이며 벤치마크를 능가한다. 그러나 전체 포트폴리오 가중치는 짧은 시계열과 기본 암호화폐 자산의 높은 변동성으로 인해 여전히 변동성이 상당히 크다. 이상적으로는 훈련 성능을 향상시키기 위해 훈련 에피소드 수와 기록 데이터의 길이를 늘릴 수 있다.

테스트 결과를 살펴보자.

5. 데이터 테스트

검은색 실선은 포트폴리오의 성능을 나타내고 회색 점선은 동일한 가중치의 암호화폐 포트폴리오의 성능을 나타낸다.

```python
agent.is_eval = True
actions_equal, actions_rl = [], []
result_equal, result_rl = [], []
for t in range(window_size, len(env.data), rebalance_period):
    date1 = t-rebalance_period
    s_ = env.get_state(t, window_size)
    action = agent.act(s_)

    weighted_returns, reward = env.get_reward(action[0], date1, t)
    weighted_returns_equal, reward_equal = env.get_reward(
        np.ones(agent.portfolio_size) / agent.portfolio_size, date1, t)

    result_equal.append(weighted_returns_equal.tolist())
    actions_equal.append(np.ones(agent.portfolio_size) / agent.portfolio_size)

    result_rl.append(weighted_returns.tolist())
    actions_rl.append(action[0])

result_equal_vis = [item for sublist in result_equal for item in sublist]
result_rl_vis = [item for sublist in result_rl for item in sublist]

plt.figure()
plt.plot(np.array(result_equal_vis).cumsum(), label = 'Benchmark', \
    color = 'grey',ls = '--')
```

```
plt.plot(np.array(result_rl_vis).cumsum(), label = 'Deep RL portfolio', \
    color = 'black',ls = '-')
plt.xlabel('Time Period')
plt.ylabel('Cumulative Returnimage::images\Chapter9-b82b2.png[]')
plt.show()
```

초기 기간 동안 실적이 저조했음에도, 주로 테스트 기간의 후반부에 벤치마크 포트폴리오가 경험한 급격한 감소를 피했기 때문에 모델 성능이 전반적으로 더 좋았다. 수익은 매우 안정적으로 보인다. 아마도 변동성이 가장 큰 암호화폐에서 벗어나기 때문일 것이다.

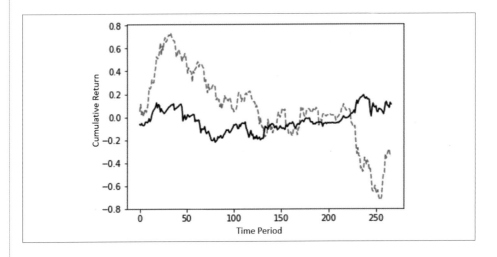

포트폴리오 및 벤치마크의 수익률, 변동성, 샤프 비율, 알파 및 베타를 살펴보자.

```
import statsmodels.api as sm
from statsmodels import regression
def sharpe(R):
    r = np.diff(R)
    sr = r.mean()/r.std() * np.sqrt(252)
    return sr

def print_stats(result, benchmark):
    sharpe_ratio = sharpe(np.array(result).cumsum())
    returns = np.mean(np.array(result))
    volatility = np.std(np.array(result))

    X = benchmark
```

```
        y = result
        x = sm.add_constant(X)
        model = regression.linear_model.OLS(y, x).fit()
        alpha = model.params[0]
        beta = model.params[1]
        return np.round(np.array([returns, volatility, sharpe_ratio, \
            alpha, beta]), 4).tolist()

print('EQUAL', print_stats(result_equal_vis, result_equal_vis))
print('RL AGENT', print_stats(result_rl_vis, result_equal_vis))
```

```
EQUAL [-0.0013, 0.0468, -0.5016, 0.0, 1.0]
RL AGENT [0.0004, 0.0231, 0.4445, 0.0002, -0.1202]
```

전반적으로 강화 학습 포트폴리오는 높은 수익률, 높은 샤프 비율, 낮은 변동성, 약간의 알파, 벤치마크와의 음의 상관관계로 더 잘 수행한다.

6. 결론

이 실전 문제에서 포트폴리오 최적화를 위한 고전적인 효율적 경계를 넘어 동적으로 변화하는 포트폴리오 가중치 정책을 직접 배웠다. 표준화된 시뮬레이션 환경을 설정해 강화 학습 기반 모델을 훈련했다. 이 접근방식은 훈련 과정을 용이하게 했으며 일반적인 강화 학습 기반 모델 훈련을 위해 더 자세히 살펴볼 수 있다.

훈련된 강화 학습 기반 모델은 테스트셋에서 동일 가중치 벤치마크를 능가했다. 강화 학습 기반 모델의 성능은 하이퍼파라미터를 최적화하거나 훈련에 더 긴 시계열을 사용해 더 향상될 수 있다. 그러나 강화 학습 기반 모델의 복잡성이 높고 해석 가능성이 낮기 때문에 실전 거래를 위해 모델을 배포하기 전에 다양한 기간과 시장 주기에 걸쳐 테스트를 수행해야 한다. 또한 실전 문제 1에서 논의한 것처럼 보상 함수, 상태와 같은 강화 학습 구성요소를 신중하게 선택하고 전체 모델 결과에 미치는 영향을 이해해야 한다.

이 실전 문제에서 제공된 프레임워크를 통해 재무 실무자는 매우 유연하고 자동화된 접근방식으로 포트폴리오 배분과 재조정을 수행할 수 있다.

9.5 맺음말

보상 극대화는 알고리즘 거래, 포트폴리오 관리, 파생 상품 가격 책정, 헤징, 거래 실행을 추진하는 핵심 원칙의 하나이다. 이 장에서는 강화 학습 기반 접근법을 사용할 때 거래, 파생상품 헤징, 포트폴리오 관리에 대한 전략이나 정책을 명시적으로 정의할 필요가 없음을 확인했다. 알고리즘은 정책 자체를 결정하므로 다른 머신러닝 기술보다 훨씬 간단하고 원칙적인 접근법으로 이어질 수 있다.

'실전 문제 1: 강화 학습 기반 거래 전략'에서는 강화 학습이 알고리즘 거래를 간단한 게임으로 만드는 것을 보았다.

'실전 문제 2: 파생상품 헤징'에서는 전통적인 파생상품 헤징 문제에 대해 강화 학습을 사용해 봤다. 파생상품 헤징에서 강화 학습의 효율적인 수치 계산을 활용해 기존 모델의 단점을 몇 가지 해결할 수 있음을 시연해 보았다.

'실전 문제 3: 포트폴리오 배분'에서는 지속적으로 변화하는 시장 환경에서 포트폴리오 가중치를 동적으로 변경하는 정책을 학습해 포트폴리오 배분을 수행했다. 이는 포트폴리오 관리 과정을 더 많이 자동화할 수 있다.

강화 학습은 계산 비용이 많이 들고 데이터 집약적이며 해석력이 부족한 것과 같은 문제가 있지만 보상 극대화를 기반으로 한 정책 프레임워크에 적합한 금융 분야에 완벽하게 맞아떨어진다. 강화 학습은 바둑, 체스, 아타리 게임 같은 유한한 동작 공간에서 초인적 성과를 달성했다. 더 많은 데이터, 정제된 강화 학습 알고리즘, 우수한 인프라의 가용성을 통해 재무 분야에서 강화 학습의 유용성은 계속해서 입증될 것이다.

9.6 연습 문제

- 실전 문제 1과 2에 제시된 아이디어와 개념을 사용해 외환에 대해 정책 경사 알고리즘을 기반으로 거래 전략을 구현해 보자. 이 구현을 위해 주요 구성요소(보상 함수, 상태 등)를 변경한다.
- 실전 문제 2에 제시된 개념을 사용해 채권 파생상품의 헤징을 구현해 보자.
- 실전 문제 2에 거래 비용을 통합하고 전체 결과에 미치는 영향을 확인해 보자.
- 실전 문제 3에 제시된 아이디어를 바탕으로 주식, 외환 또는 채권 포트폴리오에 대한 Q 러닝 기반 포트폴리오 배분 전략을 구현해 보자.

## CHAPTER 10

자연어 처리

자연어 처리$^{natural\ language\ processing}$(NLP)는 자연어를 이해하는 데 컴퓨터를 사용하는 인공지능의 하위 분야이다. 대부분의 NLP 기술은 머신러닝에 의존해 인간 언어에서 의미를 도출한다. 텍스트가 제공되면 컴퓨터는 알고리즘을 사용해 문장과 관련된 의미를 추출하고 필수 데이터를 수집한다. NLP는 텍스트 분석, 텍스트 마이닝, 전산 언어학, 콘텐츠 분석을 포함해(이에 국한되지 않음) 다양한 별칭하에 여러 분야에서 다양한 형태로 나타난다.

금융에서 NLP는 일찍이 미국 증권거래위원회(SEC)에서 활용되었는데, SEC는 회계 사기를 탐지하기 위해 텍스트 마이닝과 자연어 처리를 사용했다. 법률 및 기타 문서를 고속으로 스캔하고 분석하는 NLP 알고리즘의 능력은 은행과 그 외 금융기관이 규정을 준수하고 사기를 방지하는 데 엄청난 효율성을 제공한다.

투자 과정에서 투자 통찰력을 얻으려면 금융에 대한 도메인만이 아니라 데이터 과학, 머신러닝 원칙도 깊이 이해해야 한다. NLP 도구는 시장 변동성, 유동성 위험, 재정적 스트레스, 주택 가격, 실업률 같은 중요한 시장 특성과 지표를 탐지, 측정, 예측하는 데 유용할 수 있다.

뉴스는 늘 투자 결정의 핵심 요소였다. 회사, 거시 경제, 정치 뉴스가 금융 시장에 강력한 영향을 미친다는 것은 잘 알려져 있다. 기술이 발전하고 시장 참여자가 더 많이 연결되면서 뉴스의 양과 빈도도 계속해서 빠르게 증가할 것이다. 오늘날 생성되는 일일 텍스트 데이터의 양은 대규모 연구팀조차도 탐색할 수 없는 작업량이다. 이제 NLP 기술이 지원하는 기본 분석은 전문가와 대중이 시장에 대해 어떻게 느끼는지를 일거에 보여 주기 때문에 매우 중요하다.

은행과 그 외 조직에서 분석팀은 뉴스와 SEC 규정 보고의 질적 데이터를 조사, 분석, 정량화하는 데 전념한다. NLP를 사용한 자동화는 이러한 맥락에서 매우 적합하다. NLP는 다양한 보고서, 문서의 분석과 해석에 심층적 지원을 제공할 수 있다. 이렇게 하면 반복적이고 부가가치가 낮은 작업이 직원에게 가하는 부담이 줄게 된다. 또한 주관적 해석에 일정 수준의 객관성과 일관성을 부여한다. 인적 오류로 인한 실수도 줄인다. NLP를 통해 회사는 채권자의 위험을 평가하거나 웹 콘텐츠에서 브랜드 관련 감정을 측정하는 데 사용할 수 있는 통찰력을 얻는다.

은행과 금융 비즈니스에서 라이브 채팅 소프트웨어의 인기가 높아지면서 NLP 기반 챗봇은 자연스럽게 진화했다. 로보 어드바이저와 챗봇의 결합은 자산 및 포트폴리오 관리의 전 과정을 자동화할 것으로 기대된다.

이 장에서는 알고리즘 거래, 챗봇 생성, 문서 해석, 자동화의 NLP 활용을 다루는 NLP 기반 실전 문제를 세 가지 제공한다. 실전 문제는 2장에 제시된 표준화된 7단계 모델 개발 과정을 따른다. NLP 기반 문제에서 주요한 모델 단계는 데이터 전처리, 특성 표현, 추론이다. 따라서 관련 개념, 파이썬 기반 예제와 함께 이러한 영역을 이 장에서 요약한다.

'**실전 문제 1: NLP 및 감정 분석 기반 거래 전략**'에서는 거래 전략에 대한 감정 분석 및 단어 임베딩의 사용 예를 시연해 보인다. 실전 문제는 NLP 기반 거래 전략의 구현에 중점을 둔다.

'**실전 문제 2: 챗봇 디지털 도우미**'에서는 챗봇을 만들고 NLP를 통해 챗봇이 메시지를 이해하고 적절하게 대응하는 방법을 시연해 보인다. 파이썬 기반 패키지 및 모듈을 활용해 몇 줄의 코드로 챗봇을 개발한다.

'**실전 문제 3: 문서 요약**'에서는 NLP 기반 주제 모델링 기술을 사용해 문서에서 숨겨진 주제나 테마를 발견하는 방법을 보여 준다. 실전 문제의 목적은 NLP를 사용해 대규모 문서 모음을 자동으로 요약해 조직과 관리, 검색과 추천을 용이하게 할 수 있음을 시연해 보이는 것이다.

이외에도 이 장에서는 다음 내용을 다룬다.

- 몇 줄의 코드로 토큰화, 품사(PoS) 태깅 또는 명명 개체 인식과 같은 단계를 포함한 NLP 데이터 전처리를 수행하는 방법
- 감정 분석을 위한 LSTM 등 다양한 지도 기술을 사용하는 방법
- 주요 파이썬 패키지(가령 NLTK, spaCy, TextBlob) 이해 및 이를 여러 NLP 관련 작업에 사용하는 방법 이해

- spaCy 패키지를 사용해 데이터 전처리 파이프라인을 구축하는 방법

- 기능 표현을 위해 word2vec와 같은 사전 학습된 모델을 사용하는 방법

- 주제 모델링을 위해 LDA와 같은 모델을 사용하는 방법

> **NOTE_ 이 장의 코드 저장소**
>
> 이 장의 파이썬 코드는 온라인 깃허브 저장소의 '10장 자연어 처리 폴더[1]'에서 찾아볼 수 있다. 새로운 NLP
> 기반 실전 문제의 경우, 코드 저장소의 공통 템플릿을 사용하고 실전 문제와 관련된 요소를 수정하면 된다. 템
> 플릿은 클라우드(가령 캐글, 코랩, AWS)에서 실행되도록 설계되었다.

10.1 자연어 처리: 파이썬 패키지

파이썬은 NLP 기반 전문가 시스템을 구축하는 매우 좋은 옵션 중 하나이며 파이썬 프로그래머
는 다양한 오픈 소스 NLP 라이브러리를 사용할 수 있다. 이러한 라이브러리와 패키지에는 복
잡한 NLP 단계와 알고리즘을 통합한, 바로 사용할 수 있는 모듈과 함수가 있어서 빠르고 쉽고
효율적으로 구현할 수 있다.

이 절에서는 이 장에서 사용할, 가장 유용한 세 가지 파이썬 기반 NLP 라이브러리에 대해 설명
한다.

10.1.1 NLTK

NLTK[2]는 가장 유명한 파이썬 NLP 라이브러리로 여러 영역에서 놀라운 발전을 이룩했다. 모
듈화된 구조는 NLP 개념을 배우고 탐색하는 데 탁월하다. 그러나 학습 곡선이 가파르며 어려
운 기능이 있다.

NLTK는 일반적인 설치 절차를 사용해 설치할 수 있다. NLTK를 설치한 후 NLTK 데이터를
다운로드해야 한다. NLTK 데이터 패키지에는 사전 학습된 영어용 토크나이저 **punkt**가 들어
있으나 다음과 같이 다운로드할 수도 있다.

---

1 https://oreil.ly/J2FFn
2 https://www.nltk.org

```
import nltk
import nltk.data
nltk.download('punkt')
```

10.1.2 TextBlob

TextBlob[3]은 NLTK 위에 빌드된다. 이는 최소한의 성능 요구 사항으로 빠른 프로토타이핑 또는 응용 구축을 위한 최고의 라이브러리이다. TextBlob은 NLTK에 직관적인 인터페이스를 제공해 텍스트 처리를 단순화한다. 다음 명령을 사용해 TextBlob을 가져올 수 있다.

```
from textblob import TextBlob
```

10.1.3 spaCy

spaCy[4]는 NLP 라이브러리로 빠르고 능률적이며 기성 제품화되도록 설계되었다. 그 철학은 단일 목적에 하나의 알고리즘(가장 좋은 알고리즘)만 제시하는 것이다. 선택할 필요 없이 생산성에 집중할 수 있다. spaCy는 자체 파이프라인을 사용해 여러 전처리 단계를 동시에 수행한다. 다음 절에서 이를 시연해 보일 것이다.

spaCy의 모델은 다른 모듈과 마찬가지로 파이썬 패키지로 설치할 수 있다. 모델을 불러오기하려면 모델의 바로 가기 링크 또는 패키지 이름이나 데이터 디렉터리 경로와 함께 spacy.load를 사용한다.

```
import spacy
nlp = spacy.load("en_core_web_lg")
```

이외에도 gensim 같은 라이브러리가 몇 가지 있으며 그중 몇 가지 예제를 이 장에서 살펴볼 것이다.

---

3 https://oreil.ly/tABh4

4 https://spacy.io

10.2 자연어 처리: 이론 및 개념

이미 확언했듯이 NLP는 유용한 통찰력을 얻기 위해 텍스트 데이터를 처리하는 컴퓨터 프로그래밍과 관련된 인공지능의 하위 분야이다. 모든 NLP 활용은 공통된 순차적 단계를 거치는데, 텍스트 데이터를 전처리하고 텍스트를 통계적 추론 알고리즘에 입력하기 전에 예측 특성으로 표현하는 이 둘의 조합이다. [그림 10-1]에서 NLP 기반 응용의 주요 단계를 볼 수 있다.

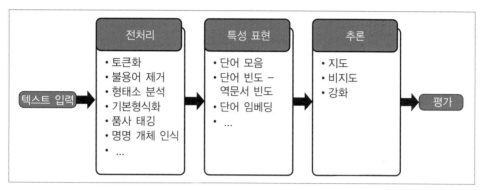

그림 10-1 자연어 처리 파이프라인

다음 절에서는 이러한 단계를 검토한다. 주제에 대한 자세한 내용은 『Natural Language Processing with Python』(O'Reilly, 2009)을 참조한다.

10.2.1 전처리

일반적으로 NLP에서 텍스트 데이터의 전처리는 여러 단계를 거친다. [그림 10-1]은 NLP 전처리 단계의 주요 구성요소를 보여 준다. 토큰화, 불용어 제거, 형태소 분석, 기본형식화, 품사(음성 부분) 태깅, 명명 개체 인식이다.

토큰화

토큰화는 텍스트를 토큰이라고 하는 의미 있는 세그먼트로 분할하는 작업이다. 세그먼트는 문장의 구성요소인 단어, 구두점, 숫자 또는 기타 특수 문자일 수 있다. 미리 정해진 규칙셋을 통해 문장을 토큰 목록으로 효과적으로 변환할 수 있다. 다음 코드는 NLTK와 TextBlob 패키지를 사용한 샘플 단어 토큰화를 보여 준다.

```
# 토큰화할 텍스트
text = "This is a tokenize test"
```

NLTK 데이터 패키지에는 이전에 불러온 사전 학습된 영어용 Punkt 토크나이저가 들어 있다.

```
from nltk.tokenize import word_tokenize
word_tokenize(text)
```

```
['This', 'is', 'a', 'tokenize', 'test']
```

TextBlob을 사용한 토큰화를 살펴보자.

```
TextBlob(text).words
```

```
WordList(['This', 'is', 'a', 'tokenize', 'test'])
```

불용어 제거

모델링에 값을 거의 제공하지 않는 매우 일반적인 단어는 종종 어휘에서 제외하는데, 이러한 단어를 불용어라고 한다. NLTK 라이브러리를 사용해 불용어를 제거하는 코드는 다음과 같다.

```
text = "S&P and NASDAQ are the two most popular indices in US"
from nltk.corpus import stopwords
from nltk.tokenize import word_tokenize
stop_words = set(stopwords.words('english'))
text_tokens = word_tokenize(text)
tokens_without_sw= [word for word in text_tokens if not word in stop_words]
print(tokens_without_sw)
```

```
['S', '&', 'P', 'NASDAQ', 'two', 'popular', 'indices', 'US']
```

먼저 언어 모델을 불러오고 불용어 변수에 저장한다. stop words.words('english')는 NLTK의 영어 모델에 대한 기본 불용어 집합이다. 다음으로 입력 텍스트의 각 단어를 반복하고 NLTK 언어 모델의 불용어 집합에 단어가 있으면 해당 단어를 제거한다. 보다시피 'are', 'most' 같은 불용어는 텍스트에서 제거된다.

형태소 분석

형태소 분석은 변형된(때로는 파생된) 단어를 어간, 어기 또는 어근 형식(일반적으로 문어체 형식)으로 줄이는 과정이다. 예를 들어 'Stems', 'Stemming', 'Stemmed', 'Stemitization' 단어를 어간으로 나누면 결과는 'Stem'이라는 단일 단어가 된다. NLTK 라이브러리를 사용하는 형태소 분석 코드는 다음과 같다.

```
text = "It's a Stemming testing"
parsed_text = word_tokenize(text)
# 형태소 초기화
from nltk.stem.snowball import SnowballStemmer
stemmer = SnowballStemmer('english')
# 단어별 형태소
[(word, stemmer.stem(word)) for I, word in enumerate(parsed_text)
if word.lower() != stemmer.stem(parsed_text[i])]
```

```
[('Stemming', 'stem'), ('testing', 'test')]
```

기본형식화

형태소 분석을 약간 변형한 것이 기본형식화이다. 두 과정의 주된 차이는 형태소 분석은 종종 존재하지 않는 단어를 생성하는 반면 기본형은 실제 단어라는 것이다. 기본형식화의 예를 들면 'running', 'ran' 같은 단어의 기본 형식은 run이다. 그리고 'better'와 'good' 단어는 기본형이 동일하다고 간주한다. TextBlob 라이브러리를 사용해 분류하는 코드는 다음과 같다.

```
text = "This world has a lot of faces "
from textblob import Word
parsed_data= TextBlob(text).words
[(word, word.lemmatize()) for i, word in enumerate(parsed_data)  if word != parsed_
data[i].lemmatize()]
```

```
[('has', 'ha'), ('faces', 'face')]
```

품사 태깅

품사 태깅part-of-speech(PoS)은 문장에서의 역할을 이해하기 위해 문법 범주(동사, 명사 등)에 토큰을 할당하는 과정이다. 다양한 NLP 작업에 사용되어 온 품사 태그는 구문, 문장 또는 문서의 범위에서 단어가 사용되는 방식을 나타내는 언어 신호를 제공하므로 매우 유용하다.

문장을 토큰으로 분할한 후 각 토큰을 품사 범주에 할당하는 데 태거 또는 품사 태거를 사용한다. 역사적으로 그러한 태거를 만드는 데 히든 마코프 모델(HMM)을 사용했다. 최근에는 인공 신경망을 활용하고 있다. TextBlob 라이브러리를 사용한 품사 태깅 코드는 다음과 같다.

```
text = 'Google is looking at buying U.K. startup for $1 billion'
TextBlob(text).tags
```

```
[('Google', 'NNP'),
 ('is', 'VBZ'),
 ('looking', 'VBG'),
 ('at', 'IN'),
 ('buying', 'VBG'),
 ('U.K.', 'NNP'),
 ('startup', 'NN'),
 ('for', 'IN'),
 ('1', 'CD'),
 ('billion', 'CD')]
```

명명 개체 인식

명명 개체 인식named entity recognition(NER)은 텍스트에서 명명된 개체를 찾아 미리 정의된 범주로 분류하려는 데이터 전처리에서 선택적 다음 단계이다. 이 범주에는 사람, 조직, 위치, 시간 표현, 수량, 금전적 가치, 백분율 이름이 있다. spaCy를 사용해 수행된 NER은 다음과 같다.

```
text = 'Google is looking at buying U.K. startup for $1 billion'
for entity in nlp(text).ents:
    print("Entity: ", entity.text)
```

```
Entity:  Google
Entity:  U.K.
Entity:  $1 billion
```

[그림 10-2]에 표시된 것처럼 displacy 모듈을 사용해 텍스트에 명명된 개체를 시각화하는 것은 개발 속도를 높이고 코드와 훈련 과정을 디버깅하는 데 매우 유용할 수 있다.

```
from spacy import displacy
displacy.render(nlp(text), style="ent", jupyter = True)
```

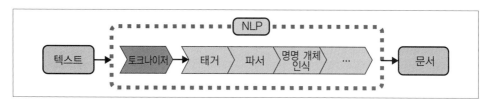

그림 10-2 명명 개체 인식(NER) 출력

spaCy: 위의 모든 단계를 한 번에 완료

위에 표시된 모든 전처리 단계는 spaCy를 사용해 한 단계로 수행할 수 있다. 텍스트에 대해 nlp를 호출하면 spaCy는 먼저 텍스트를 토큰화해 문서 객체를 생성한다. 그런 다음 문서는 여러 단계를 거쳐 처리되는데, 이를 처리 파이프라인이라고도 한다. 기본 모델에서 사용하는 파이프라인은 태거, 파서, 개체 인식기로 구성된다. 각 파이프라인 구성요소는 처리된 문서를 반환하는데, 이는 [그림 10-3]에 시연된 대로 다음 구성요소로 전달된다.

그림 10-3 spaCy 파이프라인(spaCy 웹사이트 인용 이미지 기반)

```
Python code text = 'Google is looking at buying U.K. startup for $1 billion'
doc = nlp(text)
pd.DataFrame([[t.text, t.is_stop, t.lemma_, t.pos_]
    for t in doc], columns=['Token', 'is_stop_word', 'lemma', 'POS'])
```

	Token	is_stop_word	lemma	POS
0	Google	False	Google	PROPN
1	is	True	be	VERB
2	looking	False	look	VERB
3	at	True	at	ADP
4	buying	False	buy	VERB
5	U.K.	False	U.K.	PROPN
6	startup	False	startup	NOUN
7	for	True	for	ADP
8	$	False	$	SYM
9	1	False	1	NUM
10	billion	False	billion	NUM

각 전처리 단계의 출력은 앞의 표에 나와 있다. spaCy는 단일 단계에서 광범위한 NLP 관련 작업을 수행하므로 강력히 권장되는 패키지이다. 따라서 실전 문제에서 spaCy를 광범위하게 사용할 것이다.

위의 전처리 단계 외에도 데이터 유형에 따라 수행할 수 있는 '소문자 또는 영숫자가 아닌 데이터 제거'와 같이 자주 사용되는 전처리 단계가 있다. 예를 들어, 웹사이트에서 스크랩한 데이터는 HTML 태그 제거를 포함해 추가로 정리해야 한다. PDF 보고서의 데이터는 텍스트 형식으로 변환해야 한다.

다른 선택적 전처리 단계에는 종속성 구문 분석, 상호 참조 확인, 삼중항 추출, 관계 추출이 있다.

- **종속성 구문 분석(파싱)**
  문장의 단어가 서로 어떻게 관련되는지 이해하기 위해 문장에 구문 구조를 할당한다.

- **상호 참조 해결**
  동일한 개체를 나타내는 토큰을 연결하는 과정이다. 언어에서는 문장에 이름이 있는 주제를 소개한 다음 이어지는 문장에서 그/그녀로 지칭하는 것이 일반적이다.

- **삼중항 추출**

  문장 구조에서 사용 가능한 경우 주어, 동사, 목적어 삼중항을 기록하는 과정이다.

- **관계 추출**

  개체가 여러 상호 작용을 할 수 있는 보다 광범위한 형태의 삼중항 추출이다.

이러한 추가 단계는 당면한 작업에 도움이 되는 경우에만 수행해야 한다. 이 장의 실전 문제에서 이러한 전처리 단계의 예를 시연해 보일 것이다.

10.2.2 특성 표현

뉴스 피드 기사, PDF 보고서, 소셜 미디어 게시물, 오디오 파일 같은 대부분의 NLP 관련 데이터는 사람이 사용할 수 있도록 생성된다. 따라서 컴퓨터에서 쉽게 처리할 수 없는 구조화되지 않은 형식으로 저장되는 경우가 많다. 전처리된 정보를 통계적 추론 알고리즘에 전달하려면 토큰을 예측 특성으로 변환해야 한다. 이때 원시 텍스트를 벡터 공간에 임베딩하는 데 모델을 사용한다.

특성 표현에는 다음 두 가지가 있다.

- 알려진 단어의 어휘
- 알려진 단어의 수

특성 표현 방법 일부를 소개하면 다음과 같다.

- 단어 모음
- TF-IDF
- 단어 임베딩
- 사전 훈련된 모델(가령 word2vec, GloVe, spaCy의 단어 임베딩 모델)
- 맞춤형 딥러닝 기반 특성 표현[5]

각 방법에 대해 자세히 알아보자.

---

5 이 장의 실전 문제 1에서 맞춤형 딥러닝 기반 특성 표현 모델이 구축된다.

단어 모음 – 단어 수

자연어 처리에서 텍스트에서 특성을 추출하는 일반적인 기술은 텍스트에서 발생한 모든 단어를 버킷에 배치하는 것이다. 이 접근방식을 단어 모음 모델이라고 한다. 문장 구조에 대한 모든 정보가 손실되기 때문에 단어 모음이라고도 한다. 이 기술에서는 [그림 10-4]에 표시된 것처럼 텍스트 모음에서 단일 행렬을 만든다. 여기서 각 행은 토큰을 나타내고 각 열은 말뭉치의 문서 또는 문장을 나타낸다. 행렬의 값은 나타나는 토큰의 인스턴스 수를 나타낸다.

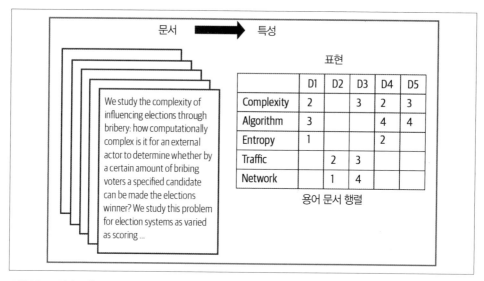

그림 10-4 단어 모음

사이킷런의 CountVectorizer는 텍스트 문서 모음을 토큰화하고 해당 어휘를 사용해 새 문서를 인코딩하는 간단한 방법을 제공한다. fit_transform 함수는 하나 이상의 문서에서 어휘를 학습하고 단어의 각 문서를 벡터로 인코딩한다.

```
sentences = [
'The stock price of google jumps on the earning data today',
'Google plunge on China Data!'
]
from sklearn.feature_extraction.text import CountVectorizer
vectorizer = CountVectorizer()
print( vectorizer.fit_transform(sentences).todense() )
print( vectorizer.vocabulary_ )
```

```
[[0 1 1 1 1 1 1 0 1 1 2 1]
 [1 1 0 1 0 0 1 1 0 0 0 0]]
{'the': 10, 'stock': 9, 'price': 8, 'of': 5, 'google': 3, 'jumps':\
 4, 'on': 6, 'earning': 2, 'data': 1, 'today': 11, 'plunge': 7,\
 'china': 0}
```

2회 발생한 'the'(인덱스 10)를 제외하고 각 단어에서 발생 횟수가 1인, 인코딩된 벡터 배열을 볼 수 있다. 단어 횟수는 좋은 출발점이지만 매우 기본적인 것이다. 단순 횟수의 한 가지 문제는 'the' 같은 일부 단어가 여러 번 표시되지만 인코딩된 벡터에서는 큰 횟수가 그다지 의미가 없다는 것이다. 이러한 단어 모음 표현은 어휘가 방대하고 주어진 단어 또는 문서가 대부분 0 값으로 구성된 큰 벡터로 표현되기 때문에 희소하다.

단어 빈도 – 역문서 빈도(TF-IDF)

대안은 단어 빈도를 계산하는 것이다. 가장 널리 사용되는 방법은 TF-IDF이며, 이는 단어 빈도-역문서 빈도의 약자이다.

- **단어 빈도**

  주어진 단어가 문서에 얼마나 자주 나타났는지를 요약한다.

- **역문서 빈도**

  문서 전체에 많이 나타난 단어를 축소한다.

간단히 말해서 TF-IDF는 더 흥미로운 단어를 강조하는 단어 빈도 점수이다(즉, 한 문서에서 자주 사용되지만 여러 문서들에 두루 사용되지는 않음). TfidfVectorizer는 문서를 토큰화하고 어휘 및 역문서 빈도 가중치를 학습하며 새 문서를 인코딩할 수 있다.

```
from sklearn.feature_extraction.text import TfidfVectorizer
vectorizer = TfidfVectorizer(max_features=1000, stop_words='english')
TFIDF = vectorizer.fit_transform(sentences)
print(vectorizer.get_feature_names()[-10:])
print(TFIDF.shape)
print(TFIDF.toarray())
```

```
['china', 'data', 'earning', 'google', 'jumps', 'plunge', 'price', 'stock', \
 'today']
(2, 9)
[[0.          0.29017021 0.4078241  0.29017021 0.4078241  0.
  0.4078241  0.4078241  0.4078241 ]
 [0.57615236 0.40993715 0.          0.40993715 0.          0.57615236
  0.          0.          0.        ]]
```

제공된 코드에 있는 9개 단어의 어휘를 문서에서 학습한다. 각 단어에는 출력 벡터에서 고유한 정수 인덱스를 할당한다. 문장은 9개 요소를 가진 희소 배열로 인코딩되며 한 어휘 안에서 다른 단어들과 값이 다른 각 단어의 최종 점수를 검토할 수 있다.

단어 임베딩

단어 임베딩은 조밀한 벡터 표현을 사용해 단어와 문서를 나타낸다. 임베딩에서 단어는 조밀한 벡터로 표현된다. 벡터는 연속 벡터 공간으로의 단어 투영을 나타낸다. 벡터 공간에서 단어의 위치는 텍스트에서 학습되며 단어를 사용할 때 단어를 둘러싼 단어를 기반으로 한다. 학습된 벡터 공간에서 단어의 위치를 임베딩이라고 한다.

텍스트에서 단어 임베딩을 학습하는 모델에는 word2Vec, spaCy의 사전 학습된 단어 임베딩 모델, GloVe가 있다. 이와 같이 신중하게 설계된 방법 외에도 딥러닝 모델의 일부로 단어 임베딩을 학습할 수 있다. 이는 더 느린 접근법일 수 있지만 특정 훈련 데이터셋에 맞게 모델을 튜닝한다.

사전 학습된 모델: spaCy

spaCy는 다양한 수준의 단어, 문장, 문서에서 텍스트를 벡터로 만드는 기본 표현을 제공한다. 기본 벡터 표현은 일반적으로 단어의 조밀하고 다차원적인 의미 표현을 생성하는 단어 임베딩 모델에서 비롯된다(다음 예제 참조). 단어 임베딩 모델에는 300차원의 고유 벡터 20,000개가 있다. 이 벡터 표현을 사용해 토큰, 명명된 개체, 명사구, 문장, 문서 간의 유사점과 비유사점을 계산할 수 있다.

spaCy에서 단어 임베딩은 먼저 모델을 불러온 다음 텍스트를 처리한다. 벡터는 처리된 각 토큰(즉, 단어)의 .vector 속성을 사용해 직접 접근할 수 있다. 전체 문장에 대한 평균 벡터는 벡터를 사용해 간단히 계산되므로 문장을 기반으로 하는 머신러닝 모델에 매우 편리한 입력을 제공한다.

```
doc = nlp("Apple orange cats dogs")
print("Vector representation of the sentence for first 10 features: \n", \
    doc.vector[0:10])
```

```
Vector representation of the sentence for first 10 features:
 [ -0.30732775  0.22351399 -0.110111   -0.367025   -0.13430001
    0.13790375 -0.24379876 -0.10736975  0.2715925    1.3117325 ]
```

사전 훈련된 모델의 처음 10개 특성에 대한 문장의 벡터 표현이 출력에 표시된다.

사전 훈련된 모델: gensim 패키지를 사용하는 Word2Vec

gensim 패키지를 사용하는 word2vec 모델의 파이썬 기반 구현은 다음과 같다.

```
from gensim.models import Word2Vec
sentences = [
    ['The','stock','price', 'of', 'Google', 'increases'],
    ['Google','plunge',' on','China',' Data!']]
# 모델 훈련
model = Word2Vec(sentences, min_count=1)
# 불러온 모델 요약
words = list(model.wv.vocab)
print(words)
print(model['Google'][1:5])
```

```
['The', 'stock', 'price', 'of', 'Google', 'increases', 'plunge', ' on', 'China',\
 ' Data!']
[-1.7868265e-03 -7.6242397e-04  6.0105987e-05  3.5568199e-03
 ]
```

사전 훈련된 word2vec 모델의 처음 5개 특성에 대한 문장의 벡터 표현은 위에 나와 있다.

10.2.3 추론

여타 인공지능 작업과 마찬가지로, NLP 활용에서 생성된 추론은 일반적으로 실행 가능하도록 결정으로 변환되어야 한다. 추론은 이전 장에서 다룬 세 가지 머신러닝 범주(즉, 지도 학습, 비지도 학습, 강화 학습)에 속한다. 필요한 추론 유형은 비즈니스 문제와 학습 데이터 유형에 따라 다르지만 가장 일반적으로 사용되는 알고리즘은 지도와 비지도이다.

NLP에서 가장 자주 사용되는 지도 방법론은 나이브 베이즈Naive Bayes 모델로, 이 모델은 간단한 가정을 사용해 합리적 정확도를 생성한다. 더 복잡한 지도 방법론은 인공 신경망 구조를 사용하는 것이다. 지난 몇 년 동안 순환 신경망과 같은 이러한 구조는 NLP 기반 추론을 지배해 왔다.

NLP의 기존 문헌 대부분은 지도 학습에 중점을 둔다. 따라서 비지도 학습 응용은 상대적으로 덜 개발된 하위영역에 속한다. 여기서 문서 유사성을 측정하는 것이 가장 일반적인 작업 중 하나이다. NLP에 적용된 인기 있는 비지도 기법은 잠재 의미 분석Latent Semantic Analysis(LSA)이다. LSA는 문서 및 용어와 관련된 잠재 개념 집합을 생성해 문서 집합과 포함된 단어의 관계를 조사한다. LSA는 문서를 유한한 주제의 혼합으로 모델링하는 잠재 디리클레 할당Latent Dirichlet Allocation(LDA)이라는 보다 정교한 접근방식의 길을 열었다. 차례로 이러한 주제를 어휘의 단어에 대한 유한 혼합으로 모델링한다. LDA는 주제 모델링에 광범위하게 사용되었다. NLP 실무자가 확률적 생성 모델을 구축해 단어에 대한 가능한 주제 속성을 나타내는 연구 분야가 증가하고 있다.

이전 장에서 많은 지도 및 비지도 학습 모델을 검토했다. 다음 절에서는 NLP에서 매우 폭넓게 사용되고 있는 Naive Bayes 및 LDA 모델에 대한 내용만 다룬다.

지도 학습: Naive Bayes

Naive Bayes는 주어진 샘플의 범주를 예측하는 데 사용되며 특성이 다른 특성과 서로 독립적이라는 단순한 가정으로 Bayes의 정리를 적용한 알고리즘군이다. 확률적 분류기이므로 Bayes의 정리를 사용해 각 범주의 확률을 계산하고 확률이 가장 높은 범주를 출력한다.

NLP에서 Naive Bayes 접근법은 클래스 레이블이 주어진 경우 모든 단어의 특성이 서로 독립적이라고 가정한다. 이러한 단순화된 가정으로 인해 Naive Bayes는 '단어 모음' 단어 표현과 매우 잘 호환되며 여러 NLP 활용에서 빠르고 안정적이며 정확한 것으로 시연되었다. 또한 단순한 가정에도 불구하고 더 복잡한 분류기와 견줄 만하며 때로는 더 좋은 성능을 보인다.

감정 분석 문제에서 추론을 위해 Naive Bayes를 사용하는 방법을 살펴보자. 각각 감정이 할당된 두 문장이 있는 데이터프레임을 사용한다. 다음 단계에서는 CountVectorizer를 사용해 문장을 특성 표현으로 변환한다. 특성과 감정은 Naive Bayes를 사용해 모델을 훈련하고 테스트하는 데 사용된다.

```python
sentences = [
    'The stock price of google jumps on the earning data today',
    'Google plunge on China Data!']
sentiment = (1, 0)
data = pd.DataFrame({'Sentence':sentences, 'sentiment':sentiment})

# 특성 추출
from sklearn.feature_extraction.text import CountVectorizer
vect = CountVectorizer().fit(data['Sentence'])
X_train_vectorized = vect.transform(data['Sentence'])

# 모델 실행
from sklearn.naive_bayes import MultinomialNB
clfrNB = MultinomialNB(alpha=0.1)
clfrNB.fit(X_train_vectorized, data['sentiment'])

# 모델 테스트
preds = clfrNB.predict(vect.transform(['Apple price plunge',\
    'Amazon price jumps']))
preds
```

```
array([0, 1])
```

보다시피 Naive Bayes는 두 문장에서 모델을 상당히 잘 훈련한다. 이 모델은 훈련에 사용된 문장에 'plunge(급락)' 및 'jumps(급등)'라는 키워드가 포함된 경우, 이에 상응하는 감정을 할당하여 테스트 문장 '애플 가격 급락' 및 '아마존 가격 급등'에 각각 0 및 1의 감정을 부여한다.

비지도 학습: LDA

LDA는 주제 모델링에 매우 폭넓게 사용되는데, 이는 인간이 해석할 수 있는 의미 있는 주제를 생성하고 새 문서에 주제를 할당하며 확장 가능하기 때문이다. 먼저 주제를 선택해 문서를 생성한 다음 각 주제에 대해 일련의 단어를 선택해 문서를 생성한다. 그런 다음 알고리즘은 이 과정을 리버스 엔지니어링하여 문서에서 주제를 찾는다.

다음 코드는 주제 모델링을 위한 LDA 구현을 보여 준다. CountVectorizer를 사용해 두 문장을 가져와서 특성 표현으로 변환한다. 이러한 특성과 감정은 모델을 훈련하고 주제를 나타내는 두 개의 더 작은 행렬을 생성하는 데 사용된다.

```
sentences = [
    'The stock price of google jumps on the earning data today',
    'Google plunge on China Data!'
    ]
# 단어 묶음 얻기
from sklearn.decomposition import LatentDirichletAllocation
vect=CountVectorizer(ngram_range=(1, 1),stop_words='english') sentences_vec=vect.fit_
transform(sentences)

# 단어 묶음에서 LDA를 실행함
from sklearn.feature_extraction.text import CountVectorizer
lda=LatentDirichletAllocation(n_components=3)
lda.fit_transform(sentences_vec)
```

```
array([[0.04283242, 0.91209846, 0.04506912],
       [0.06793339, 0.07059533, 0.86147128]])
```

이 장의 실전 문제 3에서 주제 모델링에 LDA를 사용하고 개념과 해석에 대해 자세히 논의할 것이다.

이를 검토하려면 NLP 기반 문제에 접근하기 위해 전처리, 특성 추출, 추론 단계를 따라야 한다. 이제 실전 문제를 살펴보자.

10.3 실전 문제 1: NLP 및 감정 분석 기반 거래 전략

자연어 처리는 텍스트를 수량화하는 기능을 제공한다. 다음과 같은 질문을 할 수 있다.

- 이 뉴스가 얼마나 긍정적입니까, 부정적입니까?
- 단어를 어떻게 수량화할 수 있습니까?

아마도 NLP의 가장 주목할 만한 활용은 알고리즘 거래에서의 사용 사례일 것이다. NLP는 시장 감정을 모니터링하는 효율적인 수단을 제공한다. NLP 기반 감정 분석 기술을 뉴스 기사, 보고서, 소셜 미디어 또는 기타 웹 콘텐츠에 적용하면 해당 소스의 감정 점수가 긍정적인지 아니면 부정적인지 효율적으로 판단할 수 있다. 감정 점수는 긍정적인 점수를 가진 주식을 매수하고 부정적인 점수를 가진 주식을 매도하기 위한 방향 신호로 사용할 수 있다.

텍스트 데이터를 기반으로 한 거래 전략은 비정형 데이터양의 증가에 따라 점점 더 대중화되고 있다. 이 실전 문제에서는 NLP 기반 감정을 사용해 거래 전략을 구축하는 방법을 살펴본다.

이 실전 문제에서 중점을 두는 내용은 다음과 같다.

- 지도 및 비지도 알고리즘을 사용한 뉴스 감정 생성
- LSTM 같은 딥러닝 모델을 사용한 감정 분석 강화
- 거래 전략 구축을 위한 다양한 감정 생성 방법론 비교
- 거래 전략의 특징으로 감정과 단어 벡터의 효과적 사용
- 다양한 소스에서 데이터 수집 및 감정 분석을 위한 전처리
- 감정 분석을 위한 NLP 파이썬 패키지 사용
- 사용 가능한 파이썬 패키지를 사용해 거래 전략의 결과를 백테스트하기 위한 프레임워크 구축

이 실전 문제에서는 이전 장들에서 제시된 개념이 통합된다. 실전 문제의 전체 모델 개발 단계는 약간의 수정을 제외하면 이전 실전 문제들의 7단계 모델과 유사하다.

감정 분석 기반 거래 전략 구축

1. 문제 정의

이 실전 문제의 목표는 다음과 같다.

1 NLP를 사용해 뉴스 헤드라인에서 정보 추출하기
2 추출한 정보에 감정 할당하기
3 감정 분석을 사용해 거래 전략 구축하기

실전 문제에서 사용한 데이터는 다음 소스에서 가져온다.

- **여러 뉴스 웹사이트의 RSS 피드에서 수집된 뉴스 헤드라인 데이터**

  연구의 목적상 기사 내용 전부가 아닌 헤드라인만 살펴본다. 데이터셋에는 2011년 5월부터 2018년 12월까지 약 82,000개의 헤드라인이 있다.[6]

- **주식 데이터를 위한 야후 파이낸스 웹사이트**

  실전 문제에 사용된 주식의 수익률 데이터는 야후 파이낸스 가격 데이터에서 가져왔다.

- **캐글**

  분류 기반 감정 분석 모델을 위해 뉴스 감정의 레이블이 지정된 데이터를 사용한다. 이 데이터는 주어진 사례에 완전히 적용되지 않을 수 있으며 여기서는 데모용으로 사용할 뿐이다.

- **주식 시장 사전**

  사전은 개별 단어 또는 단어 문자열에 대한 (의미적, 문법적) 정보가 포함된 NLP 시스템의 구성요소를 나타낸다. 이는 마이크로 블로깅 서비스의 주식 시장 대화를 기반으로 만들어졌다.[7]

이 실전 문제의 주요 단계는 [그림 10-5]에 요약되었다.

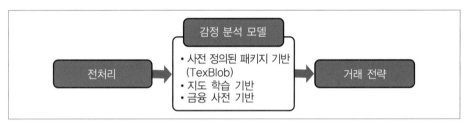

그림 10-5 감정 분석 기반 거래 전략 단계

전처리가 끝나면 다양한 감정 분석 모델을 살펴본다. 감정 분석 단계의 결과는 거래 전략을 개발하는 데 사용된다.

---

6   이 뉴스는 Beautiful Soup 같은 패키지를 사용하는 파이썬의 간단한 웹 스크래핑 프로그램으로 다운로드할 수 있다. 뉴스를 상업용으로 사용하려면 웹사이트를 방문하거나 서비스 약관을 따라야 한다.

7   어휘집 출처: Nuno Oliveira, Paulo Cortez 및 Nelson Areal, "마이크로 블로깅 데이터 및 통계 측정을 사용한 주식시장 감정 사전 획득", Decision Support Systems 85 (2016년 3월): 62 – 73.

2. 시작하기 – 데이터 및 파이썬 패키지 불러오기

2.1 파이썬 패키지 불러오기

불러올 첫 번째 라이브러리셋은 위에서 설명한 NLP 특정 라이브러리이다. 다른 라이브러리에 대한 자세한 내용은 이 실전 문제의 주피터 노트북을 참조한다.

```python
from textblob import TextBlob
import spacy import nltk import warnings
from nltk.sentiment.vader import SentimentIntensityAnalyzer
nltk.download('vader_lexicon')
nlp = spacy.load("en_core_web_lg")
```

2.2 데이터 불러오기

이 단계에서는 야후 파이낸스에서 주가 데이터를 불러온다. 실전 문제에서 사용할 주식을 10개 선택한다. 이 주식들은 시장 점유율을 기준으로 S&P 500 대형 주식이다.

```python
tickers = ['AAPL','MSFT','AMZN','GOOG','FB','WMT','JPM','TSLA','NFLX','ADBE']
start = '2010-01-01'
end = '2018-12-31'
df_ticker_return = pd.DataFrame()
for ticker in tickers: ticker_yf = yf.Ticker(ticker)
    if df_ticker_return.empty:
        df_ticker_return = ticker_yf.history(start = start, end = end)
        df_ticker_return['ticker']= ticker
    else:
        data_temp = ticker_yf.history(start = start, end = end)
        data_temp['ticker']= ticker
        df_ticker_return = df_ticker_return.append(data_temp)
df_ticker_return.to_csv(r'Data\Step3.2_ReturnData.csv')
df_ticker_return.head(2)
```

	Open	High	Low	Close	Volume	Dividends	Stock Splits	ticker
Date								
2010-01-04	26.40	26.53	26.27	26.47	123432400	0.0	0.0	AAPL
2010-01-05	26.54	26.66	26.37	26.51	150476200	0.0	0.0	AAPL

데이터에는 종목의 시세 이름과 함께 주가와 볼륨 데이터가 있다. 다음 단계에서는 뉴스 데이터를 살펴본다.

3. 데이터 준비

이 단계에서 뉴스 데이터를 불러오고 전처리한 다음 뉴스 데이터를 주식 수익률 데이터와 결합한다. 결합된 데이터셋은 모델 개발에 사용한다.

3.1 뉴스 데이터 전처리

뉴스 데이터는 뉴스 RSS 피드에서 다운로드하며 JSON 형식 파일로 제공된다. 다른 날짜의 JSON 파일은 압축된 폴더에 보관한다. 데이터는 오픈소스 프레임워크인 표준 웹스크래핑 파이썬 패키지 Beautiful Soup을 사용해 다운로드한다. 다운로드한 JSON 파일의 내용을 살펴보자.

```
z = zipfile.ZipFile("Data/Raw Headline Data.zip", "r")
testFile=z.namelist()[10]
fileData= z.open(testFile).read()
fileDataSample = json.loads(fileData)['content'][1:500]
fileDataSample
```

```
'li class="n-box-item date-title" data-end="1305172799" data-start="1305086400"
data-txt="Tuesday, December 17, 2019">Wednesday, May 11,2011</li><li class="n-box-
item sa-box-item" data-id="76179" data-ts="1305149244"><div class="media media-
overflow-fix"><div class="media-left"><a class="box-ticker" href="/symbol/CSCO"
target="blank">CSCO</a></div><div class="media-body"<h4 class="media-heading"
><a href="/news/76179" sasource="on_the_move_news_ fidelity" target="_blank">Cisco
(NASDAQ:CSCO): Pr'
```

JSON 형식이 알고리즘에 적합하지 않음을 알 수 있다. JSON에서 뉴스를 얻어야 한다. Regex는 이 단계에서 중요한 부분이다. Regex는 원시적이고 지저분한 텍스트에서 패턴을 찾아 그에 따라 작업을 수행할 수 있다. 다음 함수는 JSON 파일에 인코딩된 정보를 사용해 HTML 구문 분석을 수행한다.

```python
def jsonParser(json_data):
    xml_data = json_data['content']
    tree = etree.parse(StringIO(xml_data), parser=etree.HTMLParser())

    headlines = tree.xpath("//h4[contains(@class, 'media-heading')]/a/text()")
    assert len(headlines) == json_data['count']

    main_tickers = list(map(lambda x: x.replace('/symbol/', ''),\
        tree.xpath("//div[contains(@class, 'media-left')]//a/@href")))
    assert len(main_tickers) == json_data['count']
    final_headlines = [''.join(f.xpath('.//text()')) for f in\
        tree.xpath("//div[contains(@class, 'media-body')]/ul/li[1]")]
    if len(final_headlines) == 0:
        final_headlines = [''.join(f.xpath('.//text()')) for f in\
            tree.xpath("//div[contains(@class, 'media-body')]")]
        final_headlines = [f.replace(h, '').split('\xa0')[0].strip()\
            for f,h in zip (final_headlines, headlines)]
    return main_tickers, final_headlines
```

JSON 파서를 실행한 후 출력이 어떻게 보이는지 살펴보자.

```python
jsonParser(json.loads(fileData))[1][1]
```

```
'Cisco Systems (NASDAQ:CSCO) falls further into the red on FQ4  guidance of $0.37-
0.39 vs. $0.42 Street consensus. Sales seen flat  to +2% vs. 8% Street view. CSCO
recently -2.1%.'
```

보다시피, 출력은 JSON 구문 분석 후 더 읽기 쉬운 형식으로 변환되었다.

감정 분석 모델을 평가하는 동안 감정과 후속 주식 성과 간의 관계도 분석한다. 관계를 이해하기 위해 이벤트에 해당하는 수익인 '이벤트 수익'을 사용한다. 때때로 뉴스가 늦게 보고되거나(즉, 시장 참가자가 발표를 인지한 후) 시장이 마감된 후에 보고되기 때문이다. 윈도우를 약간 더 넓히면 이벤트의 본질을 포착할 수 있다. 이벤트 수익은 다음과 같이 정의한다.

$$R_{t-1} + R_t + R_{t+1}$$

여기서 R_{t-1}, R_{t+1}은 뉴스 데이터 전후의 수익이고 R_t는 뉴스 당일(즉, 시간 t)의 수익이다. 데이터에서 이벤트 수익을 추출해 보자.

```python
# 수익 계산
df_ticker_return['ret_curr'] = df_ticker_return['Close'].pct_change()
# 이벤트 수익 계산
df_ticker_return['eventRet'] = df_ticker_return['ret_curr']\
    + df_ticker_return['ret_curr'].shift(-1) + df_ticker_return['ret_curr'].shift(1)
```

이제 모든 데이터가 준비되었다. 날짜, 수익률(이벤트 수익, 현재 수익, 다음 날 수익), 주식 시세표에 매핑된 뉴스 헤드라인이 있는 결합된 데이터프레임을 준비한다. 데이터프레임은 감정 분석 모델 및 거래 전략을 구축하는 데 사용한다.

```python
combinedDataFrame = pd.merge(data_df_news, df_ticker_return, how='left', \
    left_on=['date','ticker'], right_on=['date','ticker'])
combinedDataFrame = combinedDataFrame[combinedDataFrame['ticker'].isin(tickers)]
data_df = combinedDataFrame[['ticker','headline','date','eventRet','Close']]
data_df = data_df.dropna()
data_df.head(2)
```

	ticker	headline	date	eventRet	Close
5	AMZN	Whole Foods (WFMI) −5.2% following a downgrade…	2011−05−02	0.017650	201.19
11	NFLX	Netflix (NFLX +1.1%) shares post early gains a…	2011−05−02	−0.013003	33.88

데이터의 전반적 형태를 살펴보자.

```python
print(data_df.shape, data_df.ticker.unique().shape)
```

```
(2759, 5) (10,)
```

이 단계에서 티커, 헤드라인, 이벤트 수익, 주어진 날짜에 대한 수익, 10개 주식 티커에 대한 미래 수익(총 2,759행 데이터)이 있는 깨끗한 데이터프레임을 준비했다. 다음 단계에서 감정 분석을 위해 모델을 평가하자.

4. 감정 분석을 위한 모델 평가

이 절에서 뉴스에 대한 감정을 계산하는 다음 세 가지 접근방식을 살펴본다.

- 사전 정의된 모델–TextBlob 패키지
- 튜닝된 모델–분류 알고리즘 및 LSTM
- 금융 사전 기반 모델

각 단계를 살펴보자.

4.1 사전 정의된 모델 – TextBlob 패키지

TextBlob의 sentiment 함수는 Naive Bayes 분류 알고리즘을 기반으로 하는 사전 훈련된 모델이다. 이 함수는 영화 리뷰[8]에서 자주 볼 수 있는 형용사를 −1에서 +1(음에서 양으로) 범위의 감정 극성 점수에 매핑해 문장을 숫자값으로 변환한다. 이것을 모든 기사 헤드라인에 적용한다. 뉴스 텍스트에 대한 감정을 얻는 예는 다음과 같다.

```
text = "Bayer (OTCPK:BAYRY) started the week up 3.5% to €74/share in Frankfurt, \
    touching their highest level in 14 months, after the U.S. government said \
    a $25M glyphosate decision against the company should be reversed."
TextBlob(text).sentiment.polarity
```

```
0.5
```

성명에 대한 감정은 0.5이다. 데이터에 있는 헤드라인에 모두 적용한다.

```
data_df['sentiment_textblob'] = [TextBlob(s).sentiment.polarity for s in \
    data_df['headline']]
```

---

8   또한 후속 절에서 금융 데이터에 대한 감정 분석 모델을 훈련하고 결과를 TextBlob 모델과 비교한다.

감정과 수익의 산점도를 조사하고 10개 주식 모두에 대해 둘의 상관관계를 조사해 보자.

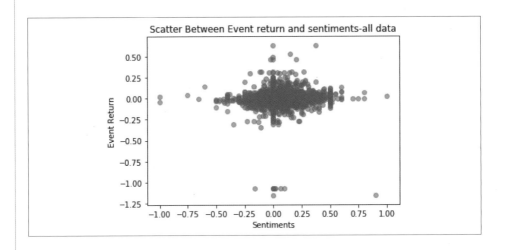

단일 주식(APPL)에 대한 도표는 다음 차트에도 표시된다(코드에 대한 자세한 내용은 이 책의 깃허브 저장소에 있는 주피터 노트북의 코드를 참고한다).

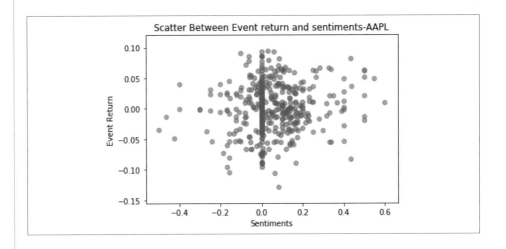

산점도에서 뉴스와 감정 사이에 강한 관계가 없음을 알 수 있다. 수익과 감정의 상관관계는 긍정적(4.27%)으로 긍정적인 감정이 있는 뉴스가 긍정적인 수익으로 이어지고 기대된다는 것을 의미한다. 그러나 상관관계는 그다지 높지 않다. 전체 산점도를 보면 대부분의 감정이 0에 집중되었음을 알 수 있다. 이것은 영화 평론에서 훈련된 감정 점수가 주가에 적합한지에 대한 의문을 제기한다. sentiment_assessments 속성은 각 토큰의 기본값을 나열하고 문장의 전반적인 감정에 대한 이유를 이해하는 데 유용할 수 있다.

```
text = "Bayer (OTCPK:BAYRY) started the week up 3.5% to €74/share\
    in Frankfurt, touching their highest level in 14 months, after the\
    U.S. government said a $25M glyphosate decision against the company\
    should be reversed."
TextBlob(text).sentiment_assessments
```

```
Sentiment(polarity=0.5, subjectivity=0.5, assessments=[(['touching'], 0.5, 0.5, \
None)])
```

성명은 0.5의 긍정적인 감정을 갖지만, 'touching'이라는 단어가 긍정적인 감정을 불러일으킨 것으로 보인다. 'high' 같은 좀 더 직관적인 단어는 그렇지 않다. 이 예는 훈련 데이터의 내용이 감정 점수를 의미 있게 만드는 데 중요함을 보여 준다. 감정 분석에 사용할 수 있는 사전 정의된 패키지와 함수가 많이 있지만 감정 분석을 위한 함수 또는 알고리즘을 사용하기 전에 주의하고 문제의 내용을 철저히 이해하는 것이 중요하다.

이 실전 문제를 위해 금융 뉴스에 대해 훈련된 감정이 필요할 수 있다. 이를 다음 단계에서 살펴보자.

4.2 지도 학습 – 분류 알고리즘 및 LSTM

이 단계에서 사용 가능한 레이블이 지정된 데이터를 기반으로 감정 분석을 위한 맞춤형 모델을 개발한다. 이에 대한 레이블 데이터는 캐글 웹사이트에서 가져온다.

```
sentiments_data = pd.read_csv(r'Data\LabelledNewsData.csv', \
    encoding="ISO-8859-1") sentiments_data.head(1)
```

	datetime	headline	ticker	sentiment
0	1/16/2020 5:25	$MMM fell on hard times but could be set to re⋯	MMM	0
1	1/11/2020 6:43	Wolfe Research Upgrades 3M $MMM to ¡§ Peer Perf⋯	MMM	1

데이터에는 30개의 서로 다른 주식, 총 9,470행의 뉴스 헤드라인이 있으며 감정이 0과 1로 표시되었다. 6장에 제시된 분류 모델 개발 템플릿을 사용해 분류 단계를 수행한다.

지도 학습 모델을 실행하려면 먼저 뉴스 헤드라인을 특성 표현으로 변환해야 한다. 이 연습에서 기본 벡터 표현은 spaCy **단어 임베딩 모델**에서 비롯되며 일반적으로 단어의 조밀하고 다차원적인 의미 표현을 생성한다(아래 예제 참조). 단어 임베딩 모델에는 300차원의 고유 벡터가 20,000개 있다. 이전 단계에서 처리된 데이터의 모든 헤드라인에 적용된다.

```
all_vectors = pd.np.array([pd.np.array([token.vector for token in nlp(s) ]).\
    mean(axis=0)*pd.np.ones((300))\
    for s in sentiments_data['headline']])
```

이제 독립 변수를 준비했으므로 6장에서 설명한 것과 유사한 방식으로 분류 모델을 훈련한다. 감정 레이블이 0 또는 1인 종속 변수가 있다. 먼저 데이터를 훈련셋과 테스트셋으로 나누고 주요 분류 모델(가령 로지스틱 회귀, CART, SVM, 랜덤 포레스트, 인공 신경망)을 실행한다.

또한 고려되는 모델 목록에 RNN 기반 모델인 LSTM[9]을 포함한다. RNN 기반 모델은 예측을 위해 현재 특성과 인접한 특성에 대한 정보를 저장하기 때문에 NLP에 대해 잘 수행한다. 과거 정보를 기반으로 메모리를 유지해 모델이 장거리 특성에 따라 현재 출력을 예측하고 단순히 개별 단어를 보는 것이 아니라 전체 문장의 맥락에서 단어를 볼 수 있도록 한다.

LSTM 모델에 데이터를 제공하려면 입력 문서의 길이가 모두 같아야 한다. 케라스 `tokenizer` 함수를 사용해 문자열을 토큰화한 다음 `texts_to_sequences`를 사용해 단어 순서를 만든다. 자세한 내용은 케라스 웹사이트에서 확인할 수 있다. 긴 리뷰는 잘라내고 짧은 리뷰는 null 값(0)으로 채워 리뷰 최대 길이를 max_words로 제한한다. 케라스에서도 `pad_sequences` 함수를 사용해 이를 수행할 수 있다. 세 번째 매개변수는 각 주석 순서의 길이인 input_length(50으로 설정)이다.

---

9 RNN 모델에 대한 자세한 내용은 5장을 참조한다.

```
### 순서 생성
vocabulary_size = 20000
tokenizer = Tokenizer(num_words= vocabulary_size)
tokenizer.fit_on_texts(sentiments_data['headline'])
sequences = tokenizer.texts_to_sequences(sentiments_data['headline'])
X_LSTM = pad_sequences(sequences, maxlen=50)
```

다음 코드에서는 케라스 라이브러리를 사용해 기본 LSTM 모델을 기반으로 인공 신경망 분류기를 구축한다. 망은 임베딩 층으로 시작한다. 이 계층을 통해 시스템은 각 토큰을 더 큰 벡터로 확장해 망이 의미 있는 방식으로 단어를 나타낼 수 있다. 계층은 첫 번째 인수(어휘 크기)로 20,000을, 두 번째 입력 매개변수(임베딩의 차원)로 300을 취한다. 마지막으로 이 것이 분류 문제이고 출력에 0 또는 1로 레이블을 지정해야 하는 경우, 이진(0 또는 1) 출력을 생성하기 위해 LSTM 모델에 대한 래퍼로 KerasClassifier 함수를 사용한다.

```
from keras.wrappers.scikit_learn import KerasClassifier
def create_model(input_length=50):
    model = Sequential()
    model.add(Embedding(20000, 300, input_length=50))
    model.add(LSTM(100, dropout=0.2, recurrent_dropout=0.2))
    model.add(Dense(1, activation='sigmoid'))
    model.compile(loss='binary_crossentropy', optimizer='adam', \
        metrics=['accuracy'])
    return model

model_LSTM = KerasClassifier(build_fn=create_model, epochs=3, verbose=1, \
    validation_split=0.4)
model_LSTM.fit(X_train_LSTM, Y_train_LSTM)
```

모든 머신러닝 모델을 다음과 같이 비교했다.

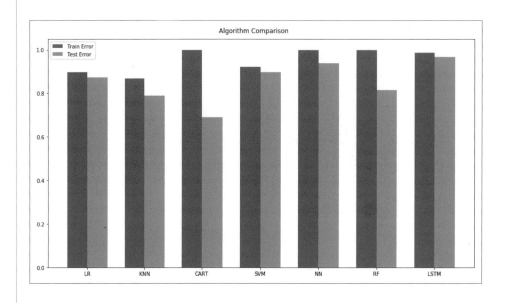

예상대로 LSTM 모델은 여타 모델에 비해 테스트셋에서 최고의 성능(정확도 96.7%)을 보인다. 훈련셋 정확도가 99%, 테스트셋 정확도가 93.8%인 인공 신경망(ANN)의 성능은 LSTM 기반 모델과 비슷하다. 랜덤 포레스트(RF), SVM, 로지스틱 회귀(LR)의 성능도 합리적이다. CART와 KNN은 다른 모델만큼 잘 작동하지 않는다.

CART는 높은 과적합을 보여 준다. 다음 단계에서 데이터의 감정을 계산하기 위해 LSTM 모델을 사용한다.

4.3 금융 어휘집 기반 비지도 모델

이 실전 문제에서는 마이크로 블로깅 서비스의 주식 시장 대화에 맞게 조정된 어휘의 단어와 감정으로 VADER 어휘를 업데이트한다.

- **어휘집**

  감정 분석을 위해 만들어진 특수 사전 또는 어휘. 대부분의 어휘집에는 몇 가지 점수와 함께 긍정적이고 부정적인 극 단어 목록이 있다. 단어의 위치, 주변 단어, 컨텍스트, 품사 및 구와 같은 다양한 기술을 사용해 감정을 계산하려는 텍스트 문서에 점수를 할당한다. 이 점수를 집계한 후 최종 감정을 계산한다.

- **감정 추론을 위한 발란스 인식 사전(VADER)**

  NLTK 패키지에 포함되어 있는, 사전 빌드된 감정 분석 모델. 긍정적이고 부정적인 극성 점수만이 아니라 텍스트 샘플의 감정 강도까지 제공한다. 규칙 기반이며 사람이 평가한 텍스트에 크게 의존한다. 의미의 방향에 따라 긍정적이거나 부정적인 것으로 표시된 단어 또는 텍스트 형태의 의사 소통이다.

이 어휘 리소스는 StockTwits의 다양한 통계 측정 및 레이블이 지정된 대규모 메시지셋을 사용해 자동으로 생성되었다. StockTwits은 투자자, 거래자, 기업가 간에 아이디어를 공유하도록 설계된 소셜 미디어 플랫폼이다.[10] 감정은 TextBlob의 감정과 유사하게 −1에서 1 사이이다. 다음 코드에서는 금융 감정을 기반으로 모델을 훈련한다.

```
# 주식 시장 어휘집
sia = SentimentIntensityAnalyzer()
stock_lex = pd.read_csv('Data/lexicon_data/stock_lex.csv')
stock_lex['sentiment'] = (stock_lex['Aff_Score'] + stock_lex['Neg_Score'])/2
stock_lex = dict(zip(stock_lex.Item, stock_lex.sentiment))
stock_lex = {k:v for k,v in stock_lex.items() if len(k.split(' '))==1}
stock_lex_scaled = {}
for k, v in stock_lex.items():
    if v > 0:
        stock_lex_scaled[k] = v / max(stock_lex.values()) * 4
    else:
        stock_lex_scaled[k] = v / min(stock_lex.values()) * -4

final_lex = {}
final_lex.update(stock_lex_scaled)
final_lex.update(sia.lexicon)
sia.lexicon = final_lex
```

뉴스 항목의 감정을 확인해 보자.

```
text = "AAPL is trading higher after reporting its October sales\
    rose 12.6% M/M. It has seen a 20%+ jump in orders"
sia.polarity_scores(text)['compound']
```

```
0.4535
```

----

10 어휘집 출처: Nuno Oliveira, Paulo Cortez 및 Nelson Areal, "마이크로 블로깅 데이터 및 통계 측정을 사용한 주식 시장 감정 사전 획득", 62 – 73쪽, Decision Support Systems 85 (2016년 3월).

데이터셋을 기반으로 모든 뉴스 헤드라인에 대한 감정을 얻는다.

```
vader_sentiments = pd.np.array([sia.polarity_scores(s)['compound']\
    for s in data_df['headline']])
```

전체 데이터셋에 대한 어휘집 기반 방법론을 사용해 계산된 수익과 감정의 관계를 살펴보자.

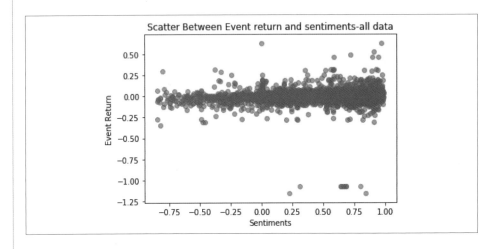

감정 점수가 낮은데 수익률이 높은 사례는 많지 않고 데이터가 명확하지 않을 수 있다. 다음 절에서는 다양한 유형의 감정 분석을 자세히 비교한다.

4.4 탐색적 데이터 분석 및 비교

이 절에서는 위에 제시된 다양한 기법을 사용해 계산된 감정을 비교한다. 세 가지 다른 방법론의 샘플 헤드라인과 감정을 살펴보고 시각적으로 분석한다.

	ticker	headline	sentiment_textblob	sentiment_LSTM	sentiment_lex
4620	TSM	TSMC (TSM +1.8%) is trading higher after reporting its October sales rose 12.6% M/M. DigiTimes adds TSMC has seen a 20%+ jump in orders from QCOM, NVDA, SPRD, and Mediatek. The numbers suggest TSMC could beat its Q4 guidance (though December tends to be weak), and that chip demand could be stabilizing after getting hit hard by inventory corrections. (earlier) (UMC sales)	0.036667	1	0.5478

헤드라인 중 하나를 보면 이 문장의 감정은 긍정적이다. 그러나 TextBlob 감정 결과는 크기가 더 작기 때문에 감정이 더 중립적임을 암시한다. 이는 영화 감정에 대해 훈련된 모델이 주식 감정에는 정확하지 않을 수 있다는 이전 가정을 상기시킨다. 분류 기반 모델은 감정이 긍정적이지만 이진적이다. Sentiment_lex는 상당히 긍정적인 감정으로 좀 더 직관적인 출력을 제공한다.

다른 방법론과 수익률의 모든 감정의 상관관계를 검토해 보자.

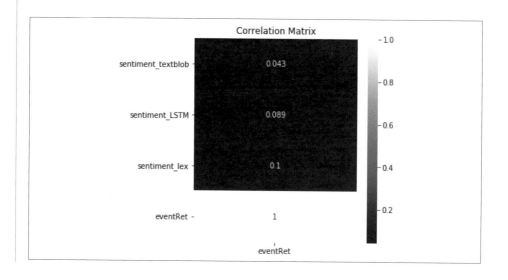

모든 감정은 수익과 긍정적인 관계를 맺고 있으며 직관적이고 예상대로이다. 어휘집 방법론의 감정이 가장 높기 때문에 어휘집 방법론을 사용해 주식의 이벤트 수익률을 가장 잘 예측할 수 있다. 이 방법론은 모델의 금융 조건을 활용한다. LSTM 기반 방법도 TextBlob 접근 방식보다 성능이 더 우수하지만 어휘집 기반 방법론에 비해 성능이 약간 떨어진다.

티커 수준에서 방법론의 성능을 살펴보자. 분석을 위해 시가 총액이 가장 높은 몇 개의 티커를 선택했다.

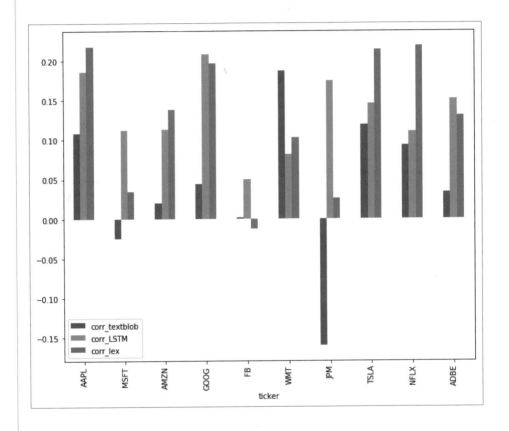

차트를 보면 어휘집 방법론의 상관관계가 모든 주식 티커에서 가장 높은데, 이는 이전 분석의 결론을 확증한다. 즉 어휘집 방법론을 사용해 수익을 가장 잘 예측할 수 있다. TextBlob 기반 감정은 JPM과 같은 일부 경우에 직관적이지 않은 결과를 보여 준다.

아마존(AMZN) 및 구글(GOOG)에 대한 어휘집 방법론 대 TextBlob 방법론의 산점도를 살펴보자. 이진 감정이 산점도에서 의미가 없기 때문에 LSTM 기반 방법을 따로 설정한다.

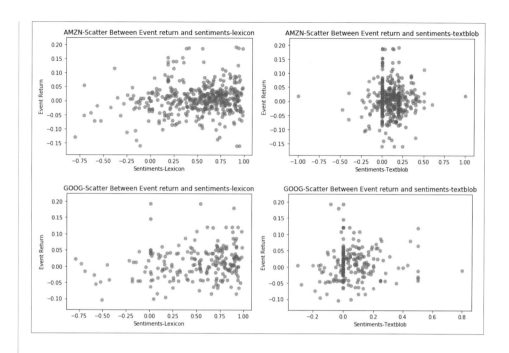

왼쪽의 어휘집 기반 감정은 감정과 수익 간의 긍정적인 관계를 보여 준다. 수익률이 가장 높은 일부 포인트는 가장 긍정적인 뉴스와 관련이 있다. 또한 산점도는 TextBlob에 비해 어휘집 기반의 경우 더 균일하게 분포한다. TextBlob에 대한 감정은 0에 집중되었다. 아마도 모델이 금융 감정을 잘 분류할 수 없기 때문일 것이다. 거래 전략의 경우, 이 절의 분석을 기반으로 가장 적절한 어휘집 기반 감정을 사용한다. LSTM 기반 감정도 좋지만 0 또는 1로 표시한다. 더 세분화된 어휘집 기반 감정을 선호한다.

5. 모델 평가 – 거래 전략 구축

거래 전략을 구축하기 위해 여러 방법으로 감정 데이터를 사용할 수 있다. 매수, 매도, 보류 동작을 결정하기 위한 독립형 신호로 감정을 사용할 수 있다. 감정 점수 또는 단어 벡터를 사용해 주식의 수익률이나 가격을 예측할 수도 있다. 이 예측은 거래 전략을 구축하는 데 사용할 수 있다.

이 절에서는 다음 접근방식을 기반으로 주식을 사고 파는 거래 전략을 시연해 보인다.

- 감정 점수(현재 감정 점수/이전 감정 점수)의 변화가 0.5보다 더 클 때 주식을 매수한다. 감정 점수 변화가 −0.5 미만일 때 주식을 매도한다. 여기에 사용된 감정 점수는 이전 단계에서 계산된 어휘집 기반 감정을 기반으로 한다.
- 감정 외에도 매수/매도 결정을 내릴 때 이동평균(지난 15일 기준)을 사용한다.
- 거래(매수/매도)는 100주이다. 거래 가능한 초기 금액은 113,000,000원으로 설정한다.

전략 임계값, 로트 크기, 초기 자본은 전략의 성과에 따라 튜닝할 수 있다.

5.1 전략 수립

거래 전략을 설정하기 위해 backtrader를 사용한다. backtrader는 거래 전략을 구현하고 백테스트하기 위한 파이썬 기반 프레임워크이다. backtrader를 사용하면 인프라를 구축하는 데 시간을 소비하는 대신 재사용 가능한 거래 전략, 지표, 분석기를 작성할 수 있다. backtrader 문서의 Quickstart 코드를 사용하고 이를 감정 기반 거래 전략에 적용한다.

다음은 매수/매도 로직의 전략을 요약한 코드이다. 자세한 구현은 이 실전 문제의 주피터 노트북을 참고한다.

```
# 현재 종가가 단순 이동평균(sma) 이상이고 감정이 0.5 이상 증가하면 매수
if self.dataclose[0] > self.sma[0] and self.sentiment - prev_sentiment >= 0.5:
    self.order = self.buy()
# 현재 종가가 단순 이동평균(sma) 미만이고 감정이 0.5 이상 감소하면 매도
if self.dataclose[0] < self.sma[0] and self.sentiment - prev_sentiment <= -0.5:
    self.order = self.sell()
```

5.2 개별 주식에 대한 결과

먼저 구글(GOOG)에 대한 전략을 실행하고 결과를 확인한다.

```
ticker = 'GOOG'
run_strategy(ticker, start = '2012-01-01', end = '2018-12-12')
```

출력은 일부 날짜의 거래 로그와 최종 수익을 표시한다.

```
Starting Portfolio Value: 100000.00
2013-01-10, Previous Sentiment 0.08, New Sentiment 0.80 BUY CREATE, 369.36
2014-07-17, Previous Sentiment 0.73, New Sentiment -0.22 SELL CREATE, 572.16
2014-07-18, OPERATION PROFIT, GROSS 22177.00, NET 22177.00
2014-07-18, Previous Sentiment -0.22, New Sentiment 0.77 BUY CREATE, 593.45
2014-09-12, Previous Sentiment 0.66, New Sentiment -0.05 SELL CREATE, 574.04
2014-09-15, OPERATION PROFIT, GROSS -1876.00, NET -1876.00
2015-07-17, Previous Sentiment 0.01, New Sentiment 0.90 BUY CREATE, 672.93
2018-12-11, Ending Value 149719.00
```

backtrader 패키지가 생성한 아래의 도표에서 백테스팅 결과를 분석한다. 이 차트의 자세한 내용은 실전 문제의 주피터 노트북을 참고한다.

결과를 살펴보면 전체 이익은 56,130,000원이다. 차트는 backtrader 패키지에 의해 생성된 전형적인 차트[11]이며 네 개 패널로 나뉜다.

- **상단 패널**

  상단 패널은 현금 가치 관찰자이다. 백테스팅 실행 기간 동안 현금 및 총 포트폴리오 가치를 추적한다. 이 실행에서는 113,000,000원에서 시작해 169,130,000원으로 끝났다.

----

11 backtrader 패키지에서 사용하는 차트와 패널에 대한 자세한 내용은 backtrader 웹사이트(https://oreil.ly/j2pT0)의 '플로팅(plotting)' 절을 참조한다.

- **두 번째 패널**

  이 패널은 거래 관찰자이다. 각 거래의 실현된 손익을 보여 준다. 거래는 포지션을 개시하고 포지션을 0으로 되돌리는 것(직접 또는 롱에서 숏으로 또는 숏에서 롱으로의 교차)으로 정의된다. 이 패널을 보면 8개 거래 중 5개가 전략에서 수익성이 있다.

- **세 번째 패널**

  이 패널은 매수/매도 관찰자이다. 매수/매도 동작이 발생한 위치를 나타낸다. 일반적으로 주가가 상승할 때 매수 동작이 발생하고 주가가 하락하기 시작하면 매도 동작이 발생하는 것을 볼 수 있다.

- **하단 패널**

  이 패널에는 −1과 1 사이의 다양한 감정 점수를 표시한다.

이제 매수 동작이 발생한 날(2015-07-17) 중 하나를 선택하고 해당 날짜와 전날 구글 뉴스를 분석한다.

```
GOOG_ticker= data_df[data_df['ticker'].isin([ticker])]
New= list(GOOG_ticker[GOOG_ticker['date'] ==  '2015-07-17']['headline'])
Old= list(GOOG_ticker[GOOG_ticker['date'] ==  '2015-07-16']['headline'])
print("Current News:",New,"\n\n","Previous News:", Old)
```

```
Current News: ["Axiom Securities has upgraded Google (GOOG +13.4%, GOOGL +14.8%) to
Buy following the company's Q2 beat and investor-pleasing comments about spending
discipline, potential capital returns, and YouTube/mobile growth. MKM has launched
coverage at Buy, and plenty of other firms have hiked their targets. Google's market
cap is now above $450B."]

Previous News: ["While Google's (GOOG, GOOGL) Q2 revenue slightly missed estimates
when factoring traffic acquisitions costs (TAC), its ex-TAC revenue of $14.35B was
slightly above a $14.3B consensus. The reason: TAC fell to 21% of ad revenue from Q1'
s 22% and Q2 2014's 23%. That also, of course, helped EPS beat estimates.", 'Google
(NASDAQ:GOOG): QC2 EPS of $6.99 beats by $0.28.']
```

분명히 선택한 날의 뉴스에는 긍정적인 뉴스인 구글의 업그레이드가 언급되었다. 전날에 예상치가 누락된 수익이 언급되었는데 이는 부정적인 소식이다. 따라서 선택한 날짜에서 뉴스 감정에 큰 변화가 있었으며 거래 알고리즘에 의해 매수 동작이 발생했다. 다음에는 페이스북(FB)에 대한 전략을 실행한다.

```
ticker = 'FB'
run_strategy(ticker, start = '2012-01-01', end = '2018-12-12')
```

```
Start Portfolio value: 100000.00
Final Portfolio Value: 108041.00
Profit: 8041.00
```

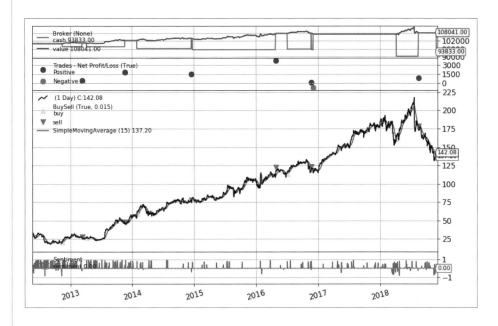

전략의 백테스팅 결과에 대한 세부 사항은 다음과 같다.

- **상단 패널**

  현금 가치 패널은 전체 수익이 9,078,000원임을 보여 준다.

- **두 번째 패널**

  무역 관찰자 패널은 7개 동작 중 6개가 수익성이 있음을 보여 준다.

- **세 번째 패널**

  매수/매도 관찰자는 일반적으로 주가가 상승(감소)할 때 매수(매도) 동작이 발생했음을 보여 준다.

- **하단 패널**

  2013년부터 2014년까지 페이스북(FB)에 대한 긍정적인 감정을 보여 준다.

5.3 여러 주식에 대한 결과

이전 단계에서는 개별 주식에 대한 거래 전략을 실행했다. 여기서는 10개 주식 모두에 대해 감정 계산을 실행한다.

```
results_tickers = {}
for ticker in tickers:
    results_tickers[ticker] = run_strategy(ticker, start = '2012-01-01', \
        end = '2018-12-12')
pd.DataFrame.from_dict(results_tickers).set_index(\
    [pd.Index(["PerUnitStartPrice", StrategyProfit'])])
```

	AAPL	MSFT	AMZN	GOOG	FB	WMT	JPM	TSLA	NFLX	ADBE
PerUnitStartPrice	50.86	21.96	179.03	331.46	38.23	48.78	27.31	28.08	10.32	28.57
StrategyProfit	3735.00	4067.00	75377.00	49719.00	8041.00	1152.00	2014.00	15755.00	25181.00	17027.00

이 전략은 매우 좋은 성과를 보여 모든 주식에서 전체 수익이 발생했다. 앞서 언급했듯이 매수/매도 동작은 로트 크기 100에서 수행한다. 따라서 사용되는 금액은 주가에 비례한다. 아마존(AMZN)과 구글(GOOG)에서 가장 높은 명목 이익을 볼 수 있는데, 이는 주로 주가가 높음을 감안할 때 주식에 투자된 높은 금액에 기인한다. 전체 수익 외에 샤프 비율, 최대 감소율 같은 다른 메트릭을 사용해 성능을 분석할 수 있다.

5.4 전략 기간 변경

이전 분석에서는 2011년부터 2018년까지의 기간을 백테스팅에 사용했다. 이 단계에서는 전략의 효과를 추가로 분석하기 위해 백테스팅 기간을 변경하고 결과를 분석한다. 먼저 2012년부터 2014년 사이의 기간 동안 모든 주식에 대한 전략을 실행한다.

```
results_tickers = {}
for ticker in tickers:
    results_tickers[ticker] = run_strategy(ticker, start = '2012-01-01', \
        end = '2014-12-31')
```

	AAPL	MSFT	AMZN	GOOG	FB	WMT	JPM	TSLA	NFLX	ADBE
StockPriceBeginning	50.86	21.96	179.03	331.46	38.23	48.78	27.31	28.08	10.32	28.57
StrategyProfit	2794.00	617.00	-2873.00	23191.00	3528.00	-313.00	2472.00	11994.00	2712.00	3367.00

이 전략은 아마존(AMZN)과 월마트(WMT)를 제외한 모든 주식에서 전체 수익이 발생했다. 이제 2016년과 2018년 사이에 전략을 실행한다.

```
results_tickers = {}
for ticker in tickers:
    results_tickers[ticker] = run_strategy(ticker, start = '2016-01-01', \
        end = '2018-12-31')
```

	AAPL	MSFT	AMZN	GOOG	FB	WMT	JPM	TSLA	NFLX	ADBE
PerUnitStartPrice	97.95	50.26	636.99	741.84	102.22	54.97	55.84	223.41	109.96	91.97
StrategyProfit	-262.00	3324.00	67454.00	31430.00	648.00	657.00	0.00	10886.00	25020.00	12551.00

애플(AAPL)을 제외한 모든 주식에서 감정 기반 전략이 좋은 성과를 보이며, 다른 기간에 대해 상당히 잘 수행한다는 결론을 내릴 수 있다. 전략은 거래 규칙 또는 로트 크기를 수정해 튜닝할 수 있다. 추가 메트릭을 사용해 전략의 성능을 이해할 수도 있다. 감정은 상관 변수 및 예측을 위한 기술 지표와 같은 특성과 함께 사용할 수도 있다.

6. 결론

이 실전 문제에서는 비정형 데이터를 정형 데이터로 변환한 다음 NLP용 도구를 사용해 분석 및 예측하는 다양한 방법을 살펴보았다. 감정 계산을 위한 모델을 개발하기 위해 딥러닝 모델을 비롯해 세 가지 접근방식을 시연했다. 모델을 비교한 결과 감정 분석을 위해 모델을 훈련하는 데 가장 중요한 단계 중 하나는 도메인별 어휘를 사용하는 것이라고 결론지었다.

또한 spaCy에서 사전 훈련된 영어 모델을 사용해 문장을 감정으로 변환하고 감정을 신호로 사용해 거래 전략을 개발했다. 초기 결과는 금융 어휘집에 기반한 감정에 대해 훈련된 모델이 거래 전략을 위한 모델이 될 수 있음을 시사했다. 이에 대한 추가 개선은 더 복잡한 사전 훈련된 감정 분석 모델이 될 수 있다. 예를 들어, 구글의 BERT 또는 오픈 소스 플랫폼에서 사용할 수 있는 다양한 사전 훈련된 NLP 모델일 수 있다. 기존 NLP 라이브러리에는 추론 단계에 집중할 수 있도록 일부 전처리 및 인코딩 단계가 포함된다.

더 많은 상관 변수, 기술 지표를 포함해 거래 전략을 구축할 수 있다. 혹은 관련성이 더 많은 금융 텍스트 데이터를 기반으로 더 정교한 전처리 단계와 모델을 사용해 감정 분석을 개선할 수 있다.

10.4 실전 문제 2: 챗봇 – 디지털 어시스턴트

챗봇은 사용자가 자연어로 대화하는 컴퓨터 프로그램이다. 사용자의 의도를 이해하고 조직의 비즈니스 규칙과 데이터를 기반으로 응답할 수 있다. 이러한 챗봇은 딥러닝과 NLP 기술로 음성 데이터를 처리해 사람의 음성을 이해할 수 있다.

챗봇은 금융 서비스를 위해 여러 도메인에서 점점 더 많이 구현되고 있다. 소비자는 뱅킹 봇을 통해 잔액을 확인하고, 돈을 이체하고, 청구서를 지불하는 등의 작업을 수행한다. 소비자는 브로커링 봇을 통해 투자 옵션을 찾고, 투자하고, 잔액을 확인할 수 있다. 고객지원 봇은 즉각적인 응답을 제공해 고객 만족도를 크게 높인다. 뉴스 봇은 개별화된 시사 정보를 제공하는 반면 엔터프라이즈 봇은 직원이 잔여 휴가일을 확인하고, 비용을 기록하고, 재고 잔고를 확인하고, 거래를 승인할 수 있도록 한다. 챗봇은 고객과 직원을 지원하는 과정을 자동화하는 것 외에도 금융기관이 고객에 대한 정보를 얻을 수 있도록 도와준다. 봇 현상은 금융 부문의 많은 영역에서 광범위한 파급을 일으킬 수 있다.

봇이 프로그래밍되는 방식에 따라 챗봇을 두 가지 변형으로 분류할 수 있다.

- **규칙 기반**
  다양한 챗봇은 규칙에 따라 학습된다. 이러한 챗봇은 상호 작용을 통해 학습하지 않으며 때때로 정의된 규칙을 벗어난 복잡한 쿼리에는 응답하지 못할 수 있다.

- **자가 학습**
  다양한 봇은 머신러닝 및 인공지능 기술에 의존해 사용자와 대화한다. 자가 학습 챗봇은 검색 기반 및 생성 방식으로 세분화한다.

- 검색 기반

  이 챗봇은 한정된 사전 정의된 응답 집합에서 최상의 응답 순위를 매기도록 훈련된다.
- 생성 방식

  이 챗봇은 사전 정의된 응답으로 구축되지 않는다. 대신 많은 수의 이전 대화를 사용해 훈련한다. 훈련하는 데 막대한 양의 대화형 데이터가 필요하다.

이 실전 문제에서는 금융 질문에 답할 수 있는 자가 학습 챗봇 프로토타입을 만든다.

이 실전 문제에서 중점을 두는 내용은 다음과 같다.

- 챗봇용 NLP를 사용하여 맞춤형 로직 및 규칙 파서 구축
- 챗봇 구축에 필요한 데이터 준비 이해
- 챗봇의 기본 구성요소 이해
- 사용 가능한 파이썬 패키지 및 말뭉치를 활용한 챗봇 훈련

NLP를 사용해 사용자 지정 챗봇 만들기

1. 문제 정의

이 실전 문제의 목표는 NLP로 구동되는 대화형 챗봇의 기본 프로토타입을 구축하는 것이다. 이 챗봇의 주된 용도는 사용자가 특정 회사의 재무 비율을 검색하는 데 도움을 제공하는 것이다. 이러한 챗봇은 사용자가 거래 결정을 내리는 데 도움될 주식이나 상품의 세부 정보를 빠르게 검색하도록 설계된다.

챗봇은 재무 비율을 검색하는 것 외에도 사용자와 일상적인 대화를 하고 기본적인 수학 계산을 수행하고 훈련에 사용된 목록에 있는 질문에 답변을 제공할 수 있다. 챗봇 생성에 파이썬 패키지와 함수를 사용하고 요구 사항에 맞게 챗봇 구조의 여러 구성요소를 사용자가 정의한다.

이 실전 문제에서 만든 챗봇 프로토타입은 사용자 입력과 의도를 이해하고 원하는 정보를 검색하도록 설계되었다. 은행, 중개 또는 고객 지원을 위한 정보 검색 봇용으로 개선할 수 있는 작은 프로토타입이다.

2. 시작하기 – 라이브러리 불러오기

이 실전 문제에서는 spaCy와 ChatterBot이라는 두 가지 텍스트 기반 라이브러리를 사용한다. spaCy는 이전에 소개했다. ChatterBot은 최소한의 프로그래밍으로 간단한 챗봇을 만드는 데 사용되는 파이썬 라이브러리이다.

훈련되지 않은 ChatterBot 인스턴스는 통신 방법을 모르는 채 시작한다. 사용자가 명령문을 입력할 때마다 라이브러리는 입력 및 응답 텍스트를 저장한다. ChatterBot이 입력을 많이 받을수록 제공할 수 있는 응답 수가 늘고 해당 응답의 정확도가 높아진다. 프로그램은 입력에 가장 가깝게 일치하는 알려진 문장을 검색해 응답을 선택한다. 그런 다음 봇과 통신하는 사람이 각 응답을 얼마나 자주 하는지를 토대로 해당 문장의 답이 될 확률이 가장 높은 응답을 반환한다.

2.1 라이브러리 불러오기

다음 파이썬 코드를 사용해 spaCy를 가져온다.

```
import spacy
from spacy.util import minibatch, compounding
```

ChatterBot 라이브러리에는 `LogicAdapter`, `ChatterBotCorpusTrainer`, `ListTrainer` 모듈 등이 있다. 이러한 모듈은 봇에서 사용자 쿼리에 대한 응답을 구성하기 위해 사용된다. 다음과 같이 시작한다.

```
from chatterbot import ChatBot
from chatterbot.logic import LogicAdapter
from chatterbot.trainers import ChatterBotCorpusTrainer
from chatterbot.trainers import ListTrainer
```

이 연습에서 사용하는 다른 라이브러리는 다음과 같다.

```
import random
from itertools import product
```

맞춤형 챗봇을 설명하기 전에 ChatterBot 패키지의 기본 특성을 사용해 챗봇을 개발해 본다.

3. 기본 챗봇 훈련

ChatterBot과 기타 많은 챗봇 패키지에는 챗봇 훈련에 사용할 수 있는 데이터 유틸리티 모듈이 함께 제공된다. 다음은 여기에서 사용할 ChatterBot 구성요소이다.

- **논리 어댑터**

    논리 어댑터는 ChatterBot이 주어진 입력 문장에 대한 응답을 선택하는 방법의 논리를 결정한다. 봇이 사용할 논리 어댑터를 원하는 만큼 입력할 수 있다. 아래 예에서는 가장 잘 알려진 응답을 반환하는 BestMatch와 수학 연산을 수행하는 MathematicalEvaluation의 두 가지 내장 어댑터를 사용한다.

- **전처리기**

    ChatterBot의 전처리기는 논리 어댑터가 문장을 처리하기 전에 챗봇이 수신하는 입력 문장을 수정하는 간단한 함수이다. 전처리기는 깨끗하게 처리된 데이터를 갖기 위해 토큰화, 구조화 같은 다양한 전처리 단계를 수행하도록 사용자가 정의할 수 있다. 아래 예에서는 공백 정리를 위한 기본 전처리기인 clean_whitespace를 사용한다.

- **말뭉치 훈련**

    ChatterBot은 말뭉치 데이터, 유틸리티 모듈과 함께 제공되어 봇이 통신하도록 신속하게 훈련할 수 있다. 기존의 말뭉치인 english, english.greetings, english.conversation을 챗봇 훈련에 사용한다.

- **훈련 목록**

    말뭉치 훈련과 마찬가지로 ListTrainer를 사용해 훈련에 이용할 수 있는 대화로 챗봇을 훈련한다. 아래 예에서는 몇 가지 샘플 명령을 사용해 챗봇을 훈련했다. 상당량의 대화 데이터를 사용해 챗봇을 훈련할 수 있다.

```
chatB = ChatBot("Trader",
    preprocessors=['chatterbot.preprocessors.clean_whitespace'],
    logic_adapters=['chatterbot.logic.BestMatch',
    'chatterbot.logic.MathematicalEvaluation'])
# 말뭉치 훈련
trainerCorpus = ChatterBotCorpusTrainer(chatB)
# 영어 말뭉치 기반 훈련
trainerCorpus.train("chatterbot.corpus.english")
# 인사 말뭉치 기반 훈련
trainerCorpus.train("chatterbot.corpus.english.greetings")
```

```
# 영어 대화 말뭉치 기반 훈련
trainerCorpus.train("chatterbot.corpus.english.conversations")
trainerConversation = ListTrainer(chatB) # 대화 기반 훈련
# 훈련 목록
trainerConversation.train([
    'Help!',
    'Please go to google.com',
    'What is Bitcoin?',
    'It is a decentralized digital currency'
    ])
# 두 번째 데이터 목록으로 훈련해 반응 변동을 추가할 수 있음.
trainerConversation.train([
    'What is Bitcoin?',
    'Bitcoin is a cryptocurrency.'
])
```

챗봇을 훈련하면 다음과 같은 대화를 통해 훈련된 챗봇을 테스트할 수 있다.

```
>Hi
How are you doing?

>I am doing well.
That is good to hear

>What is 78964 plus 5970
78964 plus 5970 = 84934

>what is a dollar
dollar: unit of currency in the united states.

>What is Bitcoin?
It is a decentralized digital currency

>Help!
Please go to google.com

>Tell me a joke
Did you hear the one about the mountain goats in the andes? It was "ba a a a d".

>What is Bitcoin?
Bitcoin is a cryptocurrency.
```

이 예에서는 입력에 대한 직관적인 응답을 제공하는 챗봇을 확인할 수 있다. 처음 두 응답은 영어 인사와 영어 대화 말뭉치 훈련 덕분에 가능했다. 또한 'Tell me a joke(농담 해봐)'와 'what is a dollar(달러가 뭐지)'에 대한 응답은 영어 말뭉치에 대한 훈련 덕분이다. 넷째 줄의 계산은 `MathematicalEvaluation` 논리 어댑터에서 훈련된 챗봇의 결과이다. 'Help!(도와줘요!)'와 'What is Bitcoin?(비트코인이 뭐지?)'에 대한 응답은 맞춤 목록 훈련의 결과이다. 또한 목록 훈련을 사용해 훈련했기 때문에 '비트코인이 뭐지?'에 대한 두 가지 다른 답변을 볼 수 있는 것이다.

다음으로, 재무 비율을 제공하기 위해 맞춤형 논리 어댑터를 사용하도록 설계된 챗봇을 만드는 단계로 넘어간다.

4. 데이터 준비: 맞춤형 챗봇

우리는 챗봇이 미묘한 차이가 있는 문의를 인지하고 그룹화할 수 있기를 원한다. 예를 들어, Apple Inc.라는 회사에 대해 간단히 Apple이라고 지칭해 물어볼 수 있는데, 이 경우에는 AAPL이라는 티커에 매핑할 수 있다. 회사를 지칭할 때 자주 사용되는 구문의 구성은 다음과 같은 사전을 사용해 구축할 수 있다.

```
companies = {
    'AAPL': ['Apple', 'Apple Inc'],
    'BAC': ['BAML', 'BofA', 'Bank of America'],
    'C': ['Citi', 'Citibank'],
    'DAL': ['Delta', 'Delta Airlines']
}
```

마찬가지로 재무 비율에 대한 지도를 작성해 본다.

```
ratios = {
    'return-on-equity-ttm': ['ROE', 'Return on Equity'],
    'cash-from-operations-quarterly': ['CFO', 'Cash Flow from Operations'],
    'pe-ratio-ttm': ['PE', 'Price to equity', 'pe ratio'],
    'revenue-ttm': ['Sales', 'Revenue'],
}
```

이 사전의 키를 사용해 내부 시스템 또는 API에 매핑할 수 있다. 마지막으로 우리는 사용자가 여러 형식으로 구문을 요청할 수 있기를 원한다. '내게 [COMPANY]의 [RATIO]를 줘요'라고 하면 '[COMPANY]의 [RATIO]는 무엇인가요?'와 같이 취급되어야 한다. 다음과 같이 목록을 만들어 훈련할 모델용 문장 템플릿을 작성한다.

```
string_templates = ['Get me the {ratio} for {company}',
    'What is the {ratio} for {company}?',
    'Tell me the {ratio} for {company}',
    ]
```

4.1 데이터 구성

역사전을 만들어 모델 구성을 시작한다.

```
companies_rev = {}
for k, v in companies.items():
    for ve in v:
        companies_rev[ve] = k
    ratios_rev = {}
    for k, v in ratios.items():
        for ve in v:
            ratios_rev[ve] = k
    companies_list = list(companies_rev.keys())
    ratios_list = list(ratios_rev.keys())
```

다음으로 모델에 대한 샘플 문장을 만든다. 임의의 회사에 대한 임의의 재무 비율에 대해 문의할 때 임의의 문장 구조를 제공하는 함수를 구축한다. spaCy 프레임워크에서 사용자 지정된 개체 인식 모델을 만든다. 이를 위해서는 샘플 문장에서 단어나 구를 선택하도록 모델을 훈련해야 한다. spaCy 모델을 훈련하려면 (Citi의 자기자본이익률을 주세요, {"entities": [(11, 14, RATIO), (19, 23, COMPANY)]})와 같은 예제를 제공해야 한다.

4.2 훈련 데이터

훈련 예제의 첫 번째 부분은 문장이다. 두 번째는 항목과 레이블의 시작과 끝 색인으로 구성된 사전이다.

```
N_training_samples = 100
def get_training_sample(string_templates, ratios_list, companies_list):
  string_template=string_templates[random.randint(0, len(string_templates)-1)]
    ratio = ratios_list[random.randint(0, len(ratios_list)-1)]
    company = companies_list[random.randint(0, len(companies_list)-1)]
    sent = string_template.format(ratio=ratio,company=company)
    ents = {"entities": [(sent.index(ratio), sent.index(ratio)+len(ratio), 'RATIO'),
            (sent.index(company), sent.index(company)+len(company), 'COMPANY')]}
    return (sent, ents)
```

훈련 데이터를 정의하자.

```
TRAIN_DATA = [
get_training_sample(string_templates, ratios_list, companies_list) \
for i in range(N_training_samples)
]
```

5. 모델 생성 및 훈련

훈련 데이터가 있으니 spaCy에서 빈 모델을 구성한다. spaCy의 모델은 통계적이며, 어떤
품사 태그를 할당할 것인지 또는 단어가 명명된 항목인지와 같이 내리는 모든 결정은 예측
이다. 이 예측은 모델이 훈련 중에 확인한 예를 기반으로 한다. 모델을 훈련하려면 먼저 훈
련 데이터(모델에서 예측할 텍스트 및 레이블의 예)가 필요하다. 이는 품사 태그, 명명된 개
체, 기타 정보일 수 있다. 그런 다음 모델에 레이블이 지정되지 않은 텍스트를 표시하고 예
측을 수행한다. 우리는 정답을 알기 때문에 손실 함수의 오차 경사 형태로 예측에 대한 모델
피드백을 제공할 수 있다. [그림 10-6]과 같이 훈련 예제와 예상 출력 간의 오차를 계산한
다. 오차가 클수록 경사가 더 중요하며 모델을 더 많이 업데이트해야 한다.

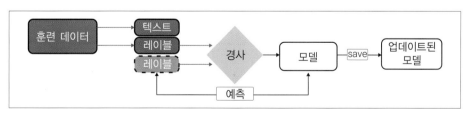

그림 10-6 spaCy에서의 머신러닝 기반 훈련

```
nlp = spacy.blank("en")
```

다음으로 모델에 대한 NER 파이프라인을 만든다.

```
ner = nlp.create_pipe("ner")
nlp.add_pipe(ner)
```

그런 다음 여기서 사용할 훈련 레이블을 추가한다.

```
ner.add_label('RATIO')
ner.add_label('COMPANY')
```

5.1 모델 최적화 함수

이제 모델 최적화를 시작한다.

```
optimizer = nlp.begin_training()
move_names = list(ner.move_names)
pipe_exceptions = ["ner", "trf_wordpiecer", "trf_tok2vec"]
other_pipes = [pipe for pipe in nlp.pipe_names if pipe not in pipe_exceptions]
with nlp.disable_pipes(*other_pipes):  # NER 훈련만
    sizes = compounding(1.0, 4.0, 1.001)
    # spaCy의 minibatch를 사용해 예제 일괄 처리
    for itn in range(30):
        random.shuffle(TRAIN_DATA)
        batches = minibatch(TRAIN_DATA, size=sizes)
        losses = {}
        for batch in batches:
            texts, annotations = zip(*batch)
            nlp.update(texts, annotations, sgd=optimizer, drop=0.35, losses=losses)
        print("Losses", losses)
```

NER 모델 훈련은 각 토큰에 대한 가중치를 업데이트하는 것과 유사하다. 가장 중요한 단계는 우수한 최적화 프로그램을 사용하는 것이다. spaCy에 제공하는 훈련 데이터의 예가 많을수록 일반화된 결과를 더 잘 인식할 수 있다.

5.2 사용자 지정 로직 어댑터

다음으로 사용자 지정 논리 어댑터를 구성한다.

```python
from chatterbot.conversation import Statement
class FinancialRatioAdapter(LogicAdapter):
    def __init__(self, chatbot, **kwargs):
        super(FinancialRatioAdapter, self).__init__(chatbot, **kwargs)
    def process(self, statement, additional_response_selection_parameters):
        user_input = statement.text
        doc = nlp(user_input)
        company = None
        ratio = None
        confidence = 0
        # 정확히 하나의 회사와 하나의 비율이 필요함.
        if len(doc.ents) == 2:
            for ent in doc.ents:
                if ent.label_ == "RATIO":
                    ratio = ent.text
                    if ratio in ratios_rev:
                        confidence += 0.5
                if ent.label_ == "COMPANY":
                    company = ent.text
                    if company in companies_rev:
                        confidence += 0.5
        if confidence > 0.99: (its found a ratio and company)
            outtext = '''https://www.zacks.com/stock/chart\
            /{comanpy}/fundamental/{ratio} '''.format(ratio=ratios_rev[ratio]\
            , company=companies_rev[company])
            confidence = 1
        else:
            outtext = 'Sorry! Could not figure out what the user wants'
            confidence = 0
        output_statement = Statement(text=outtext)
        output_statement.confidence = confidence
        return output_statement
```

사용자 지정 로직 어댑터를 사용하면 챗봇은 각 입력 문장을 가져와 NER 모델을 사용해서 RATIO 및/또는 COMPANY를 인식하려고 한다. 모델이 정확히 하나의 COMPANY와 정확히 하나의 RATIO를 찾으면 사용자를 안내하는 URL을 구성한다.

5.3 모델 사용 – 훈련 및 테스트

이제 다음 가져오기를 사용해 챗봇을 사용해 본다.

```
from chatterbot import ChatBot
```

위에서 만든 FinancialRatioAdapter 논리 어댑터를 챗봇에 추가해 챗봇을 구성한다. 다음 코드에는 FinancialRatioAdapter를 추가하는 것만 보이지만 챗봇의 이전 훈련에 사용된 다른 논리 어댑터, 목록, 말뭉치도 들어 있다. 자세한 내용은 실전 문제의 주피터 노트북을 참조한다.

```
chatbot = ChatBot(
    "My ChatterBot",
    logic_adapters=['financial_ratio_adapter.FinancialRatioAdapter']
)
```

이제 다음 문장을 사용해 챗봇을 테스트한다.

```
converse()

>What is ROE for Citibank?
https://www.zacks.com/stock/chart/C/fundamental/return-on-equity-ttm

>Tell me PE for Delta?
https://www.zacks.com/stock/chart/DAL/fundamental/pe-ratio-ttm

>What is Bitcoin?
It is a decentralized digital currency

>Help!
Please go to google.com

>What is 786940 plus 75869
786940 plus 75869 = 862809

>Do you like dogs?
Sorry! Could not figure out what the user wants
```

위에서 본 바와 같이 챗봇용 사용자 지정 논리 어댑터는 NLP 모델을 사용해 문장에서 RATIO 및/또는 COMPANY를 찾는다. 정확한 쌍이 감지되면 모델은 사용자에게 제공할 URL을 구성한다. 또한 수학적 평가와 같은 다른 논리 어댑터도 예상대로 작동한다.

6. 결론

전반적으로 이 실전 문제는 챗봇 개발의 여러 측면을 소개한다.

파이썬에서 ChatterBot 라이브러리를 사용하면 사용자 입력을 해결하는 간단한 인터페이스를 구축할 수 있다. 빈 모델을 훈련하려면 상당량의 훈련 데이터셋이 있어야 한다. 이 실전 문제에서는 사용 가능한 패턴을 살펴보고 이를 사용해 훈련 샘플을 생성했다. 일반적으로 적당량의 훈련 데이터를 얻는 것이 사용자 지정 챗봇을 구성할 때 가장 어려운 부분이다.

이 실전 문제는 데모 프로젝트이며 각 구성요소를 크게 개선해 다양한 작업으로 확장할 수 있다. 더 깨끗한 데이터를 사용하기 위해 전처리 단계를 추가할 수 있다. 입력 질문에 대한 봇의 응답을 생성하기 위해 더 나은 유사성 측정 및 임베딩을 통합하도록 논리를 더 세분화할 수 있다. 고급 머신러닝 기술을 사용해 더 큰 데이터셋에서 챗봇을 훈련할 수 있다. 일련의 사용자 지정 논리 어댑터를 사용해 더 정교한 ChatterBot을 구성할 수 있다. 데이터베이스에서 정보를 검색하거나 사용자에게 더 많은 입력을 요청하는 것과 같은 더 흥미로운 작업으로 일반화할 수 있다.

10.5 실전 문제 3: 문서 요약

문서 요약은 문서에서 가장 중요한 요점과 주제를 선택하고 포괄적인 방식으로 배열하는 것을 말한다. 앞서 논의한 바와 같이 은행 및 기타 금융 서비스 조직의 분석가는 뉴스, 보고서, 문서 등의 질적 데이터를 조사하고 분석하며 정량화하려고 시도한다. NLP를 사용한 문서 요약은 이러한 분석과 해석 시 심층적인 지원을 제공할 수 있다. 수익 보고서, 금융 뉴스 같은 금융 문서에 맞게 조정하면 분석가가 콘텐츠에서 주요 주제와 시장 신호를 빠르게 도출할 수 있다. 문서 요약은 보고 작업을 개선하는 데도 사용할 수 있으며 주요 문제에 대한 적시 업데이트를 제공할 수 있다.

NLP에서 주제 모델(가령 이 장의 앞부분에 소개된 LDA)은 정교하고 해석 가능한 텍스트 특성을 추출하는 데 자주 사용되는 도구이다. 이러한 모델은 대규모 문서 컬렉션의 주요 주제, 테마, 신호를 표시할 수 있으며 문서 요약에 효과적으로 사용할 수 있다.

이 실전 문제에서 중점을 두는 내용은 다음과 같다.

- 주제 모델링을 위한 LDA 모델 구현
- 필요한 데이터 준비 이해(즉, NLP 관련 문제에 대한 PDF 변환)
- 주제 시각화

NLP를 사용한 문서 요약

1. 문제 정의

이 실전 문제의 목표는 LDA를 사용해 상장 기업의 어닝콜 기록에서 공통 주제를 효과적으로 찾아내는 것이다. 이 기술의 핵심 장점은 다른 접근방식에 비해 주제에 대한 사전 지식이 필요하지 않다는 것이다.

2. 시작하기 – 데이터 및 파이썬 패키지 불러오기

2.1. 파이썬 패키지 불러오기

이 실전 문제에서는 PDF에서 텍스트를 추출한다. 따라서 PDF 파일을 텍스트 형식으로 처리하는 데 파이썬 라이브러리 pdf-miner를 사용한다. 기능 추출 및 주제 모델링을 위한 라이브러리도 불러온다. 시각화용 라이브러리는 나중에 실전 문제에서 불러온다.

예제: pdf 변환 라이브러리

```
from pdfminer.pdfinterp import PDFResourceManager, PDFPageInterpreter
from pdfminer.converter import TextConverter
from pdfminer.layout import LAParams
from pdfminer.pdfpage import PDFPage
import re from io import StringIO
```

예제: 특성 추출 및 주제 모델링 라이브러리

```python
from sklearn.feature_extraction.text import CountVectorizer,TfidfVectorizer
from sklearn.decomposition import LatentDirichletAllocation
from sklearn.feature_extraction.stop_words import ENGLISH_STOP_WORDS
```

예제: 기타 라이브러리

```python
import numpy as np
import pandas as pd
```

3. 데이터 준비

아래에 정의된 `convert_pdf_to_txt` 함수는 PDF 문서에서 이미지를 제외하고 모든 문자를 가져온다. 이 함수는 단순히 PDF 문서를 가져와서 문서에서 모든 문자를 추출하고 추출된 텍스트를 파이썬 문자열 목록으로 출력한다.

```python
def convert_pdf_to_txt(path):
    rsrcmgr = PDFResourceManager()
    retstr = StringIO()
    laparams = LAParams()
    device = TextConverter(rsrcmgr, retstr, laparams=laparams)
    fp = open(path, 'rb')
    interpreter = PDFPageInterpreter(rsrcmgr, device)
    password = ""
    maxpages = 0
    caching = True
    pagenos=set()
    for page in PDFPage.get_pages(fp, pagenos,\
            maxpages=maxpages, password=password,caching=caching,\
            check_extractable=True):
        interpreter.process_page(page)

    text = retstr.getvalue()
    fp.close()
    device.close()
    retstr.close()
    return text
```

다음 단계에서는 위의 함수를 사용해 PDF를 텍스트로 변환하고 텍스트 파일에 저장한다.

```
Document=convert_pdf_to_txt('10K.pdf')
f=open('Finance10k.txt','w')
f.write(Document)
f.close()
with open('Finance10k.txt') as f:
    clean_cont = f.read().splitlines()
```

원시 문서를 살펴보자.

```
clean_cont[1:15]
```

```
[' ',
 ' ',
 'SECURITIES AND EXCHANGE COMMISSION',
 ' ',
 ' ',
 'Washington, D.C. 20549',
 ' ',
 ' ',
 '\xa0',
 'FORM ',
 '\xa0',
 ' ',
 'QUARTERLY REPORT PURSUANT TO SECTION 13 OR 15(d) OF',
 ' ']
```

PDF 문서에서 추출한 텍스트에는 제거해야 하는 정보와 문자가 있다. 이러한 문자는 불필요한 계수 비율을 제공하므로 모델의 효율성을 떨어뜨린다. 다음 함수는 일련의 정규식regex 검색과 목록 이해를 사용해 필요 없는 정보와 문자를 공백으로 바꾼다.

```
doc=[i.replace('\xe2\x80\x9c', '') for i in clean_cont ]
doc=[i.replace('\xe2\x80\x9d', '') for i in doc ]
doc=[i.replace('\xe2\x80\x99s', '') for i in doc ]

docs = [x for x in doc if x != ' ']
docss = [x for x in docs if x != '']
financedoc=[re.sub("[^a-zA-Z]+", " ", s) for s in docss]
```

4. 모델 구축 및 훈련

깨끗한 문서를 문서 용어 행렬로 표현하기 위해 최소한의 매개변수 튜닝으로 사이킷런 모듈의 CountVectorizer 함수를 사용한다. 모델링에서 문자열이 정수로 표현되어야 하기 때문에 필요하다. CountVectorizer는 중지 용어를 제거한 후 목록에서 단어가 발생한 횟수를 표시한다. 문서 용어 행렬은 데이터셋을 검사하기 위해 판다스 데이터프레임 형식으로 지정한다. 데이터프레임은 문서에 있는 각 용어의 단어 발생 횟수를 보여 준다.

```
vect=CountVectorizer(ngram_range=(1, 1),stop_words='english')
fin=vect.fit_transform(financedoc)
```

다음 단계에서는 주제 모델링을 위한 LDA 알고리즘의 입력 데이터로 문서 용어 행렬을 사용한다. 다음 코드에 표시된 것처럼 5개의 개별 주제 컨텍스트를 분리하도록 알고리즘을 적합화했다. 이 값은 모델링에서 얻으려는 세분성 수준에 따라 튜닝할 수 있다.

```
lda=LatentDirichletAllocation(n_components=5)
lda.fit_transform(fin)
lda_dtf=lda.fit_transform(fin)
sorting=np.argsort(lda.components_)[:, ::-1]
features=np.array(vect.get_feature_names())
```

다음 코드는 mglearn 라이브러리를 사용해 각 특정 주제 모델에서 상위 10개 단어를 표시한다.

```
import mglearn
mglearn.tools.print_topics(topics=range(5), feature_names=features, sorting=sorting,
topics_per_chunk=5, n_words=10)
```

topic 1	topic 2	topic 3	topic 4	topic 5
assets	quarter	loans	securities	value
balance	million	mortgage	rate	total
losses	risk	loan	investment	income
credit	capital	commercial	contracts	net
period	months	total	credit	fair
derivatives	financial	real	market	billion

liabilities	management	estate	federal	equity
derivative	billion	securities	stock	september
allowance	ended	consumer	debt	december
average	september	backed	sales	table

출력된 표의 각 주제^{topic}는 더 광범한 주제를 나타낼 것으로 예상된다. 그러나 단일 문서에서만 모델을 훈련했기 때문에 주제 전반에 걸쳐 주제가 서로 크게 다르지 않을 수 있다.

더 넓은 주제를 살펴보면 '주제 2(topic 2)'에서는 자산 평가와 관련된 분기, 월, 통화 단위에 대해 설명한다. '주제 3(topic 3)'은 부동산, 모기지, 관련 상품 수입에 대한 정보를 보여준다. '주제 5(topic 5)'에는 자산 평가와 관련된 용어도 있다. 첫 번째 항목은 대차 대조표 항목과 파생상품을 참조한다. '주제 4(topic 4)'는 '주제 1(topic 1)'과 약간 유사하며 투자 과정과 관련된 단어가 있다.

전반적인 주제 측면에서 주제 2와 5는 다른 주제와 상당히 다르다. 또한 상위 단어에 따라 주제 1과 4 사이에 약간의 유사성이 있을 수 있다. 다음 절에서는 pyLDAvis 파이썬 라이브러리를 사용해 주제의 구분을 이해해 본다.

5. 주제 시각화

이 절에서는 다양한 기술을 사용해 주제를 시각화한다.

5.1 주제 시각화

주제 시각화는 인간의 판단을 사용해 주제 품질을 쉽게 평가할 수 있다. pyLDAvis는 주제 간의 전체 관계를 표시하는 동시에 각 주제와 가장 밀접하게 연관된 용어와 반대로 각 용어와 연관된 주제를 검사해 의미론적 평가를 용이하게 하는 라이브러리이다. 또한 문서에서 자주 사용되는 용어가 주제를 정의하는 단어보다 분포를 지배하는 경향이 있는 문제를 해결한다. 아래 코드는 pyLDAvis 라이브러리를 이용해 주제 모델을 시각화한다.

```
from __future__ import print_function
import pyLDAvis import pyLDAvis.sklearn
zit=pyLDAvis.sklearn.prepare(lda,fin,vect)
pyLDAvis.show(zit)
```

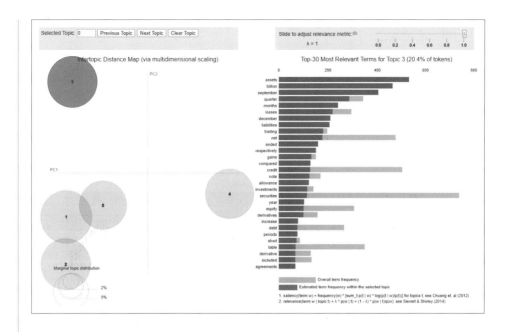

주제 2와 5가 서로 매우 멀리 떨어져 있음을 알 수 있다. 이것은 위 절에서 전체 주제와 이러한 주제 아래의 단어 목록에서 관찰한 것이다. 주제 1과 4는 매우 가깝고 따라서 위의 관찰 내용을 입증한다. 이러한 밀접한 주제는 더 복잡하게 분석되어야 하며 필요한 경우 결합될 수 있다. 차트의 오른쪽 패널에 표시된 대로 각 주제 아래의 용어 관련성 차이점을 이해하는 데 사용할 수 있다. 주제 3과 4는 비교적 비슷한 반면, 주제 3은 다른 주제와 상당히 동떨어져 있다.

5.2 단어 클라우드

이 단계에서는 문서에서 가장 자주 사용되는 용어를 메모하기 위해 전체 문서에 대한 단어 클라우드를 생성한다.

```
# 단어 클라우드용 추가 패키지 불러오기
from os import path
from PIL import Image
import numpy as np
import matplotlib.pyplot as plt
from wordcloud import WordCloud,STOPWORDS
```

```
# 문서 불러오기 및 단어 클라우드 생성
d = path.dirname(__name__)
text = open(path.join(d, 'Finance10k.txt')).read()
stopwords = set(STOPWORDS)
wc = WordCloud(background_color="black", max_words=2000, stopwords=stopwords)
wc.generate(text)
plt.figure(figsize=(16,13)) plt.imshow(wc, interpolation='bilinear')
plt.axis("off") plt.show()
```

일반적으로 단어 클라우드는 대출, 부동산, 3분기, 공정 가치와 같은 반복되는 단어가 더 크고 눈에 띄게 강조되는데, 이는 주제 모델링의 결과와 일치한다.

위 단계의 정보를 통합해 문서에 표시된 주제 목록을 만들 수 있다. 실전 문제의 문서에서 '3분기', '처음 9개월', '9개월'과 같은 단어가 자주 등장한 것을 볼 수 있다. 단어 목록에는 대차 대조표balance sheet (B/S 또는 재무 상태표statement of financial position) 항목과 관련된 주제가 몇 가지 있다. 따라서 문서는 해당 분기의 모든 신용 및 자산 가치가 있는 3분기 재무 대차 대조표일 수 있다.

6. 결론

이 실전 문제에서는 문서의 내용에 대한 통찰력을 얻기 위해 주제 모델링을 사용하는 방법을 살펴보았다. 그럴듯한 주제를 추출하고 자동화된 방식으로 다량의 텍스트에 대한 높은 수준의 이해를 얻을 수 있는 LDA 모델의 사용을 시연했다.

문서에서 PDF 형식의 텍스트 추출을 수행하고 추가 데이터 전처리를 수행했다. 결과는 시각화와 함께 주제가 직관적이고 의미가 있음을 시연했다.

실전 문제는 투자 분석, 자산 모델링, 위험 관리, 규정 준수와 같은 여러 도메인에 머신러닝 및 NLP를 적용하는 방법을 전체적으로 보여 준다. 또한 수동 처리를 대폭 줄이기 위해 문서, 뉴스, 보고서를 요약한다. 필터링된 관련 정보를 빠르게 접근하고 확인할 수 있는 기능을 통해 분석가는 경영진 의사 결정의 토대가 되는 포괄적이고 유익한 보고서를 제공할 수 있다.

10.6 맺음말

NLP 분야는 눈부신 발전을 이룩했으며 금융기관의 운영 방식에 혁신을 가져왔고 향후 지속적으로 변화할 기술이다. 가까운 미래에 자산 관리, 위험 관리, 과정 자동화를 비롯한 금융 영역에서 NLP 기반 기술의 사용이 확대될 것으로 보인다. NLP 방법론 및 관련 인프라의 채택과 이해는 금융기관에서 매우 중요한 일이다.

실전 문제를 통해 이 장에 제시된 파이썬, 머신러닝, 금융의 개념은 금융의 다른 NLP 기반 문제에 대한 청사진으로 사용할 수 있다.

10.7 연습 문제

- 실전 문제 1에서 살펴본 NLP 기술과 트위터 데이터로 거래 전략을 개발해 보자.
- 실전 문제 1에서 살펴본 word2vec 단어 임베딩 방법으로 단어 벡터를 생성하고 이를 거래 전략에 통합해 보자.
- 실전 문제 2의 개념을 사용해 챗봇에 대한 몇 가지 논리 어댑터를 테스트해 보자.
- 실전 문제 3의 개념을 사용해 특정 날짜의 금융 뉴스로 주제 모델링을 수행하고 그날의 주요 주제를 검색해 보자.

INDEX

INDEX